# 中国社会历史评论

Chinese Social History Review

第二十卷·二〇一八

常建华 主编

天津出版传媒集团
天津古籍出版社

## 图书在版编目（CIP）数据

中国社会历史评论. 第二十卷, 二〇一八 / 常建华主编. -- 天津：天津古籍出版社, 2018.7
ISBN 978-7-5528-0710-3

Ⅰ. ①中… Ⅱ. ①常… Ⅲ. ①史评－中国 Ⅳ. ①K207

中国版本图书馆CIP数据核字(2018)第152618号

## 中国社会历史评论
### （第二十卷）

常建华/主编

出版人/张玮

天津古籍出版社出版

（天津市西康路35号　邮编300051）

http://www.tjabc.net

三河市冠宏印刷装订有限公司印刷
全国新华书店发行
开本 787×1092 毫米 1/16　印张 17.5　字数 405 千字
2018 年 8 月 第 1 版　2018 年 8 月 第 1 次印刷
ISBN 978-7-5528-0710-3　　定价：86.00元

# 编辑委员会
（以汉语拼音为序）

## 顾问

冯尔康　刘泽华

## 委员

常建华　杜家骥　江　沛　李金铮　李治安　刘　毅
王利华　王力平　王先明　许　檀　阎爱民　余新忠
张分田　张国刚　张荣明　张　思　朱凤瀚　朱彦民

## 编辑部

夏　炎　张传勇

## 主编

常建华

# 目　录

【儿童与老年】
明代社会对老年的界定 …………………………………………… 张　雨(1)
印象童年：明代士人的童年记忆与书写 …………………………… 刘　佳(16)
在家中玩耍
　　——儿童娱乐、家庭教育与民国上海"儿童游戏室"话语的兴起 ………… 张　弛(38)

【政治与社会】
从对立到合流：汉代列侯与豪强关系刍议 ……………………… 秦铁柱(56)
"传奇"的背后：宋季忠义袁镛的历史书写及相关问题
　　——从《延祐四明志》未立袁镛传谈起 ……………………… 熊燕军(73)
汉北岩疆：宁陕镇与清代秦岭治理 ……………………………… 赵永翔(98)

【日常生活与物质文化】
环境史视野下的唐代岭南饮食生活研究 ………………………… 夏方胜(109)
重识茶叶：以民国报刊茶叶广告为中心的解读 ………… 朱慧颖　姚晓燕(121)
别有奇芬日采撷：抗战初期的中学教员日常生活
　　——从社会生活史角度对詹安泰的考察 ……………………… 陈嘉顺(135)

【医疗社会文化】
走马楼吴简疾病词语"刑"拾遗 ……………………… 陈荣杰　王亚利(151)
汉唐医方中的生育技术与性别权力 ……………………………… 王　晶(159)
从寄生草到寄生虫
　　——"寄生"概念的知识考古 …………………………………… 肖中显(168)

【研究述评】

先秦社会日常生活史研究的回顾与展望 ………………………… 朱彦民（183）
隋唐五代日常生活史研究的回顾与思考 ………………………… 王力平（211）

【书评】

文武之道:读《刻画战勋:清朝帝国武功的文化建构》 …………… 郭瑞鹏（236）
历史社会学的新思考:《通向集体之路》何以可能? ……………… 李　甜（242）
编写教科书与建构认同
　　——刘超《历史书写与认同建构:
　　　　清末民国时期中国历史教科书研究》评述 ………………… 陈非儿（254）

编后语 ……………………………………………………………………（262）
英文摘要 …………………………………………………………………（263）

# CONTENTS

【Children and the Aged】
Definition of the Aged in the Ming Dynasty ················································ Zhang Yu(1)
Childhood Impression:Childhood Memory and Writing of Ming Scholars ············ Liu Jia(16)
Domestic Play—Children Entertainment,Family Education and Discoureses of children playroom
　　in Shanghai(1912—1949) ································································ Zhang Chi(38)

【Politics and Society】
Opposites and Cooperation:Discussion on the Relationship between Dukes and
　　Despots of Han Dynosty ································································ Qin Tiezhu(56)
"Legend Implication":Historical Writing and Relevant Questions about A Hero of Loyalty
　　Called Yuan Yong in the Late Song Dynasty ································ Xiong Yanjun(73)
North Bourdary of Han Dynasty:Governance of NingShan county and Qinling Mountains
　　······························································································· Zhao Yongxiang(98)

【Daily Life and Material Culture】
Study on Diet of Lingnan in Tang Dynasty with Environmental History ··· Xia Fangsheng(109)
Re-recognition the Tea:Understanding of Tea Advertisement in the Newspaper
　　(1921—1949) ································································ Zhu Huiying,Yao Xiaoyan(121)
Daily Life of Middle School Teachers in the Initial stage of Anti—Japanese War —Investigation of
　　Antai Zhan on the Social Life History ································ Chen Jiashun(135)

【Medical,Social and Culture】
The gleanings of the disease word "xing" in the Zoumalou Wu bamboo slips
　　······························································································· Chen Rongjie,Wang Yali(151)
Reproduction Techniques and Gender Right in Han and Tang Dynasty Ancient Medical
　　Prescription ················································································ Wang Jing(159)
From Parasite Grass to Parasite—Conceptual History of Parasitic ········· Xiao Zhongxian(168)

【Research and Review】

The Retrospect and Prospect of the study on the Daily Life History of Pre—Qin Society
................................................................ Zhu Yanmin(183)

Review and Reflection on the Study of Daily Life History of the Sui, Tang and Five Dynasties period ................................................................ Wang Liping(211)

【Book Review】

Theory of Cwil and Millitary: Review of "Commemorative Images of War: The Cultural Construction of the Qing Martial Prowess" ................................ Guo Ruipeng(236)

New Thoughts on Historical Sociology: How coule it be possible to "The way to the Collective"?
................................................................ Li Tian(242)

Compilation of textbooks and construction identification—Review of Liu Chao, "History Compiling and Identity Construction: Research on History Textbooks during the Period of Late Qing Dynasty" ................................................ Chen Fei-er(254)

From the Editor ................................................................ (262)
Summary of Articles ................................................................ (263)

【儿童与老年】

# 明代社会对老年的界定

张 雨

**【摘 要】** 老年人是社会群体的重要组成部分，对于多少岁算老年人，明代社会的界定相对宽泛。医学、祝寿风俗、旌表制度皆以五十岁作为老年门槛。官方赋役制度、致仕制度、刑罚优免制度以及国家养老制度均以七十岁作为"老"的最低标准。值得注意的是，官场中也存在年龄门槛，五十岁对于科道官这个官职而言就算得上老了。总而言之，"老"也是社会多维构建的产物。

**【关键词】** 明代；老年门槛；制度；礼俗；社会观念

老年人是社会群体的重要组成部分，对于多少岁才算老年人，明代社会的标准并不是一刀切的——在各项制度以及社会观念中，入老标准都是不同的。"老"也是社会诸多层面建构的产物。

学界对于明代老年人的研究，已从尊老养老政策[①]、社会救助[②]、乡饮酒礼[③]、里老制度[④]、

---

[①] 王兴亚：《明代的老年人政策》，《南都学刊》1994年第4期；张志斌：《明清敬老制度述略》，《学术论丛》1997年第5期；林金树：《明朝老年政策述论》，《中国史研究》1998年第2期；周荣：《明代致仕官员的食俸与养老》，《武汉大学学报》2006年第1期；赵克生：《老吾之老：明代官吏养亲问题探论》，《史学月刊》2008年第2期；方琳：《明代老年人口政策探析》，《中州学刊》2017年第5期，等等。此外还有三篇硕士学位论文，宋秋颖：《明代的养老政策》，吉林大学硕士学位论文，2007年；徐艳红：《明代养老研究》，华中师范大学硕士学位论文，2015年；田百慧：《明清时期徽州尊老养老问题研究》，安徽大学硕士学位论文，2016年。

[②] 周荣：《明清养济事业若干问题的探讨》，《武汉大学学报》2004年第3期；柏桦：《明清"收养孤老"律例与社会稳定》，《西南大学学报》2008年第6期；周荣：《明清社会保障制度与两湖基层社会》，武汉：武汉大学出版社，2006年；张祖平：《明清时期政府社会保障体系研究》，北京：北京大学出版社，2012年。此外，王卫平、黄鸿山：《中国古代传统社会保障与慈善事业》，北京：群言出版社，2004年；[日]夫马进著，伍跃、杨文信、张学锋译：《中国善会善堂史》，北京：商务印书馆，2005年；王子今、刘悦斌、常宗虎：《中国社会福利史》，武汉：武汉大学出版社，2013年，都有对明代相关问题的研究。

[③] 贻惠：《明代乡饮酒礼的社会史考察》，《明史研究》第9辑（2005年）；邱仲麟：《敬老适所以贱老——明代乡饮酒礼的变迁及其与地方社会的互动》，《中央研究院历史语言研究所集刊》第76本第1分（2005年）；杨艳秋：《明代的以礼化俗及礼向基层的渗透——明洪武朝乡饮酒礼考察》，《第四届世界儒学大会学术论文集》（2012年）。

[④] 余兴安：《明代里老制度考述》，《社会科学辑刊》1988年第2期；王兴亚：《明代的里老制度》，载《明代行政管理制度》，郑州：中州古籍出版社，1999年；韩秀桃：《〈教民榜文〉所见明初基层里老人理讼制度》，《法学研究》2000年第3期；（韩）金仙慧：《从祁门县"谢氏诉讼"看明代中期徽州的诉讼处理和里老》，《上海师范大学学报》2005年第4期。

晚年生活①、孝道②等方面展开了论述。但是对多大年纪算"老",大都语焉不详,正如林金树《明朝老年政策述论》一文所指出的那样,"在明朝政府颁行的各种文件中,'老''年老''老疾'之类的名词随处可见,但对于这个'老'究竟是从六十以上算起,还是自七十以上开始,始终没有明说。《大明会典》是专门记载、解释明朝典章制度的权威性文件,而它对'老'的年龄起点,前后亦多不同"③。

关于历史时期"老"的界定,常建华《中国古代对老年的界定》一文从"医学的衰阳论""儒家的养老观""免役与致仕的制度""民俗的说法"等角度论述了老年的定义及起始。④林富士《传统中国社会对于"老年"门槛的界定:以汉唐之间的文献为主的初步探讨》梳理了汉唐时期"字书及注疏""礼制和法制""寿考""医学与养生""房中"等层面对老年的界定。⑤管见所及,尚未有对明代"老"的界定,因此,本文拟从赋役制度、致仕制度、养老制度、旌表制度、医学认识以及社会观念等角度对此问题做初步探讨。

## 一、制度中的"老年"

### (一)赋役制度

人是社会性动物,人的生存发展离不开相关社会制度的约束和保障。在古代非常重要的一项制度就是户籍制度——"夫治平在庶功兴,庶功兴在事役均,事役均在民数周,民数周为国之本也"⑥。与民数紧密相关的是事役,"如何在特定的户籍制度基础之上,向编户齐民征收赋税和调发差役,是历代王朝维持其统治的根基所系"⑦。明代也不例外,明初即制造黄册,将民众划分为不同的户等、户籍,承担相应的差役。不过差役并非终身的,而是到了一定年龄即可免役,免役的年龄一般也被认为是老年的开始,王跃生在《老年人口政策》一文中即指出:老年人口免役的年龄性规定"可以反映中国封建社会各朝对老年人口所下定义。实际上,封建国家并没有明确规定老年人口的年龄标准。但是我们却可以从涉及授田、赋役的人丁标准等政策中加以了解……唐代六十为老的标准被宋以后的王朝所承继。年老即停役,这也成为此后各王朝的政策特色"⑧。即可以各王朝免役的年龄作为入

---

① 邱仲麟:《诞日称觞——明清社会的庆寿文化》,《新史学》第11卷第3期(2000年);何宗美:《明代怡老诗社综论》,《南开学报》2002年第3期;李玉栓:《明代怡老社团考论》,《华夏文化论坛》2012年第2期;张绪:《明清时期老年人的日常生活——以徽州地区为例》,《兰州学刊》2016年第11期。
② 周桂林:《论朱元璋兴孝以行养老之政》,《河南大学学报》1988年第4期;林丽月:《孝道与妇道:明代孝妇的文化史考察》,《近代中国妇女史研究》1998年第6期;林谦如:《明人的奉亲怡养——孝道社会生活实践的一个历史侧面》,台北:"中国"文化大学史学研究所硕士学位论文,2004年。
③ 林金树:《明朝老年政策述论》,《中国史研究》1998年第2期,第111页。
④ 常建华:《中国古代对老年的界定》,《历史月刊》1997年6月号。
⑤ 林富士:《传统中国社会对于"老年"门槛的界定:以汉唐之间的文献为主的初步探讨》,载林富士:《中国中古时期的宗教与医疗》,台湾:联经出版事业股份有限公司,2008年。
⑥ (汉)徐干:《中论解诂》,北京:中华书局,2014年,第364页。
⑦ 刘志伟:《在国家与社会之间:明清广东地区里甲赋役制度与乡村社会》,北京:中国人民大学出版社,2010年,第3页。
⑧ 王跃生:《中国人口的盛衰与对策》,北京:社会科学文献出版社,1995年,第179—181页。

老标准。

嘉靖年间的刑部主事应槚对《大明律·户律》"脱漏户口"①的解释为:"人年四岁即附籍;至十五以下曰不成丁,而未有差役;十六以上曰成丁,而始有差役;七十以上及废疾,亦得免其差役,此法也。隐漏自己、他人成丁人口不附籍,或方六十而增作七十、已十六而减作十五、未废疾而增为废疾,凡此无非避其差役也。"②即七十岁可免役,七十岁是明代户籍赋税制度中老年的开始。《明史·食货志》与《大明律释义》略有出入:"民始生,籍其名曰不成丁,年十六曰成丁,成丁而役,六十而免。"③由于古代社会统计人口的主要目的之一就是让人口承担差役,故而将免役年龄划定在六十甚或七十,这样一个对彼时民众来说有过高之嫌的标准,大概是为了保证差役承担者的基数。

军户是明代的户籍中比较特殊且复杂的一类。"军户的户籍管理与赋役征派,从一开始就是由家族组织自行承办的,具有高度的独立性与自主性。"④因而也在一些宗族的族规族约里看到该家族所拟定的免役年龄标准。如嘉靖四十三年(1564),福州郭氏明天房针对族中人丁稀少、无人当差的现实情况,参酌惯例,制定新的家约,即《明天房大用公家约》:

> 吾观乡邑人丁,多者二三百,少者百余人,有为官吏者,免犹可言也。吾族仅十四五人,倘效优免,何人当差?安有雇他人代应户役者?又上古上丁之例,二十而冠。冠者,成人之道也,于理就宜上丁。嗣后推至二十二岁,方且上丁。继此再推,决不可许。况我族军户不能开籍,只是同役相应。再查上世,一子上丁,其父不免;二子上丁,其父免差。恐后不肖子孙有乱家规,今立定约,上丁者,以二十二岁为定;退丁者,早则以二子上丁议免,迟则以六十岁议免。其官吏生员,只照族例,依规当差,丁米听其别免。兹凭家长同族众公举议论,已定立成家规,永为定约……
>
> 时嘉靖四十三年甲子岁春正月吉日,祖家长兄大用谨立,同立弟大衡、大宾,知见表兄侯璟。⑤

该家约规定的免役条件有二:一是不管多大年纪,家中有两个二十二岁以上的儿子上丁,父亲即可免役;二是本人年纪达到六十岁;满足其一即可免役。即该宗族认为六十岁是入老的门槛。

综上,从赋役制度来看,国家划定的入老标准为七十岁或六十岁;军户宗族的标准为六十岁。

**(二)致仕制度**

如果说赋役制度是对普通百姓的约束,那么致仕制度就是对官员的限制。因年老而致仕亦是明代的致仕方式之一。《礼记·曲礼》载:"大夫七十而致仕。"明初文武百官致仕年

---

① 怀效锋点校:《大明律》卷4《户律·户役·脱漏户口》,北京:法律出版社,1999年,第45—46页。
② (明)应槚:《大明律释义》卷4《户律·户役》,续修四库全书,第863册,第49页。
③ (清)张廷玉等编:《明史》卷78《食货二》,北京:中华书局,1974年,第1893页。
④ 郑振满:《明清福建家族组织与社会变迁》,北京:中国人民大学出版社,2009年,第184页。
⑤ (清)郭柏苍等纂修:《福州郭氏支谱(清同治十三年刻本)》,载陈建华、王鹤鸣主编:《中国家谱资料选编·家规族约卷》,上海:上海古籍出版社,2013年,第14页。

龄也是七十①,只有短暂的时间划在了六十②。虽然之后时有变动,但大体都是七十岁。在明代官员的乞休奏状里,"年已七十,例该致仕"这样的陈述比比皆是。

据时亮、郭培贵对明代115位自然死亡的阁臣寿龄的研究,有明一代,"正常死亡的阁臣群体平均寿龄为69.91岁。动态来看,明前期(洪武至宣德十年)、中期(正统元年至万历十年)、后期(万历十一年至崇祯十七年)阁臣的平均寿龄分别为70.67岁、69.58岁、70.31岁。阁臣群体的寿龄都处在一个很高的水平。"③明代自然死亡的阁臣群体的平均寿龄都在七十岁上下,寿命水平的确很高。不过,很多官员熬不到七十岁,就卒官了。

既然如此,为什么仍以七十岁作为致仕年龄呢?细究起来,原因较为复杂,并不仅仅关涉到入老标准:

1. "我朝文官七十岁许致仕,遵用古典,所以优高年也。"④ "人生七十恒言称老,士大夫宦游者将引年致其仕,谓优老也。"⑤即七十致仕,是对老年官员的尊崇。在农业社会,年老代表着经验丰富、见识广泛,是国家和社会的财富。宋代学者袁采指出:

> 老成之人,言有迂阔,而更事为多,后生虽天资聪明,而见识终有不及。后生例以老成为迂阔,凡其身试见效之言,欲以训后生者,后生厌听而毁诋者多矣。及后生年齿渐长,历事渐多,方悟老成之言可以佩服,然已在险阻艰难备尝之后矣。⑥

即老年人作为过来人,可以为年轻人提供很多宝贵的人生经验。官场亦然,年老的官员代表着从政经验丰富、人情练达,是国家的宝贵资源,"国倚老成,乡称耆耋"⑦,因而要任用老臣以示尊崇,"国家不可一日无老臣,尤不可一日无重臣,故耆旧尊于典刑"⑧。在论述明代的崇老尊老之政时,明太祖和礼部郎中郑居贞的一段对话经常被引用:

> 洪武十九年七月,诏举经明行修、练达时务之士,年七十以下者,郡县礼送京师。太祖谕礼部郎中郑居贞曰:"古之老者,虽不任以政,至于咨询谋谟,则老者阅历多而闻见广,达于人情、周于物理,有可资者。"居贞对曰:"人至六十,精力衰耗,则不能胜事,请六十以上者不遣。"太祖曰:"政为比来有司不体朕意,士有耆年便置不问,岂知老成,古人所重,文王用吕尚而兴,穆公不听蹇叔而败,伏生虽老犹足传经,岂可概以耄而

---

① 洪武元年,"凡内外大小官员,年七十者,听令致仕",(明)申时行等修:《(万历)明会典》卷13《吏部·致仕》,北京:中华书局,1989年,第81页。洪武十七年(1384)十一月,"改文官致仕年龄为七十",《明太祖实录》卷168"洪武十七年十一月戊辰",中国台湾"中研院"历史语言研究所影印本,1962年,第2566页。永乐十九年(1421),"诏文武官七十以上,不能治事者,许明白具奏,放回致仕",(明)申时行等修:《(万历)明会典》卷13《吏部·致仕》第81页。
② 洪武十三年(1380)二月,"命文武官员六十以上,皆听致仕",《明太祖实录》卷130"洪武十三年二月戊辰",第2060页。
③ 时亮、郭培贵:《明代阁臣寿龄及其在地域、户类上的差别》,《宁夏大学学报》2015年第1期,第70页。
④ (明)顾应祥:《静虚斋惜阴录》卷11《杂论》,四库全书存目丛书,子部第84册,第194页。
⑤ (明)吴中行:《赐余堂集》卷8《邑博杨中峰七十寿序》,四库全书存目丛书,集部第157册,第147页。
⑥ (宋)袁采:《袁氏世范》卷2《老成之言更事多》,北京:中华书局,1985年,第29页。
⑦ (明)邓原岳:《西楼集》卷16《祭刘封君文》,四库全书存目丛书,集部第174册,第139页。
⑧ (明)王家屏:《王文端公尺牍》卷1《慰方采山予告》,四库全书存目丛书,集部第149册,第590页。

弃之也？若年六十以上、七十以下者，当置翰林以备顾问；四十以上、六十以下者，则于六部及布政司按察司用之。"①

明太祖和郑居贞关于是否任用老者为官产生分歧，尽管老年人精力衰耗，不堪任事，但太祖更看重老人阅历多、闻见广，通晓人情世故，故而坚持要用老臣。

2. 孔颖达疏"《礼记·曲礼》'七十曰老，而传'云：六十至老境而未全老，七十其老已至，故言老也。既年已老，则传徙家事，付委子孙，不复指使也"②。"大夫七十而致事者，七十曰老，在家则传家事于子孙，在官致所掌职事还君，退还田里也。"③意即七十岁已经完全老了，正是因为衰老已至，所以才需要"传"，即传家，把家事交给子妇打理。古人有很强烈的家国同构理念——在家，家长七十岁要授子以政；推及到国，官员七十岁要退休，将职务传递给年轻一代。总之，不管在家中还是朝中，七十岁就不该再操劳，而应享清福。故而，汪道昆认为"在《礼》，'七十曰老，而传'，犹之乎天清地宁，退而各止其所"④。

嘉靖丙戌年（1526），文徵明57岁时，因忤杨一清、张璁，乃借疾乞归，在第二封乞归书中他写道："窃惟七十致仕，乃古今之恒典；而因疾求退，亦臣子不得已之至情……且古人所以七十致仕者，以七十阳道极，耳目不聪明，不可以执事趋走故也。"⑤他指出，之所以以七十作为致仕的标准，是自古以来的惯例，但背后的深层原因则是医学衰老论，即古人认为七十岁阳衰到极点，耳不聪、目不明，行动不便，不足以任事。天顺八年（1464），曾下诏"两京文职有年近七十愿告致仕者，听堂上官"，礼部尚书姚夔非常赞同："臣闻以仁治天下者，不竭人之力……杜甫谓人生七十古来稀，则听群臣未七十致仕者，不竭人之力也。"⑥言外之意，七十致仕者，已竭人之力。七十岁，大概是古人认为的大多数人能奔走执事的年龄上限。

3. 致仕年龄的早晚，并非仅仅与衰老有关。致仕就是退休，和今天的官场一样，是影响官员新陈代谢以及官僚队伍建设的重要因素。致仕年龄的早晚和官员后补队伍的多寡有某种关联。成化年间邱濬（1421—1495）论考察之弊，提及"近岁为因选调积滞，设法以疏通之，辄凭巡按御史开具揭帖，以进退天下官僚，不复稽其实迹、录其罪状，立为老疾、罢软、贪暴、素行不谨等名以黜退之，殊非祖宗初意"⑦。即当时的官员候选人溢出，为了给他们安排职务，就必须腾出相应的位置，将所谓的不合格的官员剔除出去，就可以有空缺，所以在考察时就全凭巡按御史的一家之言，而不再有严谨的审查过程。这是通过考察，来影响官员队伍的更新，其实质就是让一部分官员被迫提早退休。

另外一个办法就是降低致仕年龄，缩短任官时间。弘治年间的礼部尚书吴宽（1435—

---

① （明）田艺蘅：《留青日札》卷15，杭州：浙江古籍出版社，2012年，第227—228页；（明）黄学海：《筼斋漫录》卷1，续修四库全书，第1127册，第106页；王兴亚：《明代的老年人政策》，《南都学坛》1994年第4期，第61页。
② （汉）郑玄注，（唐）孔颖达疏，龚抗云整理：《礼记正义》卷1《曲礼上》，北京：北京大学出版社，1999年，第25页。
③ （汉）郑玄注，（唐）孔颖达疏，龚抗云整理：《礼记正义》卷1《曲礼上》第26页。
④ （明）汪道昆：《太函集》卷17《寿永嘉王长公暨林夫人偕老序》，合肥：黄山书社，2004年，第352页。
⑤ （明）文徵明著，周道振校：《文徵明集续辑》卷下《乞休致三疏·第二封》，载《文徵明集（增订本）》下册，上海：上海古籍出版社，2014年，第1623页。
⑥ （明）姚夔：《姚文敏公遗稿》卷10《礼部尚书姚夔为乞恩祭祖事》，四库全书存目丛书，集部第34册，第605页。
⑦ （明）丘濬撰，金良年整理，朱维铮审阅：《大学衍义补》卷11《严考课之法》，上海：上海书店出版社，2012年，第110页。

1504)就曾直白地点明:"古者四十始仕,七十致仕,大率仕三十年耳。后世入仕不限以年,若致仕则与古同,不特三十年矣,固其仕途之优。近制凡年六十上下俾不得仕,其退之之易至此,非以后来选人积滞,为此一时疏通之计乎?"①吴宽认为近制六十岁上下即得以致仕,是因为近来选人积滞,要通过缩短任官时间来加速官员队伍的流通。据吴建华研究,在经历了洪武、永乐、宣德时期的积累后,冗官问题在成、弘时期最终形成②。吴宽此论或许也是这一时期冗官问题的写照。嘉靖初年,致仕年龄又回复到七十岁,试看文徵明的第三封乞归书:"窃见吏部近例,内外官员必待七十,方许致仕。盖缘近年中外多故,恐一时无人任事,或至废弛职业。又以人才难得,不欲遽弃。实唯朝廷爱惜人才之盛心,亦是当路急切图治之至计"③。嘉靖初年,皇帝热衷于大礼议之争,无心朝政;大臣们亦是争权夺势,官场一片乌烟瘴气,有志之士也纷纷弃官,在某些职位上出现了官缺④,因此要通过延长官员任官年限,来保证各部门的正常运转。

从致仕制度上看,明代为官员划定的告老还乡的年龄在七十岁。划定的依据是基于历代的传统,但是执行过程中,特别是某些时段,会因身体上的衰老、官员候补队伍的冗滞而下降至六十至七十之间。

(三)养老制度

尊老养老,不仅是传统社会的道德准则,也是一项社会制度。田艺蘅《留青日札》卷15《养老》总结了有虞氏以来诸朝的养老之礼,尤详于洪武朝,包括对八十岁以上的老人进行物质供养、赐爵,从普通百姓中挑选六十岁以上、七十岁以下的老人置翰林备顾问等⑤。可以看出,能享受国家层面养老之礼的老年人,最低年龄为六十岁,而且不同年龄段的老人享受的礼遇也不同。这些举措中,只有物质供养存续了下来。之后历朝,都是以八十⑥作为国家养老的起始。

家庭养老中,比较特殊的是官员。由于明代实施异地为官制度,所以官员经常和家人分居。针对此种情况,洪武二十六年(1393)规定:"凡官员父母年七十之上,许令移亲就禄侍养。"⑦宣德年间,养亲方式更加多样化和具体化:"官员父母有年七十之上,家无丁力、去任遥远、不能就养者,许其明白具奏,放回侍养,待亲终起复就用。若不得离职,愿分禄于原籍支给奉养者,听从其便。"⑧明晚期官员归养,条件则稍微严格些,"亲年七十以上、独子仕宦者归养,非独子及七十勿许"⑨。也都是以七十岁作为可以灵活养亲的标准。

还有一部分养老责任是由设于地方社会的养济院承担的,主要针对孤寡残疾老人。吕坤在任山西巡抚时,就对地方上的养济事业有过严谨的规划。六十岁以上无儿夫妇,在女婿、侄儿也无力赡养,而自己又没有劳动能力的情况下才能收入养济院;对于重度残疾的老

---

① (明)吴宽:《家藏集》卷44《送太子太保户部尚书周公致仕诗序》,文渊阁四库全书,第1255册,第391—392页。
② 吴建华:《明代官冗与官缺研究》,厦门大学博士学位论文,2001年,第33—38页。
③ (明)文徵明著,周道振辑校:《文徵明集续辑》卷下《乞休致三疏·第三封》第1623页。
④ 吴建华:《明代官冗与官缺研究》第四章《明代官缺问题》。
⑤ (明)田艺蘅撰,朱碧莲点校:《留青日札》卷15《养老》第227—228页。
⑥ (明)申时行等修:《(万历)明会典》卷80《礼部·养老》第459页。
⑦ (明)申时行等修:《(万历)明会典》卷11《吏部·侍养》第69页。
⑧ (明)杨士奇:《东里别集》卷1《郊祀覃恩诏》,文渊阁四库全书,第1239册,第591页。
⑨ (明)李维桢:《大泌山房集》卷38《周母刘恭人寿序》,四库全书存目丛书,集部第151册,第311页。

人,也只有六十岁以上的才能由养济院供养。而且养济院里对进入的孤老的资格要求也很严格,并要进行等级划分①。大体上看,能进入养济院的孤老的年龄起点是六十岁。虽然夫马进认为吕坤的养济院政策根本没有在全省范围内实行②,但我们也可以一窥吕坤对进入养济院的孤老的资格要求等,其中年龄标准也是很重要的一条。

**(四)刑罚优免**

古代社会对老人的优待在法律中也有体现,即在某些罪责上,给予一定的减免或允许收赎。《明律》对老人犯罪的优待从七十岁开始。《大明律·名例律·老小废疾收赎》:

> 凡年七十以上、十五以下及废疾,犯流罪以下,收赎(其犯死罪及犯谋叛缘坐应流)。若造畜蛊毒、采生折割人、杀一家三人,家口会赦犹流者,不用此律。其余侵损于人,一应罪名,并听收赎。八十以上、十岁以下及笃疾,犯杀人应死者,议拟奏闻,取自上裁。盗及伤人者,亦收赎;(谓既侵损于人,故不许全免,亦令其收赎)。余皆勿论。(谓除杀人应死者上请,盗及伤人者收赎之外,其余有犯,皆不坐罪)。九十以上、七岁以下,虽有死罪,不加刑;(九十以上犯反逆者不用此律)。其有人教令,坐其教令者,若有赃应偿,受赃者偿之(谓九十以上,七岁以下之人,皆少智力,若有教令之者,罪坐教令之人。或盗财物,旁人受而将用,受用者偿之。若老小自用,还着老小之人追征)。

以上是针对犯罪时已经是老人的罪刑优免。此外还有针对犯罪时尚未老疾,事发时已经老疾的情况。针对这种案例,也是比照上述律例减刑。

> 凡犯罪时虽未老疾,而事发时老疾者,依老疾论。(谓如六十九以下犯罪,年七十事发,或无疾时犯罪,有废疾后事发,得依老疾收赎。或七十九以下,犯死罪,八十事发,或废疾时犯罪,笃疾时事发,得入上请。八十九犯死罪,九十事发,得入勿论之类。)若在徒年限内老疾,亦如之……③

可以看出,法律对老人罪刑优免的年龄起点为七十岁。吕坤在山西等处任提刑按察使时所著的《风宪约》,也提到"七十以上老人,十五以下小儿,及身有疾病、家有新丧者,不系勘合及重犯,不许辄送监仓"④。

**(五)节妇旌表制度**

贞节烈女⑤的大量涌现是明代社会的特殊现象,官方对此也建立了相应的旌表制度⑥。

---

① (明)吕坤撰,王国轩、王秀梅整理:《吕坤全集·实政录》卷2《民务·收养孤老·审收十条》,北京:中华书局,2008年,第968页。
② [日]夫马进:《中国善会善堂史》第65页。
③ 怀效锋点校:《大明律》卷1《名例律·老小废疾收赎》第11—12页。
④ (明)吕坤撰,王国轩、王秀梅整理:《吕坤全集·实政录》卷6《风宪约·提刑事宜》第1101页。
⑤ 对于此一课题的研究,可参阅衣若兰:《史学与性别:〈明史·列女传〉与明代女性史之建构》,太原:山西教育出版社,2011年;[美]卢苇菁:《矢志不渝:明清时期的贞女现象》,南京:江苏人民出版社,2012年,等等。
⑥ 可参阅衣若兰:《史学与性别:〈明史·列女传〉与明代女性史之建构》第四章《青史留名:旌表制度与〈明史·列女传〉的编纂》。

年龄是旌表的条件之一。"洪武三年定:凡民间寡妇三十以前夫亡守志,至五十以后不改节者,旌表门闾、除免本家差役。"①正、嘉时期的金瑶也记载:"今制凡女人三十以前守寡、至五十不变者,例有旌典。"②对于年岁要求有二:一是三十岁以前即守节,二是守节时间至少二十年,最低的旌表年龄门槛为五十岁。张邦奇的嫂子年26守节,"年五十,里人议请旌表如例",遭到嫂子拒绝,后来在家人劝说下才同意,于55岁得旨旌表门闾。③ 刘隅的姐姐年16成婚,婚后半年夫卒,立誓守节,"年逾五十,有司以闻事下台□覆实,有旨旌表加典"④。

不过对旌表年龄也有不同的记载。唐文献记载"六十于国制格当旌"⑤;董其昌给嘉靖年间礼部尚书许国的冢妇所作墓志,提到"令甲节妇非六十者不得旌,其以子贵驰封者亦不得旌"⑥;张大复亦提及"国家之令,妇节年六十,乡之人上其事得旌间"⑦,黄汝亨则提到"予读功令,民间节妇年五六十者例得旌"⑧。门槛大概在五十或者六十岁。

对于节妇的旌表,"此圣人所以厚人伦、美教化之大端也",而之所以要限年,是因为"海内伙矣,旌之不胜,旌取其尤者示之的欤"⑨。判断"尤"的一个标准就是年限,即对这一道德准则要坚持得足够长久,从年轻贯穿到年老,始终如一。

## 二、眉寿与庆寿

眉寿即长寿,对于长寿,也是有程度划分的。明代也曾流行"以六十为下寿、七十为中寿、八十为上寿"⑩,沈长卿认为"此臆拟也,予以数准之年当六十纳音一周,届六十四则卦气已满,此为下寿;盈百岁为中寿、逾百岁为上寿"⑪。即他从数术易理的角度出发,认为应该将六十四岁定为下寿,而把中寿和上寿的标准大大提升了。

李豫亨从"女七男八"这一生命节律的角度论述男女各自寿命中的坎儿。

> 男子八岁而阳精生,十六岁而阳精泄,八八六十四而阳精竭。女子七岁而癸水生,十四岁而癸水降,七七四十九而癸水竭。予尝验之,男子之寿多阻于六十四岁之外,稍有不谨,多生肿胀风痹诸疾,多损寿元,故曰人生七十古来稀。女子之寿多阻于四十九

---

① (明)申时行等修:《大明会典》卷20《户部·赋役》第134页;卷79《礼部·旌表》第457页。
② (明)金瑶:《金栗斋先生文集》卷7《黄村黄杰妇汪氏传》,续修四库全书,第1342册,第583页。
③ (明)张邦奇:《张文定公环碧堂集》卷6《为元嫂求寿序状》,续修四库全书,第1337册,第166页。
④ (明)刘隅:《范东文集》卷12《为姊求贞节文诗状》,续修四库全书,第1339册,第450页。
⑤ (明)唐文献:《占星堂集》卷4《陈贞母尹孺人六十序》,四库全书存目丛书,集部第170册,第413页。
⑥ (明)董其昌著,邵海清点校:《容台集》卷8《许伯上配鲍太孺人墓志铭》,杭州:西泠印社出版社,2012年,第489页。
⑦ (明)张大复:《梅花草堂集》卷4《周母孟节妇六十寿序》,续修四库全书,第1380册,第375页。
⑧ (明)黄汝亨:《寓林集》卷12《卓母徐节妇传》,续修四库全书,第1369册,第173页。
⑨ (明)沈一贯:《喙鸣文集》卷3《朱亲母刘氏七帙序》,续修四库全书,第1357册,第169页。
⑩ (明)程敏政:《篁墩集》卷58《同寿堂对》,文渊阁四库全书,第1253册,第345页;(明)韩雍:《襄毅文集》卷10《庆南丘钱君寿五十诗序》,文渊阁四库全书,第1245册,第743页;(明)朱之瑜:《舜水先生文集》卷12《答古市务本三首之三》,续修四库全书,第1384册,第603页。
⑪ (明)沈长卿:《沈氏日旦》卷5,续修四库全书,第1131册,第434页。

岁之外,稍有不谨,则多生崩淋中脘诸疾,亦多损寿元。男子能过六十八九,女子能过五十三四,则可跻上寿无难,故知命者于此耗竭之时尤宜加谨,此真人鬼关捩也。①

即李豫亨认为男人和女人分别容易在阳精、癸水衰竭的年龄得一些损伤寿元的疾病,由此也影响到了男女两性的寿命。大体能超过阳精、癸水衰竭的年龄四五年,就相当于迈过了生命中的危险期,就有了登上寿的入场券。可以推断李豫亨认为六十八九、五十三四至少是男性和女性各自的下寿。

不过眉寿的标准并不是固定的,如明代中期浙江台州府天台县民众长寿的越来越多,相应地,眉寿标准也发生了变化。

> 予(夏鍭)闻之长老云:"自吾为儿时,去今才五六十年,吾目中所见老寿之人,何其少也。乃今所见,何其多也。当时年七十者谓之上寿,一家以一人为多,于是五十者,人视之已若耆年老宿。今也则不然。七十者比肩,八十者相望,广宗茂族,或可得数百指。向之五十者,今以七十者抵之;七十者,仅可以比九十者。"②

仅仅过了半个世纪,天台县民的年寿就有了大幅度提升,上寿的标准也随之提高了20岁。不独夏鍭(1455—1537)家乡如此,约与夏鍭同时的顾鼎臣(1473—1540)也观察到他的家乡苏州昆山,"其缙绅大夫颓然养恬林壑者多八十左右,而年过七十以为常"③。方凤的观察和顾鼎臣相同,亦说家乡昆山"八十者岁有之,若七十则不足异矣"④。距天台县不远的永康县,民众寿命也有了提高,嘉靖甲寅(1554),程文德给屠翁作八十寿序,也说"今之八十犹中寿尔"⑤。可见,眉寿的标准随着人口寿命的增长也在变化着。

同样变化的,还有过寿⑥的年龄。常建华认为"民俗对老年的认识,是中国古代社会界定老年的重要方面。祝寿的年龄很能说明问题"⑦。传统礼制中,六十始寿,在明代江南地区,过寿年龄则提前了不少,如昆山王朝贵年四十即做寿,方鹏(1470—?)为其作寿序,称"吾俗重称寿之礼,自五十、六十以至百岁每遇成数必举之,四十则罕矣"⑧。归有光(1507—1571)也屡次提到家乡五十岁即过寿的习俗,"吾昆山之俗,尤以生辰为重。自五十以往始为寿,每岁之生辰而行事,其于及旬也,则以为大事"⑨,"吾吴中之俗重寿诞,年至

---

① (明)李豫亨:《推篷寤语》,载裘庆元辑:《秘本医学丛书》第2册,上海:上海书店,1988年,第11页。
② (明)夏鍭:《夏赤城先生文集》卷15《许寿官八十节文》,四库全书存目丛书,集部第45册,第360页。
③ (明)顾鼎臣:《顾文康公文草》卷5《寿许母九十序》,四库全书存目丛书,集部第55册,第374页。
④ (明)方凤:《改亭续稿》卷1《二老传》,续修四库全书,第1338册,第430页。
⑤ (明)程文德:《程文恭公遗稿》卷9《寿东冈屠翁八十序》,四库全书存目丛书,集部第90册,第192页。
⑥ 关于明代的过寿情况,可参见邱仲麟:《诞日称觞——明清社会的庆寿文化》,《新史学》第11卷第3期,2009年9月。
⑦ 常建华:《中国古代对老年的界定》,《历史月刊》1997年6月号,第39页。
⑧ (明)方鹏:《矫亭存稿》卷4《赠王玉井序》,四库全书存目丛书,集部第61册,第554页。
⑨ (明)归有光著,周本淳校点:《震川先生集》卷12《默斋先生六十寿序》,上海:上海古籍出版社,2007年,第282页。

艾,始为寿"①"吾乡之俗五十而称寿,自是率加十年而为寿"②。从过寿习俗上看,五十岁就可以算是老年人了。

## 三、明代医学、房中理论对老年的认识

中国古代医学从气血、脏腑、经络、筋骨等诸角度构建出了衰老的样态,如《黄帝内经·素问》论述男性的衰老:"……五八,肾气衰,发堕齿槁;六八,阳气衰竭于上,面焦,发鬓斑白;七八,肝气衰,筋不能动;八八,天癸竭,精少,肾藏衰,形体皆极……"③《灵枢·天年篇》论述脏腑的变化:"五十岁,肝气始衰,肝叶始薄,胆汁始减,目始不明;六十岁,心气始衰,善忧悲,血气懈惰,故好卧;七十岁,脾气虚,皮肤枯;八十岁,肺气衰,魄离,故言善误……"④衰老是个渐进的过程,但大体在五十岁左右就开始了衰老的进程。

明代医家虽然在论述某些具体的老年病上较前人有所突破,但在医理上论述从何时入老,基本上还是因袭前贤,如"人年四十而阴气自半,则阴虚之渐也。此外则愈老愈衰、精血日耗"⑤"人当五十以外肾气渐衰"⑥,也基本上认为四十、五十就有衰老的迹象了。

明代医家和汉唐时期的观念相同,提倡六十禁闭房事。如徐春甫"人生五十者精力将衰,大法当二十日一次施泄。六十者当闭固勿泄也,如不能持者,一月一次施泄。过此皆常情也,不足为法"⑦。田艺蘅建议的闭房年龄要提前十年,认为五十就应该闭房:"男子六十而闭房,以辅衰也,重性命也。七十太衰,寝非人不暖,故复开房。余谓古人所禀纯厚,而又三十始婚,故可以至六十而后寡欲。若今人则所禀既已漓薄,而又未弱冠而遽有室,则当五十而闭房可也。"⑧

综上,从医理上论,五十岁身体各项机能基本都开始老化了,也就算得上老年人了。

## 四、社会观念中的"老"

谢元鲁、王定璋《中国古代敬老养老风俗》对"老"的标准有如下理解:"所谓老年人,在中国古代有着两方面的含义,即生理学意义上的老人与社会学意义上的老人。就前者而

---

① （明）归有光：《震川先生集》卷12《徐太孺人寿序》第303页。
② （明）归有光：《震川先生集》卷14《朱君顾孺人双寿序》第361页。
③ 郭霭春主编：《黄帝内经素问语译》，北京：人民卫生出版社，2013年，第5页。
④ （清）张志聪集注，矫正强、王玉兴、王洪武校注：《黄帝内经灵枢集注》，北京：中医古籍出版社，2012年，第372页。
⑤ （明）张景岳：《景岳全书》卷34，北京：中国中医药出版社，1999年，第1302页。
⑥ （明）喻嘉言：《寓意草》卷3《面论大司马王岵翁公祖耳鸣用方大意》，北京：中国中医药出版社，1999年，第405页。
⑦ （明）徐春甫编集，崔仲平、王廷主校：《古今医统大全》卷86《老老余编·论衰老》，北京：人民卫生出版社，1991年，第806页。
⑧ （明）田艺蘅：《留青日札》卷15《老人闭房开房》第235页。

论,人们是否已经进入老年,是以人体器官的组织结构与生理功能的衰退程度来决定的。就后者而言,衰老与年轻又是相对的,年龄较大的长辈相对于年轻的后辈可以称老。"从敬老养老的风俗来看,"中国古代社会中,父母对于子女,长辈对于后辈,尽管其年龄不一定达到历代王朝指定的老人标准,但也可以列入老人的行列,这就是社会学意义上的老人"①。吕丽萍在其《明代家庭养老政策》一文中指出"老人的年龄界定问题本质是在一般的家庭和社会背景下,人到了何种年龄方有资格享受子女奉养"。她认为子女对父母的赡养应该始于子女成丁,有了基本的自理能力和劳动能力之后。同时认为年龄标准不重要,明人对老人体质和心理状态的认识才重要②。两篇文章都从孝道出发对老人进行了界定,只不过相较而言,后文增加了对子女成丁这一条件的限制,使得这一社会学意义上的"老"不过于宽泛。

的确,在明人的观念里,长辈就是老人,即使年纪并不大。万历时期的兵部职方司郎中杨于庭中进士后,本打算带着妻儿一起赴任,但考虑到"大人五十老矣,非□□居不安、食不饱"③,于是就把妻儿留在家中陪伴。万历时期的御史陈玉辉乙卯年回家省母,观察到"母春秋高,晨尝绩纫为诸侍女先"④,这时候母亲52岁。明末著名理学家吕维祺在他49岁时,遭父丧,"过于哀毁,瞿然病作,诸子侄以先生年高善病,请少进肉食,乃许用肉汁,然一再进则愁然不乐,旋命彻去"⑤。杨于庭父亲50岁,陈玉辉母亲52岁,吕维奇才49岁,虽然生物学年纪并不大,但在孩子们看来已然"年高"了。除了"孝道"这一社会学意义上的老之外,明人对老还有其他层面的认识。

**(一)人生阶段划分**

宋代学者洪迈在《容斋五笔》里记录了朱新仲对人生的安排:

> 朱新仲舍人常云人生天地间寿夭不齐,姑以七十为率。十岁为童儿,父母膝下视寒暖燥湿之节,调乳哺衣食之宜,以须成立,其名曰生计。二十为丈夫,骨强志健问津名利之场,秣马厉兵以取我胜,如骥子伏枥意在千里,其名曰身计。三十至四十日夜注思择利而行,位欲高、财欲厚、门欲大、子息欲盛,其名曰家计。五十之年,心怠力疲,俯仰世间,智术用尽,西山之日渐逼,过隙之驹不留,当随缘任运、息念休心、善刀而藏、如蚕作茧,其名曰老计。六十以往甲子一周,夕阳衔山倏尔就木,内观一心要使丝毫无憾,其名曰死计。朱公每以语人以身计则喜,以家计则大喜,以老计则不答,以死计则大笑,且曰子之计拙也。朱既不胜笑者之众,则亦自疑其计之拙曰:岂皆恶老而讳死邪?⑥

---

① 谢元鲁、王定璋:《中国古代敬老养老风俗》,西安:陕西人民出版社,2004年,第1—2页。
② 吕丽萍:《明代家庭养老政策》,东北师范大学硕士学位论文,2011年,第5—6页。
③ (明)杨于庭:《杨道行集》卷26《亡儿州贡传》,四库全书存目丛书,集部第169册,第65页。
④ (明)陈玉辉:《适适斋鉴须集》卷5《封孺人先慈郑氏行状》,四库全书存目丛书,集部第182册,第134页。
⑤ (清)施化远等编:《吕明德先生年谱》,载国家图书馆出版社辑:《明代名人年谱续编》第13册,北京:国家图书馆出版社,2012年,第380页。
⑥ (宋)洪迈:《容斋五笔》卷3,上海:上海古籍出版社,2014年,第348页。

朱新仲按照人生每个阶段需要考虑的事情,把人生划分为生计、身计、家计、老计、死计五个阶段。晚明的陆树声(1509—1605)在他的养生专书《病榻寤言》里对人生也有相似的划分。

> 人之有生也,则有生计。自一岁至十岁以上为身计,二十至三十以上为家计,三十至四十以上为子孙计,五十至六十以上为老计,六十至七十以上为死计。中间营营扰扰,或追忆其既往,逆料其将来,外则苦其身以事劳攘,内则苦其心以密思虑,用以为周身之防、善后之策者,总之曰劳生……①

两人不约而同地都把五十岁作为"老计"的开始。吴宽也以五十岁作为生命历程的一个分界点:

> 《礼》者之言乎人寿,以百年为期,故《礼》百年曰期。五十者百之半也,以一日譬之,五十以前日之昼也;五十以后,日之夜也。以一岁譬之,五十以前岁之春夏也;五十以后,岁之秋冬也。②

朱新仲和陆树声都把人生划分为数个阶段,每个阶段都有各自的任务。相应的,就必然有每个阶段需要禁止的事。大的方面,有孔子提出的"君子有三戒":"少之时,血气未定,戒之在色;及其壮也,血气方刚,戒之在斗;及其老也,血气既衰,戒之在得。"③此三"戒",是针对人生各阶段的血气特点所可能导致的偏差行为的提醒。吕坤对与气血相联系的精神状态的划分则以四十岁、六十岁为界。

> 人之念头与气血同为消长,四十以前是个进心,识见未定而敢于有为;四十以后是个定心,识见既定而事有酌量;六十以后是个退心,见识虽真而精力不振。未必人人皆此,而此其大凡也。古者四十仕,六十、七十致仕,盖审之矣。人亦有少年退缩不任事,厌厌若泉下人者;亦有衰年狂躁妄动喜事者,皆非常理。若乃以见事风生之少年为任事,以念头灰冷之衰夫为老成,则误矣。邓禹沉毅,马援矍铄,古诚有之,岂多得哉!④

吕坤指出,一般而言,由于气血的影响,四十岁以前,人大多积极进取;四十岁后,趋于沉稳;到了六十岁,人的进取心就会衰减。明代学者黄省曾(1490—1540)曾作《效陆士衡百年歌十首》,五十岁时,还是积极进取的态势,"分符伏轼寄专城,祗奉社稷司职勤。不得丘壑怡性情,所求竹帛垂令名"。六十岁开始,出现了老态的描写:"玄眉绿鬓成秋霜,时时

---

① (明)陆树声:《病榻寤言》,载(明)陶宗仪辑:《说郛三种》续 46 卷之卷 4,上海:上海古籍出版社,1988 年,第 9 册,第 191—192 页。
② (明)吴宽:《家藏集》卷 45《赵隐君叔敏五十寿序》第 400 页。
③ 杨伯峻:《论语译注·季氏篇》,北京:中华书局,2009 年,第 174 页。
④ (明)吕坤撰,王国轩、王秀梅整理:《吕坤全集》中册《呻吟语》卷 1《内篇·性命》第 610 页。

揽镜情自伤。"①

不过在现实生活中,看到了不少五十岁左右就不再希图仕进的例子。如马湖知府顾纶"成化甲午领应天乡荐,上春官五试不利,然气不少衰。弘治癸丑复下第,乃喟然曰:'吾明年五十矣,安能复从年少辈驰骛场屋也。'走铨曹试高等,授大理司务"②。邵宝的朋友张仲方也是屡试不第,后邵宝询问为何"谢进取不事",答曰:"吾年且艾,耻与后俊争名矣。"③许应元父亲"为诸生廪食二十年,年且五十,然竟不第也,喟然称曰:'生明盛时,辍学待问,几有所见于世,而屡绌有司,此命也。今老矣,不能持尺寸管与少年竞。'遂谢去"。督学劝勉,但其父"意决矣,终不能复就诸生列"④。何出图四十七岁那年以"年已就衰,六上春官不第,颇迭于进修,且自幸甲科门第已倍往昔,而儿武英少视青紫在眉睫间,遂放达自娱,堕弃本业"⑤,不过后来儿子秋试失利,何出图幡然改悔、鞭策自己,于次年考中进士。明末胡敬辰作家书督促儿子们向学:"今再提醒汝曹,汝曹长者已年过二十,余少者已年过十七八矣,异时五十之后不能读矣,一科三年,不过十科而五十矣,时光之逼人如此,而汝曹将何以自计乎?"⑥胡敬辰以时光之易逝、五十之速至激励孩子们读书,也是因为人到了五十岁后就容易缺乏进取心。

**(二)官场中的"老"**

"老",是社会多维构建的产物,官场也是其中一个维度。

年龄是影响明代官员迁转的因素之一,官场中也存在年龄门槛,比如明代监察系统的官员就有明确的年龄限制,"国初选科道不限年岁,成化间始定三十以上方与选,若由庶吉士则二十五岁以大也"⑦。成化己丑(1469),高铨(1443—1511)年27登进士第,"或讽使增年以备台谏,公曰某不敢为也,授大理寺右评事"⑧。何鉴(1442—1522)与高铨为同科进士,"年非三十以上弗选近侍,鉴甫二十八,乡先达有劝增年者,鉴曰未入仕,先欺君可乎?庚寅竟出知宜兴县"⑨。嘉靖初年,时为吏科都给事中的夏言在关于六科给事中的选用情况奏疏中提及"祖宗旧规,凡给事中有缺,止于进士内年三十以上者选补"⑩。隆庆、万历年间亦然。李维桢的同科(隆庆庚辰)进士张泽民,22岁中举,23岁以母丧归,"服除谒选人,年未三十例不得台省"⑪。万历时期的詹事讲亦提到国家选士过于拘于年资,"台省之官非三十以上者例不得选"⑫。万建昆万历十七年(1589)中进士后在荆州府任推官,才能出众,"以卓异征,故事未三十不与给事御史之选。当轴者重建昆才,谓增年可得要地。建昆持不

---

① (明)黄省曾:《五岳山人集》卷9《效陆士衡百年歌十首》,四库全书存目丛书,集部第94册,第607页。
② (明)顾清:《东江家藏集》卷41《马湖府知府碧潭顾君墓志铭》,文渊阁四库全书,第1261册,第851页。
③ (明)邵宝:《容春堂后集》卷5《退庵张君墓志铭》,文渊阁四库全书,第1258册,第287页。
④ (明)许应元:《陋堂摘稿》卷14《先君平匡府君系录》,续修四库全书,第1342册,第124页。
⑤ (明)何出图:《何伯子自注年谱》,载国家图书馆出版社辑:《明代名人年谱续编》第9册,第86—87页。
⑥ (明)胡敬辰:《檀雪斋集》卷7《家报》,四库全书存目丛书,集部第191册,第209页。
⑦ (明)皇甫录:《皇明纪略》,续修四库全书,第1167册,第668页。
⑧ (明)焦竑:《国朝献征录》卷31,续修四库全书,第526册,第542页。
⑨ (明)雷礼:《国朝列卿纪》卷48,续修四库全书,第523册,第12页。
⑩ 《明世宗实录》卷114"嘉靖九年六月丙子"条,第2709—2710页。
⑪ (明)李维桢:《大泌山房集》卷103《都察院右副都御使张公墓表》,四库全书存目丛书,集部第153册,第80页。
⑫ (明)詹事讲:《詹养贞先生文集》卷1《条陈时政疏》,四库全书存目丛书,集部第166册,第356页。

可,乃授礼部仪制司主事"①。约与万建昆同时的安希范(1564—1621)28岁,"再考报最,当得给事御史。御史有年格,先生年未及格。或曰赢报可得。先生曰奈何欺君以博美官。遂不赴部考,授礼部精膳司主事"②。这些均是明代监察官员最小三十岁——这一年龄限制的明证,那么有没有某个年纪对于某个官职来说是"老"的呢?

就监察官来看,年龄的上限大概在五十岁。高铨、何鉴中进士的次年,即成化六年(1470),因"两京都察院各道御史缺员数多",左都御史李宾上疏请求选补,其中提到选人的年龄要求——"年三十以上、五十以下"③,获允④,遂为定制。这里提到了御史选人年龄的上限,即"五十岁"。弘治初年的吏部尚书王恕在讨论科道官的选用时,也屡屡提到"年三十以上、五十以下"⑤这个条件。顾鼎臣给张文凤(嘉靖己丑进士)的送序提到"吏部言于上,檄召以来将擢科道官,君自言曰:'某年逾五十,例不得为科道。'冢宰而下咸重君不欺"⑥。概"五十"不为科道在嘉靖朝依然践行着。

此外,刘大夏年谱里的一则记载也颇值得玩味。

> 弘治元年冬,刘大夏内艰服阕,上铨部,有诏大臣各举堪都御使者。司徒襄城李公某因举公,疏出,武弁皆酌酒贺。公于时发已皤,又不自饰其衣履,厌厌往谒。铨司咸目笑之曰:"老亦堪都御使耶?"候半载,擢广东右布政使。⑦

刘大夏此时大概五十三四岁,在铨部看来,这个年龄对于都御使来说是"老"。据时亮、郭培贵统计,有明一代阁臣的平均入阁年龄为"55.04岁",弘治年间为"56.2岁"。⑧ 如果刘大夏在这个年龄迁转到内阁,估计就不会遭遇这番笑话了吧。

可见,在官场中,某些官职也是有年龄门槛的,而且"老"的划定也不尽相同。这应该与官职本身的性质有关,如御史"为朝廷纪纲耳目之司,于职无所不当问,而内则纠劾,出则激扬……"⑨,自然需要精力充沛、直言敢谏、有胆有识之才。而五十岁,如前所论,气血衰减,精力胆识自然不如从前。而阁臣,职在议政辅政,因而更倾向于从政经验丰富的老臣。

---

① (清)谢旻等修,陶成等纂:《江西通志》卷69,文渊阁四库全书,第515册,第417页。
② (清)安绍杰编:《安我素先生年谱》,载国家图书馆出版社辑:《明代名人年谱续编》第10册,第420页。
③ 《明宪宗实录》卷84"成化六年十月辛亥",第1634页。
④ 《明宪宗实录》卷97"成化七年十月壬申",第1839页。
⑤ (明)王恕:《王端毅公奏议》卷7《议郎中李谅以进士举人知县相兼选御史奏状》,文渊阁四库全书,第427册,第590页;卷8《吏部议左都御史马文升陈言裨益治道奏状》第597页;卷12《吏部议知府言芳升用科道官奏状》第651页。
⑥ (明)顾鼎臣:《顾文康公文草》卷5《送工部都水司主事张君公仪序》,四库全书存目丛书,集部第55册,第361—362页。
⑦ (明)刘世节编:《刘忠宣公年谱》,载于浩辑:《明代名人年谱》第3册,北京:北京图书馆出版社,2007年,第24—25页。
⑧ 时亮、郭培贵:《明代阁臣群体的构成特点及其成因和影响——以阁臣的地域及户类分布、中进士及入阁年龄和在阁年限为中心》,《北方论丛》2015年第3期,第108—109页。
⑨ (明)毛纪:《鳌峰类稿》卷6《赠侍御耿君书序》,四库全书存目丛书,集部第45册,第49页。

## 五、结　语

就明代而言,不同层面设定的老年门槛亦是多样的。从赋役制度上看,六十或七十可免役;官员致仕的年龄在明代大部分时间都是七十岁;国家对老人的礼遇始于八十岁,官员父母七十岁以上,可实行灵活养亲;地方上的养济院进入门槛是六十岁;刑罚对老人的优待始于七十岁。节妇旌表的门槛是五十岁。眉寿的标准随着明人年寿水平的提升也发生了变化,从祝寿习俗上看,五十岁就可以算老人。而医学上也认为五十岁起,身体脏腑器官的机能也开始衰老。从敬老养老的风俗看,"老"的涵义就更宽泛了,父母之于子女,长辈对于后辈,都可称老。从精神状态看,时人认为五六十岁基本上人就开始消沉了。而官场中也存在年龄门槛,仅以科道官为例,五十岁是科道官年龄的上限。总而言之,"老"也是社会多维构建的产物。

**作者简介**:张雨,南开大学历史学院博士研究生。

# 印象童年：明代士人的童年记忆与书写

刘 佳

**【摘 要】** 明代士人群体的童年印象,伴随着当事人对过往的追忆,通过在文集和笔记中零散的书写,留给后世颇多可资追索的痕迹。士人对稚龄时期长辈、业师、友人的追念往往掺杂着强烈的主观动机,于此也可从情感的维度透视其童年周遭生活的样态,从中也反映了明代社会对幼儿成长成才的期许;士人幼时与外部世界的联系程度和认知方式可以通过其自身对童年阶段经历见闻的描述加以了解;读书求学的志趣、兴趣好尚的描摹、抚今追昔的流露是士人对人物与事件之外的童年记忆本体性认知的主要内容。

**【关键词】** 明代士人;童年记忆;阅历;情感

## 引 言

在儿童史的研究中,若尝试以"让孩子发声"为行文目标,那么现存资料的局限性是显而易见的,在历史的书写中,稚龄儿童并不具备言说自身的能力和自觉。长期以来,对童年和孩子的关注视角早已习惯着落在他者身上,关注者可能是家中长辈、邻里街坊、学堂先生、教育学者、社会风俗的记录者等社会角色,他们用期望、理想、习俗、心态等社会文化要素构建起了儿童成长的周遭世界。除了彼时他者眼光的关照外,就当事人而言,童年则更多地存在于个体人生历程的回顾之中。在已然形成的文本中,童年的书写伴随着记忆的生长必然要经过不可避免的遗忘、拆分、改写、重构等一系列过程,失却了所谓的"真实",但是我们无从笃定地认为这份真实丧失的程度定然多过其他诸如事件、人群、经历的描述和复原过程。只不过,儿童史研究可以让我们更为轻易地看到,并坦诚地接受这一点。鉴于上述资料和视角的局限,在儿童史研究的舞台上,作为主角的孩子们迟迟得不到机会从幕后走到台前。

本文尝试从回忆的角度为探索童年认知的主体性做出些许尝试。① 众所周知,作为人生经历的童年伴随着个体成长而沉淀为记忆,或者说是阅历。虽然个体对自身童年的记述往往时过境迁,不具备实时性,但是却拥有着沟通今昔时空的思维张力和情感维度,在可供

---

① 台湾学者熊秉真早在 20 世纪 90 年代就开始尝试从回忆的角度考察明清时期家庭中的母子关系,但在其行文中未见对回忆动机和情感的考察。参见《明清家庭中的母子关系——性别、感情及其他》,载李小江等主编:《性别与中国》,北京:生活·读书·新知三联书店,1994 年,第 514—544 页。

搜寻与探讨的文本中并不缺乏此种回忆行为呈现的鲜活姿态。更进一步说,历史的眼光可能无法关照到那些尚处于稚龄的孩童,但是却可以捕捉到成人世界出于不同目的留存下来的童年记忆。本文试图通过考察明代士人述诸笔端的童年印象,尽可能地追随士人群体回忆的脚步去触及他们童年生活世界的点滴,在借助个体记忆呈现的独特性和过程性的同时,揭示明代士人记忆中童年的基本样貌,并联系明代社会生活的背景,关注其何种情况下被忆及和书写,以及在不同的书写形式背后蕴含的情感指向和创作目的。具有鲜明个性化特征的明人文集的大量存在,为追溯明代士人群体的童年记忆提供了可能。一般情况下,一部文集涵盖了著者在不同时期创作的诸多类型的作品,这些具有不同文风和撰写目的的作品中对童年记忆的叙述也许并非刻意,或者仅为寥寥数语,但是记述行为本身已经说明撰文者试图调动脑中的记忆,搭建起通往童年的时间桥梁,通过时空交错来实现行文的目的。文中提供的些许情节线索展示了士人眼中的童年生活,这与其行文时的境遇心情密切相关。

在明代社会,伴随着商品经济的发展和城市文化的繁荣,相关研究学者认为士人群体存在一个自我价值发现的过程,在士人笔下,文体不一,自传意味强烈的自叙文层出不穷,个体对自我独特性的认识不断加深[①],在思想和文化层面迫切地寻找着自我精神的寄挂安放之所。特别是在弘治、成化之后,他们受制于现实与理想之间不可企及的差距,不得不努力营造人生价值的另类施展空间和迥异于科举为官诠释脉络的生活方式[②]。在此期间,社会生活展现的活性和士人群体自我标榜、自我发现的喧哗众声使得本文对明代士人童年记忆和成长经历的追索更加令人兴致益然。同时也希望通过对士人童年记忆的研究,为明代社会生活研究视野的持续拓展提供儿童史思考的维度。

## 一、亲情、友情与社交网络

明代士人对幼年经历的回味往往包含着可以确证的情感动机,回忆的开启和情感的表达较多出现在他们为家人(包括自身)、师友撰写的传记、行状、祭文、墓志铭等篇章中。文中的他们幼弱无依,发育成长全然依靠家中长辈的护佑扶持,倾情呵护;稍长,启蒙受教,做人为文又仰仗授业恩师的传道解惑;期间,嬉戏玩耍、纵情天性、畅言志趣、砥砺切磋均有兄弟同窗的携手共担。虽然表面上看去,这些文章形式千篇一律,结构多有雷同,但是文章表现出的"斯人已去"的哀感以及对双方互动场景的细致描摹,则深刻反映出个体童年生活经历的真实与鲜活。

被誉为"闽中十子"之一的王偁(1370—1415)在狱中回顾生平,情辞恳切。叙及其父王翰早年仕元,卓有政声,入明之后"为黄冠服者十年,朝廷聘之,耻为二姓臣,遂自引决。

---

① 陈宝良:《明代的自我与社会:以自传文为例》,朱诚如、王天有主编:《明清论丛》第6辑,北京:紫禁城出版社,2005年,第152—175页。
② 王鸿泰:《侠少之游:明清士人的城市游与尚侠风气》,李孝悌编:《中国城市生活》,北京:北京大学出版社,2013年,第120—158页。

呜呼,是时俛方生九龄,家嶷然壁立"①。父逝之后,幼年王俛在母亲身上同样感受到了父亲的决然坚毅,"太夫人守节自誓,艰难备尝。手疏先君之迹,与古今豪杰大略教之"②。他获得先父托孤好友吴海的教诲,"闽先正闻过斋吴公学行醇伟,为士林望,与先君交谊相与也。先君没时属俛夫子教之第,未弱冠,夫子没,怅怅罔依归"③。元末明初的时代背景奠定了王俛童年记忆的底色,家国的浮沉兴衰对浸淫其中的个体影响是多方面的,而它展示和传达给幼年王俛的则是双亲的毅然与无畏。文中他满怀深情地提到诸位已经离世并给予其人生重要影响的亲族师友和自身未尽的家国责任,一位明代士人的基本生活圈、平生志业、人生理想于此略可窥见一斑。

  若夫俛以为终身之憾者,觊失所怙,哭吾父几不能生。初知学而哭吾师,如哭吾之父焉。未几,哭吾友如哭吾之师,比得禄而太夫人不逮养,有子教之未立,荷两朝之恩而莫一举报。④

在文本中,对童年记忆的追索无一例外地要始于家庭生活,家庭为士人的童年提供了必要的情感支撑和生活扶持。明代士人在墓志铭、行状、祭文、传记的遣词行文中,每每忆及父辈爱抚教导的动人事迹,由于情感的倾注,寥寥数语间便能呈现出颇具画面感的叙事效果。在深谙儒家传统伦理的士人笔下,幼年的他们是父辈家族理想和社会理想实现的载体,是父亲教育理念的忠实践行者。状元及第的康海(1475—1540)曾自言未能及时领悟父亲教诲的要旨。

  子阜长,益欲教育为闻人。阜死,不肖才一岁,其生禀未觇也,乃叹曰:"天乎,我固以穷乎?乃果弗庸显吾宗乎!"不肖既六岁能诵,口授,始稍稍不烦愦。十二教以古今贤圣之迹,及指要同异,曰:"今固未必知,苟一一记吾言,当后有思可以成名人。"不肖虽私能识之,然好逐趁童子群戏,凡戏又多支谩亡状。先君益重自努绝,乃长弃不复教。至于其大病,始思绎所故尝指者,则先君已弗省解矣。⑤

康海之兄康阜育而不苗,早膺神童之名,却不幸早殇⑥,康海继其兄成为父亲康镛眼中显宗扬名的家族希望,康海自言六岁在父亲的口授下启蒙,十二岁时出于无忌的天性尚不能体味父亲教导其成就名人的苦心。尽管如此,从康海的人生履历来看,二十八岁在科考中力拔头筹的他已然实现了父亲的期望。同康镛所持的心态一样,教导子弟获取功名,扬

---

① (明)王俛:《虚舟集》卷5《自述谀》,《景印文渊阁四库全书》集部,第1237册,台北:台湾商务印书馆,1986年,第79页。
② (明)王俛:《虚舟集》卷5,《景印文渊阁四库全书》集部,第1237册,第79页。
③ 同上。
④ (明)王俛:《虚舟集》卷5,《景印文渊阁四库全书》集部,第1237册,第80页。
⑤ (明)康海:《康对山先生集》卷45《先平阳府君夫人张氏行状》,《续修四库全书》集部,第1335册,上海:上海古籍出版社,1996年,第491页。
⑥ (明)康海:《康对山先生集》卷38《先兄德瞻墓志铭》,《续修四库全书》集部,第1335册,第431页。

名显亲是明代父辈普遍所持的心态,在明代士人眼中这也成为父辈对自身表达关爱的一种形式,具有正面和积极的意旨。茅元仪(1594—1640)之父曾在酷暑之际将其独闭楼中,以备童子科考试。"余堕地十三年,始以童子试过武林,时暑焰炙天,诸昆弟皆散发湖上,先水部独闭余一楼,曰:'是儿耽情山水,不肯作马上看花人也。'"①当然,在严苛的教育方式之外,也不乏采取鼓励启发式教育方法的父亲,早年丧母的陈子龙(1608—1647)在父亲身上想必也体会到了母爱的丝丝温情:"不肖孤当五岁时失母,府君即抱置膝,或月夜坐几上,与言古者忠孝节概事。稍长教以读古文词,所为文有一语合者,必加褒劝。"②

相比于童年记忆中略显平面的父亲形象,家庭中母子间的情感交流和互动显得生动而细腻。在士人笔下的童年生活中,母亲多数是隐忍、坚毅和知书达理的形象,同时具有自我牺牲精神。陈献章(1428—1500)五十六岁时上疏乞归奉母,极言幼时其母独自抚育之恩情,"缘臣父陈琮年二十七而弃养,臣母二十四而寡居,臣遗腹之子也。方臣幼时无岁不病,至于九龄,以乳代哺,非母之仁,臣委于沟壑久矣"③。特别是在父亲早逝,母亲独自面对家庭变故和生活压力时,母亲之贤淑形象会更为深刻地烙印在他们童年记忆之中。邵宝(1460—1527)幼年,父亲、曾祖父、祖母相继离世,母亲孤身面对变故:

> 诸父有利吾产者,百方震凌,将夺之节,当其肆暴。母至携宝匿曾伯祖母王安人所,然不为变。既而,析产争取金帛泉货,母独取存一手校先世遗书千余卷,昌言曰:"吾冢妇也,此书当与吾儿读之。"袭而庋之床顶。然以爱故,尚未令就外传。宝九岁始延里师,俾授句读。④

在邵宝看来,其母虽无力参与家族财产的争夺,却仍旧遭受亲族的攘夺欺凌;即使如此,在身处劣势的境遇中仍然不忘诗书传家的要旨,忍辱负重,以求教子成立。邵宝回忆其幼年求学,母亲常常劝其注意劳逸结合,"宝忆少时每夜读书,母必手女红以相之,常谓读书在勤,然须节劳无致成疾。秀才家书尚多,非力莫能读也,故戒勤之意率逾于警惰"⑤。儿时深夜灯下读书习课,母亲以女红相伴不离左右的照拂与期待,恰似晦明幽微的灯光,不仅辉映着世事变迁背后家庭伦理与情感可能达到的稳定与恒久,也默默地温暖着千载之下中国古代士人群体的童年生活经历。在家庭生活中,母亲的言传身教和督戒训导令儿子印象深刻,这体现在文中对母子间生活琐事的细致记录,理学家崔铣(1476—1539)自言年高得子的母亲,并不因此在生活中娇惯于他,"(先妣)年三十六始生不肖,铣五岁时,先妣归宁,表兄弟俱衣彩褐,不肖向母索衣。先妣归,启二敝笥,示之亡可制者,不肖益哭,亦竟亡也"⑥。随父宦居延安期间,崔母又防微杜渐,从维护其家名誉声望的角度认为他的行为发展下去难免会有辱没家声的危险,而对其严加惩戒,"不肖十三岁,在延安私以纸易瓜,先妣

---

① (明)茅元仪:《石民四十集》卷23《西湖看花记》,《续修四库全书》集部,第1386册,第272页。
② (明)陈子龙:《安雅堂稿》卷14《先考绣林府君行述》,《续修四库全书》集部,第1388册,第142页。
③ (明)陈献章著,孙通海点校:《陈献章集》卷1《乞终养疏》,北京:中华书局,1987年,第2页。
④ (明)邵宝:《容春堂续集》卷14《先母太淑人过氏行状》,《景印文渊阁四库全书》集部,第1258册,第638页。
⑤ (明)邵宝:《容春堂续集》卷14《先母太淑人过氏行状》,《景印文渊阁四库全书》集部,第1258册,第639页。
⑥ (明)崔铣:《洹词》卷5《显妣淑人李氏述》,《景印文渊阁四库全书》集部,第1267册,第492页。

怒责二十,曰:'此渐可通贿,为官多因妻及子好货败其名!'"①在陆深(1477—1544)的印象中,母亲并未因祖父母对孙儿的百般怜爱而对他有所娇纵,放松管教。

> 近三十始举深,筠松府君、尤孺人以孺人故,爱过诸孙。孺人未尝不严也。儿时嬉弄必不与之钱贝,与之食必藏去其肥旨,服之澣濯之衣,出入必谨。深不得孺人一语,必不敢去左右也。夜或张灯映月坐南轩,手织作,必坐之膝旁使读书或背覆之不得遗一字。②

深习传统家庭伦理规约的陆母,对儿子的管教和约束体现在衣食玩具、日常礼节、智识启蒙等多个方面。也从另一角度说明了,传统士人家庭中母亲这一角色所能起到的观念和价值的传习作用。可以说,士人家庭中的母亲将社会伦理价值内化成家庭内部的行为习惯用以抚育教养后代,并成为为人子者的士人们日后为人处世、待人接物的行为准则,这或许也是千百年来中国传统士大夫文化不坠箕裘的原因之一吧。

父母之外,士人的祖父母、外祖父母,以及其他亲族通过血缘和情感的紧密联系也频频现身于士人笔下的童年情感世界。宋濂(1310—1381)在《先大父府君神道碑》中道及祖孙二人小坐的情景:

> 濂之生也,与府君同月日,府君特怜爱之。四五岁时,府君坐置膝上,以手循其发而祝曰:"吾祖实宽厚长者,生平好施与,不求人知。吾父孝弟如古人,应物务以柔胜,亦以恤贫之故,致家之索。及吾,唯先训是式,没衡于心而勿敢忘承。吾之利者,列于前纷纷也,今毫矣,恐旦暮死,不能以诏汝。汝固幼,幸听吾言。即听吾言,期树善于无穷。"言讫潸然而泣。濂时虽无所识知,颇能记府君之言。③

文中记录了祖父对他为善为务、承袭祖德的殷切期盼。相较于宋濂祖父勉其成人、脉脉温情的嘱托与期望,祖母金夫人则更注重孙辈的课业表现。"予祖母金夫人,最号家法"④,"且督予兄弟之学尤急,每夜悬灯,呼次第来前,取仿书以验惰勤"⑤。在王立道(1510—1547)的记忆中,外祖母给予其兄弟的关怀并不因其为外姓而有丝毫的减损,"不肖兄弟自襁褓以至成立,其妪煦保字之恩与诸孙等。岁时从吾父母拜于堂下,分饴戏嬉,虽家人亦不谓有他姓也"⑥。文中描绘的是岁时节日里,尚处童年的王立道与父母兄弟聚于外祖母堂下,尽享天伦的情景。

鉴于明代的医疗水平和复杂的社会现实,家庭中父母一方或者双方常常会由于亡故、宦游等原因在幼儿的成长阶段缺席,这种情形在当时的社会生活中是极其普遍的。因此在

---

① (明)崔铣:《洹词》卷5《显妣淑人李氏述》,《景印文渊阁四库全书》集部,第1267册,第492页。
② (明)陆深:《俨山集》卷81《先孺人吴母行实》,《景印文渊阁四库全书》集部,第1268册,第519页。
③ 罗月霞主编:《宋濂全集》,杭州:浙江古籍出版社,1999年,第1995页。
④ 罗月霞主编:《宋濂全集》,杭州:浙江古籍出版社,1999年,第1071页。
⑤ 同上。
⑥ (明)王立道:《具茨集》卷7《祭外祖母朱孺人文》,《景印文渊阁四库全书》集部,第1277册,第838页。

士人的记忆中,父母的身影面庞、举止言行并不总是清晰可辨的,有些落诸笔端的双亲影像只不过是综合了自身联想和他人诉说的事迹残片,在脑海中搭接拼凑而成的。明初著名诗人高启(1336—1374)自伤早失怙恃,以"树欲静而风不止,子欲养而亲不待"为喻,创作《风树操》一文,节奏低回哀婉。

> 朝风之飘飘兮,维树之遥遥兮,吾思亲之翘翘兮。
> 夕风之烈烈兮,维树之揭揭兮,吾思亲之惙惙兮。
> 树之有风,犹可息兮,吾之无亲,终不可复兮。①

方孝孺(1357—1402)二十岁时父亲亡于京师,他丁艰归乡后专辟一室以自居,名之曰"茹荼",寄托哀思,自言目睹二十年来身边的亲人纷纷离世,哀伤不能自已,"子生七龄而丧母夫人,又五年而继母复卒,又七年先公奄捐馆舍,盖二十而丁三艰,质素薄苦多病,重之以悲哀割心摧腑,殆不能人"②。

在此种情况下,其他的亲属,特别是女性亲属就会自觉承担起幼儿的抚育责任,并在士人的童年生活中占据相应的位置。王直(1379—1462)早年丧母,父亲宦游四方,继祖母李氏和外舅欧阳淮(1357—1443)对他的抚养和教诲令他铭记于心,在为母舅撰写的墓表中他满怀哀伤地写道:

> 忆四五岁时先姚淑人弃背,未几先尚书公以事去,当时直几不能自立,荷公之德以克至于今。思欲报公而未能如志,今则已矣。直之心何如其哀也。直初从公时年十三,公衣食而教之,书常置诸左右,随事训切之使必循礼蹈义,以毋辱其先。直服膺不忘后,二年遂去公而归,然所以趋善背恶不陷于恶者犹公之教也③。

虽然没有父母相伴左右,在跟随母舅生活的两年间,王直的生活仍旧有着必要的物质保障,并与其他世家子弟一样,接受着诗书礼仪和人生理念的启蒙和训导。王直八十三岁,自言"身老而气益衰"之际,回顾幼年成长经历,盛赞继祖母的抚育之恩,"直早丧母,而父以事去。家贫力薄,独赖继祖母李夫人抚育教训以底成"④。

倪岳(1444—1501)面对着外祖母的遗像,娓娓叙述了他儿时家庭生活中包括外祖母在内的三位成年女性的事迹。倪岳眼中的外祖母良善慈爱、持家有道、坚韧果决。另外两位女性分别是他含辛茹苦、多病易感的母亲以及恪守妇德、事亲至孝的继母,在倪岳尚未成年之际,她们先后因病弃世而去。作为倪岳父亲的倪谦(1415—1479)在两位妻子亡故之际均宦游在外,在儿子的童年记忆中其时的他或是为国远使异域,或是为民请命一方。下文中倪岳的叙述颇能代表一个出身士绅家庭的孩子的坎坷遭遇,也从一个侧面展示了在男性主

---

① (明)高启著,(清)金檀辑注,徐澄宇、沈北宗校点:《高青丘集》,上海:上海古籍出版社,1985年,第98页。
② (明)方孝孺:《逊志斋集》卷15《茹荼斋记》,《景印文渊阁四库全书》集部,第1235册,第456—457页。
③ (明)王直:《抑菴文集》卷8《母舅欧阳公墓表》,《景印文渊阁四库全书》集部,第1241册,第178页。
④ (明)王直:《抑菴文后集》卷33《自撰墓志》,《景印文渊阁四库全书》集部,第1242册,第284页。

宰的历史叙事面前,退守家庭的女性在无常世事面前,表现出的坚定与信义是如何潜移默化地滋养着一个幼弱无依孩子的心灵并助其走出困境和迷途的。故不厌其长,备录于下:

> 岁己巳先妣有疾,孺人因携之南归,时国家多事而家君复远使外国,益以惊忧遂至不起,景泰庚午后正月五日卒于南京。棺殓衣衾,一遵礼典,悉出孺人之手。不肖生仅七年,女弟甫三岁,尤多疾疢,呱呱仰哺,诚可哀怜。孺人乃遣不肖同其诸孙读书乡社,而日抱视女弟,尽鬻衣服首饰以供费,暨家君归省始克葬先妣。以岁辛未同先继妣郭夫人及不肖北来,孺人念女弟病目经岁不可暂舍,恺及诸孙留养之切,遂携女弟居于家。岁壬申女弟疾稍平,则又问道而北,辛苦万状送之京师。至则继妣所以奉之者不异其亲,而孺人之爱之亦不异其子,故复勉留焉。继妣生子三人亦仅存阜皋二弟,而丙子之岁疾复作矣。阜生方五年,皋甫周岁,抚养勤惓视不肖辈有加,皋病目病疮延绵岁月,孺人躬择乳妪昼夜顾覆至忘寝食。岁丁丑春,家君奉使荆湖而继妣以五月六日卒于家。不肖孱弱未立,无所倚仗,幸赖孺人以举丧礼。及家君使归,归柩以葬。而诸幼子则悉仰之孺人矣。天顺庚辰家君为权奸所构,得罪远谪,家众无所依,孺人营护周密,得无失所有。小人乘势欲谋夺居室者,孺人面折其过,竟逐去之,卒不敢肆其奸。乃携不肖辈过宣,备历险阻,不少惮。岁壬午秋家君往游云中,不肖赴试京闱,皆不在侧,而孺人乃以七月二十三日忽感风疾,又明日遂卒于宣之寓舍。①

世事的安排又是如此惊人的相似,在辛劳有年、无私付出的外祖母去世之际,倪岳也同他父亲一样未能陪伴左右,彼时的他正在为成就功名、承继父业而赴试京闱,而这也正是明代士绅家庭生活的常态,包括儿童在内的男性和女性成员均拥有各自的使命和责任。

在科举选官制度稳步运转的明代,一般情况下,社会中上层家庭的男孩自幼接受并习惯的是读书仕进的人生安排,与女孩不同,家庭和社会对他们的教育培养是逐步敞开式的。随着年龄和知识的增长,他们会在父辈的引导下有条不紊地识字诵书,进入学堂接受启蒙,结识师友,开展交游活动,并以晚辈的身份融入父祖辈的社交圈,他们幼年建立的社交关系在成年阶段会得到进一步的密切和巩固,有些关系会维系终身。其中士人的成长轨迹、交游网络以及活动场域的开启可从众多以缅怀、唱和、送别为创作目的的诗文书信中略见端倪。康海在写给授业师牛经的送序中,忆及儿时父亲为其择师的标准,并极力表白当时师事严师、天性受制的苦楚:

> 昔先人在时,以海方总角,尝教以正。历求师之贤者,得吾东原先生。曰:"他日使吾子为礼人,不闻过于乡党父兄者,必牛君也,是可以教吾子也。"翌日通于使者以币从于先生之门,先生言动视听皆有典则,海时且幼且劣,望之屏然不敢出息。居数日,心苦不自伸,数月弥苦,自此郁郁不能聊也。②

---

① (明)倪岳:《青溪漫稿》卷16《外祖妣王孺人遗像记》,《景印文渊阁四库全书》集部,第1251册,第209—210页。
② (明)康海:《对山集》卷3《送东原先生序》,《景印文渊阁四库全书》集部,第1266册,第345页。

家中的亲族、父辈的知交在士人童年也会扮有授业师的角色,在钱谦益(1582—1664)的祖母下夫人看来,儿子钱世扬为六岁孙儿选定的童子师,更像是其父为自己寻找了一位酒友。"吾先君作《声隅子自传》有友六人焉,族世父无登先生其一也。先生讳继科,饮酒赋诗,慷慨善谈论。余六岁就传,先君请为童子师,王母下夫人笑曰:'若为儿择师,乃自觅酒伴耶?'"①王偁之父与吴海情谊甚笃,王氏取义就道,吴海以传道授业的方式,来实现友人的临终嘱托,兑现其照护幼儿的承诺。②

当四书五经的注疏和读书仕进的理想开始充斥士人的童年时光时,伴随而来的是他们的主要精力和情感流向更多地集中在与学业相关的人和事上,其中授业恩师在士人幼年的求学生涯中发挥着传道解惑的作用,自然也成为日后士人童年记忆中人物群像中的一员。边贡(1476—1532)为《东山春兴卷》题名作序,礼赠恩师月庵先生。在引文中他回顾早年从学先生门下,屡受优遇的时光。

> 《东山春兴卷》者,边生贡为其师月庵先生而作也。月庵先生姓陈氏,和州人,居于金陵。成化末边生从王父游金陵,尝受学焉。当是时边生方九岁,在诸生中年最少也,先生顾独爱边生,命之曰:"小子贡,慎尔容,端尔中,吾须尔成焉。"边生受教,惟谨居二所年而别。③

边贡言此《东山春兴卷》正是其成年后为官返乡,其师往观,于泰山登临探幽,得他人交游唱和的诗作汇编。在回忆与现实的场景交相辉映之际,边贡不仅借此从容抒发了幼年从学的感佩之情,更有赞于月庵先生东游时的仙风道骨,也可视作明代师生之间交谊深厚、情长意笃的一处例证。

感念儿时优遇之恩较为充分地说明了士人群体对从业恩师普遍怀有的情感,王慎中(1509—1559)以长题七律致意李春江先生在其髫年求学所给予的奖掖与赏识:

> 登堂欢宴挹冲襟,为问先生迹在林。
> 晚爱溪山轻相印,日邀里族费家金。
> 门前流水心俱远,市里嚣尘迹自深。
> 却忆受知童子日,徒然长大祇如今。④

江盈科(1553—1605)的先师不因其出身低微而轻视于他,反而对他青眼有加,江氏尤为感激,直言"知我于童年者,吾师乎":

---

① (明)钱谦益:《牧斋初学集》卷76《族兄观伯钱君墓志铭》,《续修四库全书》集部,第1390册,第357页。
② (元)吴海:《闻过斋集》卷5《友石山人墓志》,《景印文渊阁四库全书》集部,第1217册,第218—219页。
③ (明)边贡:《华泉集》卷14《东山春兴卷引》,《景印文渊阁四库全书》集部,第1264册,第234—235页。
④ (明)王慎中:《遵岩集》卷6《余干李春江先生致鲁国左相而归,先生昔贰泉郡,予方髫年,在诸生中最荷奖识,展拜感旧情见乎辞》,《景印文渊阁四库全书》集部,第1274册,第83页。

> 不佞某,农家子,家君课之儒,遣从先师潼江江先生游,其时草衣木石,手一编兀兀终日,间或效铅椠家语,同侪相与目笑之曰:"此牛口下子耳,乃亦希溷章缝为?"先师辄语侪辈,谓:"若等毋薄江生,江生且将空若等。"①

反观成年后功名加身的他们,绝大多数在幼年均有着优异的课业成绩和对答如流的学习表现,张溥(1602—1641)幼年获得先生认可的文章是慰藉其父忧患苦闷的一剂良药:"予年十一从先生学文字,时粗解把笔,先生谓为可教。时称述于先子,先子时当忧患,内郁郁不自聊,时向先生索观予文,听先生赞言,辄内喜。先子年高晚岁重困,望儿子成学甚亟。"②他们是为人师者心目中的栋梁之才,并从先生口中屡屡获致"国士之期"。唐顺之(1507—1560)为其师陆先生作寿序:

> 走曩以童子侍先生,先生授之书,课之文字,观其进止动静,往往奖叹,以为远器。是时先生方日夜治经史,综百家之言,期以奋乎身而措之事业,然竟龃龉。而走也窃先生之口说,数年遂以经中第为翰林。未几而拙疾罢归时,先生尚留滞庠序中,比走起为春坊再罢归,而先生亦已去其业而老于家,既获拜先生于环堵间。因复思童子从游时事奄忽二十余年,则先生既飒然成翁,而走亦且发种种矣。先生既龃龉以老,走亦旅进旅退,于是既为先生抱井渫之恻,而又深以自愧有负乎先生国士之期也。③

在唐顺之和其师生活的明代中后期,士人仕进的理想和数奇的命运之间的矛盾渐有愈演愈烈之势,希图有所作为的官僚阶层眼中亟待改变的社会现实与他们自身能力之间的差距日趋加大。如此的社会现实,无论是初学经义的儿童、博学多识的学者,还是身居要职的官宦、飒然成翁的老儒均浸淫其中,无处避逃,因此,自然便有了唐氏文中所言的"奖叹""龃龉""抱恻""愧负"等复杂的情感表述。

与倡行师道一样,友道的标榜和维系同样是明代士人回溯童年经历的缘由之一,从祭文、寿序、墓志铭等类型的文章中,可以大致了解明代士人幼年的交友情况和成年后友谊维系的状态。交友的范围通常在家庭交际圈之内,兼之邻里和学堂,大致类型有父辈之友、通家之子、同里、同窗等④。方孝孺为亡父挚友叶夷仲书写祭文,"昔我先公,与公最欢,我为童稚,则观公文。谓公名人,非我敢见,乃辱爱知,不我愚贱,誉我勉我,待我以友朋"⑤。回顾自身与叶先生交游的过往⑥。王廷陈(1493—1550)以通家之子的身份,悼念父友兵部尚书刘天和(1479—1545),并追忆垂髫之际侍父往拜的场景,"大司马松石刘公之卒于家也。

---

① (明)江盈科著,黄仁生辑校:《江盈科集》卷11 祭文,长沙:岳麓书社,1997年,第542页。
② (明)张溥:《七录斋诗文合集》近稿卷3《张露生师稿》,《续修四库全书》集部,第1387册,第313页。
③ (明)唐顺之:《荆川集》卷7《陆慎斋先生寿序》,《景印文渊阁四库全书》集部,第1276册,第350页。
④ (明)陈子龙:《安雅堂稿》卷6《寿彭先生序》"予年十四五而有闾党之交,十七八而有四方之交,然于彭子燕又最早,已又同举于乡,因熟知其尊人先生之德与所以教者",于此略可窥见一位士人子弟在其成长过程中的交友过程与交友范围。《续修四库全书》集部,第1387册,第755页。
⑤ (明)方孝孺:《逊志斋集》卷20《祭叶夷仲主事》,《景印文渊阁四库全书》集部,第1235册,第576页。
⑥ (明)方孝孺:《逊志斋集》卷9《与叶夷仲主事》,文中对二人相识相交的经过作出了细致的回溯,《景印文渊阁四库全书》集部,第1235册,第276—277页。

其通家小子王廷陈既闻讣,哭诸寝门之外矣。乃追忆髫年,从先大夫游京师,遂获侍公,时未有知也,辱公赏我以异才,进我以小友"①。陈维崧(1625—1682)为幼时同里友人的文集提笔写序,文首自谦无能为序,继而深情回顾二人定交始末,"念自总角定交以来,晦明风雨,欢同骨肉。又少小共里闬,齿长于余六七岁,兄不弃而以弟畜余,相知之深,诚无有过于余者,余何可以无言"②。吴国伦(1524—1593)幼年从父辈处承继了与熊氏的交往,并在成年后将此关系进一步维系至下一代,从而三世延续了通家之好,下文是吴氏给熊处士写的墓志铭:

> 忆予垂发时,先大夫觞宗禹公,而使予行酒。宗禹公避席起,摩予首曰:"国器也。"因令处士与予相结,处士少予一岁,常兄事予。后虽出处异途,无岁时不相劳问,而关休戚,通有亡者,五十年如一日。盖处士不轩冕予,予亦不知处士布衣也。顷予罢归,处士又遣其二子时时来问业,且从吾儿游甚欢,三世通家分不薄矣。③

士人幼时获得和建立的社交关系会在其成长阶段不断得到加强,从而构成其成年后家庭的社会交往资源并得以延续传承。新淦张瑾请求练子宁(1350—1402)为其亡父撰写墓志铭,所依托的正是长兄张瑨与练子宁幼年的友好关系,练子宁在铭文中写道:"公之长子瑨于余有髫年之好,清才敏识,余甚敬之。今公之没也,余既悲瑨之羁于行役不得致其哀痛之思,又嘉瑾之能尽夫送终之孝,而无愧于其父若兄也。"④

年岁仿佛、托契相砺的同堂学友,由于在求学的阶段,志趣相投、忧乐共担,记忆中各自的形象往往少年意气、风华蹁跹,因此他们的身影在士人笔下的少年光阴中颇具灵动气息。吴宽(1435—1504)有诗《赠金朝璯》,金氏与吴宽同师课艺,以学官任职邵武,便道过访:

> 向晚暑气清,有客扣我户。褰裳起迓之,聆语若平素。似谙姓与名,欲问或恐误。客言君岂忘,坐请为君诉。未及三两言,拊掌顿惊悟。忆当景泰初,宽也年尚孺,鼓箧郡庠间,已解亲外傅。君时从舅氏,来向官下住,同登切庵门,讲业日相聚……我欲赠子行,金玉不足富。内廷达外邑,坦坦皆仕路,与子游其间,愿各勤保护。倘为同门羞,适取举世恶。修德崇令名,他年有良晤。⑤

尹台(1506—1579)以诗文长序作别友人黄子元,备言抚今追昔之感:

> 瑞安黄子元,余总角时与之同学。于吴中暨相别乃并在舞勺之年。今寒暑忽四十

---

① (明)王廷陈:《梦泽集》卷16《祭大司马松石刘公文并序》,《景印文渊阁四库全书》集部,第1272册,第669—670页。
② (清)陈维崧:《陈迦陵文集》卷2《周文夏稿序》,《四部丛刊初编》集部,第281册,上海:上海书店出版社,1989年。
③ (明)吴国伦:《甔甀洞续稿》文部卷3《明故熊处士惟登墓志铭》,《续修四库全书》集部,第1350册,第869页。
④ (明)练子宁:《中丞集》卷上《张彦良墓志铭》,《景印文渊阁四库全书》集部,第1235册,第19页。
⑤ (明)吴宽:《家藏集》卷3《赠金朝璯》,《景印文渊阁四库全书》集部,第1255册,第18—19页。

二更矣,子元不远数千里视余白下,二毛相向,各种种俯仰今昔,不觉为之潸涕。子元将辞归,慨然有回、路二子之慕,问余所以为之赠者。嗟乎!余何言以益子元,聊作七言近律一章,志耿耿感念之积惊云耳。

童稚情亲竹马前,心期暗许合龙泉。
烟波一别三千里,云海相思四十年。
往事真成伤白首,清歌聊为解朱弦。
即将挂绂寻仙侣,定拟逢君雁荡边。
余约子元乞归,必招之同游雁荡云。①

从吴宽和尹台诗文中可以看出,他们与各自的友人结交于总角之时,同怀功名仕进的理想;成年后经历宦海浮沉,在此重逢之际,士人的身份认同与现实中仕与隐的矛盾,重新拉近和密切着他们的关系。除了借助共有的求学经历在诗文中叙旧言志之外,回忆友人的目的也包括悼念遣怀。

在具有怀念意义的文章中,士人撰文忆及幼时与友人相处之际,正是与其天人相隔之时,文本中交杂着对昔日烂漫时光的美好追忆和回归现实后"斯人已去"的伤逝情怀,积聚和表现的情感尤为醇厚动人。尤侗(1618—1704)的告文中,以昔日之"同"缅怀与陆灵长相识七载的旧时光阴,又以今日之"弃"痛悼其中道而去的现实局面,两相比照,哀伤之情溢于字里行间:

忆予识君于丙子冬,迄今七载耳。此七载之中,修日朗月与君同游,暗风细雨与君同处,高岩远壑与君同寻,芳草幽花与君同赏,笔床砚匣与君同吟,茶铛酒罇与君同酗。自幸年甚富,居甚近,朝访夕招,堪供耐久。君尝戏言吾与子总角交欢,他日皤然一公,未知谁先志墓者。呜呼!岂知君发未白,中道弃予去也。②

在文本所能展现的士人交游网络中,还存在着一些涉及童年的有趣的社交文字,较多出现在官场往来的书启信牍和受人请托的文章之中,类似于今日我们常用的客套用语,即撰文者积极调用童年记忆产生的时空交错感来表达对撰文对象自幼的仰慕钦赞之意,以拉近彼此之间的关系,也使行文的节奏更为流畅自然,不至唐突。顾璘(1476—1545)感念林俊在官场(1452—1527)的提拔之恩,并呈书请求拜望,文首敬言:"璘自髫年闻公姓名,若与司马温国、范文正齐等。及长始知为今人。"③类似的行文笔法,又可见于泉州蔡清(1452—1508)写给座师丘浚(1421—1495)的书信开篇中:

清自拜别而南,再阅月矣。念亲庭日近,私心每以自喜,而顾师门日远,则此心又有不能不自惜者。何也?清生于远方,自其少小始解人言语,即闻当今天下有老先生

---

① (明)尹台:《洞麓堂集》卷10《赠黄子元东归诗有序》,《景印文渊阁四库全书》集部,第1277册,第634页。
② (清)尤侗:《西堂全集》卷3《告陆灵长文》,《四库禁毁书丛刊》集部,第129册,第124页。
③ (明)顾璘:《顾华玉集》息园存稿文卷8《启见素林公》,《景印文渊阁四库全书》集部,第1263册,第584页。

矣。稍长颇识读书,时时从长者求得先生所为文章诵之,虽浅陋不足以窥测其奥,然窃见其词气老健,理味悠长,而光明闿爽,正大无奇,语无难字而亦无软态,读其文者贤愚皆获其益,意其胸中所守确然,而表里洞达,当以气节道德名世者也。①

又如王世贞受吴讷之托为其父撰写墓志铭,虽然具体的行文内容来自行状和传记,但是王世贞在文首率言早年已从父辈口中闻知吴公之嘉言懿行,"予髫时每侍先中丞食,间语乡厚德长者必称吴应祥公"②。可见,士人笔下的童年记忆在社交网络文献中也可以具备素材的功用。

## 二、阅历、见闻与文本素材

明代士人幼年的成长轨迹和文集本身的结构模式,让我们看到与家庭、学业相关的人物、情感绾合而成的社交网络在士人的童年记忆和书写中占据了优势地位。但是相关的记忆发掘工作并非能够到此为止,从童年记忆的文本内容来看,除了切近自身的情感记忆之外,以外界见闻和个人阅历为主的相关事件的平直叙述也是童年记忆书写的组成部分,当然并不是说,相关的表达不包含情感的倾向,只是在行文中私人情感的表露不再明显。下文试图通过对明代士人在文本中透露的童年见闻与阅历的分析,并在对士人回忆童年的动机目的仍旧保持认识自觉的情况下,些许呈现明代社会上层儿童所能接触的外部环境、儿童的识见被允许的范围和可能达到的程度,进而尝试说明明代社会对儿童持有的态度等社会文化信息。在史料的选择上,行文形式相对固定、持有强烈创作目的的文集将不再是关注和分析的重点,而语言生动鲜活、随意性较强的笔记资料将成为考察士人童年记忆的又一趣味平台。

在很大程度上,作为童年见闻和阅历的事件在文本的撰写中更倾向于被视作表达的素材。高启利用儿时从父老口中听闻的当地官民抗元事迹起首,为宋末忠义之士胡应炎作传,"余为儿童时,常闻父老言元兵取常时事甚悉"③。宣德九年(1434)金溪县学在地方学官的倡导下拓圃构亭,恢复射礼,并请早年在此就读的王英(1376—1450)撰写亭记,王英在文中申明作为六艺之一的射礼对士人修身养德的重要意义,最后联系幼年的习射经历和未来的致仕打算作结,"予幼尝习射兹圃,今仕而老矣。将乞身南归,尚可与诸君子较其艺,其能与我有争乎"④?唐肃(1331—1374)为余姚严氏所藏的太乙真人画像作跋语,提及画面布局所宗,"予忆幼时于翰林待制申屠駧家见公麟真迹,太乙手执书卷所乘舟乃荷叶非花瓣也。嗣后屡见临本皆无画荷叶者,此卷亦然,而又手执如意,不知果何所本"⑤。在王、唐二

---

① (明)蔡清:《虚斋集》卷2《寓杭州上琼山邱祭酒先生书》,《景印文渊阁四库全书》集部,第1257册,第781页。
② (明)王世贞:《弇州四部稿》卷88《明故承德郎南京礼部主客司主事敬斋吴公墓志铭》,《景印文渊阁四库全书》集部,第1280册,第438页。
③ (明)高启著,(清)金檀辑注,徐澄宇、沈北宗校点:《高青丘集》,上海:上海古籍出版社,1985年,第912页。
④ (明)王英:《王文安公诗文集》文集卷3《观德亭记》,《续修四库全书》集部,第1327册,第342页。
⑤ (明)唐肃:《丹崖集》卷8《太乙真人画像跋》,《续修四库全书》集部,第1326册,第205页。

人的叙述中,幼年的习射和观画经历分别成为他们各自的经验素材被在行文中加以运用。同时,需要注意的是,唐文中无形透露出的与翰林待制交往,并拥有获睹李公麟真迹的机会的信息,它们无疑构成了唐肃幼年接触并感知的外部环境和社会氛围。如果进一步结合相关背景资料,也可从一个侧面说明唐肃所在家庭和亲族的社会地位和交往对象。

与文集篇章结构化、目的化的表现形式不同,在笔记资料中充斥着各种类型的童年见闻性条目,且行文自然随意。譬如《万历野获编》一书,叙及作者幼时见闻颇多。这是一部被誉为"明代野史之冠"的笔记小说,其史料之详赡、持论之中正,为明史研究者所称道,遗珠之憾在于作者沈德符(1578—1642)本人的生平经历在书中语焉不详,同时代文献中也难觅影踪①。这里尝试借助童年记忆的研究视角,立足于《万历野获编》的文本诠释,观察和呈现明代中后期以畿辅为中心的社会生活舞台以及人物事件如何在幼年沈德符的眼中展开上演。现将书中沈氏童年见闻胪列如下:

表1 《万历野获编》载沈德符童年见闻表

| 序号 | 童年见闻 | 获知途径 | 从属类别 | 出处 |
| --- | --- | --- | --- | --- |
| 1 | 予儿时值乙酉之五月,今上以旱,躬祷南郊。自宫中即徒步入天坛,亲见穆若之容,衣青苎布袍,系黑角带,天行矫健,群臣莫及,四阁臣俱侍右。时山阴王家屏为末相,中暍于途,扶曳以归。潞王亦扈从上左右,直至午后,上始乘马回宫,并步辇却勿御也。 | 目睹 | 列朝 | 卷一御辇 |
| 2 | 余幼时侍先人过此,闻其险已渐夷。然犹用纤夫二百人挽一舟,老稚相顾无人色。 | 目睹、听闻 | 河槽 | 卷十二吕梁洪 |
| 3 | 余幼时曾游城外一花园,壮丽敞豁,侔于勋戚,管园苍头及司酒扫者至数十人,问之,乃车头洪仁别业也。本推挽长夫,不十年即至此。又一日于郊外遇一人,坐四人围轿,前驱呵叱甚厉,窥其帏中,一少年戴忠靖冠,披斗牛衣。旁观者指曰:"此洪仁长子,新入赀为监生,以拜司工内堂为父,故妆饰如此。" | 目睹 | 工部 | 卷十九京师营造 |
| 4 | 余儿时闻刘守有每谒首珰,必叩头,归邸面如死灰。盖刘儒家子弟,尚不甘倖奴隶也。 | 听闻 | 禁卫 | 卷二十一锦衣帅见首珰礼 |
| 5 | 至于窑器最贵成化,次则宣德。杯琖之属初不过数金,余儿时尚不知珍重,顷来京师,则成窑酒杯每对至博银百金,予为吐舌不能下。 | 亲历 | 畿辅 | 卷二十四庙市日期 |
| 6 | 嘉隆间度曲知音者,有松江何元朗,畜家僮习唱,一时优人俱避舍,然所唱俱北词,尚得金元蒜酪遗风。予幼时犹见老乐工二三人,其歌童也,俱善弦索,今绝响矣。 | 目睹 | 词曲 | 卷二十五弦索入曲 |
| 7 | 余儿时在京师,与同侪嬉游北中。小儿每见出塾缓步详视者,必哗指曰:"可来看假司马温公。"予壮而再至,则此语渐稀,今已绝不闻。此盖日久而言湮耳。 | 亲历 | 谐谑 | 卷二十六司马温公 |

---

① 卜健:《"明代野史未有过焉者"——沈德符与他的〈万历野获编〉》,载氏著:《从祭赛到戏曲》,北京:文化艺术出版社,2005年,第263页。

续表

| 序号 | 童年见闻 | 获知途径 | 从属类别 | 出处 |
|---|---|---|---|---|
| 8 | 今上丙戌丁亥间,京师明智草场火发,薪刍如山,一夕尽为煨烬。次晨喧传有异,余稚幼,随众往观,见儿童辈在余焰中竞拾诸物,小者如拳,大者如拌盎,色正黑有光,叩之声甚清越,绝类英石之佳者,第质稍轻耳。其状或为笔架,或为砚山,或为立屏,俱可供玩,又有作人、马、犬、豕诸色者,无不毕肖。余携得数件归,寻为人持去。 | 亲历 | 鬼怪 | 卷二十九草木之妖 |
| 9 | 予儿童时,独卧醒来,火荧荧千点在帐中,久之方散,凡经数度,亲友辈以为文明之象,而予竟连遭大故,不克赴试。 | 亲历 | 襐祥 | 卷二十九衣内出火 |
| 10 | 京师极重非时之物,如严冬之白扁荳、生黄瓜,一蒂至数镪,皆戚里及中贵为之,仿禁中法膳用者。弇州谓上初年,元旦即进牡丹,而江陵相与冯珰亦各一花,以为异。余儿时在京师亦闻而未见。 | 听闻 | 襐祥 | 卷二十九岁朝牡丹 |
| 11 | 正如宋汴京者"春如红锦堆中过,人似青罗幪里行",真太平佳话也。余儿时目睹繁华,至今入梦,闻近年亦稍稍减旧观矣。盖圣主游幸渐稀,而鳌山之设久已停止,亦事理使然。 | 亲历 | 畿辅 | 补遗卷三元夕放灯 |

沈德符在书序中说道:"余生长京邸,孩时即闻朝家事,家庭间又窃聆父、祖绪言,因喜诵悦之。"① 确切地说,由于其父官职所系,沈德符十二岁之前的童年时光都是在京师度过的,因此沈氏童年见闻的发生场域正是文中每每提及的京师,获知的途径包括亲身经历、目睹及耳闻。虽然我们无法利用文中零散的童年记录描摹出万历年间一个孩子在京城十二载的成长经历和生活实况,但是可以确知的是,出身仕宦之家,自幼深受父祖辈影响的沈德符,他的童年生活并非是平面和单一化的。从上表可知,除了从父祖辈处窃听朝野典故外,儿时的他曾经去围观万历皇帝祈雨出行②,游览京师仗势者富丽豪华的花园③;曾出入喧嚣的庙市④,处身繁华的元夕⑤;又曾听音于乐工之手⑥;离家与同伴嬉游北中⑦;出于儿童好奇的天性,在草场的灰烬中捡拾异物⑧,听说有冬季绽放的牡丹可惜不曾一见⑨;有某天独睡醒来惊诧于睡帐中点点荧光的神秘体验⑩。虽然这些经历是零散、不成体系的,但是在文中我们仍旧可以觉察出一个孩子的生活气息和情绪感受,从沈德符随意的笔触和儿时现身的诸多地点来看,至少可以推断其成长的家庭环境颇具通情和开明的氛围,作为官宦世家的子弟,在接受必要的启蒙教育的同时,他也享有作为孩童挥洒天性的自在空间,他的活动足

① (明)沈德符撰,杨万里校点:《万历野获编》小引,上海:上海古籍出版社,2012年。
② (明)沈德符撰,杨万里校点:《万历野获编》第24页。
③ (明)沈德符撰,杨万里校点:《万历野获编》第408—409页。
④ (明)沈德符撰,杨万里校点:《万历野获编》第515页。
⑤ (明)沈德符撰,杨万里校点:《万历野获编》第760页。
⑥ (明)沈德符撰,杨万里校点:《万历野获编》第540页。
⑦ (明)沈德符撰,杨万里校点:《万历野获编》第567页。
⑧ (明)沈德符撰,杨万里校点:《万历野获编》第631页。
⑨ (明)沈德符撰,杨万里校点:《万历野获编》第613页。
⑩ (明)沈德符撰,杨万里校点:《万历野获编》第625页。

迹遍及京城内外,在社会密切接触的过程中,将自身的童年经历和闻见积累成人生阅历。

尽管沈德符在万历四十六年(1618)得中举人之后,屡困于场屋,终生未叨一第,但他作为儒士的忧时伤世之心不减。《万历野获编》的随笔性质使得书中内容与同时代明人文集相比,缺少明显的社交意味,但我们不难读出,文中借用童年见闻素材比照时下,有所讽喻的多处写法。可以说,明代士人群体的家国担当和精英意识使他们对社会风习有着敏锐的洞察和鲜明的价值评判。仍旧以沈德符为例,他在书中言及京城庙市瓷器价格的今非昔比,认为在其背后反映的是社会好古附雅风气的兴起。在今日的研究者看来,有明一代的社会生活曾经发生过剧烈的变动,首要表现在消费风俗的变迁和奢靡之风的盛行①,研究者的持论依据多是士人群体对社会风尚演变趋势的警醒认知。士人群体此种认知的论据不仅表现在地方志书的风俗演变篇②,还表现在文集笔记的记述中而文集笔记多半现象说法,注重周边生活状态的今昔对比,其中不可多得的证明素材便是他们的童年见闻。崔铣结合儿时的经历和社会现实,从官员住宅的演变入手揭示明中期以降风俗由简趋奢的动态变迁。

>成化中风俗俭朴。先君为司马郎,铣时十岁,尚记先君赁屋,自深巷入转东,土垣小门,内屋三间秣马,又土垣小门,入,寝三间,东三间为客次。寝之对有垣及门,小屋两间,爨室也。弘治中,官颇治屋。然西涯阁老宅尹天官故第,天官又名以贿败者,在陋巷,榱柱皆朴檄小材,但稍宽敞。今被召至京。大官自造华居,裂石采椽,连甍广院,价至万金者(李序庵第)。燕客,酒半出,玉斝相酬,金银不足珍。噫,奢乐极矣!其无患乎!③

同样生活在明代中后期的张时彻(1500—1577)以幼时见闻为依据,进行今昔俭奢对比,痛言靡费之风对官箴风气的消极影响:

>蔡我斋宗尧自署其壁曰:俭德之恭,俭则能廉。不能俭者,廉必不终。奢恶之大,奢则必贪。不穷奢者,贪亦不甚。斯言也,诚律身之龟鉴也。不暇远举,自余幼之所见与今之时亦大异矣。昔之燕客也,馔有常数,今之燕客也,馔无常数。昔之贽馈也,果饵书帕,今之贽馈也,绮縠金银。昔之宫室也陋,今之宫室也丽。昔之衣裳也朴,今之衣裳也华。昔之什器也质,今之什器也美。昔之僮仆也寡,今之僮仆也众。昔之产业也有限,今之产业也无限。足欲者以为贤能,不足者以为蠢拙,争先效之,若水之赴壑而不可止也。欲无贪得乎?故在官则朘民膏以充欲,归家则剥乡里以取盈,又何

---

① 常建华:《论明代社会生活性消费风俗的变迁》,《南开学报》1994年第4期,第53—63页;钞晓鸿:《近二十年来有关明清"奢靡"之风研究述评》,《中国史研究动态》2001年第10期,第9—20页;巫仁恕:《品味奢华:晚明的消费社会与士大夫》,北京:中华书局,2008年。
② 钞晓鸿:《明清人的"奢靡"观念及其演变——基于地方志的考察》,《历史研究》2002年第4期,第96—118页。
③ (明)崔铣:《洹词》卷11《漫记》,《景印文渊阁四库全书》集部,第1267册,第636页。

怪哉?①

明末清初行走在城市生活潮流前沿的李渔(1611—1680)在他的"时尚生活指南"《闲情偶寄》中凭借敏锐的文化与审美触觉,以衣衫的变化喻指世道人心,儿时所见可资为证:

> 迩来衣服之好尚,其大胜古昔,可为一定不移之法者,又有大背情理,可为人心世道之忧者。请并言之。
> 
> 其大胜古昔,可为一定不移之法者,大家富室,衣色皆尚青是已。青非青也,玄也。因避讳,故易之。记予儿时所见,女子之少者,尚银红桃红,稍长者尚月白,未几而银红桃红皆变大红,月白变蓝,再变则大红变紫,蓝变石青。迨鼎革以后,则石青与紫皆罕见,无论少长男妇,皆衣青矣。可谓"齐变至鲁,鲁变至道",变之至善而无可复加者矣。其递变至此也,并非有意而然,不过人情好胜,一家浓似一家,一日深于一日,不知不觉,遂趋到尽头处耳。
> 
> ……
> 
> 至于大背情理,可为人心世道之忧者,则零拼碎补之服,俗名呼为"水田衣"者是已。……②

## 三、好尚、感怀与自我表达

在士人童年记忆的书写中,人物和事件之外的以自我为中心的本体性认知情形,是同样值得关注和探讨的议题。下文从史料呈现和文本阐释的角度,倾向于探索三方面的问题,即明代士人如何看待童年阶段的自己,他们幼年的志向和爱好又是什么,成年后对偶尔掠过脑海的童年时光抱有何种态度等。童年记忆与集体记忆不同,它是属于个体的独有记忆,如果说前文探讨的记忆内容因相通的社会文化背景尚具些许社会化的特征,那么文本中对上述问题的作答则在更大程度上具有私人属性和个性化的特征。

在明人文集中,包含有童年认知的自我表白和剖析性的文字通常包括两种类型:一种是针对他人的,集中表现在诸多交往性的篇章中;另外一种是面向自我的,作为人生经历的梳理和总结。当然,我们不能忽视绝大多数文集本身已然承载的撰文者立言传世的目的,并在后世流传中存在着增删的改动。因此,面对文集的相关表述,并不能轻易认为后者比照前者来说,更具真实性。士人笔下年幼的自我形象多与读书求学相关联,如杨基(1326—?)在《梁园饮酒歌》中的自我陈述,儿时的他智识早开,颖异超群:

---

① (明)张时彻:《芝园外集》卷21续说林5,《四库全书存目丛书》集部,第82册,济南:齐鲁书社,1997年,第777页。
② (清)李渔著,单锦珩校点:《闲情偶寄》卷3声容部,杭州,浙江古籍出版社,1985年,第123—124页。

我生之辰木入斗，乌啼东井命壁守。壁为文府斗为岁，许我文章播人口。三龄能言学诵诗，四龄指字识某某。五龄琢句学虚实，联青俪黄配奇偶。客来当座赋短章，四韵不待八叉手。九龄六经已毕读，掩卷背诵无掣肘。丰仪翩翩秋宇鹤，颜色濯濯春月柳。乡间每辱师长爱，学校耻与儿童友。①

又如在《送东阳马生序》中，作者宋濂回顾了幼年矢志从学、寒冬抄书的情节：

余幼时即嗜学。家贫，无从致书以观，每假借于藏书之家，手自笔录，计日以还。天大寒，砚冰坚，手指不可屈伸，弗之怠。录毕，走送之，不敢稍逾约。以是人多以书假余，余因得遍观群书。②

其弟子方孝孺在与俞敬德往来的信件中解说自幼读书修身的心路历程：

某六七岁时初入学读书，见书册中载圣贤名字或圣贤良相将形貌，即有愿学之心。每窃寸纸署其名，与同辈诸学子拱揖而指麾之。父兄虽加呵禁，不止也。既而年十岁余渐省事，见当世奔走仕宦者不足道，以为圣贤之学可以自立，外至者不足为吾轻重也，遂有慕乎道德之心。③

吴与弼(1391—1469)在书牍《与章士言训导书》中，记述自幼读书求学的经历：

仆虽不敢当足下之所期，亦不敢不以习俗为戒，而奋志乎古之大贤也，犬马之年三十有一矣。六岁入小学，七岁而学对句，十有六岁而学诗赋，十有八岁而习举子业，十有九岁得《伊洛渊源录》，观周、程、张、邵诸君子出处大概，乃知圣贤之学之美而私心慕之。于是，尽焚应举文字，一以周、程、张、邵诸君子为心，而自学焉。④

康海虽曾在父亲行状中叙及自己年幼嬉戏无状之态，但是在病体康复后吟诵的五言绝句中，他自述读书求仕之路，有"六龄作书生，廿八策科甲"⑤句，此间二十二年的留白实则是对自身才华天纵的自我标榜。而像贝琼(1314—1379)这样应他人之求撰写记文，文中现身说法，以自身经历为反面例子劝诫他人惜取光阴的并不多见，他自述童年生活不以读书为务，可以称得上是"饱食终日，无所用心"：

余为童子时，不知进学为事，饱而嬉，倦而休。智弗加益而年寖长矣。及困厄不

---

① (明)杨基撰，杨世明、杨隽校点：《眉庵集》卷4，成都：巴蜀书社，2005年，第109页。
② 罗月霞主编：《宋濂全集》第1679页。
③ (明)方孝孺：《逊志斋集》卷11《答俞敬德第二》，《景印文渊阁四库全书》集部，第1235册，第339页。
④ (明)吴与弼：《康斋集》卷8《与章士言训导书》，《景印文渊阁四库全书》集部，第1251册，第516页。
⑤ (明)康海：《康对山先生集》卷17《病起杂诗十首》之九，《续修四库全书》集部，第1335册，第216页。

振,涉三泖出五茸,将观天下之会以自壮,复宿留三吴,日从游盘燕乐之适,卒无所得而貌亦改矣。中夜思之,惕焉内惭,谢其所与往来者,尽发箧中书读之,其未见者则假诸人,庶日有所进。岁有不同,塞者以通,而虚者以充也。属海内兵争远近骚然于是辟乱山谷中,又十有五年。则既老而耄,执卷竟日旋复忘之,鸣呼,少而壮,壮而老,坐于不勤如此,虽病而悔又何及矣。故常举以告人,使毋蹈其辙。①

简单地就文本内容而言,贝琼的自我剖析或多或少有些另类,但除了自身因素之外,如果将其放置在元末明初士人狭仄的生存境遇和动荡不安的社会实景下考虑,被后人赞为"笃志好学"②的贝琼儿时或许就有了抛开学业、玩乐嬉戏的外部环境因由。贝琼的人生经历恰恰证明,基于对儒家思想观念的认同和践履,读书敏学、日新月异的人生经历和追求始终可以视作士人珍视的精神财富。不管是以勤勉还是怠惰的方式,在理想和现实两个层面,他们在记忆中找寻自我并述诸笔端的时候,不能也不会让自己的人生阶段与读书求学失去联系,退一步说,至少文本记录是如此呈现的。在晚明的历史研究中享有玩世不恭之名的张岱(1597—约1676)也曾在其《四书遇》的序文中介绍自幼阅读经书的经验:"余幼遵大父教,不读朱注。凡看经书,未尝敢以各家注疏横据胸中。"③此书正是其不以注疏为绳准,凭借自我揣摩领悟,独有会心之作。

在士人的童年回忆中,幼年的志向和爱好的表达也同样多在读书为文方面,类似的自我陈述尤其体现在明中期以前的士人文集中。如上文中宋濂、方孝孺、吴与弼,读书慕道既是他们幼年生活的深切记忆,也是少年时期的志趣所在。方孝孺自言读书的乐趣和聚精会神的程度:"自少惟嗜读书,年十余岁辄日坐一室,不出门户,当理趣会心,神融意畅,虽户外钟鼓鸣而风雨作,不复觉也。"④并称:"仆幼有志于道,视颜闵辈所至,以为可勉,而及圣人之言,未尝不思之于心而试之于身。"⑤又如理学家薛瑄在《与杨秀才书》表述志向:"瑄七八岁时,侍先君子左右,闻其称古之人某为大儒,今之人某为伟士,因窃自私记于心,曰:'彼亦人耳,人而学人,盖无不可及之理也。'"⑥仍需说明的是,文集中士人童年兴趣志向的表达有着相应的写作背景,因其本身又在文本创作的语境之中,所以兴趣的表达往往有着诗书方面的倾向。如练子宁与友人题写诗序,言"予自幼嗜太白诗,尝恨未达其襟度,则固可勉强而学"⑦。周是修(1354—1402)自幼的艺植之癖也是与他读书经历相互辉映、相得益彰的:

> 生有种树癖,性禀由孩提。五岁艺菽麦,懞懞辄成畦。七岁读书暇,封植靡他为。九岁已悟达,益谙相土宜。百谷暨蔬果,根荄日敷移。行年十三四,把笔耽文词。朝诵

---

① (明)贝琼:《清江诗文集》卷24《惜阴轩记》,《景印文渊阁四库全书》集部,第1228册,第450页。
② (清)张廷玉等:《明史》卷137,北京:中华书局点校本,2011年,第3954页。
③ (明)张岱著,栾保群点校:《琅嬛文集》卷1序,杭州:浙江古籍出版社,2013年,第9—10页。
④ (明)方孝孺:《逊志斋集》卷11《答俞子严二首》,《景印文渊阁四库全书》集部,第1235册,第342页。
⑤ 同上。
⑥ (明)薛瑄:《敬轩文集》卷12《与杨秀才书》,《景印文渊阁四库全书》集部,第1243册,第228页。
⑦ (明)练子宁:《中丞集》卷上《黄体方诗序》,《景印文渊阁四库全书》集部,第1235册,第10页。

橐驼传,夕歌生民诗。始祖出姜嫄,艰食肇播殖。奄然即邰室,德教万古垂。①

兴趣对个人成长的引导作用同样体现在明代士人饱含著述成果在内的人生成就上,李濂(1489—1567)自序其诗文集《碧云清啸》:"余幼嗜声律,喜诵古人雅曲。抚景触事,潦草效颦,写兴适情,游戏翰墨,陶陶然而乐也。"②陈子龙道及《皇明经世文编》的成书过程:

> 予自幼读书不好章句,喜论当世之故,时从父老谈名公伟人之迹,至于忘寝。及长而北之燕赵之郊,游京师,凡诸司之所掌,輶轩之所及,见其人未尝不问,遇其书未尝不藏,虽苦寒陋多遗忘,然布诸载籍者概可见。庐居之暇,因相简辑,徐子、宋子皆海内英俊,予所禀则以幸厥成者也。③

胡应麟(1551—1602)聚书四万余卷,筑二酉山房以藏之,其身为布衣,以博闻多识称雄于世,这与其幼年读书、藏书的爱好密不可分,"余自髫岁夙婴书癖,稍长从家大人宦游诸省,遍历燕吴齐赵鲁卫之墟,补缀拮据垂三十载"④。茅元仪儿时受其父影响,性耽史书,幼年的他不得不在举业之经与兴趣之史之间逡巡徘徊。因性之所钟,终得父亲的允准得以恣情逞目,以上经历记录在他读史心得之作——《史珥》的序文中:

> 余性好读史,七八岁时先大夫年垂五十,每夕与宾客小饮,必清酒三升始罢,罢犹竟史一帙,方就枕。余从童子师竟课,入必呀唔竟两帙。始就大夫脚后,大夫怜之,每呵禁,然不能止也。昼则阴计古兵戎、屯田、漕运、职官、刑法、礼乐,私自增损欲成一家,虽料事不中,然鳃鳃不能休,或以沉思旁稽,致疎所常课。至十二三,大夫遂督令一意于经,然私从典书者阴规一帙,以乙代甲,使大夫不觉也。已而觉之,谓曰:"不能夺汝笃,任恣所猎无自苦也。"⑤

从茅氏的人生履历来看,他一生取得的功业成就早已在幼年的兴趣志向中显露端倪。明中期以后,士人的儿时好尚在文本中的表现渐趋多元,嗜游览、好音乐、乐繁华诸多贴近俗世生活的"可观小道"在士人笔下纷纷出现。这恰与商品经济发展和城市文化繁荣背景下,士人阶层在思想和现实层面自我发现、自我标榜的节奏若合符节,士人生活开始展现其更为世俗化的一面。在登临游览的作品中,山水之癖的幼年爱好被清晰地表达出来。在游览风气盛行的苏州,郑善夫(1485—1524)与好友共览虎丘美景,赋诗有云:"余幼寡好尚,所求在岩峦。"以《浣纱记》享誉古今的梁辰鱼(1520—1592)秋日南游,重临兰溪,登江边瀫水驿楼,有感而发:"余幼有游癖,每一兴思则奋然高举。"⑥游览的兴趣之外,岭南屈大

---

① (明)周是修:《刍荛集》卷1《种树诗》,《景印文渊阁四库全书》集部,第1236册,第12页。
② (明)李濂:《嵩渚文集》卷56《碧云清啸序》,《四库全书存目丛书》集部,第71册,第96页。
③ (明)陈子龙:《安雅堂稿》卷5《皇明经世文编序》,《续修四库全书》集部,第1387册,第730页。
④ (明)胡应麟《少室山房笔丛》卷4经籍会通四,上海:上海古籍出版社,2009年,第41页。
⑤ (明)茅元仪:《石民四十集》卷13《史珥序》,《续修四库全书》,集部第1386册,第183—184页。
⑥ (明)梁辰鱼:《江东白苎》卷下《秋日登瀫水驿楼感旧作》,上海:上海古籍出版社,1989年,第26页。

均(1630—1696)幼时雅好吹奏,有诗句云:"余幼好吹笙,吹笙作凤鸣。"①儿时偏爱繁华世象,老来屡屡午夜梦回者如上文之沈德符,如蜀中张岱②。

从文集记载来看,明代士人对童年态度以及情感的自然抒发有其特定的时空背景和触发机制,同时也承载了他们对世事变迁、时空流转的兴叹和感怀。此间平缓深刻、意蕴悠长的情感因子让歌诗成了士人首选的表达形式。家庭欢宴、初度之辰、暮年晚景、揽镜自照、故地重游等时间和场合,在士人笔下被赋予了自我整理、自我缅怀的情感意义,今昔对比让本已渐行渐远的童年作为情感的凭依重新生动起来。童年是无忧和无忌的,年已花甲的吴宽发白齿落之际,回忆儿时乳牙脱落,喷水嬉戏的场景,"昔为儿童,当门齿先毁,家人不惊异,嬉戏翻喷水。"③童年又是值得怀念和记取的,洪武十八年(1385),方孝孺在《家兄寄中秋会饮诗因分韵述怀以答》一诗中回顾二十年前中秋家会的盛况,今昔比照,有感而发,"时过不自惜,长年转多忧,壮心若湍水,涌激不少休,念昔童稚日,此身百无愁"④,对童年的感怀可谓意蕴悠长。对于宦海漂泊的士人来说,童年与故乡、亲人是不可分割的,回忆与思念如影随形。在王立道长至日寄弟的七言绝句中,他对与弟弟共度的童年时光充满眷恋,诗中抒发了一位宦游人对故乡亲人的思念。

> 故乡风土未全非,老大儿童乐事稀。
> 尚忆鸡鸣相唤起,膝前拜舞试新衣。⑤

贝琼的初度诗,也表达了相类似的情感,即"漫忆儿童岁,斑衣父母傍"⑥。文本中,除了珍视和思念之外,士人也在童年回忆与白首现实之间,感叹韶华易逝,语气间偶有感伤惆怅。王鏊故地重游,夜宿华严寺,留句"少小来游今白发,几回欲去更盘桓"⑦。从情感自然流露的角度来看,除了时间与空间的契机外,士人日常生活中的镜子也独具召唤的魔力,面对镜中改换的容颜,足以令镜中人在今昔对比中有感而发,缅怀童年时光,试以艾穆(1534—1600)《暑日饮后见白发》一诗加以说明:

> 身世飘然类转蓬,惊心素发忆儿童。
> 醉从赤日流天外,吟遣青霜落镜中。
> 合伴穷愁娱晚日,岂缘衰飒怨春风。
> 翩翩犹道潘郎少,秋兴年来亦自雄。⑧

---

① 陈永正主编:《屈大均诗词编年笺校》卷2《答伍炼客》,广州:中山大学出版社2000年版,第75页。
② (明)张岱著,栾保群点校:《琅嬛文集》卷5《自为墓志铭》,杭州:浙江古籍出版社,2013年,第157页。
③ (明)吴宽:《家藏集》卷25《次韵周伯常落齿》,《景印文渊阁四库全书》集部,第1255册,第189页。
④ (明)方孝孺:《逊志斋集》卷23,《景印文渊阁四库全书》集部,第1235册,第684页。
⑤ (明)王立道:《具茨集》诗集卷5《长至日寄弟口号》,《景印文渊阁四库全书》集部,第1277册,第720页。
⑥ (明)贝琼:《清江诗文集》诗集卷6《二月十三日初度一首》,《景印文渊阁四库全书》集部,第1228册,第245页。
⑦ (明)王鏊:《震泽集》卷5《宿华严寺》,《景印文渊阁四库全书》集部,第1256册,第189页。
⑧ (明)艾穆:《艾熙亭先生文集》卷9,《四库未收书辑刊》5辑21册,北京:北京出版社,1997年,第796页。

## 四、结　语

　　本文试图在儿童史的研究视野之下,从个体记忆和文本书写的观察角度来拼凑和描摹明代士人的童年印象以及背后的书写动机,希望在呈现士人笔下童年记忆面貌的同时,对士人回忆童年的背景、目的、采用的写作形式等深具社会文化意涵的问题有所反应。尽管童年记忆作为个人经历的回溯有着不可避免的私人属性和独一特征,且在诸多明代文集和笔记中,作为回忆的童年以及与之相关的人事情感,均历经思维辗转,且呈零落散乱之态,但传统社会稳定而持续的文化常情、伦理观念、情感要素,足以将纷异的个体裹挟其中,从而为士人童年记忆的探讨提供了广阔的社会文化与社会生活背景。

　　在本章的讨论脉络下,明代士人笔下的童年记忆,从文本书写的视野加以考察,大致从属于呈现关系网络、表达自我认知、陈说见闻经历三个范畴,在回忆过程中,前二者又包含了明显的个人情感因素。

　　明代士人的生命初程,个体活动围绕着家庭、学业渐次展开,亲属、恩师、挚友等人物形象和与之相处的情景充斥着他们的童年记忆,记忆的浮现有着人事更迭、阴阳暌违的情感动机。士人将其倾注笔端,凝结成文集中诸多为亲族师友撰写的行状、墓志等传记类文字,借此士人幼年的成长环境和社交网络得以构建。家庭中父母的言传身教对士人幼年成长的影响是不言自明的,他们中绝大多数人自幼便承担起延续家声的重任,承载了父辈克绍箕裘的良好愿望,成为父亲教育理念的执行者。与父亲相比,在士人的童年记忆中,与母亲的相处情节有着更细腻的描写和感情表达,他们印象中的母亲形象是教子有方、坚定隐忍和甘于奉献的,是传统伦理标准下的典范女性。祖父母、外祖父母等亲族通过血缘、情感的连接作用也常出现在士人的记忆中。明代士人在成长阶段失落了父母的爱抚教导是普遍存在的情况,其他亲属往往会代替承担抚养教育的责任,成为士人幼年的生活和情感的依靠。从明代士人童年记忆中,可以看出他们自幼接受的教育模式是逐步敞开式的,步入学龄阶段的男孩不仅在父辈的引导下接受智识教育、结识师友、开展交游活动,而且以晚辈的身份融入父祖辈的交友圈,延续着家庭对外的交往关系,并借此完成人生社交网络的初步奠定。许多交往关系得以维持终身并延续至下一代。有时出于结识拜望的需要,士人在书信中涉及童年的文字会带有明显的社交特征。

　　从文本类型来看,笔记小说的记载显得随意自然,使得其中士人童年经历见闻的流露不再如文集的书写有着复杂的创作动机,而更倾向成为表达素材。在士人笔下作为文本素材的童年叙述尽管细碎、琐屑,但却能从一个侧面呈现明代社会上层儿童接触的外部世界和社会环境允许儿童识见达到的范围和程度。以沈德符《万历野获编》为例,出生官宦家庭的沈德符的童年在以京师为中心的社会生活舞台上展开,从笔记中涉及童年经历见闻的条目来看,他儿时的足迹遍布京城内外,家庭通情开明的氛围让他得以舒展孩童的天性。同时,童年经历作为文本素材更为常见的例子,是士人现身说法,通过周边生活环境的今昔对比,申明对明中期以降社会风尚转变的警醒认知。

　　明代士人对幼年自我形象的认知,通过文集中自我表白和剖析的篇章得以体现,从士人人生履历的自我叙述来看,读书求学、修身慕道的经历成为其童年形象建构的主体部分。幼年志趣爱好的表达也多以诗书为主,若以后见之明言之,在明代士人成就的"三不朽"的人生志业中,童年兴趣在一定程度上发挥了积极的引导作用。明中期之后,反映在士人文本中关于儿时好尚的记载趋于多元化,旅游、音乐等"可观小道"层出不穷,其背后似有商品经济发展、城市生活繁荣、士人思想观念转变的社会文化背景。明代士人对童年的情感流露始于今昔对比的有感而发,他们怀念童年的天真烂漫,无忧无虑;缅怀儿时体验到的脉脉亲情。对童年情感的生发,除了时空的诱因之外,他们也诧异于镜中改换的容颜,感叹光阴荏苒,努力在时光的回溯中找寻幼年的自我。

  如果借用当今社会学的观念,本文可以算作对明代士人童年印象的抽样调查报告,但是需要说明的是,报告的结论在何种程度上能够代表明代士人群体的童年认知情况不得而知。尽管笔者主观希望将生活在不同地域、不同时代、拥有不同成长经历以及不同思想观念的士人个体尽可能地纳入行文的讨论脉络,以展现多样化的明代士人童年生活世界,但是在实际操作中,对文本中留存记忆的追索毕竟不同于现实社会的人群调查,文本中已有的童年记忆片段零散而错乱,间杂着复杂的创作动机,大量未获功名的下层文人的童年记忆因资料不足无法呈现,同时又拘囿于史料的面貌、笔者的视野,本文只能将遮掩在明代士人童年记忆面相之前的浓雾拨散至此,希图对明代社会上层儿童的日常生活和情感心理的认识有所增益。

**作者简介**:刘佳,东北师范大学教务处。

# 在家中玩耍

## ——儿童娱乐、家庭教育与民国上海"儿童游戏室"话语的兴起

张　弛

【摘　要】随着上海在民国时期的日益繁荣，当地人多地少的矛盾愈发凸显。由于户外游戏空间被极大压缩，儿童不得已在马路边玩耍，酿成了多起交通事故。为了防范危险和不良的街头游戏可能对儿童造成的身心伤害，幼儿教育专家呼吁父母在家中开辟儿童游戏室，为子女提供安全卫生的游戏空间和健康有益的娱乐活动，并借以改善家居环境，开展家庭教育。尽管在当时的历史条件下，儿童游戏室更多地停留在话语层面，但其出现仍反映了在工业化和城市化的背景下，儿童在小家庭中地位的上升以及良好的居家环境和寓教于乐的家庭教育等育儿观念渐为国人了解接受的事实。

【关键词】儿童娱乐；家庭教育；民国上海；儿童游戏室

众所周知，传统中国特别是儒家正统学说对儿童游戏多持负面意见。"勤有功、戏无益"作为开蒙读物《三字经》中的著名论断便是此种传统观念的鲜明体现。由于智识阶层的反对贬抑，中国一般民众之于儿童游戏的态度亦为主张禁止的占绝大多数。"他们以为活泼的儿童就是难教的儿童，儿童苟终日从事于游戏，便不能务正，不能务正便是废材了。"①究其原因，在儒家理想主义的人生规划中，儿童是未来的成人，教育的旨归是着力将生物意义上的幼童转变为社会意义上的成年人。因此，宋代以降的一千多年里，儒家文化产生的不计其数的启蒙读物都将重心放在如何训练儿童成为一名知书达理的"小大人"上②。而终日正襟危坐于书案之前，好静不好动，举止俨如成人的儿童也最为主流价值所称道，视为模范③，美其名曰"温文儒雅"或"敬肃雍容"。但究其实，生气已被剥夺殆尽的儿童变得弯腰曲背，老气横秋，所谓"东亚病夫"和"书呆子"大抵由此养成④。

但从16世纪开始，儿童在西方社会被重新"发现"⑤，其绝不是"具体而微"的成人，童

---

① 张铭鼎：《儿童游戏心理之研究》，《民铎》第7卷第5期，1922年。
② Limin Bai, *Shaping the Ideal Child: Children and Their Primers in Late Imperial China*, Hong Kong: The Chinese University Press, 2005, pp. 67.
③ 熊秉真：《童年忆往》，桂林：广西师范大学出版社，2008年，第123—127页。
④ 东岑：《论家庭教育的改革》，《妇女杂志》第14卷第12号，1928年。
⑤ 有关这一"发现"的来龙去脉，可参考儿童史研究的奠基性著作[法]阿利埃斯著，沈坚、朱晓罕译：《儿童的世纪》，北京：北京大学出版社，2013年；"第一部儿童的观念"，亦可参看[英]柯林·黑伍德著，黄煜文译：《孩子的历史》，台北：麦田出版社，2004年，第1—48页。

年也不仅仅是一条通向成年的通道。这一时期应视为一种独立的生活,不能当作成人的预备期。因此,那种只专注于"将来",却把儿童最要紧的"现在"完全丢掉的观念是谬误的。以之为基础教育儿童,有害无益。换言之,培养儿童"最正当的目的,应得注意儿童固有的生活,使他成为一个充分发展的儿童"①。这种儿童迥异于成人、自有其特殊性的认知,在西风东渐的大背景下,也逐渐为国人所了解,而活泼好动也开始被推崇为儿童天性,"盖好动为儿童之天性"②,理应顺应培养。"故养育小儿者,以使之活动为第一义,凡强健之小儿,皆好活动,不好活动之小儿,其长成多无可望,强使小儿静止,是逆小儿之天性,非徒无益而实害之云。"③活动不仅对儿童成长多有助益,甚至"幼稚的儿童本身就是活动的一束(The little child is a bundle of activities),因为在他们醒的时候,所有一切的表现通常都是拿动作的形式表现出来的"④。由此可知,"儿童之所以好游艺,乃天性使然","游艺固儿童所必需,情之所钟"⑤。故而,"儿童游戏与儿童发育有必然之关系"⑥。这种因果关系绝不单单体现在有益于身体发育之上,游戏的价值意义更在于能促进儿童智力、交际以及道德等层面的发展健全⑦。

虽然游戏对儿童大有裨益,且其发自本能,不可也不该抑制,但"脱缰野马,不能操纵。欲利用儿童爱游艺之心,必监督之。儿童喜动,加以监督,始能由动生静"⑧。这里的"监督",更多的含义是指观察与引导。游戏欲既为天性使然,其必然为自发自动,"若无人为之引导,则会泛而无的,遂不能使游戏之种种活动,皆有定向。直言之,即儿童虽有游戏之愿欲,而无游戏之方法也。故教育当引导儿童,教以正当游戏方法,乃能发展本能"⑨。换句话说,游戏固然重要,但正当的方法和适宜的环境更为关键。幼儿教育专家陈鹤琴曾详细阐发过游戏环境对于儿童身心的重大作用:"做父母的不得不注意小孩子游戏的环境,给他有很好的设备,使小孩子得着充分的运动,更给他有适宜的伴侣,使小孩子得着优美的影响。有此二者,小孩子的身体,就容易强健,心境就常常快乐,知识就容易增进,思想就容易启发。"⑩有鉴于此,本文将重点聚焦于近代中国口岸工商业大都市的代表——上海,考察其于20世纪20年代前后开始浮现的家庭儿童游戏室的话语,来陈述当时社会围绕着儿童

---

① Dr. A. Myerson:《儿童与游戏》,小青译,《妇女杂志》第7卷第7号,1921年,第32页。
② [英]谦尔特夫人:《育小儿言》,小青译,《妇女杂志》第4卷第6号,1918年,第3页。
③ 《小儿贵活动》,《新民丛报》第3839号合本,1903年,第218—219页。
④ 张铭鼎:《儿童游戏心理之研究》,《民铎》第7卷第5期,1922年。
⑤ 沈步洲:《论游艺》,《教育杂志》第4卷第12期,1912年,第215—216页。
⑥ 天民:《儿童游戏与人类学之意义》,《教育杂志》第10卷第8期,1918年,第51页。
⑦ 沈步洲:《论游艺》,《教育杂志》第4卷第12期,1912年,第223—224页;张铭鼎:《儿童游戏心理之研究》,《民铎》第7卷第5期,1922年,第15—16页。
⑧ 沈步洲:《论游艺》,《教育杂志》第4卷第12期,1912年,第219页。
⑨ 麦克乐:《游戏与教育之关系》,《新教育》第10卷第4期,1925年,第501页。
⑩ 陈鹤琴:《为儿童造良好的环境》,《东方杂志》第32卷第19期,1935年,第17—18页。

家庭娱乐和教育所产生的新观念①,并尝试揭示其背后折射的国族对于"现代儿童"的集体想象。

## 一、"马路似虎口":乐极生悲的路边游戏

随着口岸工商业城市的繁荣发展,接踵而至的是居住人口的迅速膨胀,而且在大多数情况下,城市面积的扩张速度不及市民人数的增长速度,这就造成了土地价格的寸土寸金和居住成本的居高不下。以上海为例,据1928年对在沪230户家庭生活情况的统计,每户年支出房租25.08元,约占全部开支的7%,平均每户拥有房间1.42间,每间平均居住3.29人②。到1937年,公共租界更趋人满为患,典型的一幢石库门房子被分割成许多小房间,层层转租出去。据上海市政府报告,基本上一幢房子住4户人家或24口人的情况较为普遍,算下来人均居住面积不足3平方米③。在如此地窄人稠的大环境下,很难想象偏居一隅的工薪阶层有能力为其子女提供充足的室内活动空间。正如恽代英所指出的,在这样名为住宅,形同宿舍的逼仄环境中,"儿童若在厨房或做工的地方游戏呢,则不便利,亦不舒服。若在卧室游戏呢,又做不到,唯一游戏的地方,便只有街道旁边"④。可是,街道甚或马路旁边算是良好的游戏场所么?

自1846年中国第一条现代意义的马路在沪出现,到20世纪初,上海公共租界道路已经经历了从传统的土路、石板路到碎砖路、碎石路,再到柏油路的变迁,马车、人力车、汽车、电车等逐渐成为城市重要的交通工具。随着人口日益密集,车辆日趋增多,道路也愈发拥挤,这三种因素叠加的后果就是交通事故呈现多发频密的态势⑤。在为数众多的交通事故中,儿童由于身形较小不易被发现,年龄尚幼反应比较迟缓且不谙规则等原因,经常沦为车

---

① 笔者目力所及,尚未见到学界关于民国时期家庭教育、儿童娱乐的研究中对儿童游戏室这一议题的关注。柯小菁在其硕士论文《塑造新母亲:近代中国育儿知识的建构及实践(1900—1937)》(太原:山西出版集团、山西教育出版社,2011年)述及母亲应具备居家环境方面的卫生常识时,曾涉及儿童居室的朝向、清洁、陈设等问题,指出其有助于儿童的身心健康并养成遵守规矩的习惯,但并未深入探讨,更未论及游戏室。Susan L. Glosser 在其专著 Chinese Visions of Family and State,1915—1953(University of California Press,2003)中论及民国上海流行的"小家庭"话语时,曾提到儿童游戏室是市民阶层理想的小家庭生活的必要组成,但没有就此加以展开。Constannce Orliski 在其博士论文 Reimaging the Domestic Sphere: Bourgeois Nationalism and Gender in Shanghai,1904—1918(Ph. D,University of Southern California,1998)中从家庭卫生的角度对上海资产阶级被灌输与建构的居家环境方面的科学知识和卫生观念给了了关注,遗憾的是,其没有在关于家庭内部生活空间的讨论中为儿童留下一席之地。Helen M. Schneider 的专著 Keeping the Nation's House: Domestic Management and the Making of Modern China(UBC Press,2011)虽然专门讨论了家庭教育问题,但在处理室内空间的装潢和安排的议题上,却是一仍旧贯,没能对儿童在室内的生活与娱乐予以留意。
② 忻平、胡正豪、李学昌编:《民国社会大观》,福州:福建人民出版社,1991年,第528—529页。
③ 卢汉超:《霓虹灯外:20世纪初日常生活中的上海》,段炼、吴敏、子羽译,上海:上海古籍出版社,2004年,第145—148页。
④ 恽代英:《儿童公育在教育上的价值》,《中华教育界》第10卷第6期,1920年。
⑤ 邵建:《清末上海城市交通事故与社会舆论——以〈申报〉相关报道为线索》,《社会科学》,2011年第7期,第165页;另外关于现代意义上的马路如何在中国传统城市的近代转型中发挥标志性作用并由此引发从市容环境到市政管理,从招商引资到消费娱乐等诸多面向的复杂嬗变和广泛回响。可参见柯必德:《"荒凉景象"——晚清苏州街道的出现与西式都市计划的挪用》,载李孝悌主编:《中国的城市生活》,北京:北京大学出版社,2013年,第474—519页。

轮下的受害者。值得注意的是,其中亦有不少儿童是由于在街边玩耍嬉闹才与从旁飞驰而过的车辆发生磕碰碾压事故的。"刘荣根之七岁男孩阿云在徐家汇路留园左近游玩,适一汽车疾驰而来将刘孩碾毙。"①还有小女孩因在路边玩弄小气球,结果被开快车的司机撞倒压在车底奄奄一息②。更有儿童在街心路口游玩跳跃,适逢运货卡车或公共汽车迎面驶来,闪躲不及,被撞倒碾死,脑浆迸裂,立毙当场③。个别儿童甚至在司机鸣笛示警后仍不知避让,继续在路中游玩,结果不免成为车轮下的亡魂④。其"不知避让"恐怕也绝非有恃无恐,而更多是全神贯注于游戏之中,对外界声响充耳不闻。一位时人向《申报》投稿时称其邻儿因为在马路上与同学一起打菱角,没有注意远处驶来的汽车,等到喇叭声入耳已经躲之不及,一只手臂就此报销。为此,他特意向"小朋友们"大声疾呼:"马路似虎口!……马路上很危险,……不应该当它作游戏场用。"⑤

如果说,儿童出于本能,迫不得已在街边玩耍尚属情有可原的话,那么一些顽童故意利用现代交通工具游戏取乐就近乎不计后果的胡闹行径了。一位上海小学生记录了江北孩子在街头的种种游戏,由于他们没有条件读书,终日逗留街头,甚至把一块块的石头放在电车的轨道中让电车震动出轨,以为这是好玩意儿⑥。更有儿童追逐汽车,扒住车尾,上下跳跃嬉闹,拿性命当儿戏。(参见图1)有十岁男孩于上海北四川路因在马车后跳宕游戏,以致跌下被碾伤,右足血流如注⑦。尽管上述交通事故很大程度上是顽童咎由自取,但家庭和社会没能为其提供一个安全可靠的活动场所亦难辞其咎。正如《良友画报》专门刊发的图文报道中所言:"他们(儿童)在街头顽耍,甚至以追逐汽车来取乐,假如他们能够得到一个良好的游戏地方,他们大概不至于作此以生命来冒险的游戏吧。"⑧(参见图1)而这种在马路上进行的冒险游戏最后的结局很可能如陶行知痛切预言的那般:"(他们)就在街上打流,一不小心,给车马冲成肉酱。"⑨陶还专门作诗呼吁社会关注劳工阶层"死活没人管的野孩子":"工人小孩也要玩,三三两两街头上,呜的一声汽车来,轧断大腿无人管,无人管,还要骂声小瘪三。"⑩

或许因马路游戏而不幸殒命街头的惨剧只是极端个案,但在不安全的地点玩耍会极大增加儿童的受伤几率却是不争的事实。除去游戏的空间环境被极大压缩,都市儿童游戏的社会环境也呈现出恶化的趋势,其中尤以马路街道为甚。在时人眼中,其几乎成为诱使儿童沾染恶习的罪恶渊薮。由于城市贫民阶层大多无钱供子女上学,亦无力管束其行为,只能任其"如野马般在街上乱跑,他耳边所听的,都是一些鄙陋粗俗的下流话,目所见的,也莫

---

① 《汽车碾毙小孩》,《申报》1911年8月13日,第20版。
② 《又一汽车碾毙人案》,《申报》1918年2月28日,第11版。
③ 《卡车碾毙五岁男孩》,《申报》1932年8月20日,第16版;《一男孩惨遭汽车碾毙》,《申报》1933年9月10日,第19版。
④ 《汽车碾毙男孩之结果》,《申报》1919年1月18日,第11版。
⑤ 新良:《切不要将马路当作游戏场》,《申报》1940年5月19日,第17版。
⑥ 钱乃炽:《上海的江北孩子》,《小学生》第7卷第6期,1937年,第42—43页。
⑦ 《洒水车碾伤小孩》,《申报》1918年8月17日,第11版。
⑧ "人之初性本善",《良友画报》第155期,1940年6月号,第27页。
⑨ 陶行知:《儿童的世界》,中国儿童文化协会编:《今日之儿童》,上海:生活书店,1936年,第4页。
⑩ 孙铭勋:《从行知诗看教育》,邝忠龄编:《孙铭勋教育文选》,重庆:重庆出版社,1984年,第71页。

非是奸盗诈伪一类的勾当。在这种环境下,那保不会儿童日趋下流呢"①?此外,玩伴素质的良莠不齐亦很成问题。本来,喜欢合群是儿童的天性,"幼小婴儿……两岁时就要与同伴游玩,……到了十余岁,儿童就喜欢结队成群的游玩了"②。况且,与同侪集体游戏是促进儿童社会性发展完善的重要手段,因此"父母不应当禁止他们与邻居的小孩来往"③。但相较于乡村的民风淳厚,邻里之间的熟稔信任,城市里"同一屋檐下"的人际关系由于高度的流动性和复杂性要显得难以处理得多,而这一城市特色折射到儿童的社会化交往中就体现在从专家到父母对"邻家顽童"的普遍警惕和提防。

实际上,告诫父母应使子女"宜避恶戏之友"的说辞很早就出现在幼教专家的"育儿宝典"之中。"儿童同群游戏原是活泼天真、自由寻乐的性质,然亦宜避种种妨害公德的举动,譬如入公园以采折花木,游郊野而虐弄家畜,或因嬉戏以欺凌其幼弱,或好斗以损伤其同类,是辈儿童虽是无知的妄动,然切不可使自己儿童与之相近,积久变成了劣性,气质便不能改变。"④由于事关儿童的智育德育,因此玩伴的选择不可不慎,最好是与和善的儿童们游戏⑤。而一旦放任"儿童和邻居的顽童去做危险野蛮的游戏",甚至可能会"造成强盗式的国民"⑥。一位四岁的孩子由于受到邻居不良玩伴的影响,沾染不少恶习。不胜其烦的母亲有心效法古人,搬家以求适宜的邻居,可是"在工业社会的上海能够找到房子住,已经是难能可贵,哪里能有许多金条,来学孟母三迁的故事呢"⑦?进而言之,倘若顽童在不恰当的场所聚集从事所谓的"恶戏",不仅对身心发展无益,更会贻害无穷。有时人为我们描述了这样一幅顽童恶戏的场景:"儿童有不在学校不在家庭之际,往往聚党成群,提幼稚之精神,习野蛮之举动。或抛砖投石,致伤路人。或沿途掷钱,习为赌戏。或妨碍人力车之进行,至坐者倾跌。或追逐电车汽油车之迅驶至伤及己身。或抽陀螺而阻碍行人,或放风筝而缠绕电线。种种不知自爱,为父兄师表者皆不及见之,若任其流荡忘返,则今日顽钝无耻之儿童,即成将来残忍奸诈作卑鄙龌龊之国民。"⑧

姑且不论此番对于恶戏儿童未来人生的悲观预言是否有主观臆断、危言耸听的成分,但仔细分析文本可以发现,幼教人士这种阴郁的展望实际折射了其对于身处家庭和学校之外的社会空间内的儿童活动缺乏监管与规范的担忧,马路街头好比一个未经"父兄师长"管控,为顽童种种危险游戏大开绿灯的不良场合。如果说,其因为距离家庭学校过远而让必要的监控鞭长莫及的话,那么近在咫尺,出门即是的胡同里弄又是否为适宜的游戏地点呢?

1870年之后,上海的新建住房成行排列,每隔几排就在四周筑起围墙形成一个住宅小区,出于通行、采光、通风的需要,小区内每隔两排楼房中间都铺设出一条小巷,这种成排楼

---

① 秋宾:《父母与儿童》,李振声编:《儿童教育问题汇编》,青岛:青岛青年会少年部,1935年,第27页。
② 陈鹤琴:《家庭教育》,北京:教育科学出版社,1981年,第5—6页。
③ 檀仁梅:《儿童中心的家庭》,《家》第11期,1946年,第4页。
④ 兢华:《儿童教育话》,《女子世界》第15期,1905年,第12—13页。
⑤ 小青:《儿童与游戏》,《妇女杂志》第7卷第7卷,1921年,第35页。
⑥ 立德:《儿童的游戏要保持教育的意味》,《现代父母》第2卷第2期,1934年,第21页。
⑦ 檀仁梅:《儿童中心的家庭》,《家》第11期,1946年,第4页。
⑧ 贾丰臻:《论儿童社会之教育》,《教育杂志》第4卷第12期,1912年,第228页。

房中间有通道隔开的住宅形式从此就被称为"里弄房子"或"弄堂房子",后来上海人逐渐将各式各样有小巷隔开的楼房统称为"里弄"或"弄堂"①。正是由于这些宽窄各异、长短不一巷陌的存在,使得弄堂成为了儿童游戏活动的主要场所。一位在上海长大的孩子回忆起在童年时代的自由天地——弄堂中进行的各种游戏,由于是居民的必经之路,前弄堂一般都十分开阔,孩子们放下书包就可以和小伙伴们在此展开游戏。大人一般不会进行干涉,甚至有些行人走进弄堂见大家在那儿玩游戏,也会绕道走过②。虽说成人通常持宽容态度,但这并不意味着儿童过于顽皮、近乎胡闹的玩耍举动不会对经过的行人造成困扰。一位走在衖内的路人发现有十七八个小孩子分成两队,模仿军队进行战争游戏,有的丢石子,有的拿竹竿乱打。他正在唯恐被石子击中之时,突然看到一个火球向衣服上射来,避之不及,新做的棉衣被烧出一个铜元大的洞。后来他才明白这个突然袭击来自新近发明的小洋枪,该玩具枪身全用钢丝,玩时把火柴装在枪上,一动机关,火柴便能如火球似的射出。这位受到惊吓、衣物受损的里弄居民事后不免愤懑难平:"衖内是公共的地方,不是给小孩们做战争的地方,他们做这样没有道德的事情,非但是走路人的不便,并且很容易闯祸,加之天气干燥那更容易火烧了,他们把火来做玩具,这还了得么?"③模拟战争类游戏之外,追逐奔逃类游戏也极易酿成祸端,由于游戏者"一个拼命追,一个拼命逃,当时是什么也不顾的,常常会把弄堂里叫卖的摊子或手拎食品篮的行人撞倒",结果不免招来受害者和大人们的一顿咒骂④。

由此观之,尽管里弄小巷较之大道通衢更为安全,但由于其仍是供行人往来的公共场合,某些不良玩具和无益游戏无疑会对交通造成不便,甚至伤人伤己,而且忙于家务的母亲也未必能对近在咫尺的儿童活动进行有效监管,因此里弄也并非最为理想的游戏场所。而面对人口集中的都市中,由于缺少适当的游戏场所而使得儿童无奈选择对其健康甚至生命构成潜在威胁的路边街旁的现实问题,幼教专家给出的建议是"唯一的补救的方法,只有另设更有趣的游戏场所"⑤。

## 二、不便与不良:传统中国儿童的居家环境和娱乐活动

应该说,现代化进程导致儿童活动空间被极大挤压,孩子们在闹市街头进行游戏会对其身心健康造成不良影响的现象绝非中国独有,而是工业化与城市化背景下东西方社会的普遍问题。对此,欧美的幼教专家给出的诸多应对之策中有一条就是鼓励父母为其子女提供充足的户内游乐活动空间,比如将经常大门紧锁的会客室或前厅改造成玩乐场,让在过道玩耍的孩子有专属自己的一方天地。而在理想的家庭里,每一个孩子都将拥有一个房间

---

① 卢汉超:《霓虹灯外:20世纪初日常生活中的上海》第135页。
② 张锡昌:《弄堂怀旧》,天津:百花文艺出版社,2002年,第127页。
③ 王晶:《看小孩游戏后的感想》,《申报》1925年1月12日,第4版。
④ 张锡昌:《弄堂怀旧》第127—128页。
⑤ 袁宗泽:《家庭儿童游戏设备》,《体育研究与通讯》第1卷第2期,1932年,第69—70页。

供其不时独处,在这个自由空间里,儿童可以玩耍或工作,无阻碍地做其自认合理的活动,不用受到成人的干涉,也不与他们的行为相冲突①。在家庭内部为儿童专设一个近乎私密的物理空间供其游戏的提议不仅在西方算是19世纪末之后涌现的新潮观念②,对于中国的文化传统而言,更不啻为天方夜谭。在讨论20世纪之后都市逐渐兴起的"儿童游戏室"的话语之前,有必要先行回顾一下传统中国的居家环境和室内娱乐活动。

传统中国没有个人隐私这一概念,在外国传教士眼中,"中国人从来没有受过训练,以懂得尊重别人的隐私",以至于"在中国根本没有秘密可言,每个人对其他人的情况都了如指掌"③。但是这并不意味着旧时的家庭成员无法享有私人空间,通常书香门第的男性家长会拥有一间书房作为专门读书和处理公务之所。值得注意的是,由于受到儒家思想中严格的性别隔离教义的影响,在明清时期,即便是最贫穷卑微的家庭也会分割出部分宅院作为私密空间专给女性使用,而孩子们都与母亲共同生活在这一方天地中,尽管男孩一般到了十岁就得从中搬出来。大体而言,传统中国的居家模式受到尊卑有规、长幼有序、男女有别等礼教原则的绝对支配,于是,"在家庭范围内的人际关系中,规矩和等级便取代了亲密与情感,占据了优先位置"④。

在这种规矩森严且以成年男性为中心的家庭环境中,儿童的好动天性往往遭到极大抑制,又被条条框框束缚住了手脚,因此活动空间相当有限。居于北京的梁实秋家在民国之前完全是旧式的,家规很严,孩子是"受气包儿"。门房、下房根本不许涉足其间,爷爷奶奶住的上房,无事也不准进去,父亲的书房亦是禁地,佛堂更不用说。儿童能够活动的区域寥寥无几,室内游戏以在炕上攀登被垛为主,再不就是用窗帘布挂在几张小桌前作小屋状,钻进去坐着,彼此作客互访为乐⑤。有的儿童"自力更生"在有限的空间开辟出自己的"小天地",在芜湖长大的赵景深十二三岁时都还是跟母亲睡,后来觉得已经长大的他想要一个自己的房间,于是就把母亲的床前移,在里面另设自用的小家具,虽然三面是墙壁,但也足以让他高兴地自觉羽翼渐丰,能够脱离母巢了⑥。

传统家庭中,儿童不仅没有专属的房间,生活用具也是尺寸不合,使用不便。丰子恺就敏锐地察觉到,一般家庭里,"桌子都比小孩子的头高,椅子都是小孩子坐不着的,门都是小孩子开不着的"⑦。可以说,几乎所有的家具陈设都以成人为本位,依照其身材尺寸设计制

---

① [美]维维安娜·泽利泽著,王水雄、宋静、林虹译:《给无价的孩子定价——变迁中的儿童社会价值》,上海:上海人民出版社,2008年,第40—42页。
② 具体而言,18世纪下半叶,儿童房间最初诞生在巴黎的特权精英阶层的家庭之中,但也仅是凤毛麟角。到了19世纪,"育婴室"于英法德等国家出现。19世纪末,儿童专属空间对于中产阶级家庭已经司空见惯,即便没有专门的房间,儿童和玩具也有一个属于自己的角落。[意]艾格勒·贝齐:《19世纪》,[意]艾格勒·贝齐、[法]多米尼克·朱利亚主编,卞晓平、申华明译:《西方儿童史(下卷:自18世纪迄今)》,北京:商务印书馆,2016年,第166—167页。
③ [英]麦嘉湖著,秦传安译:《中国人的生活方式》,北京:电子工业出版社,2012年,第197页。
④ 阎云翔:《创造私密空间:中国北方农村的室内空间与夫妻隐私》,[美]那仲良、罗启妍主编:《家:中国人的居家文化》,北京:新星出版社,2011年,第376页。
⑤ 梁实秋:《梁实秋自传》,南京:江苏文艺出版社,1996年,第12页。
⑥ 赵景深:《新年的断片》,《小学生》第4卷第17期,1935年,第11—12页。
⑦ 丰子恺:《译者序言·儿童苦》,《教育杂志》第19卷第5期,1927年。

作,自然不便于儿童自由使用①。陈翰笙幼时因为个子小,坐在椅子上还够不到桌面,只好在椅子上又加了个小竹凳,坐在上面给父亲读学过的生字。结果因为走神念错了一个字,就被其父一巴掌连人带凳子一齐扇倒滚下了椅子②。至于儿童居住环境的清洁卫生,多数家庭更是全不在意,其中不少只顾面子把厅堂书斋陈设地整齐华丽,而客所不至的内房卧室就相形见绌,甚至形同猪栏,全不讲究,孩子就恰如生活在这猪栏里面的猪猡一般。丰子恺痛心疾首地抨击这种虚饰的家庭其实是牺牲小孩子的幸福来装点成人的门面,是小孩子在为大人偿债,最不应该!③

中国传统家庭既然连充足的游戏空间、合适的生活用具与整洁的居住环境都无法为儿童提供,更遑论健康的娱乐项目了。有幼教专家慨叹中国的普通家庭"简直谈不到娱乐……尤其谈不到正当娱乐,根本上我们就不知道什么叫做娱乐;我们所有的,不是娱乐,无非是消遣(killing time)而已……比如叉麻雀,便是最风行、最普遍的一种消遣"④。本来中国传统社会是不鼓励赌博的,特别是家教较严的书香门第更是禁止子弟染指。七岁的罗尔纲因为去赌馆看过热闹,就被母亲用藤条大大抽打了一顿⑤。但单纯的肉体惩戒并不能杜绝儿童与赌博的"亲密接触",由于一成不变的日常生活有时需要刺激性和娱乐性的活动来调剂,成人也不免以赌博为游戏,何况本就玩心甚重的孩童。实际上,在一些特定时日比如农历新年,赌博是半合法化的⑥。据仇重回忆,在这一年最重要的节庆日里,平日禁赌的地方,都可以公开聚赌,政府警察也不干涉⑦。即便家规森严如曾国藩家,儿童也可以做点小赌博之戏⑧。陈白尘更是从六七岁起,就学会了打麻将、推牌九、掷骰子以及打扑克牌,自称"可算一个小赌徒"⑨。至于赌注也不过是白果、花生、菱角等物⑩,赵景深守岁时玩的推牌九与接龙,输家的惩罚则是打手心⑪。但"开禁"时间通常有限,将近开学,长辈就会下令收起"赌具"了⑫。由此可见,在农耕社会中,赌博只是儿童游戏的助兴手段而已。

如果说,对于乡土中国而言,小赌怡情无伤大雅的话,那么随着中国近代化、城市化的进程日益提速,麻将游戏逐渐发展成为男女老少乐此不疲甚至废寝忘食的主要室内娱乐形式⑬。其也随即招致了舆论对之绝非健康娱乐活动的批评,特别是父母因为沉溺于牌桌而对子女产生不良影响,更是遭到了时人的猛烈抨击:"想到我国普遍人士的家庭,哪里谈得到游戏的环境、艺术的环境、阅读的环境? 所有的只是叉麻雀的环境;父亲领着儿子,母亲

---

① 丰子恺:《儿童的大人化》,《教育杂志》第19卷第7期,1927年;姚名达:《家庭儿童化的设计》,《女子月刊》第5卷第2期,1937年,第89页。
② 陈翰笙:《四个时代的我》,北京:中国文史出版社,1988年,第4页。
③ 丰子恺:《儿童的大人化》,《教育杂志》第19卷第7期,1927年。
④ 征帆:《叉麻雀与家庭教育》,《现代家庭》第3卷第7期,1940年。
⑤ 罗尔纲:《生涯六记》,贵阳:贵州人民出版社,1991年,第6—7页。
⑥ 陈白尘:《寂寞的童年》,北京:三联书店,1983年,第82页。
⑦ 仇重:《新年的习俗和迷信》,《小学生》第4卷第17期,1935年,第21页。
⑧ 曾宝荪:《曾宝荪回忆录》,长沙:岳麓书社,1986年,第7页。
⑨ 陈白尘:《寂寞的童年》,北京:三联书店,1985年,第82页。
⑩ 吴冠中:《望尽天涯路——吴冠中回忆录》,上海:东方出版社,1993年,第24页。
⑪ 赵景深:《新年的断片》,《小学生》第4卷第17期,1935年,第11页。
⑫ 包天笑:《钏影楼回忆录》,太原:山西古籍出版社、山西教育出版社,1999年,第67页。
⑬ 征帆:《叉麻雀与家庭教育》,《现代家庭》第3卷第7期,1940年。

领着女儿,拉些不三不四的人物,共同研究赌博。"①"谈到家庭娱乐,就让人联想起麻雀牌,因为叉麻雀已经成为今日中国社会一种最流行的家庭娱乐了,……甚至七八岁孩子也因此耳濡目染十分熟习。"②特别是家庭主妇,如果沉湎于赌博游戏,更是贻害无穷,祸延子女。"家庭妇女为之置家政儿女于不顾,幼年儿童因环境熏染,更迅速的成为了一批新的麻坛健将。"③从小接触麻将游戏,沾染赌博恶习的儿童不要说成为未来的国家栋梁,不沦为梁上君子、剪径强盗已属万幸。有时人切中肯綮地指出打麻将一事对于儿童的四大弊害:(1)在儿童脑中留下以不当方法得钱的恶印象;(2)使儿童看轻时间看轻事业;(3)使儿童养成反社会的态度;(4)使儿童失去认识人生全部真相的机会④。

除了父辈不能起到言传身教的榜样作用、家庭无法供给子女正当的娱乐活动之外,社会环境也常常诱使儿童早早沾染好赌的陋习。比如在 20 世纪 30 年代初上海街头出现的引诱小孩子的把戏:将一个方木盒,挖几十个孔,里面放着不同的玩意儿,上面用纸封好。一个铜板就获得一次挖破一个纸孔而取得好食物的机会,这种无良生意人大发小儿财的同时,上海儿童好赌的习性已然养成了⑤。与之大同小异的还有转糖担,儿童花钱赌运气,博取不同的彩头。有一位囊中羞涩的儿童竟然像着了魔一样跟在转糖担的小贩身后走街串巷,以至于迷路呼救⑥,这都足以证明此类利用儿童好吃甜食的习性诱骗钱财的赌博游戏有多么大的魔力。有论者呼吁公安方面对于充满肮脏欺骗因素、常在街头巷尾出现的零食摊和糖果摊加紧检查,绝对禁止其附设各种赌局如抽彩摸彩转盘等,至于骰子牌九等赌具应见即没收⑦。而官方对赌博游戏在儿童道德方面的消极作用亦有察觉,于是发布训令加以查禁:"近如糖果小贩罔知法纪,惟利是图,蹀躞街巷之间,利用儿童薄弱心理,竟以类似赌博之方式如抽牌摇彩轮转等具诱骗儿童出售货物,冀得非分之利,而其结果既提取其金钱又堕落其品性。事虽琐细,影响实大,国人好赌成性,安知非此为历阶?"并晓谕各区公安局规范摊贩经营行为,只准定价出售,而且布告市民自行约束子女,以防微杜渐⑧。

从上述时人评论和政府训令中,可以察觉到中国社会从民间到官方均对儿童因接触不良游戏从而沾染赌博恶习的现象痛心疾首。其实不光是国人对"未来的主人翁"可能因赌博游戏而误入歧途有所警觉,呼吁矫正,就连在中国游历的外国观察家如日本的德富苏峰也见微知著,从小孩子赌博性质的游戏中窥破了中国国民的劣根性。"我在这次旅行中,多次看到中国儿童们做游戏,不过没有看到如日本儿童那样模拟战争,我见到的都是在地上画些框框,然后往里面放小碎片来分胜负的游戏,大概就是中国人最喜欢的赌博之类的东西。"⑨尽管这番戴着有色眼镜、明显以偏概全的观感遭到了时人的批驳,认为其不过是"表

---

① 陈鹤琴:《为儿童造良好的环境》,《东方杂志》第 32 卷第 19 期,1935 年,第 22 页。
② 赵清:《谈谈家庭娱乐》,《妇女旬刊》第 724 期,1946 年,第 2 页。
③ 梅君:《麻将在中国》,《中国妇女》第 1 卷第 3 期,1939 年,第 17 页。
④ 征帆:《叉麻雀与家庭教育》,《现代家庭》第 3 卷第 7 期,1940 年。
⑤ 周乐山:《上海之春》,余之、程新国编:《旧上海风情录》,上海:文汇出版社,1998 年,第 402 页。
⑥ 周楞伽:《转糖担》,《小学生》第 4 卷第 17 期,1935 年,第 36—37 页。
⑦ 姚虚谷:《门墙以外的儿童教育》,《小学教师》第 1 卷第 14 期,1934 年,第 35—36 页。
⑧ 《上海特别市市政公报》第 7 期,1928 年,第 8 页。
⑨ [日]德富苏峰著,刘红译:《中国漫游记·七十八日游记》,北京:中华书局,2008 年,第 299—300 页。

面皮毛的观察",但也不得不承认"我国家庭缺乏正当的娱乐,却是事实"①。而作为不正当娱乐的典型——麻将赌博,于私德于公德、于个人于国家都为害甚巨。为了避免"千里之堤,溃于蚁穴",除了禁绝取缔赌博之外,更应从改良家庭娱乐入手②,为儿童提供健康有益的娱乐活动,营造安全舒适的游戏空间。

## 三、卫生的场所、健康的娱乐:在家中开辟儿童游戏室

如果说麻将声声、乌烟瘴气的家庭环境堪称糟糕透顶的话,那么理想的家庭应该是什么样子呢?黄炎培就为我们勾勒了这样一幅家居图景:"居宅朴雅而整洁,入其门有歌声、琴声、书声……无叱咤喧闹声……四壁非英雄像即历史图,非关于道德切于卫生之格言,即教育游戏具与练身具。"③不难察觉在其心中,为儿童准备的教育游戏和玩具是理想家庭不可或缺的室内娱乐设备,更可以想见的是称职的父母会在室内开辟出一片特定的区域供子女利用这些游戏器具来愉悦身心,发展智能。而这也正是19世纪末最先由西方幼教界所提倡的儿童室(Child's Room)或儿童游戏室(Child's Playroom)所欲达成之目的,他们认为儿童在家庭中不仅仅需求的是保护,更希冀空间和自由去充分实现由玩耍、游戏所带来的德智体等方面的收益④。这样一种在家庭内部为儿童打造专属的休闲娱乐天地的全新理念也随着西风东渐传播到了东亚。以日本为例,有留美学生归国后提出现代住宅应"重视家人之间的自由平等,明确房间功能,确立个人隐私空间",主张设立以儿童为中心的"儿童本位住宅",即在中等住宅中设立"儿童间",而在大正时代热衷子女教育的特权阶级中,也确曾出现为孩子设置"儿童间"的家庭,尽管其在很大程度上是专供读书使用的"学习间"而已⑤。

几乎在同一时期,中国也出现了译自西方、鼓吹儿童游戏室的价值并介绍其具体布置陈设的文章,其中尤以宗良译自美国《妇人杂志》的《儿童与居室之关系》一文最为详尽。下面笔者以该文为切入点,对最先呈现在国人面前的儿童游戏室的面貌作一番探究。

这篇文章开宗明义,指出虽然儿童在家庭中游戏活动无确定地点,但必定有一室为其最乐于活动之所,而父母正可因地制宜把此处开辟为游戏室。不仅开辟,而且必须要竭尽所能,悉心布置,务求尽善尽美,因为"子女之一生命运,大半以儿童室之如何而论"。一旦该室有益于儿童身心发育,则未来幸福可期,反之则会为其明天蒙上一层阴影⑥。由于游戏室是儿童从呱呱坠地至七岁之间主要活动的区域,而这一时段恰恰为塑造孩童品性和能力

---

① 章育才:《现代家庭与儿童教育》,《东方杂志》第32卷第11期,1935年,第95页。
② 惟际:《由赌博说到改良家庭娱乐》,《申报》1937年4月3日,第18版。
③ 黄炎培:《理想的家庭》,《教育杂志》第1年第2期,1909年,第10—11页。
④ Lisa Jacobson, *Revitalizing the American Home: Children's leisure and the Revolution of Play, 1920—1940*, *Journal of Social History*, Vol. 30, No. 3(spring, 1997), pp. 584.
⑤ [日]鹈饲正树、永井良和、藤本宪一著,苑宗利、史兆红、秦燕春译:《战后日本大众文化》,北京:社会科学文献出版社,2010年,第109页。
⑥ 宗良:《儿童与居室之关系》,《妇女杂志》第4卷第2号,1918年,第1页。

的关键阶段。在此期间,儿童"所接触之事物最易打动心坎,深印脑海……其终身之利乐与志愿植基于此,其终身之思想行为,亦于此养成习惯"①。故而,对于望子成龙的父母来说,儿童室就不是可有可无,而是如何才能将其打造成对其子女身心各个层面均发挥积极影响的游戏和生活空间。对此,美国的育儿专家给出了相当详尽甚至繁琐的建议,但大致可归为居室的卫生和装饰两方面的注意事项,而由于儿童正在生长发育阶段,环境卫生尤为重中之重。"儿童室务必光线充足,空气流通,在清洁出于成人居室之上,能如是则儿童不但强身体且可益心智。"②如果父母希望子女健全灵敏则非为其特辟明敞通气而常清洁之室不可,否则儿童脑力身体必趋迟钝。

这些仅仅是一般性的原则,具体到光线、空气、温度、清洁等环节,均有相应的标准和要求。首先,房间应朝南,多开窗户,确保有充足阳光③,儿童方得强壮。但有时须回避日光以免炙烤灼伤,所以房间既要透光又不得不有遮光之物。较好的选择是在门窗处悬挂帷帐以遮挡光线,但其材质不可用厚重之呢绒以免藏污纳垢,而应以轻薄布料为佳,而玻璃窗须配备三色窗帘以便随时活用④,这是就自然光而言。至于儿童诵读时所用的人工光源,妥当之法是用细铁丝将电灯悬挂固定,高度适中并附以黄色灯罩,使光线朝下散落,既确保亮度又不有害目力⑤。

其次,空气应随时流通,力求新鲜。儿童在户外时,应开窗通风,但也要防范低温侵袭,最好在儿童床四周设置纱帐严密保护。要避免室内过于干燥,宜用大盆盛满清水,置于火炉附近,蒸发的水汽充盈于房间,可收到加湿之效⑥。

再次,室内清洁尤不应忽视。儿童室内不应堆放杂物,地毯因为易染污垢而不适用,倘若使用则应经常拿出室外用毛刷清扫或藤条拍打。切忌直接以扫帚扫地,否则灰尘扬起,为害更甚,应该用带水拖把擦地使之清洁而不扬尘,室中灰尘愈少,儿童身体愈健康⑦。

除了要时刻关注儿童室的卫生状况,父母对其装饰陈设也应精心设计。由于幼儿脑海极易接受外界暗示留下印象,因此室内环境和物品对其心智有莫大影响。虽然具体的装饰方案要依家庭经济状况而定,但应遵循的原则是"儿童室之陈设,宜适可而止",不应摆设过多物品,徒增杂乱之感,或过于奢华,令儿童目不暇给,反受刺激⑧。被褥、地毯、桌布、窗帘、墙纸等颜色不宜璀璨夺目,应以淡雅和谐为佳。儿童嗜好就地涂抹,这种涂鸦乱画的行为不应视为胡闹破坏,其实为一种建设和创造动作⑨,父母理应为子女提供画笔纸张供其自由挥洒,但出于卫生和经济原则,宜在地板和墙壁上铺以可洗涤易擦拭的苫布或油布⑩。

---

① 宗良:《儿童与居室之关系》,《妇女杂志》第 4 卷第 2 号,1918 年,第 1 页。
② 宗良:《儿童与居室之关系》,《妇女杂志》第 4 卷第 2 号,1918 年,第 2—3 页。
③ 魏寿镛:《小儿之衣食住》,《妇女杂志》第 4 卷第 6 号,1918 年,第 1—2 页;朱穗秋:《住居选择及其建筑设计法》,《妇女杂志》第 2 卷第 7 号,1916 年,第 12 页。
④ 宗良:《儿童与居室之关系》,《妇女杂志》第 4 卷第 2 号,1918 年,第 4 页。
⑤ Mr. Ohristine Frideriok:《儿童游戏室》,尚志译,《申报》1919 年 9 月 20 日,第 14 版。
⑥ 宗良:《儿童与居室之关系(续)》,《妇女杂志》第 4 卷第 3 号,1918 年,第 2—3 页。
⑦ 宗良:《儿童与居室之关系(续)》,《妇女杂志》第 4 卷第 3 号,1918 年,第 3—4 页。
⑧ 宗良:《儿童与居室之关系(续)》,《妇女杂志》第 4 卷第 4 号,1918 年,第 6 页。
⑨ 汝良:《儿童的涂抹》,《现代父母》第 2 卷第 3 期,1934 年,第 20 页。
⑩ Mr. Ohristine Frideriok:《儿童游戏室》,尚志译,《申报》1919 年 9 月 19 日,第 14 版。

玩具为儿童室中不可或缺之物,但亦不必太多,惟取具有教育意义者为要:"如可以搭成房屋之积木一箱,其中包含农学、土木工程学、建筑学及手工之基本学理,儿童玩熟之,固大有益也。"①另外,童蒙读物亦可置于一个常放在儿童床头或近处的书箱内供随时取阅。而为避免儿童随时抛掷玩具,应为其设置十字形架子用来安放游戏用具及书籍。②

综上所述,在美国育儿专家眼中,环境优美、陈设完备的游戏室能为儿童的健康快乐、心智发育,甚至一生的幸福发挥无与伦比的作用,而且投入产出比极高,堪称事半功倍,因此力主为人父母者应加以重视。③

值得注意的是,宗良在这篇连载三期的长文之后所撰写的译者附识,他虽然认为欧美室内布置装饰风格与中国大异其趣,因此如法炮制不能成立,但亦承认其中不少观点值得斟酌参考,而且据其观察,除少数名门望族外,中式住宅室内无所谓装饰,至多不过于厅堂中悬挂书画而已,亦非专为儿童所设,儿童也鲜有留意,即便偶尔关注,也不明就里,何谈起到教育作用。至于幼童则没有专属房间,日间随处游玩坐落,夜间睡在母亲房中,尽管此间为孩童日常嬉游最久之所,但并无特别布置,子女从中"所接触而感于心印于脑者亦非良好者"。有鉴于中国家庭虽有面积甚大者,却无一二特别静雅之室,房屋结构亦墨守成规,不能与时俱进,儿童于其内毫无安居之感,对此宗良力倡有财力者仿照西方,开辟设置儿童专属之室,以利于其身心发达。④

诚如宗良所言,当时的中国的家庭教育能利用书房者尚为凤毛麟角,遑论儿童室或儿童游戏室,那么这篇译文就是无的放矢,过于超前么?答案也是未必。事实上,家庭内部成人与孩童的活动空间不可能泾渭分明,相互隔绝。易言之,我们无法想象成人居所肮脏污秽、破烂不堪,而儿童房间却能一尘不染。在很大程度上,译文中所列举的室内环境的诸多注意事项均适用于整个家庭,只不过对于专属儿童的房间,相应的标准更高要求更多而已。即便此时此刻不是每个家庭都具有开辟儿童室的能力,但倘若读者能够以此文为参照切实改善住所环境,将外国观察家眼中的昏暗潮湿、夏季闷热、冬季阴冷,家具笨重极不舒适,空气流通不畅的旧式住宅⑤,改造成更加卫生清洁、舒适宜居的现代住所,届时,儿童室就不仅仅是闻所未闻,纯粹舶来的"西洋景"了,而会成为国人自发倡设的对于培育合格的未来主人翁所必需的室内空间。

时间来到十年之后,特别是进入20世纪30年代,按李欧梵的说法,此时此刻的申城已经能和世界最先进的都市同步,而且"摩登上海"已经形成并引领了现代中国的一种新都市文化。⑥"儿童游戏室"这一概念,对于这时的沪上居民来说即便并非司空见惯,也早已不是匪夷所思的洋玩意儿了。而本土幼教人士则更是达成了共识,将具有明确功能导向的儿童游戏室列为其推广新式家庭教育计划中的关键一环,尽管他们也没有好高骛远到认为

---

① 宗良:《儿童与居室之关系(续)》,《妇女杂志》第4卷第4号,1918年,第8页。
② Mr. Ohristine Frideriok:《儿童游戏室》,尚志译,《申报》1919年9月19日,第14版。
③ 宗良:《儿童与居室之关系(续)》,《妇女杂志》第4卷第4号,1918年,第9页。
④ 宗良:《儿童与居室之关系(续)》,《妇女杂志》第4卷第4号,1918年,第9—10页。
⑤ [美]那仲良:《寻找隐蔽的中国民居》,[美]那仲良、罗启妍主编:《家:中国人的居家文化》第65—66页;任妍幽:《论家庭衣食住之当注意》,《妇女杂志》第1卷第5号,1915年,第10—11页。
⑥ 李欧梵:《上海摩登:一种新都市文化在中国(1930—1945)》,北京:人民文学出版社,2010年,第1章。

每家每户都有能力为子女置办一间游戏室的地步,但其仍建议父母"总要为儿童设一游玩的所在,或专辟一室或划出房子的一隅以供儿童之用"①。如利用客厅或起居室的一角,陈设娱乐品,作为孩童们游息的地盘。② 成人在布置家具时,也"至少注意到留一角地方,给儿童可以随时转动,和安放他们的玩具"③,而无论居住面积有多么紧张,孩子在家里总要"有一角之地作他的独自工作游戏的地方"④。

工欲善其事,必先利其器。若想儿童充分享受游戏的乐趣,获得身心上的成长,游戏室的环境和设备就须格外留心,尽量周全。在卫生标准上,幼教专家继承了一贯的观点,儿童房愈大愈妙,窗户应多,日光须足,一切要清洁有序。⑤ 在器具陈设方面,首要的原则是一切布置都应儿童化,易于使用与认知,而不宜过于繁复芜杂,⑥尽可能留出更多空地,以供儿童畅游。⑦ 为了能让儿童可以赤脚行走,可以在地板上铺设油布或便于清洗的粗布。美观小型的方毯可以引发儿童游戏的动机,还可以供其在冬季时随意拖拉到室内各处坐着玩耍。简单的体操器具能使其粗大筋肉得到锻炼,亦可从小培养儿童对体育的兴趣⑧而在美育方面,图画的效用甚为明显,因此可在浅色的墙壁上横挂一条彩布,在上面用针别上各种美术画片,以彩色的人物花卉动物为主,供其日常观赏,成本也极其低廉。⑨ 儿童所用的器具,无疑要合乎其身形体态,桌椅必须矮小。在窗边可以放置一把小摇椅和几个低矮的木凳,供其在阳光沐浴下安静的游戏。另外可摆设一个壁橱,几个架子,可供儿童收藏其日用品。即便没有条件的家庭也得专门准备一个纸箱或木箱用来收纳子女的玩具,除了可以保持室内整洁以外,父母可以借机教导儿童在游戏后自行收拾归整玩具,将其按大小顺序码放于箱内,从而养成他们不随意丢弃个人物品,用完东西放回原处等良好的生活习惯。⑩

良好游戏室的环境绝非一成不变,其布置陈设与功能指向要依据儿童年龄增长而随时调整。四至六岁的孩子最好有一个洋囡囡室和相关用具,积木亦为模仿建筑,激发创造能力的优良玩具,大小可如小砖块一般;七至八岁的小孩,戏剧表演的本能已然萌生,所以应有化装表现台供其上演自编自导的扮演游戏;十至十二岁的儿童已有能力自制玩具,应为他设置工作台,配备相应工具;十三岁至十五岁的孩童已经完全可以将游戏室打造成俱乐部或工作间了。由于不同年龄阶段的儿童不同的兴趣使然,游戏室既可以是一个单纯的玩具集合所,又可以成为一个玩偶剧场,还可以被改造成一间用金属、黏土和图画材料布置起

---

① 方万邦:《儿童的游戏》,《教育杂志》第25卷第12期,1933年,第55页。
② 珍妮:《室内陈设的艺术》,《主妇之友》第1卷第2期,1937年,第21页。
③ 姚希慧:《玩耍与玩具》,《妇女新运》第5卷第4期,1943年,第36页。
④ 基督教教育部投稿:《你底孩子是否有适宜的玩具》,《福音光杂志》第13卷第8期,1937年,第13页。
⑤ 张少微:《家庭儿童中心论》,《女子月刊》第3卷第1期,1935年,第2441页。
⑥ 舒展:《儿童的游戏室》,《现代父母》第2卷第3期,1934年,第19页;张少微:《家庭儿童中心论》,《女子月刊》第3卷第1期,1935年,第2441页。
⑦ 槐君:《儿童游息室》,《家庭杂志》1937年第2期。
⑧ 唐毂:《幼稚园课程编制原则》,《教育杂志》第19卷第2期,1927年,第6页。
⑨ 钱用和:《家庭布置及管理》,《广播周报》第129期,1937年。
⑩ 舒展:《儿童的游戏室》,《现代父母》第2卷第3期,1934年,第18—19页;张少微:《家庭儿童中心论》,《女子月刊》第3卷第1期,1935年,第2441页;袁宗泽:《家庭儿童游戏设备》,《体育研究与通讯》第1卷第1期,1932年,第78—79页。

来的模型陈列室。① 父母尽可以依照子女的爱好要求,来帮助其设计添置游戏室的环境和设备,但必须谨记这是儿童自己的房间,要赋予其完全的自由,由其自行管理,成人只要在旁辅助照料,防止儿童伤害自身或妨碍他人即可。而正是在经营维护属于自己的娱乐天地的过程中,儿童初步习得了主权和责任的意义,并开始养成单独自治生活的习惯。②

## 四、空中楼阁——"儿童游戏室"话语的局限和价值

尽管儿童游戏室的价值被时人大力鼓吹,但在很大程度上,其仍只停留在纸上谈兵的话语层面,真正能付诸实践的家庭实属凤毛麟角。实际上,也很难设想住在小弄堂挤在亭子间的"七十二家房客"会有闲情逸致与财力物力来为子女置办一方游戏乐土。对此,幼教专家也心知肚明:"在我们这人烟稠密的城市里,大多数的人家都只有一间或两间房子,里面住了许多人,在那里吃,在那里住,拥挤不堪,那里顾得到给儿童一个角落游玩?屋外呢?多数是人来人往的热闹街道,很少人家有一个场子,可以供给儿童游玩。每家人家要备有一个院子给儿童玩,从经济和实际方面来说,是不可能的。"③胡伯威儿时家境宽裕,在抗战后全家移居上海时,占据了一整座石库门,可谓楼上楼下,电灯电话,连抽水马桶和自来水浴缸都一应俱全。但专属儿童的空间就是一间卧室而已,四个孩子在里面的两张单人床上排演开船游戏。更多时候,游戏玩耍如捉迷藏、打板羽球、踢小皮球等还是集中在户外一个难得的相对封闭、比篮球场还大的宽巷子。④ 既然小康之家也未必有辟设儿童游戏室的能力和意识,何况普通的平头百姓!这种近乎奢侈的室内娱乐天地似乎只能出现在大富之家的豪宅之中,比如被称作"贝家花园"的贝淞荪宅邸,这所花园洋房坐落在上海市静安区南阳路,是典型的中西合璧式的近代建筑,"占地面积3250平方米,建筑面积2449平方米……客厅东侧是儿童游戏室"⑤。叶笃庄幼时在天津居住的"叶公馆",有前中后三个院落,数十间屋子,起初小孩子们活动的中心也仅是祖母的上房,后来北客厅才被改造成儿童游艺室,室内设有乒乓球台,备有围棋象棋等。⑥ 即便发达繁荣如20世纪20年代的美国,开辟一间装潢华丽、设计精巧的儿童游戏室仍然是一桩造价不菲的消费行为,其需要家庭中的额外空间、特别的设备及精挑细选的玩具。⑦

也许笔者不得不承认,儿童游戏室仍然只是中国幼教专家的美好设想,在当时的历史条件下,尚不具备现实层面的可操作性。纵然有时人曾经提出修建"低端版"儿童游戏室的计划:在院子一角借着石壁和土墙用高粱节、竹竿、草席、油布可以搭建一个五尺高的游

---

① 袁宗泽:《家庭儿童游戏设备》,《体育研究与通讯》第1卷第1期,1932年,第79页。
② 赵廷为:《幼稚儿童与家庭教育》,《教育杂志》第19卷第2期,1927年,第6页;不磷:《小家庭里装饰上之优美设计》,《三六九画报》第13卷第3期,1942年,第15页。
③ 姚希慧:《玩耍与玩具》,《妇女新运》第5卷第4期,第37页。
④ 胡伯威:《儿时"民国"》,桂林:广西师范大学出版社,2006年,第180—203页。
⑤ 上海市地方志办公室编著:《上海名建筑志》,上海:上海社会科学院出版社,2005年,第421页。
⑥ 叶笃庄:《一片冰心在玉壶:叶笃庄回忆录》,太原:山西人民出版社,2014年,第7页。
⑦ Lisa Jacobson, *Revitalizing the American Home: Children's leisure and the Revolution of Play, 1920—1940*, Journal of Social History, Vol. 30, No. 3 (spring, 1997), pp. 586.

戏室,地面上为了防潮,要铺些砖块或石头,还可以搜集些煤油桶当碗橱,拿木凳、竹凳、葫芦瓢、木碗泥瓶等作家具,室旁还可以栽种葫芦、黄瓜和花草加以点缀。这套因陋就简的建造方案如果由儿童主导,成人在旁协助,则更会妙趣无穷。① 虽然极大地压缩了成本,这样一间游戏室却仍会面临水土不服的窘境,在寸土寸金的城市中鲜有人会有院落开展如此"乡土游戏",至于指望其能解决城市儿童安全健康游戏的问题,则更是不切实际。

话虽如此,我们仍不能低估"儿童游戏室"话语的象征意义,其于20世纪20—30年代在以工商业为支柱产业的口岸都市中出现是近代中国大家族日趋解体,小家庭或核心家庭日益增多②、工业化与城市化程度逐渐加深的必然结果。随之而来的便是人们开始重视家庭生活的舒适、自由与私密空间。如果说传统家庭依靠森严家规、长幼有序等观念来维持和谐与秩序,那么时移世易,在20世纪都市文明摇篮中孕育产生的幼教理念看来,上房中高大气派、儿女却可望而不可即的太师椅,书房里彰显财富品味、儿童却一头雾水的名人字画,都是代表着压抑人性、束缚心灵的封建家长制的训育模式。而在只有一对夫妇和几个甚至一个孩子的小家庭中,空间被重新分配,划分出厨房、餐厅、客厅和卧室,从而让家庭成员既可以一齐分享日常生活,又能保证每个个体拥有自己的私生活。由此,"家庭已经从处于约束下的群体转变为一个私人生活的安乐窝"③。而儿童在其中的重要性也与日俱增,甚至成为家庭的重心所在,这些"未来的主人翁"能否在家庭中快乐玩耍、茁壮成长,可谓"现代父母"最为关心的问题,也因此成了房屋空间安排与居室装潢计划中必须加以考虑的方面。

虽然儿童游戏室并没有走入寻常百姓家④,但儿童在家中的活动空间逐渐扩大却是不争的事实。《良友画报》刊发的一组"最新式住宅陈设"的摄影图片中,儿童卧室赫然在列,并以其宽大的玻璃窗、浅色镂空的窗纱、深色窗帘、抽象美观的动物墙纸、符合儿童身长体态的床铺与椅子等室内布置陈设体现了"简洁而有趣"的装潢风格⑤,(参见图2)"小孩子卧室"也成为家庭布置必须加以认真设计的房间。⑥ 除此之外,在当时流行的儿童杂志和画报中,多次刊登了表现儿童在家中客厅游戏甚至嬉闹场景的图画作品,似乎暗示了这种本来是成人用作接待客人的家庭空间被儿童"霸占"为娱乐天地,而前者也对此态度宽容的时代趋势。例如有姐弟三人一本正经地分别敲着小鼓,拉着小提琴,并在五线谱前挥舞着指挥棒,但仔细端详那把小提琴其实是一个簸箕,他们进行的不过是一场在客厅进行的模拟演奏会游戏,听众是一只小狗而已。⑦ 还有兄妹两人在客厅中打起了乒乓球,观众则是

---

① 雷阿梅:《游戏中的学习》,《现代父母》第5卷第5期,1937年,第15—16页。
② 鼓吹"小家庭"的言论也已经在当时的口岸都市中出现,可参见Susan Glosser, *Chinese Visions of Family and State, 1913—1953*, Berkeley: University of Calnifornia Press, 2003.
③ 罗启妍:《从传统建筑与传统家具探讨中国文化:一个文化的诠释》,[美]那仲良、罗启妍主编:《家:中国人的居家文化》第202页。
④ 必须指出的是,在某些上海居民心中,儿童游戏室业已成为其"理想的小家庭"设想中有机的组成部分。王寿福:《理想中的小家庭生活》,《家庭星期》第1卷第3期,1935年,转引自Susan Glosser, *Chinese Visions of Family and State, 1913—1953*, pp. 157.
⑤ 《申报》摄:《最新式住宅陈设》,《良友画报》第50期,1930年,第29页。
⑥ 许继廉夫人讲,纪凝贤小姐记:《家庭布置问题》,《妇女共鸣》第3卷第3期,1934年,第29页。
⑦ 《小朋友》第395期,1935年,封面。

小猫、小狗和洋娃娃。① 也有姐弟二人玩起了玩具汽车比赛,一只小狗趴在沙发上聚精会神地观看。② 更加有趣的是,有两个小朋友美滋滋地坐在沙发靠背上把鱼竿伸进鱼缸里钓鱼。③（参见图3）还有一群顽童上演了一出"大闹客厅"的游戏,他们有的把凳子摞上八仙桌,踩在上面放气球,有的在桌边掰起了手腕,有的在地上玩起了弹子球,还有三个孩子坐在一个硕大无比的沙发上读书。④

仔细观察,会发现上述无忧无虑的欢乐场景拥有一些共同点:首先,其陈设装潢绝大多数属于西式风格,特别是构成游戏空间重要背景的宽大的沙发、精致的窗帘、错落的壁画、整洁的地板等均彰显了家庭主人的喜"新"厌"旧"的价值取向和欣赏口味。当中式的太师椅和山水画被置换为洋味十足的大沙发和风景画时,客厅也就此成为了游戏室。其次,作为游戏主体的儿童一般身着西式服装,女孩身穿连衣裙,脚踩玛丽珍鞋,男孩则身着短裤,足裹及膝长袜,脚蹬皮鞋。这种上流社会味道十足的衣服款式暗示了这些儿童已在不经意间内化了其所隶属阶层的特定品味,而他们进行的游戏也烙上了鲜明的资产阶级烙印。第三,几乎所有的游戏场景中,成人都是恰到好处地缺席的,取而代之的是家庭宠物的陪伴。当居高临下的监督视线被小猫小狗自下而上、好奇观望的眼神取代时,现代教育所认同的童年游戏的价值也得以放大。与此同时,这些宠物也无声地见证了孩子们作为资产阶级主体的成长历程。⑤ 易言之,这些杂志画报所描绘的在室内游戏的儿童其实是幼教专家寄希望于其能成为未来的主人翁的好孩子的典型形象,而被当做游戏室的客厅则成为其安全健康游戏的必要场所。

如果说,"儿童游戏室"话语的局限性体现在其是专供上流社会和大富之家的子女享用,对市民阶层而言是空中楼阁的话,那么,其存在价值即恰恰反映了在工业化和城市化的大背景下,儿童在小（核心）家庭中地位的提升,以及安全卫生的居家环境和寓教于乐的游戏教育等西方新式的育儿观念被中国启蒙知识分子大力倡导而渐为国人了解接受的事实。从这个角度讲,"儿童游戏室"话语在民国上海的兴起绝非空穴来风,而是其来有自,应时而生的。

---

① 《拍乒乓球》,《儿童画报》第17号,1936年6月16日。
② 《汽车比赛》,《儿童画报》,新34号,1934年3月1日。
③ 《小朋友》第475期,1931年,封面。
④ 申报儿童周刊社:《申报儿童之友》,上海申报馆,1936年,第3页。
⑤ Andrew F. Jones, *Developmental Fairy Tales: Evolutionary Thinking and Modern Chinese Culture*, Havard University Press, 2011, pp. 85—86.

**图 1　追逐汽车为戏的顽童**

(《"人之初性本善"》,《良友画报》第 155 期,1940 年,第 27 页)

**图 2　儿童专用卧室**

(《申报》摄:《最新式住宅陈设》,《良友画报》第 50 期,1930 年,第 29 页)

图3　在客厅中钓鱼
(《小朋友》第 475 期,1931 年,封面)

**作者简介**:张弛,历史学博士,天津社会科学院助理研究员。

【政治与社会】

# 从对立到合流:汉代列侯与豪强关系刍议[*]

## 秦铁柱

**【摘　要】** 豪强依托雄厚的财富和宗族势力形成了一种强大的社会力量和民间权威;列侯作为汉代仅次于诸侯王的第二等贵族爵,以专制皇权为后盾,拥有范围大小不等的封国。二者之间关系微妙,对两汉的社会政治产生了深远的影响。昭宣以前,列侯与豪强之间的对立与冲突是二者关系的主要内容,昭宣以后,列侯与豪强的合流就是二者关系的主流了,形成了东汉王朝的多元权力格局,酿成了汉末军阀割据混战,以及三国鼎立的政治局面,拉开了门阀士族时代的序幕。

**【关键词】** 豪强;列侯;汉王朝;宗族;土地兼并

汉代豪强[①]又称"大族""豪杰""名家""豪右""强族""强宗""豪滑之民"。豪强之"豪",《说文解字》释为"豪,豕鬣如笔管者,出南郡"[②],即身体上长满毛刺的野猪,后人引申用来比喻有权势的人。豪强是一个不断变化的社会阶层。起初,在汉朝实行的"编户齐民"制度下,他们是民中之"豪"。豪强之强在于二端,首先强在其财势。他们经营货殖,以大量的货殖资本投入农业生产,"以末致财,用本守之",兼并大量的田产,积累了巨额财富,西汉末年出现了"有求必给"的豪强地主田庄;其次强在其族势。"汉代豪强往往不只是一两个人,而是一个大宗族的,大致也是出于过去封建时期大夫合族的习惯"[③],豪强多为大宗,"大宗者,收族者也"[④],"乡族皆归焉"[⑤]。宗族成为他们得以存在并且不断发展的重要社会基础,他们在和平时期存问九族,战乱时扶危济困,恩加宗族,惠及闾里,"在'宗人'与豪强地主的封建依附关系外面,罩上了一层温情脉脉的宗族血缘关系的薄幕"[⑥],从而赢得了很高的社会威望,具有广泛的社会性。豪强依托强大的经济实力和宗族势力形成

---

[*] 基金项目:本文系国家社科基金青年项目"两汉封国'诸子'与齐鲁文化的主流化研究"(项目编号:17CZS008)、山东省社科青年基金项目"汉代封国'诸子'与齐鲁文化研究"(项目编号:15DLSJ04)的阶段性成果。

[①] 在史籍中有关豪强的称谓有近百种之多,从不同角度反映了豪强特征的多样性。学界目前多用豪族、豪民来指称这一社会阶层,笔者窃以为"族"一字多侧重于其宗族性、社会性,"民"一字多侧重于其身份性,似乎均不能全面而准确地概括这一阶层的总体特征。本文用豪强的概念,在于"强"字突出了它的强大性,即豪强拥有强大的政治权力、经济势力、军事势力、宗族势力,并且也符合了豪强的动态变化过程,便于连续性地考察豪强社会阶层的产生和发展。总之,豪强这个名称更能较为全面地概括这一社会阶层的诸多特征。

[②] 许慎撰,徐铉校订:《说文解字》,北京:中华书局,2013年,第766页。

[③] 劳干:《古代中国的历史与文化》,北京:中华书局,2006年,第291页。

[④] 郑玄注、贾公彦疏:《仪礼注疏》,上海古籍出版社编:《十三经注疏》,上海:上海古籍出版社,1997年,第1106页。

[⑤] 范晔:《后汉书》卷43《朱晖传》,北京:中华书局,1965年,第1459页。

[⑥] 杨曾文:《试论东汉时期的豪强地主》,《文史哲》1978年第3期。

了一种强大的社会力量和民间权威,"雄张闾里",成为专制皇权的离心力量。西汉中期以后,"面对日益强大的民间豪强力量,官方单纯的镇压显然不够,除了在治政风格上长吏要刑罚与礼义并举、酷严与宽缓同行之外,必要的吸纳和利用成为地方政府治理民间豪强力量的重要措施"①,豪强通过经学与选举,逐步进入帝国的政治轨道。新莽末年,豪强乘着农民起义的东风,完成了东汉豪强政权的缔建,外戚、功臣、经学世家等上层豪强进入中央政权,由民间社会力量转化成了国家公权力量,而中层豪强则多担任州、郡、县的掾史属吏,控制地方政权,下层豪强则继续在乡里经营着田庄,并担任着乡三老、里父老、里典、里正、里魁等乡官里吏,主宰着乡里秩序,我们可以将这些中下层豪强统称为地方豪强。

在汉代,列侯爵是仅次于诸侯王的第二等贵族爵,"汉兴,设爵二等,曰王曰侯。皇子而封为王者,其实古诸侯也,故谓之诸侯王。王子封为侯者,谓之诸侯。群臣异姓以功封者,谓之彻侯"②。他们依附于皇权,"为汉藩辅",是汉代食封贵族的重要组成部分。列侯多是因亲、因功而封,大体可以分为功臣侯、外戚侯、王子侯、恩泽侯、丞相侯、归义侯、宦者侯③。两汉奉行打击封国的策略,武帝以后,封国问题已经基本解决,列侯阶层内部发生严重分化,功臣侯、王子侯逐渐衰落,因通经而受封的恩泽侯、丞相侯,因裙带关系而受封的外戚侯则日渐强大。虽然失势的列侯及其宗族"与富室无异",但在朝中掌握军政大权的列侯依然是一支举足轻重的政治力量④。列侯以专制皇权为后盾,拥有范围大小不等的封国,从表面上看他们是既分土又分民,但实际上分土并不意味着列侯拥有了封国内土地的所有权;分民也并不意味着列侯与封国民众之间建立了人身依附关系。"租入"并不是基于列侯对封国土地的所有权向封国内的无地农民征收的地租,而是向封国内的土地所有者如地主、自耕农征收的本应该上缴于国家的地税,汉政府对"编户齐民"的租赋剥削成为列侯收入的主要来源。

在汉代列侯、豪强这两个领域中,学界已经从宏观与微观两个层面上进行了较为全面系统的研究,但对于二者关系的研究却尚有空间。在大土地所有制形成与发展的经济背景下,在专制主义中央集权的强弱转换间,在豪强与政治的密切结合下,列侯与豪强作为汉代两个重要的统治阶层,逐步由对立转为合流,对两汉三国魏晋南北朝的社会结构和政治格局产生了深远的影响。

## 一、列侯与豪强的对立与冲突

崔向东先生在《汉代豪族研究》中分析了食封贵族向豪族的转化过程,论证了食封贵族与豪强之间有着本质上的联系。⑤ 其实在昭宣之前,列侯与豪强之间充斥着对立与冲突。

---

① 巩宝平:《汉代民间力量与地方政治关系研究》,山东大学博士学位论文,2009年,第54页。
② 杜佑:《通典》卷31《职官》,北京:中华书局,1988年,第855页。
③ 参见拙作《两汉列侯问题研究》,南开大学博士学位论文,2014年,第35页。
④ 秦铁柱:《汉代列侯爵溯源考》,《山东师范大学学报(人文社会科学版)》2017年第6期。
⑤ 崔向东:《汉代豪族研究》,武汉:崇文书局,2003年,第100—105页。

高祖刘邦与功臣列侯们推行了"贾人不得衣丝乘车,重租税以困辱之。……市井之子孙亦不得仕宦为吏"①等打击豪强的政策。建信侯娄敬向高祖刘邦建议迁徙关东六国豪强于关中以削弱之,"臣愿陛下徙齐诸田,楚昭、屈、景、燕、赵、韩、魏后,及豪桀名家,且实关中。无事,可以备胡;诸侯有变,亦足率以东伐。此强本弱末之术也"②。鄼侯萧何凭借权势侵夺关中豪强之田宅,"上罢布军归,民道遮行,上书言相国强贱买民田宅数千万"③。高祖刘邦接受豪强们的控诉后仅仅对萧何笑着说道:"今相国乃利民。"这种现象在西汉初年的功臣列侯中并不少见。汉武帝大力加强中央集权,推行了"迁豪"、任用酷吏诛杀、设置十三州部刺史、盐铁官营、算缗告缗、禁止商人名田等一系列打击豪强的政策,"强干弱枝"。在朝廷中担任高官要职的列侯们便成为这些政策的忠实执行者,葛绎侯丞相公孙贺的儿子公孙敬声"征和中擅用北军钱千九百万,发觉,下狱"④,公孙贺主动逐捕阳陵豪强朱安世以赎其子之罪。昭帝病重,得到消息的"茂陵富人焦氏、贾氏以数千万阴积贮炭苇诸下里物。昭帝大行时,方上事暴起,用度未办"。阳成侯大司农田延年奏请:"商贾或豫收方上不祥器物,冀其疾用,欲以求利,非民臣所当为。请没入县官。"⑤在昭宣以前,为何依附于皇权的列侯们坚定地站在皇权一边,不遗余力地打击豪强呢?

首先,地方豪强以其宗族、财富等方面的优势与地方政府相抗衡,武断于乡曲,离心于皇权。豪强经营货殖以致富,"往者,豪强大家,得管山海之利,采铁石鼓铸,煮海为盐。一家聚众,或至千余人,大抵尽收放流人民也。远去乡里,弃坟墓,依倚大家,聚深山穷泽之中,成奸伪之业,遂朋党之权,其轻为非亦大矣"⑥!富而兼并土地与农民,"豪富民多畜奴婢,田宅亡限,与民争利,百姓失职,重困不足"⑦,严重破坏了小农经济,沉重打击了以此为基础的汉王朝统治。"其并兼者则陵横邦邑,桀健者则雄张闾里。"⑧他们又勾结亡命、游侠,组织部曲家兵,横行地方,甚至操纵地方政治,这就严重阻碍了汉王朝统一政令的下达与执行,"济南,瞷氏宗人三百余家,豪猾,二千石莫能制"⑨,颍川郡大姓原、褚宗族"横恣,宾客犯为盗贼。前二千石莫能禽制"⑩,东海大豪郯许仲孙"为奸猾,乱吏治郡中苦之"⑪。"随着豪族势力的扩张,土地和人民便到了豪族的统治之下,因而汉朝廷的政治便不能贯彻到下层人民中间"⑫,西汉皇权强盛,为了实现对帝国的全面掌控,绝对不能容忍皇权秩序之外的其他社会力量主导的社会秩序的存在。"臣尽死力以与君市,君垂爵禄以与臣市"⑬,文臣武将们以自己的才智武勇从皇帝那里获得了公卿之位,列侯之爵,他们个人的

---

① 司马迁:《史记》卷30《平准书》,北京:中华书局,1959年,第1418页。
② 班固:《汉书》卷43《娄敬传》,北京:中华书局,1962年,第2123页。
③ 《汉书》卷39《萧何传》第2011页。
④ 《汉书》卷66《公孙贺传》第2878页。
⑤ 《汉书》卷90《酷吏传》第3665页。
⑥ 桓宽撰,王利器校注:《盐铁论校注》卷1《复古》,北京:中华书局,1992年,第78—79页。
⑦ 《汉书》卷11《哀帝纪》第336页。
⑧ 《后汉书》卷77《酷吏传》第2487页。
⑨ 《汉书》卷90《酷吏传》第3647页。
⑩ 《汉书》卷76《赵广汉传》第3200页。
⑪ 《汉书》卷76《尹翁归传》第3028页。
⑫ 宫崎市定:《九品官人法研究》,载《宫崎市定论文选集》上卷,上海:商务印书馆,1963年,第60—62页。
⑬ 王先慎撰,钟哲点校:《韩非子集解》卷15《难一》,北京:中华书局,1998年,第352页。

命运是与汉王朝的命运紧密联系在一起的。在国家公权与地方社会秩序的冲突与对抗中，他们必然要为汉王朝的长治久安考虑，为统治阶级的长远利益考虑，辅佐皇权，打击豪强。

其次，列侯受到豪强的高利贷盘剥。吴楚七国之乱爆发后，在长安的列侯们生活奢靡，入不敷出，不得不向关中豪强借贷以充军资，"吴楚七国兵起时，长安中列侯封君行从军旅，赍贷子钱，子钱家以为侯邑国在关东，关东成败未决，莫肯与。唯无盐氏出捐千金贷，其息什之。三月，吴楚平。一岁之中，则无盐氏之息什倍，用此富埒关中"①，关中豪强无盐氏以十倍之息借贷列侯而富比关中。武帝时，山东发生水灾，列侯们在关东的封邑被淹没，不得不借债于豪强，"于是县官大空，而富商大贾或蹛财役贫，转谷百数，废居居邑，封君皆低首仰给"②。有的列侯为了维持自己骄奢淫逸的生活，向豪强借债高达数千万之多，拖欠甚久，甚至凭借自己的政治特权将债主殴打致死，"非唯细民为然，自封君王侯贵戚豪富，尤多有之。假举骄奢，以作淫佚，高负千万，不肯偿责。小民守门号哭啼呼，曾无怵惕惭怍哀矜之意。苟崇聚酒徒无行之人，传空引满，啁啾骂詈，昼夜鄂鄂，慢游是好。或殴击责主，入于死亡，群盗攻剽，劫人无异。虽会赦赎，不当复得在选辟之科，而州司公府反争取之。且观诸敢妄骄奢而作大责者，必非救饥寒而解困急，振贫穷而行礼义者也，咸以崇骄奢而奉淫湎尔"③。

再次，豪强对列侯进行工商业盘剥。豪强多经营工商业，利用统一之便，周流天下，互通有无，甚至贾贸于夷狄之境。蜀卓氏以鼓铸冶铁，与滇、蜀之民贸易而富甲西南，"蜀卓氏之先，赵人也，用铁冶富。秦破赵，迁卓氏之蜀，夫妻推辇行。诸迁虏少有余财，争与吏，求近处，处葭萌。唯卓氏曰：'此地狭薄。吾闻岷山之下沃野，下有蹲鸱，至死不饥。民工作布，易贾。'乃求远迁。致之临邛，大喜，即铁山鼓铸，运筹算，贾滇、蜀民，富至童八百人，田池射猎之乐拟于人君"④。程郑亦以冶铸致富，并经营与西南夷之间的贸易，"程郑，山东迁虏也，亦冶铸，贾魋结民，富埒卓氏"⑤。

列侯虽然拥有大量的"租人"，但这些"租人"大多以谷物缴纳，伴随着商品经济的发展，大量的粮食并不能直接购买奢侈品及其他日常生活用品，列侯需把手中的谷物与刍藁拿到市场上出售给豪强，以便取得大量的货币，来购买豪强手中所囤积的大量奢侈品。豪强一方面盗铸金钱，控制货币的生产与发行，"县官往往即多铜山而铸钱，民亦盗铸，不可胜数"⑥，"民坐盗铸钱被刑者众，富人积钱满室，犹亡猒足"⑦；另一方面"乘时射利"，贱买农产品而贵卖奢侈品，操纵物价以掠夺列侯。

豪强长途贩运的商品多为奢侈品，价值不菲，"今骡驴之用，不中牛马之功，鼲貂旃罽，不益锦绨之实。美玉珊瑚出于昆山，珠玑犀象出于桂林，此距汉万有余里。计耕桑之功，资

---

① 《史记》卷129《货殖列传》第3280—3281页。
② 《史记》卷30《平准书》第八，四1425页。
③ 王符著，汪继培笺，彭铎校正：《潜夫论笺校正》卷5《断讼》，北京：中华书局，1985年，第228页。
④ 《汉书》卷91《货殖列传》第3690页。
⑤ 《汉书》卷91《货殖列传》第3690页。
⑥ 《汉书》卷24下《食货志》第1163页。
⑦ 《汉书》卷72《贡禹传》第3075页。

财之费,是一物而售百倍其价也,一捃而中万钟之粟也"①,"雕素朴而尚珍怪,钻山石而求金银,没深渊求珠玑,设机陷求犀象,张网罗求翡翠,求蛮、貊之物以眩中国,徙邛、筰之货,致之东海,交万里之财,旷日费功"②。豪强万里贩卖鼠皮、貂皮、毛毡、花毯、美玉、珊瑚、珍珠、犀牛、大象等异域特产,以获百倍之暴利。这些奢侈品的价格是多少,史无明载,但贤良文学们在论辩中估算出了这些奢侈品与农产品之间的比价,即"一捃而中万钟之粟也","捃",同"挹","一楫",购买一捧奢侈品需要万钟谷子,颜师古注:"以万钟计者,不论斗斛千万之数,每率举万钟而计之,著其饶多也。"豪强通过奢侈品交易从列侯们身上赚得了大利。

最后,豪强兼并侯国内的土地,盘剥侯国内的农民。虽然汉代有"用贫求富,农不如工,工不如商,刺绣文不如倚市门"③之说,但时人认为购买土地是取得和升值财富的最为安妥的手段,经过汉武帝的打击,"许多人弃商就农去作大地主……可知此时的富人的投资倾向,必然是趋重农业了"④。豪强利用高利贷资本和工商业资本购置大量的土地,成为汉代土地兼并的主力,"皆非有爵邑俸禄弄法犯奸而富,尽椎埋去就,与时俯仰,获其赢利,以末致财,用本守之,以武一切,用文持之"⑤。侯国内的食邑农户成为被兼并的重要对象。即使是在秦汉时期,食邑农户因日常的生产、生活需要也不得不与商品经济发生些许的关联。食邑农民需"以铁耕",铁器是农民的重要的生产、生活资料,对于农业生产具有重要意义,"铁器者,农夫之死士也。死士用,则仇雠灭,仇雠灭,则田野辟,田野辟而五谷熟"⑥。盐也是食邑农民日常生活的一种必需品,盐的生产、售卖、铁的开采、冶炼,铁器的制作、销售在两汉的大多数时间里都掌握在豪强手中,"则豪民擅其用而专其利。决市闾巷,高下在口吻,贵贱无常,端坐而民豪"⑦。食邑农民为了购买盐铁等日常生产、生活必需品,必须先向商人出售粮食等农产品。豪强利用他们着急将农产品售出的心理,乘机将农产品的价格压低,抬高盐铁及其他生产、生活用品的价格;另一方面,豪强又通过私铸货币,"杂以铅铁为它巧"⑧,"淆之甚微,为利甚厚"⑨,又进一步盘剥了食邑农民。这就间接地影响到了列侯的食邑收入。

豪强又通过高利贷兼并食邑农民的土地,釜底抽薪,直接影响到了列侯的经济利益。

> 今农夫五口之家,其服役者不下二人,其能耕者不过百亩,百亩之收不过百石。春耕夏耘,秋获冬藏,伐薪樵,治官府,给徭役;春不得避风尘,夏不得避暑热,秋不得避阴雨,冬不得避寒冻,四时之间亡日休息;又私自送往迎来,吊死问疾,养孤长幼在其中。勤苦如此,尚复被水旱之灾,急政暴赋,赋敛不时,朝令而暮改。当具有者半贾而卖,亡

---

① 桓宽撰,王利器校注:《盐铁论校注》卷1《力耕》,北京:中华书局,1992年,第28—29页。
② 《盐铁论校注》卷1《力耕》第42—43页。
③ 《史记》卷129《货殖列传》第3274页。
④ 杨联陞:《东汉的豪族》,北京:商务印书馆,2011年,第3页。
⑤ 《史记》卷129 货殖列传》第3281页。
⑥ 《盐铁论校注》卷1《禁耕》第68页。
⑦ 《盐铁论校注》卷1《禁耕》第68页。
⑧ 《汉书》卷24下《食货志》第1153页。
⑨ 《汉书》卷24下《食货志》第1153页。

者取倍称之息,于是有卖田宅,鬻子孙以偿责者矣。而商贾大者积贮倍息,小者坐列贩卖,操其奇赢,日游都市,乘上之急,所卖必倍。故男不耕耘,女不蚕织,衣必文采,食必粱肉;亡农夫之苦,有仟伯之得。因其富厚,交通王侯,力过吏势,以利相倾;千里游敖,冠盖相望,乘坚策肥,履丝曳缟。此商人所以兼并农人,农人所以流亡者也。①

晁错在对文帝的奏疏中提到农民为了应付朝廷繁重的赋役剥削,维持一家的日常生活用度,不得不向豪强借贷,承受着数倍的利息,又不得不卖田宅子孙与豪强来偿还债务。失去土地的农民,大部分进入豪强地主的庄园成为佃农和奴婢,"豪人之室,连栋数百,膏田满野,奴婢千群,徒附万计"②;一部分进入工商业领域,成为小工商业者,"或作泥车瓦狗诸戏弄之具"③;一部分成为流民,流离失所,"亡逃山林,转为盗贼"④。列侯的食邑农户们也未能幸免于难,他们的土地被兼并,他们本身沦落为佃农、奴婢、小工商业者及流民,以小农经济为基础的列侯的食邑收入不断减少。从一定程度上说,豪强的崛起是以列侯经济利益的牺牲为代价的,这也就是列侯打击豪强的内在动因。

所以,列侯们,于公,为了汉王朝的长治久安,于私,为了自己的经济利益,成为了昭宣以前各朝打击豪强、辅翼皇权的一支重要力量。但皇权与列侯对豪强的打击是暂时的,不能从根本上消除其存在与发展的根源。豪强阶层具有浓厚的宗法血缘色彩,与汉代社会的宗法血缘性相契合,这就为豪强的产生与发展奠定了深厚的社会根基;同时经济的繁荣与发展离不开豪强的经营,他们在承担管理职能和领导社会生产的领域无人可以替代,"在经济上充当了时代弄潮儿的角色"⑤。汉初,面对残破的社会经济,主政的功臣列侯们也不得不"复弛商贾之律"⑥,"开关梁,弛山泽之禁"⑦,"(豪强)得管山海之利,采铁石鼓铸,煮海为盐"⑧,"除盗铸钱令,使民放铸"⑨,放宽了对工商业的限制,对商业资本作出让步,为豪强的复兴提供了契机。武帝时期,豪强暂时受到重创,"但武帝一时的打击,并不能阻住豪富的发展"⑩。昭帝即位后,专权的平陆侯霍光秉承武帝"轮台罪己诏"的精神⑪,与民休息,思富养民,在这一政策导向下,豪强得到了长足的发展,"武帝之末,海内虚耗,户口减半,霍光知时务之要,轻徭薄赋,与民休息。至是匈奴和亲,百姓充实,稍复文、景之业焉"⑫。在土地兼并这一时代浪潮之下,列侯与豪强逐步合流,"货币权力、土地权力和政治权力的结合

---

① 《汉书》卷24上《食货志》第1132页。
② 《后汉书》卷49《仲长统传》第1648页。
③ 《后汉书》卷49《王充传》第1634页。
④ 《汉书》卷24上《食货志》第1137页。
⑤ 王彦辉:《汉代豪民研究》,长春:东北师范大学出版社,2001年,第13页。
⑥ 《汉书》卷24下《食货志》第四下,第1153页。
⑦ 《史记》卷129《货殖列传》第六十九,第3261页。
⑧ 桓宽撰,王利器校注:《盐铁论校注》卷1《复古》,北京:中华书局,1992年,第78页。
⑨ 《汉书》卷24下《食货志》第四下,第1153页。
⑩ 杨联陞:《东汉的豪族》第3页。
⑪ "轮台诏作为先帝遗诏,具有莫大的权威性,桑弘羊与霍光作为两朝重臣,必须无条件地服从轮台诏。"——秦铁柱:《贤良文学与御史大夫农业思想异同初探》,《农业考古》2013年第2期。
⑫ 《汉书》卷7《昭帝纪》第七,第233页。

日益密切"①。

## 二、列侯与豪强的合流

如果说昭宣以前,列侯对豪强的打击是二者关系的主要内容,那么昭宣以后,列侯与豪强的合流就是二者关系的主流了。

**(一)列侯的豪强化**

文帝为消除群聚长安的功臣侯者集团的威胁,于文帝二年(公元前178年)、文帝三年连发两道诏书遣列侯就国,"其令列侯之国,为吏及诏所止者,遣太子"②,"前日诏遣列侯之国,辞未行。丞相,朕之所重,其为朕率列侯之国"③。从此列侯就国成为定制,列侯回到关东的封国后,因地缘性因素与"雄张闾里"的豪强产生了愈来愈多的交集。早在文帝时期,列侯与豪强就已经开始交通了,晁错最先见其端倪,指出二者的交通是对于中央集权的重要威胁,"而商贾大者积贮倍息……交通王侯,力过吏势,以利相倾"④。武帝初年,列侯与豪强逐渐走向联合,"(灌)夫家居,卿相侍中宾客益衰。及窦婴失势,亦欲倚夫引绳排根生平慕之后弃者。夫亦得婴通列侯宗室为名高。两人相为引重,其游如父子然,相得欢甚,无厌,恨相知之晚"⑤。灌夫通过交结魏其侯窦婴来结识更多的列侯宗室,抬高自己的名声,而魏其侯窦婴更看重灌夫的经济实力、宗族势力,想依靠灌夫去报复那些平日仰慕自己、失势后又抛弃了自己的人。河内游侠型豪强郭解与长平侯大将军卫青交情深厚,"及徙豪茂陵也,解贫,不中訾。吏恐,不敢不徙。卫将军为言:'郭解家贫,不中徙。'上曰:'解布衣,权至使将军,此其家不贫!'"⑥

汉武帝以后,列侯们看到了豪强的经营方式所带来的巨额财富,纷纷仿效,开始向豪强转化。崔向东先生认为食封贵族利用权力对于土地的兼并是其向豪强转化的唯一手段⑦。其实除了土地兼并,以列侯为主体的食封贵族还通过经营工商业、高利贷,以及壮大自己的宗族力量等多种途径来实现向豪强的转化。

首先,王侯开始侵吞土地,兼并人口。汉武帝时,武安侯田蚡"治宅甲诸地,田园极膏腴"⑧,还要谋取魏其侯窦婴的城南田。冠军侯霍去病也为其父"买田宅奴婢"⑨。西汉末,兼并浪潮愈发高涨,公卿列侯贵戚们加入到土地兼并的大军中,"公卿列侯亲属近臣,四方所则,未闻修身遵礼,同心忧国者也。或乃奢侈逸豫,务广第宅,治园池,多畜奴婢,被服绮

---

① 林甘泉:《林甘泉文集》,上海:上海辞书出版社,2005年,第173页。
② 《汉书》卷4《文帝纪》第115页。
③ 《汉书》卷4《文帝纪》第119页。
④ 《汉书》卷24上《食货志》第1132页。
⑤ 《汉书》卷52《窦田灌韩传》第2384页。
⑥ 《汉书》卷92《游侠传》第3704页。
⑦ 崔向东:《汉代豪族研究》第100—105页。
⑧ 《汉书》卷52《田蚡传》第2380页。
⑨ 《汉书》卷68《霍光传》第2931页。

穀"①。王莽的叔父、红阳侯王立通过南郡太守李尚,"占垦草田数百顷,颇有民所假少府陂泽,略皆开发"②。丞相安昌侯张禹,"多买田至四百顷,皆泾渭灌溉,极膏腴上贾"③。尽管汉王朝存在着限制王侯兼并土地、人口的法令,但王侯依恃着他们的政治特权,使得这些法令成为一纸空文。哀帝时期的大司空师丹提出"限田限奴"之策,"诸王、列侯得名田国中,列侯在长安及公主名田县道,关内侯、吏民名田,皆无得过三十顷。诸侯王奴婢二百人,列侯公主百人"④。如淳曰:"名田国中者,自其所食国中也,既收其租税,又自得有私田三十顷。名田县道者,令甲,诸侯在国,名田他县,罚金二两。今列侯有不之国者,虽遥食其国租税,复自得田于他县道,公主亦如之,不得过三十顷。"⑤在承认土地和奴婢买卖的前提下,要求对王侯的土地和奴婢的拥有量加以适当限制,但遭到丁、傅等外戚侯的极力反对,哀帝后来又一次赏赐其宠臣高安侯董贤土地二千余顷,这个改革方案被迫搁置起来。

列侯在兼并的土地上实行租佃制这种先进的剥削方式,"一人之作,中分其功"⑥,赚取对半分成的地租,使其身份发生一些变化,豪强性的因素增加了。当然在列侯兼并土地的过程中,权力起着至关重要的作用,"身宠而载高位,家温而食厚禄,因乘富贵之资力,以与民争利于下,民安能如之哉!是故众其奴婢,多其牛羊,广其田宅,博其产业,畜其积委,务此而亡已,以迫蹴民,民日削月朘,寖以大穷。富者奢侈羡溢,贫者穷急愁苦"⑦。刘泽华先生认为:"在整个中国封建时代,与政权的频繁更迭和权力在个人手中的频繁转移相对应,封建地主个人地权的归属总是大集大散,处在经常的流动之中。有权则地多,权亡则地亡,地权流动的基本趋向是视权力为归依的。"⑧刘先生的观点虽不免夸大了权力在地权转移中的作用,但倒是颇适用于列侯对于地权的攫取。

其次,列侯并不是坐等豪强的盘剥,坐看豪强势力的壮大,而是主动经营工商业、高利贷以求利。司马迁认为:"'天下熙熙,皆为利来;天下壤壤,皆为利往。'夫千乘之王,万家之侯,百室之君,尚犹患贫,而况匹夫编户之民乎!"⑨列侯们在经营工商业方面具有得天独厚的优势,他们利用自己的政治特权减免市租、关税,周流全国,甚至辜榷一方的贸易,获得高额利润,迅速积累起巨额财富。富平侯张安世因善于经营工商业比大将军霍光还要富裕,"安世尊为公侯,食邑万户,然身衣弋绨,夫人自纺绩,家童七百人,皆有手技作事,内治产业,累积纤微,是以能殖其货,富于大将军光"⑩。列侯们甚至直接派人深入境外进行走私贸易,宋子侯许九"坐寄使匈奴买塞外禁物,免"⑪。湘成侯益昌,"五凤四年,坐为九真太

---

① 《汉书》卷10《成帝纪》第324—325页。
② 《汉书》卷77《孙宝传》第3258页。
③ 《汉书》卷81《张禹传》第3349页。
④ 《汉书》卷11《哀帝纪》第336页。
⑤ 《汉书》卷11《哀帝纪》第337页。
⑥ 《盐铁论校注》卷第3《未通》第191页。
⑦ 《汉书》卷56《董仲舒传》第2520—2521页。
⑧ 刘泽华:《专制权力与中国社会》,长春:吉林文史出版社,1988年,第73页。
⑨ 《史记》卷129《货殖列传》第3256页。
⑩ 《汉书》卷59《张汤传》第29,第2652页。
⑪ 《汉书》卷16《高惠高后文功臣表》第4,第588页。

守盗使人出买犀、奴婢、臧百万以上,不道,诛"①。董仲舒以天理、天数来论证列侯等贵族官僚不能兼营工商业以与民争利,"故明主者象天所为为制度,使诸有大奉禄,亦皆不得兼小利、与民争利业,乃天理也"②。从侧面反映了早在武帝时期列侯等贵族官僚经营工商业,与民争利的情况就已十分普遍。武帝以后,一些豪强大贾与列侯贵戚相互勾结,经营高利贷,分息取利,"建始、河平之际,许、班之贵,倾动前朝……至为人起责,分利受谢"③。成都豪强罗裒联合曲阳侯王根、定陵侯淳于长放贷诸郡国,"至成、哀间,成都罗裒訾至巨万。初,裒贾京师,随身数十百万,为平陵石氏持钱。其人强力。石氏訾次如、苴,亲信,厚资遣之,令往来巴蜀,数年间致千余万。裒举其半赂遗曲阳、定陵侯,依其权力,赊贷郡国,人莫敢负"④。列侯兼并土地,经营工商业、高利贷,为他们向豪强的转化提供了雄厚的经济基础。

再次,列侯的宗族力量不断壮大。"秦、西汉是宗族组织衰落的时期"⑤,西汉初期,列侯的宗族力量非常弱小。

> 汉五年,已杀项羽,即皇帝位,论功行封,群臣争功,岁余不决。上以何功最盛,先封为酂侯,食邑八千户。功臣皆曰:"臣等身被坚执兵,多者百余战,少者数十合,攻城略地,大小各有差。今萧何未有汗马之劳,徒持文墨议论,不战,顾居臣等上,何也?"高帝曰:"……且诸君独以身从我,多者两三人;萧何举宗数十人皆随我,功不可忘也!"群臣后皆莫敢言。⑥

绝大部分功臣侯以单身追随高祖刘邦,缺乏宗族背景。经过百余年的经营,列侯们的宗族规模日渐庞大。宣帝以后,列侯与宗族的关系变得日益密切,他们多轻财重义,以家财赈济宗族,聚拢人心。平通侯杨恽将千万家财尽数分施于宗族,"初,恽受父财五百万,及身封侯,皆以分宗族。后母无子,财亦数百万,死皆予恽,恽尽复分后母昆弟。再受訾千余万,皆以分施,其轻财好义如此"⑦。阳城侯刘德以百万家产赈济昆弟宗族,"岁余,复为宗正,与立宣帝,以定策赐爵关内侯。地节中以亲亲行谨厚封为阳城侯,子安民为郎中右曹,宗家以德得官宿卫者二十余人。德宽厚,好施生,每行京兆尹事,多所平反罪人。家产过百万,则以振昆弟宾客食饮"⑧。富平侯张临以家财分施于宗族,"临亦谦俭,每登阁殿,常叹曰:'桑、霍为我戒,岂不厚哉!且死,分施宗族故旧。'"⑨在政治上,列侯一旦得势,便主动经营其宗族,努力实现政治权力的世袭与扩大,"(安昌侯张)禹每病,辄以起居闻,车驾自临问之。上亲拜禹床下,禹顿首谢恩,归诚,言:'老臣有四男一女,爱女甚于男,远嫁为张掖太守

---

① 《汉书》卷17《景武昭宣元成功臣表》第656页。
② 董仲舒撰,曾振宇、傅永聚注:《春秋繁露新注·度制》,北京:商务印书馆,2010年,第163页。
③ 《后汉书》卷85《谷永杜邺传》第3460页。
④ 《汉书》卷91《货殖列传》第3690页。
⑤ 冯尔康、阎爱民:《中国宗族》,北京:华夏出版社,1996年,第41页。
⑥ 《汉书》卷39《萧何传》第2008页。
⑦ 《汉书》卷66《杨敞传》第2890页。
⑧ 《汉书》卷36《楚元王传》第1927—1928页。
⑨ 《汉书》卷59《张汤传》第2654页。

萧咸妻,不胜父子私情,思与相近。'上即时徙咸为弘农太守。又禹小子未有官,上临候禹,禹数视其小子,上即禹床下拜为黄门郎,给事中"①。"禹四子,长子宏嗣侯,官至太常,列于九卿。三弟皆为校尉散骑诸曹。"②至西汉末年,宗族已经成为了列侯倚靠的一支重要力量了,安众侯刘崇率领宗族反莽,"安众侯刘崇与相张绍谋曰:'安汉公莽专制朝政,必危刘氏。天下非之者,乃莫敢先举,此宗室耻也。吾帅宗族为先,海内必和。'"③春陵侯刘敞为免受株连,上书王莽,"愿率子弟宗族为士卒先"④,讨伐安众侯刘崇。列侯宗族势力的壮大为他们向豪强的转化提供了坚实的宗族基础。

列侯回到封国后,因各种各样的原因被免爵夺国,其后代定居于当地,逐步豪强化。元康元年(前65),宣帝"复高皇帝功臣绛侯周勃等百三十六人家子孙,令奉祭祀,世世勿绝。其毋嗣者,复其次"⑤。此诏书最终于元康四年(前62)时施行,史称"诏复家"。"诏复家"者共124例,共有92例居于关中⑥。文帝朝,功臣列侯们及其家族始就国于关东地区。在失侯国除后,其后代中竟然有高达74%比例的人又移居关中,绝大部分又聚集于长安及周边陵邑,这必与西汉诸帝所奉行的"迁豪"政策有关。"汉兴,立都长安,徙齐诸田,楚昭、屈、景及诸功臣家于长陵。后世世徙吏二千石、高赀富人及豪桀并兼之家于诸陵。盖亦以强干弱枝,非独为奉山园也。"⑦列侯就国及除国后,融入了新的地缘社会之中,其后代子孙凭借父祖遗留的财产、政治声名,在当地发展成为"高赀富人及豪强兼并之家",遂又被重新迁回长安及诸陵邑。

王充家族的发展充分展现了列侯及其家族的豪强化历程,"几世尝从军有功,封会稽阳亭。一岁仓卒国绝,因家焉;以农桑为业。世祖勇任气,卒咸不揆于人。岁凶,横道伤杀,怨雠众多。会世扰乱,恐为怨雠所擒,祖父汎举家担载,就安会稽,留钱唐县,以贾贩为事。生子二人,长曰蒙,少曰诵。诵即充父。祖世任气,至蒙、诵滋甚,故蒙、诵在钱唐,勇势凌人。末复与豪家丁伯等结怨,举家徙于上虞。建武三年,充生"⑧。王充祖上立军功而封侯,封于会稽阳亭,国除后在当地发展成为一方豪强,为避仇人,王充祖父王汎举家迁徙至钱唐,经营工商业,至其父王诵时,"勇势凌人",又成为当地的豪强。陆城亭侯刘贞的后代世居于涿县,成为当地豪强,历仕州郡,"先主姓刘,讳备,字玄德,涿郡涿县人,汉景帝子中山靖王胜之后也。胜子贞,元狩六年封涿县陆城亭侯,坐酎金失侯,因家焉。先主祖雄,父弘,世仕州郡。雄举孝廉,官至东郡范令"⑨。

(二)豪强的列侯化

"作为封建社会居于统治地位的地主阶级,它随着历史和政治、经济的发展,其内部结

---

① 《汉书》卷81《张禹传》第3350页。
② 《汉书》卷81《张禹传》第3352页。
③ 《汉书》卷99上《王莽传》第4082页。
④ 《后汉书》卷4《宗室四王三侯列传》第561页。
⑤ 《汉书》卷8《宣帝纪》第254页。
⑥ 参见王子今:《西汉长安居民的生存空间》,《人文杂志》2007年第2期。
⑦ 《汉书》卷28下《地理志》第1642页。
⑧ 黄晖:《论衡校释》第30卷《自纪》第85,北京:中华书局,1990年,第579页。
⑨ 《三国志》卷33《先主传》第871页。

构在不同的特定历史环境中,也发生着相应的变化。"①豪强地主、工商业地主、官僚贵族地主之间,没有一道不可逾越的鸿沟,他们的政治地位和社会身份,也不可能是一成不变的。

何兹全先生认为,秦汉地主除一小部分皇室子弟封王封侯外,其他的地主阶级的主要部分,都属于自由民阶级,即编户齐民,他们没有任何政治、经济和法律特权。②杨联陞先生认为:"这般新兴人物,虽是经济上的权威者,政治上还没有地位,无论他们怎样富,总是属于'小人'阶层。"③我们可以这样说,在西汉中期以前,豪强的政治法律身份自然是"民",在这一点上,与佃民、雇农、自耕农是一致的,只是财产的多少而已,故司马迁称之为"素封"。雄厚的财力、强大的宗族势力与其低下的政治地位极不协调。

"对于治水社会中豪门的研究说明,在这个社会中,在决定地位、势力和收入方面,官府权力起着决定性作用"④,所以从西汉初年开始,豪强便通过各种途径与政治相结合,入仕以扩张自己的财富与权势。至武帝初期,军功集团彻底没落,"太初百年之间,见侯五,余皆坐法殒命亡国,耗矣"⑤。政府权力层出现空缺,为豪强在政治上的崛起创造了前提。选举制度逐渐成为地方豪强与帝国政治紧密结合的一条较为制度化的途径。为了稳定乡里秩序,政府比较重视利用这些强大的豪强势力,利用选举制度积极谋求与他们的调解与合作,以控制基层社会,"以农业生产为主的社会中,拥有土地者,常常又是拥有社会势力者,故地方豪族成为被吸收的对象"⑥。汉中央政府任用地方长吏时,实行回避原籍制度,而他们可以依照惯例"辟举"当地人为掾史属吏,来佐理地方社会,豪强因其地缘优势成为"辟举"的主要对象,"郡县掾史,多出豪家"⑦。他们又利用自己的万贯家财,经过"输粟拜爵""输奴拜爵""赀选"而入仕。汉武帝"独尊儒术","儒学不但是入仕的敲门砖,而且是地主贵族化,取重于时,榜榜于世,表现有教养、威望的装饰品"⑧,在"经术苟明,其取青紫如俛拾地芥耳"⑨的时代风潮之下,豪强及其子弟自觉地选择了这条"利禄之途",他们凭借雄厚的资财,游学于四方,受经于名儒,光武帝刘秀少时"乃之长安,受《尚书》,略通大义"⑩,李通"初事刘歆,好星历谶记"⑪,邓禹"年十三,能诵诗,受业长安"⑫。他们凭借自己的经学优势,通过察举、皇帝征召、公府与州郡辟除、大臣荐举、任子、纳赀等选举制度,进入仕途,成为地方长吏,甚至进入中央政府,累世为官,逐渐成为西汉政权的重要统治基础。所以很多学者就认为西汉末至东汉出现了豪强官僚的世(士)族化,崔向东先生指出:"豪族与权力结合而

---

① 柳维本:《西汉豪强地主的形成和地位》,《辽宁师大学报》1984年第5期。
② 何兹全:《秦汉地主与魏晋南北朝地主的不同》,《北京师大学报》1984年第2期。
③ 杨联陞:《东汉的豪族》第1页。
④ 卡尔·奥古斯特·魏特夫著,徐式谷等译:《东方专制主义——对于集权力量的比较研究》,北京:中国社会科学出版社,1989年,第356页。
⑤ 《史记》卷18《高祖功臣侯者年表》第878页。
⑥ 毛汉光:《中国中古社会史略论稿》,台北《中研院历史语言研究所辑刊》第47本,第3分册。
⑦ 沈约:《宋书》卷94《恩倖列传》,北京:中华书局,1974年,第2301页。
⑧ 简修炜:《地主世家和豪族形成的历史考察》,《西南大学学报》1981年第3期。
⑨ 《汉书》卷75《夏侯胜传》第3159页。
⑩ 《后汉书》卷1上《光武帝纪》第1页。
⑪ 《后汉书》卷15《李通传》第573页。
⑫ 《后汉书》卷16《邓禹传》第599页。

官僚化,世代与权力结合而世(士)族化。"①卜宪群先生曾准确界定了官僚的世族化,"官僚的世族化是指官僚凭借血统、地域、政治、经济、文化等因素而形成的一种身份性,这种身份性可以使官僚达到对政治权力的世袭性垄断和控制,并受到法律的保护"②,明确指出此种对政治权力世袭的身份受到法律的保护。虽然汉代豪强已经有了许多世(士)族化的特征,但是遍翻史料汉代始终没有关于豪强的政治地位与特权的法律规定,所以汉代豪强虽已有世(士)族化的倾向,但始终未能转化成为世族。所以在没有法律保障的前提下,豪强们只有进入封君食邑领域才能使得自己千辛万苦获得的政治权力、政治地位、巨额财富得到法律上的认可与保障,列侯爵作为两汉唯一的异姓贵族爵,金印紫绶,是名义上的一国之君,被法律赋予了礼秩名位与各种经济、政治特权,世代相袭,成为豪强梦寐以求的政治目标,"日夜望咫尺之地"③,力求由"素封"成为真正的"食封",与其说豪强的世(士)族化是豪强与政治结合的重要表现,倒不如说豪强的列侯化是豪强与政治结合的最高体现。

西汉末年以降,豪强开始步入列侯阶层,大致有三条途径:首先,豪强以功劳而封侯。东汉政权即是以各地豪强地主集团为基础而建立的,大致包括南阳舂陵刘氏豪强、南阳新野阴氏豪强、南阳新野邓氏豪强、南阳宛城何氏豪强、南阳冠军贾氏豪强、扶风平陵窦氏豪强、安定乌氏梁氏豪强、扶风茂陵马氏豪强、扶风平陵宋氏豪强、河北真定郭氏豪强、河南荥阳阎氏豪强、琅琊东武伏氏豪强。出身于各地豪强集团的"云台二十八将"及"三百六十五功臣"凭借自己雄厚的经济实力、强大的宗族势力,从龙征战,在人力、物力等方面全力支持反莽战争与统一战争,凭借军功而成为列侯。豪强通过镇压少数民族起义、农民起义而封侯,如陇西临洮豪强董卓以镇压羌民起义而封侯,"(张)温时亦使卓将兵三万讨先零羌,……时众军败退,唯卓全师而还,屯于扶风,封斄乡侯,邑千户"④。吴郡豪强孙坚镇压长沙、零陵、桂阳农民起义军而封侯,"时长沙贼区星,自称将军,众万余人,攻围城邑,乃以坚为长沙太守。到郡,亲率将士施设方略,旬月之间,克破星等。周朝、郭石亦帅徒众,起于零、桂,与星相应。遂越境寻讨,三郡肃然。汉朝录前后功,封坚乌程侯"⑤。豪强以事功而封侯,《周礼·夏官·司勋》:"事功曰劳。"⑥郑玄注:"以劳定国若禹。"贾公彦疏:"据勤劳施国而言。"任峻主持屯田,保证了农业生产的正常发展,为曹操军队提供了充足的军粮补给而封侯,"都亭侯任峻,以兴农中郎将大兴屯田,军国致饶侯"⑦。万岁亭侯荀彧审时度势,精于谋划,善出奇策,为曹操最终击败袁绍立下大功,"以侍中守尚书令筹策平袁绍功侯,千户"⑧。豪强以定策之功而封侯,"(尹)勤字叔渠,笃性好学,屏居人外,荆棘生门,时

---

① 崔向东:《汉代豪民研究》第 255 页。
② 卜宪群:《秦汉官僚制度》,北京:社会科学出版社,2002 年,第 240 页。
③ 《汉书》卷 40《张良传》第 2030 页。
④ 《后汉书》卷 72《董卓列传》第 2320 页。
⑤ 《三国志》卷 46《孙破虏讨逆传》,北京:第 1095 页。
⑥ 郑玄注,贾公彦疏,黄侃经文句读:《周礼注疏》卷 28《夏官司马》第 4,上海:上海古籍出版社,1990 年,第 452 页。
⑦ 钱大昭撰:《后汉书补表》卷 4《桓灵献功臣表》,熊方等撰:《后汉书三国志补表三十种》,北京:中华书局,1984 年,第 333 页。
⑧ 钱大昭:《后汉书补表》卷 4《桓灵献功臣表》,熊方等撰:《后汉书三国志补表三十种》第 330 页。

人重其节。后以定策立安帝,封福亭侯,五百户"①。"安乡侯张禹,以太傅定策侯,千二百户。"②"龙乡侯徐防,以太尉定策侯。"③豪强在异域立功而封侯,班超平定西域,功封定远侯,"(班)超遂踰葱岭,迄县度,出入二十二年,莫不宾从。改立其王,而绥其人。不动中国,不烦戎士,得远夷之和,同异俗之心,而致天诛,蠲宿耻,以报将士之仇。……其封超为定远侯,邑千户"④。

其次,豪强凭借其外戚身份封侯与政。"东京皇统屡绝,权归女主,外立者四帝,临朝者六后,莫不定策帷帟,委事父兄,贪孩童以久其政,抑明贤以专其威。"⑤东汉一朝,外戚侯势力不断发展,形成了马、窦、邓、梁四大外戚家族,"四大家族就是靠这样一大批皇后、贵人,而以皇亲贵戚身份成为东汉一股强大政治势力的,他们是外戚的代表"⑥。章帝时,外戚势力开始抬头,马廖、马防、马光均于建初四年(公元 79 年)被封顺阳侯、颍阳侯、许侯,"帝以明德太后故,尊崇舅氏马廖,兄弟并居职任"⑦。和帝时,窦太后临朝称制,"宪以侍中,内干机密,出宣诰命。肃宗遗诏以笃为虎贲中郎将,笃弟景、瑰并中常侍,于是兄弟皆在亲要之地"⑧。窦宪以大败北匈奴之功,"诏使中郎将持节即五原拜宪大将军,封武阳侯,食邑二万户"⑨。殇帝、安帝时,邓太后临朝称制,邓骘兄弟专权于禁中,"永初元年,封骘上蔡侯,悝叶侯,弘西平侯,闾西华侯,食邑各万户。骘以定策功,增邑三千户"⑩。冲帝立,梁太后临朝,大将军梁冀专权,跋扈异常,拥立冲、质、桓帝,以煮饼毒杀质帝,"冀一门前后七封侯,三皇后,六贵人,二大将军,夫人、女食邑称君者七人,尚公主者三人,其余卿、将、尹、校五十七人。在位二十余年,穷极满盛,威行内外,百僚侧目,莫敢违命,天子恭己而不得有所亲豫"⑪,达到了东汉外戚专权的顶峰。

再次,豪强凭借通经而封侯。至东汉时期,豪强与经学的关系更为密切,他们垄断了学术文化,"原本武质的地方豪族,兼备了文儒的性质"⑫,实现了经学的家族化,豪强的士大夫化,出现了很多以经学起家的豪强大族,如济南伏氏家族,汉初大儒伏胜的九世孙名儒伏湛,精通《诗》《尚书》,受到光武帝的重用,官拜司徒,封阳都侯,历代阳都侯伏光、伏晨、伏无忌、伏质、伏完皆传家学,博物多识。弘农杨氏家族,汉初赤泉侯杨喜的后代被夺爵免国,趋于没落,至其八世孙杨震,精通《欧阳尚书》,明经博览,无所不究,被世人称为"关西孔子",重振家威,担任司徒、太尉,其子杨秉,"少传父业,兼明《京氏易》,博通书传"⑬,官至太

---

① 《后汉书》卷四十六《郭陈列传》第36,第1555页。
② 钱大昭:《后汉书补表》卷4《光武明章和安顺冲功臣侯表》,熊方等撰:《后汉书三国志补表三十种》第319页。
③ 钱大昭:《后汉书补表》卷4《光武明章和安顺冲功臣侯表》,熊方等撰:《后汉书三国志补表三十种》第320页。
④ 《后汉书》卷47《班梁列传》第37,第1582页。
⑤ 《汉书》卷10上《皇后纪》第10上,第401页。
⑥ 马彪:《秦汉豪族社会研究》,北京:中国书店,2002年,第126页。
⑦ 《后汉书》卷41《第五伦列传》第31,第1398页。
⑧ 《后汉书》卷23《窦融列传》第13,第813页。
⑨ 《后汉书》卷23《窦融列传》第13,第817页。
⑩ 《后汉书》卷16《邓寇列传》第6,第613页。
⑪ 《后汉书》卷34《梁统列传》第1185页。
⑫ 毛汉光:《中国中古社会史略论稿》,台北《中研院历史语言研究所辑刊》第47本,第3分册。
⑬ 《后汉书》卷54《杨震列传》第1769页。

尉。秉子杨赐,"少传家学,笃志博闻"①,官至太尉,因奏平张角策而封赐临晋侯。赐子杨彪嗣临晋侯爵,"少传家学",官至司徒。杨震长子杨牧之孙卫尉杨奇,献帝感念其西迁护卫之功,追封其子杨亮为阳成亭侯。杨震少子杨奉之子侍中杨众从献帝入关、东迁,建安二年(197),献帝追念其前功封为蓩亭侯。汝南袁氏家族,"(袁安)祖父良,习《孟氏易》"②,袁安少传父业,官至司徒。袁安子袁京之子袁汤少传家学,多历显位,相继担任司空、司徒、太尉,"以豫议定策封安国亭侯,食邑五百户"③。汤次子袁逢嗣侯,"灵帝立,逢以太仆豫议,增封三百户"④。逢子袁基嗣侯,位至太仆。袁逢次子就是阳翟侯扬州刺史袁术,袁汤长子袁成早卒,成子就是大名鼎鼎的汉末军阀邺侯袁绍。这些"东京名族"世传经学、累代公卿、世代封侯,相互荐举援引,门生故吏遍天下,他们既不像汉初的功臣集团一样因受到皇帝的猜忌而走向没落,又不像外戚集团那样因皇位的变更而兴衰沉浮,他们既是道统的继承者,又是政统的控制者,以政统捍卫道统,以道统延续政统,文化垄断与权力垄断相互循环,从而成为汉代最富有活力的统治集团。

王彦辉先生认为:"但从总体上看,在王朝政治相对清平的条件下,豪民的影响还主要局限于地方,特别是乡里。"⑤即使是在和平时期豪强的影响也不会主要局限于地方,这些进入封君食邑领域的上层豪强及家族几乎垄断了东汉中央政府内二千石以上的高官要职,掌握着中央的军政大权,甚至定策于帷幄,专谋于禁中,成为了东汉中央政府的实际控制者。

至于那些称之为"兵长""大姓""魁帅"的地方豪强,同样是一支不容轻视的力量,他们盘踞一方,和平时期担任守令属吏,战乱时期则聚族自保,东汉末期,他们掌握了州郡县道侯国等地方政权的实权,成为汉王朝最基本的政权基础。汝南豪强范滂担任郡功曹,南阳豪强岑晊担任郡功曹,包办了两郡的一切政事,两郡郡守徒有其名,当时有歌谣:"汝南太守范孟博,南阳宗资主画诺。南阳太守岑公孝,弘农成瑨但坐啸。"⑥颍川豪强韩棱为郡功曹,太守葛兴中风不能理政,"棱阴代兴视事,出入二年,令无违者"⑦。

上层列侯豪强与地方豪强早在东汉初年就已经开始走向联合了,光武帝"度田"的失败就是他们走向联合的标志。我们不妨重新回顾一下东汉初年的"度田",光武帝鉴于"天下垦田多不以实,又户口年纪互有增减"⑧,于是下令各地刺史郡守检核田亩,纠正田赋不均的现象,并扩大政府的财政收入。但这些官吏,"多不平均",对于豪强隐瞒田亩的行为不敢过问;对于农民,则假借"度田",侵夺百姓,转嫁田赋,"聚人田中,并度庐屋里落"。陈留上奏吏哀怜百姓,于奏牍上写道:"颍川、弘农可问,河南、南阳不可问。"⑨刘秀不解其意,

---

① 《后汉书》卷54《杨震列传》第1775页。
② 《后汉书》卷45《袁安传》第1517页。
③ 《后汉书》卷45《袁安传》第1523页。
④ 《后汉书》卷45《袁安传》第1523页。
⑤ 王彦辉:《汉代豪民与乡里政权》,《史学月刊》2000年第4期。
⑥ 《后汉书》卷67《党锢列传》第2186页。
⑦ 《后汉书》卷45《韩棱传》第1534页。
⑧ 《后汉书》卷22《刘隆传》第780页。
⑨ 《后汉书》卷22《刘隆传》第781页。

太子刘庄于帷幄之后解释道:"河南帝城,多近臣,南阳帝乡,多近亲,田宅逾制,不可为准。"①光武帝为此于次年斩杀河南尹张伋以及十余个与地方豪强勾结的郡守。光武帝的决心激起了地方豪强的反抗,青、徐、幽、并四州尤为严重,"郡国大姓及兵长群盗,处处并起"②,导致了"东汉以来关东地区所发生的最大规模的以豪族为主的暴乱事件"③。光武帝勉强将豪强的反抗镇压下去,与地方豪强相妥协,停止"度田"。窥察"度田"的整个过程,东汉初年的列侯们似乎与"度田"并无关系,但从"河南帝城,多近臣,南阳帝乡,多近亲"一语可以看出,在这些"近臣""近亲"中必然不乏列侯,他们在家乡、封邑、京畿地区都兼并隐瞒了大量的土地,同地方豪强一样成为"度田"的重要对象,他们虽然并未公开反对,但暗中与地方官吏、豪强相勾结,组成了阻挠"度田"的统一阵线。大司徒夜侯欧阳歙,就是因为在担任汝南太守时,与当地豪强相勾结,优饶豪强,度田不实而被杀,"度田不实,赃罪千余万,下狱……帝竟不赦,歙死狱中"④。面对地方豪强的武装叛乱,光武帝调兵遣将,疲于应付,而春秋鼎盛、能征善战的列侯们却冷眼旁观,坐看成败,间接支持了地方豪强的叛乱。光武帝"度田"的失败向我们昭示,在东汉初期,上层列侯与地方豪强开始成为了一个休戚相关的利益共同体,"他们的存在、他们对社会的影响以及由此形成的政治生态,已经对帝国的统治构成严峻挑战"⑤。

东汉200余年间,上层列侯豪强与地方豪强在共同的利益基础上又通过选举及经学紧密地联系在一起。汉代选举注重声誉名望,而声誉名望取决于豪强地主的乡里评议。地方豪强讲论人物、批评政治、操纵舆论,"位成乎私门,名定乎横巷"⑥。上层列侯豪强欲图为自己制造舆论,营造声名,不得不倾心交结这些掌握舆论风向的地方豪强,比如袁绍,"公族豪侠,去濮阳令归,车徒甚盛,将入郡界,乃谢遣宾客,曰:'吾舆服岂可使许子将见。'遂以单车归家"⑦。汝南豪强许劭"少峻名节,好人伦,多所赏识"⑧,他和从兄许靖都是"月旦评"的主持者。"车徒甚盛"的贵公子行径,袁绍是不愿为许劭所见,否则会影响到对他的舆论。上层列侯豪强多辟举与任命天下"清流"名士,营造名声,拉拢士大夫豪强,拓展自己的政治根基,如上蔡侯大将军邓骘辟举"关西孔子"杨震,"大将军邓骘闻其贤而辟之,举茂才,四迁荆州刺史、东莱太守"⑨,并推荐与辟举了各地名士,"骘等崇节俭,罢力役,推进天下贤士何熙、祋讽、羊浸、李郃、陶敦等列于朝廷,辟杨震、朱宠、陈禅置之幕府,故天下复安"⑩。乘氏侯大将军梁商"自以戚属居大位,每存谦柔,虚己进贤,辟汉阳巨览、上党陈龟为掾属,李固、周举为从事中郎,于是京师翕然,称为良辅,帝委重焉"⑪。地方豪强亦主动

---

① 《后汉书》卷22《刘隆传》第781页。
② 《后汉书》卷1下《光武帝纪》第67页。
③ 尹建东:《汉代"抑豪"政策的变迁与关东豪族势力的发展》,《四川大学学报》2001年第2期。
④ 司马光著,胡三省注:《资治通鉴》卷43《世祖光武皇帝中之下》,北京:中华书局,1956年,第1387页。
⑤ 陈苏镇:《东汉的豪族与吏治》,《文史哲》2016年第2期。
⑥ 严可均:《全三国文》,北京:商务印书馆,1999年,第75页。
⑦ 《后汉书》卷68《许劭传》第2234页。
⑧ 《后汉书》卷68《许劭传》第2234页。
⑨ 《后汉书》卷54《杨震列传》第1760页。
⑩ 《后汉书》卷16《邓寇列传》第614页。
⑪ 《后汉书》卷34《梁统传》第1175页。

攀附上层列侯豪强，贡献其智力货赂，取得高官厚禄，槐里侯大将军窦武征引天下名士共诛宦官，"于是天下雄俊，知其风旨，莫不延颈企踵，思奋其智力"①。乘氏侯大将军梁冀专擅朝政，地方豪强竞相贿赂，"吏人赍货求官请罪者，道路相望"②。上层列侯豪强多世传经学，设庐授徒，地方豪强及其子弟投其门下，安乡侯太尉朱宠以《欧阳尚书》教授门徒，著名的度辽将军张奂就是其门生，"奂少游三辅，师事太尉朱宠，学《欧阳尚书》"③。上层列侯豪强与地方豪强越来越紧密地结合在一起，双方结成了举主、宗师与故吏、门生的依附关系，而这种依附关系已经近乎于君臣、父子关系了，忠义等道德的内涵也发生了巨大的变化。他们的结合形成了一个一个离心于皇权的政治集团。

西汉中期以降，伴随着大土地所有制与商品经济的发展，终于形成了贵族、官僚、地主、商人四位一体的时代趋势。在这种趋势下，列侯与豪强由对立转为合流，非豪强出身的列侯及其后代通过兼并土地，经营工商业，以及宗族势力的壮大而成为豪强，为豪强阶层注入了新鲜的血液，增添了新的活力；一些豪强通过军功、裙带关系、世传经学而受封为列侯，成为豪强在"庙堂"中的代理人。列侯与豪强的合流成为二者关系的主流，它是豪强政治的重要表现，是东汉政治的重要特点，最终形成了东汉王朝的多元权力格局，成为汉末军阀割据混战的根源。

## 三、结　语

在昭宣以前，皇权强大，为了保护专制皇权的经济基础小农经济，政府运用各种手段打击豪强。由于依附于皇权的列侯，与豪强在经济利益、剥削方式、统治立场等方面存在较深的矛盾，列侯为皇权所用，成了打击民间豪强的重要力量。西汉中期以降，伴随着大土地所有制与商品经济的发展，列侯与豪强的合流成为二者关系的主流，部分豪强凭借着军功、通经、裙带关系进入封君食邑领域，控制了中央政府，中下层豪强控制着州郡县道侯国等地方政权及乡里社会，他们以大土地所有制作为共同的利益基础，以经学与选举作为纽带逐步走向联合。至东汉末年，形成了一个个以世代封侯的上层豪强为核心，以地方豪强为基础的颇具凝聚力的社会政治集团，若皇权强大，则依附于皇权，若皇权衰微，则挑战甚至取代皇权。

黄巾起义爆发后，上层列侯、地方州郡长官、地方豪强团结在一起，成功镇压了起义军，起义仅持续了8个月。在黄巾起义的打击下，东汉王朝土崩瓦解，州郡牧守的权力极度膨胀，攫取了用人权、财政权、兵权，上层列侯纷纷抛弃中央的荣位虚职，积极攫取州郡牧守的职位，企图割据一方，如"（太常阳城侯刘）焉乃阴求为交趾，以避时难"④。地方豪强的军事力量此时得到迅猛发展，他们为了抵御农民起义军对于田庄的冲击，修筑坞壁，将自己的宗

---

① 《后汉书》卷69《窦武传》第2242页。
② 《后汉书》卷34《梁统传》第1181页。
③ 《后汉书》卷65《张奂传》第2138页。
④ 《后汉书》卷75《刘焉传》第865页。

族子弟、宾客、徒附组织为部曲,加以训练,成为私人武装,"其武力和规模不仅远远超过了宗族自保的限度,而且在特定的条件下,还可以转化为地方性割据势力"①。为了保全自己,更快地发展自己的势力,他们也积极投靠这些掌握地方实权的上层列侯。黄巾起义后,全国陷入军阀混战,邺侯袁绍以其家乡汝南豪强为依托,"汝南绍之本郡,门生宾客布在诸县,拥兵拒守"②,又获得了冀、青、幽、并四州地方豪强的支持,从而成为了北方最大的割据势力,襄贲侯幽州牧刘虞获得了幽州豪强的支持,阳翟侯扬州牧袁术获得了淮南豪强的支持,溧阳侯徐州牧陶谦获得了徐州豪强的支持,费亭侯兖州牧曹操获得了兖州、豫州豪强的支持,乌程侯孙坚获得了吴郡豪强的支持,宜城亭侯刘备在徐州豪强的支持下一度割据徐州,成武侯荆州牧刘表依靠荆州蔡氏大族割据荆州,阳城侯益州牧刘焉依靠巴蜀豪强割据益州。当然上层列侯如果不能得到当地豪强的支持,是很难立足于地方的,甚至兵败身死,如蓟侯中郎将公孙瓒虽然以强大的骑兵击败幽州牧刘虞,控制了幽州,但他大肆杀害曾经支持刘虞的幽州豪强,以致"衣冠善士殆尽",激起了以鲜于辅、鲜于银为首的幽州豪强的武装反抗,最终在袁绍与幽州豪强的联合打击下,自焚而死。温侯吕布虽然袭取了徐州,但在以陈圭、陈登父子为首的徐州豪强的反对下,最终兵败身亡。

可以说上层列侯与地方豪强的联结与坐大是汉末军阀割据混战的根源,他们"从一种王朝政治的潜在威胁质变为公开的分裂力量"③。而后,军阀割据混战的局面逐渐被三国鼎立所取代,曹操在中原各路豪强的支持下,击败袁绍,占据冀、青、幽、并四州,大败乌桓,降伏辽东,统一北方;孙坚死后,其子孙策、孙权相继领有江东,在江北周瑜、张昭和江南的顾、陆、朱、张四姓等豪强的支持下,统治逐渐稳固;刘备在军阀混战中势力最小,先后依附公孙瓒、陶谦、曹操、袁绍、刘表,但他非常注意拉拢各地的豪强地主武装,先是吸引了徐州豪强糜竺,又进一步拉拢荆州、益州的世家大族,力图实现"跨有荆益"的战略构想。可见三国政权从本质上来说还是上层列侯豪强与地方豪强的联合政权。西晋结束了三国鼎立的局面,完成了对全国的统一,经过汉末三国百余年的发展演变,上层列侯豪强与地方豪强通过九品中正制转化成了士族门阀,开启了士族与皇权共治天下的时代,"豪族穿着士族的新衣,在魏晋的历史舞台上继续表演"④。士族门阀制度所蕴含的离心倾向,及其内部存在的各种各样的矛盾使得西晋政权没能成为一个大一统的帝国,统一37年后即短命而亡,随之而来的动荡与分裂一直持续了400多年,士族门阀彻底衰落后,大一统的隋唐帝国才得以重建。

**作者简介**:秦铁柱,历史学博士,山东师范大学历史与社会发展学院讲师。

---

① 尹建东:《试论汉代地方豪族的宗族组织》,《西南民族学院学报》2001 年第 6 期。
② 《三国志》卷26《满宠传》第 722 页。
③ 王彦辉:《汉代豪民与乡里政权》,《史学月刊》2000 年第 4 期。
④ 刘敏:《从抑制到容纳:两汉国家与豪族关系的发展路径》,《南开学报》2008 年第 3 期。

# "传奇"的背后:宋季忠义袁镛的历史书写及相关问题

## ——从《延祐四明志》未立袁镛传谈起

熊燕军

【摘 要】袁镛及其家人抗元殉节的故事是宋季忠义"传奇"的一种。一直以来,人们对袁桷《延祐四明志》未立袁镛传一事颇多争议,认为袁桷违背中国传统史学"直书实录"精神,故意不为袁镛立传。事实上,从历史书写的角度看,袁桷编修《延祐四明志》时,文献中尚无袁镛殉节的相关记载,而整个故事其实都来自后人的创造。宋季忠义的历史书写虽然与传统忠义观有关,实际更多受时代背景、书写者身份及文本主题、类型的影响。从书写者的角度看,宋季忠义历史书写的动机是多元、多变的,但终极目的毫无例外都与个人在"当下"的资源竞争和分享有关。

【关键词】袁镛;忠义;历史书写;宋季

忠义是我国传统政治伦理的重要内容,也是宋元之际极为突出的政治现象。《宋史·忠义传序》:"士大夫忠义之气,至于五季,变化殆尽。宋之初兴,……于是中外缙绅知以名节相高,廉耻相尚,尽去五季之陋矣。故靖康之变,志士投袂,起而勤王,临难不屈,所在有之。及宋之亡,忠节相望,班班可书。"① 邵廷采《宋遗民所知录》云:"两汉而下,忠义之士至南宋之季盛矣。"② 赵翼《廿二史札记》也说:"历代以来,捐躯殉国者,惟宋末独多。"③ 浴血抗敌、壮烈殉节的文天祥、陆秀夫、李庭芝等人,历来都是志士仁人仿效的榜样,也是史家文士歌颂的对象。

萧启庆先生指出,在任何重大历史变革的时代,都不免泥沙俱下,鱼龙同现。面对外在环境不可抗拒的变化,每个人都会根据其政治理念、道德信仰与实际利益的轻重权衡而作出不同的反应,或以死报国,或高蹈远引,或改仕新朝。今人如此,宋季亦然。④ 越来越多的研究发现,所谓宋季忠义"辈出",其实是一个"虚像",宋季士人的忠君爱国意识并不会比

---

\* 基金项目:本文系广东省哲学社会科学"十三五"规划2016年度一般项目"宋季忠义的历史书写研究(宋末——清初)"(项目编号:GD16CLS03)的阶段性成果。

① (元)脱脱:《宋史》卷446《忠义传序》,北京:中华书局,1977年,第13149页。
② (清)邵廷采:《思复堂文集》卷3,杭州:浙江古籍出版社,1987年,第199页。
③ (清)赵翼著,王树民校证:《廿二史札记校证》卷25《宋制禄之厚》,北京:中华书局,1984年,第534页。按:忠义也是明末清初重要的政治文化现象。其实,无论是人数,还是惨烈程度,明季都在宋季之上,但清人出于"忌讳",不便明言,故以宋季为盛。
④ 萧启庆:《宋元之际的遗民与贰臣》,《历史月刊》第99期。

其他朝代来得高。①

为什么会出现如此大的反差？其实，这是宋季忠义历史书写的结果。从宋元之际到明末清初，随着大量以"昭忠"为主题的历史著作的出现，宋季士人的忠义行为被不断挖掘和重写，"忠义"内涵扩充②，人数不断增加③，意义被无限放大，从而使得忠义形象深入人心。

后现代主义史学认为，历史书写本质上是一种文本建构活动，书写者基于时代背景和自身情感，通过对历史事实的文学再造，从而达到对传统或外部世界宣示权力的目的。从这个意义上讲，宋季忠义的历史书写并非单纯的史学编撰活动，而是史学与文学互动的产物，带有文学想象的成分。相应地，在"昭忠"这一共同主题的背后，宋季忠义历史书写的真实动机亦具体而微，既有时代的差异，也有书写者身份的区别，不可一概而论。要强调的是，时代差异以及书写者的身份区别并非历史书写中互不相干的两个因素，它们往往交织在一起，相互影响，共同作用。问题是，这种作用是完全随机的、偶然的，还是有规律可循？除时代背景和书写者身份外，影响历史书写的还有什么因素？它们之间是否存在某种相对固定的阐释范式或结构模型？

视角不同，问题意识、研究方法乃至历史认识都大不相同。关于宋季忠义及相关问题的研究，学界目前已有一定积累，但其立足点大多局限于传统的史学或文学领域，较少从历史书写的角度切入，缺乏史学与文学的互动，未能认识到历史学的文学性特征。有些研究看起来与历史书写非常相近，实际不过是传统的历史编纂学而已，关注的主要是作者、体裁、版本等问题，与后现代主义历史书写有着质的区别。从研究时段看，大多囿于王朝断代，缺乏历时性、长时段研究，看不出宋季忠义形象建构及书写的历史过程，也较少关注历史书写背后的诸多问题。④ 本文笔者将从《延祐四明志》未立袁镛传说起⑤，通过还原袁镛历史书写的完整过程，在澄清袁桷未为袁镛立传原因的基础上，结合文本主题及类型，探讨时代差异以及书写者身份对宋季忠义历史书写的影响，进而总结宋季忠义历史书写背后的结构性因素及其运作机制。粗陋不当之处，还望方家批评指正。

---

① 陈得芝：《论宋元之际士人的思想与政治动向》，《南京大学学报》1997年第2期。

② 一直以来，"忠义"与"遗民"，一生一死，界限分明。但在宋季忠义的历史书写中，大概从元朝开始，"忠义"与"遗民"内涵开始混同，到万斯同编纂《宋季忠义录》，二者已完全混同。

③ 由于内涵混同，明清时期文献中收录的宋季忠义人数大幅增加，比如《宋季忠义录》就有五百余人。事实上，这些"忠义"中有相当部分为传统意义上的遗民。

④ 关于宋季忠义人的研究，目前学界已有一些成果，但主要集中在历史考证方面，从历史书写角度展开讨论的还比较少，主要有加拿大学者谢慧贤的《王朝更替：十三世纪中国的忠义主义》(Jennifer W. Jay, *A Chang in Dynasties: Loyalism in Thirteenth—Century China*, Bellingham: Center for East Studies, Western Washington University, 1991)、美国学者戴仁柱的《十三世纪中国政治与文化危机》(Richard L. Davis, *Wind Against the Mountain: The Crisis of Politics and Culture in Thirteenth—Century China*, Cambridge: Harvard University Press, 1996；中文版由刘晓译，中国广播电视出版社2003年出版)等。

⑤ 关于《延祐四明志》未为袁镛立传之事，明清时人多有探讨，文献中留下了大量辨析文字。20世纪90年代，学界出现了一批专门论著，提出了一些极富启发的观点，但在这些文字的梳理上，仍有欠缺。

一

袁镛,字天与,鄞县(今浙江宁波)人。治《春秋》,有文武才,尚气节。咸淳七年(1271)进士,授签书平江节度判官,丁忧未仕。时值宋季,国事飘摇,镛与庆元知府赵孟传、将作少监谢昌元平日友善,因相结纳,誓以死殉国。德祐二年(1276)三月,元兵至鄞。赵、谢二人绐袁先往侦测劝阻,许以兵继之,后乃惧敌投降,袁镛失援而死。其家人闻变悉赴水而死,凡十七人,惟仲子泽民为仆所救幸免。

袁镛及其家人忠义殉节的故事是宋季众多忠义"传奇"的一种,虽然悲壮,但作为一个学术话题,还是与袁桷《延祐四明志》未为袁镛立传有关。袁桷(1266—1327),字伯长,号清容居士,鄞县人。早年举茂才异等,任丽泽书院山长。大德初,以荐改翰林国史院检阅官,累迁国史院编修官、翰林直学士、侍讲学士。泰定四年卒,谥"文清"。袁桷早年师事王应麟、戴表元、胡三省等,以能文名,朝廷册制、勋臣碑铭,多出其手。又精于史学,于历代礼乐沿革、官吏迁次、百家诸子目录、士大夫族系,悉能推本溯源。一生勤于著述,有《清容居士集》《延祐四明志》《易说》《春秋说》等。

《延祐四明志》为元代五大名志之一,成书于延祐七年(1318)。该书原为20卷,今存17卷,凡12考,分别为沿革、士风、职官、人物、山川、城邑、河渠、赋役、学校、祠祀、释道、集古。是志内容详尽,体例完备,向受好评。四库馆臣认为其"义例最简,最为有体","考核精审,叙述清晰,不支不滥,颇有良史之风,视至元嘉禾、至正无锡诸《志》,更为赅洽"①。目录学家周中孚谓:"每考各系小序,义理谨严,考证精审,而辞尚体要,绰有良史风裁。盖清容早从王厚斋、舒舜侯(岳祥)[载]诸遗老游,学有渊源,又博览典籍,练习词章,尤熟于乡邦掌故,宜其从事于地志,自非余子可及也。"②四明人董沛也说:"自明以降,郡县图志靡国不举,然类有芜秽、凌乱之作,古法荡然。惟宋元两朝犹存唐以前谨严之意……简而有法,繁而不支。"而四明诸志中,"元则清容之志最有盛名"③。

当然,也有人批评该志在人物收录及内容处理上存在缺失,有违中国传统史学"直书实录"精神,具体表现为袁桷故意不为宋季忠义袁镛立传。最早提到这一问题的是袁镛的同乡明人蒋景高④。《袁进士传》:"大德间,袁清容求其家世,不与,衔之。比修延祐郡志,没其事不书。"⑤指出《延祐四明志》不立传的原因是袁镛后人拒绝了袁桷通谱的要求。徐一夔说:"镛不幸不遇太史公,又其同志已叛盟事敌,亦讳道其事,故遂至于无闻。"邵经邦:

---

① (清)纪昀:《四库全书总目提要》卷68《延祐四明志》,石家庄:河北人民出版社,2000年,第1832页。
② (清)周中孚:《郑堂读书记补逸》卷12《延祐四明志》,上海:上海书店出版社,2009年,第1459页。"盖清容"一句标点原为"盖清容早从王厚斋、舒舜侯、岳祥载诸遗老游"。按:舒舜侯字岳祥,非二人,不该点开,"载"恐为衍文。
③ (清)董沛:《校刻宋元四明志序》,载宋元浙江方志集成第7册《乾道四明图经》卷首,杭州:杭州出版社,2009年,第2868页。
④ 蒋景高(1319-1376),字伯高,号丹台外史,象山(今宁波象山)人。洪武初荐授国子助教,转象山县教谕。
⑤ 乾隆《象山志》卷11《艺文》,转引自民国《象山县志》,北京:北京方志出版社,2004年,第1541—1542页。

"当时二子卖国取贵,且据要路,而恶言公之节者,一时佞谀迎合,至郡志亦不传。"①则强调赵、谢二人的影响及所谓"时忌"。也有人认为宋季忠义国史中失载甚多,故不为袁镛立传并非故意,"镛不见录于史,何耶? 吾尝观宋季野史,当时自荐绅大夫下至工艺及方外之徒,奋身死王事者不可胜数,而考之国史所载,十才二三,则史之所遗者独镛哉"②?

袁桷出自城南袁氏,其家乃四明望族,诗书传家,累代为官,且长期与四明相族史家联姻,社会地位举足轻重,并不在袁镛所在西门袁氏之下,"通谱"一说殊难理解。最先对"通谱说"提出质疑的是明人叶盛。《水东日记》卷25《袁伯长家世》:"四明袁桷伯长,元翰林大手笔也。其先实宋相之后,家世具见《清容集》。……袁忠彻家《进士忠义录》所述,其先固名族,亦未迨伯长,乃云'伯长之祖与进士求通谱,进士不之许,后伯长因泯其死节事'。夫求通谱者,或为家世不彼若而然,今也不然,通谱果何为耶? 况伯长一代名士,泯乡邦之忠义,谓伯长忍为是耶? 凡若此者,吾固不能无疑,不敢因其偏词,而遂必信之以为实录也。"③薛应旂(方山)也批评过"通谱说"的偏颇,可惜其相关文字已不传。④ 入清后,仍有人认为"通谱说"不靠谱。康熙《鄞县志》:"传谓桷之祖尝通谱于公,而公不许,故有意没之。以今而观,则不然。夫家世相若,求通谱何为? 盖桷已仕元,敢直表抗元之人以犯时忌乎?"⑤认为不立袁镛传的真实原因还在于"时忌"。

全祖望对《延祐四明志》未为袁镛立传一事也有批评,惟所述原因不同,语气也更加严厉。《延祐四明志跋》:"清容文章大家,而志颇有是非失实之憾,如谢昌元、赵孟传皆立佳传,而袁镛之忠反见遗,盖清容之父,亦降臣也,又累于吴丞相履斋有贬词,殆以其大父越公之怨,非直笔也。"⑥又,《宋忠臣袁公祠堂碑铭》:"呜呼! 袁公之死,盖见卖于赵孟传、谢昌元,而清容作志,不立公传,初意以为《五代史》阙韩通之例,出于嫌讳,欧公且然,又何怪于清容? 既而见其为赵、谢二降臣有佳传,乃知其党于降元之徒也。盖清容之父处州亦降元,故清容纪之先友也,凡降元者皆多称之,而且作《哀兰操》以吊崖山降将吴浚,可谓失其本心之言也已。夫抗元者不立传,或有可原,降元者反传之,岂非党哉? 其所作诗,援陶潜而称嵇绍,亦可叹矣。著书以颠倒是非为事,将只手可以障天耶? 吾读清容之文未尝不爱其才,而心窃薄之。"⑦因袁桷之父亦降元,全氏初以为清容不立镛传乃"出于嫌讳",既而见其"降元者反传之",遂断定清容"丑正有素",著书颠倒是非,妄图只手障天,实际上又否定了"嫌讳"说。全祖望弟子蒋学镛在《鄞志稿》中说:"其黜镛也,尚可援五代史不立韩通之例。至孟传、昌元乃立传,盛称其美,颠倒是非,莫此为甚。"⑧重复了其师的观点。

---

① (明)邵经邦:《弘艺录》卷23《四明袁公镛忠义传后序》,四库存目丛书集部第77册,济南:齐鲁书社,1997年,第473页。
② (明)杨士奇:《东里集》续集卷23《题袁进士镛传》,文渊阁四库全书第1238册,第682页。
③ (明)叶盛:《水东日记》卷25《袁伯长家世》,载《笔记小说大观》,36编,第3册,中国台北:新兴书局,1984年,第246页。
④ (清)周广业:《过夏杂录》卷3《袁镛死节》:"忠彻谓伯长之祖求与进士通谱,不许。伯长因泯其事。薛方山已讥其偏辞。"见《周广业笔记四种(下)》,杭州:浙江古籍出版社,2013年,第98页。
⑤ 康熙《鄞县志》卷13《袁镛传》后附作者评论,《中国地方志集成本》,上海:上海书店出版社,1993年。
⑥ (清)全祖望:《鲒埼亭集外编》卷35,载《全祖望集汇校集注》,上海:上海古籍出版社,2000年,第1480页。
⑦ (清)全祖望:《鲒埼亭集内编》卷23,载《全祖望集汇校集注》第432—433页。
⑧ (清)蒋学镛:《鄞志稿》卷5《袁洪传》后考证,四明丛书本。

全氏名气虽大,但其站在道德高地对袁桷肆意指责,仍然引起了时人的不满。钱大昕评论《延祐四明志》时说:"伯长元时馆阁巨手,其撰志时王厚孙(王应麟之孙)亦在分修之列,繁简有法,可谓佳志,后人特以不立袁进士传少之,当时去德祐未远,或有所忌讳而不书。至于赵谢二人,以官高例得立传,且亦未掩其仕二姓之迹,揆之史法,本无可议,必以曲笔诋之,亦已甚矣。"①认为袁桷修《延祐四明志》时虽有"忌讳",但无"曲笔"。

稍后,徐时栋也加入论战。《宋元四明六志校勘记》卷六:"延祐志中不立袁忠臣传,颇可骇怪,自丹台外史(蒋景高)有求家世不与之说,后来纷纷集矢,肇端于此。然两袁并显,清容阀阅高于城西,何至转求通谱乎?至谢山乃谓清容以其父降元,故没忠臣之实,则又非也。是时深宁、文洁两大儒高隐不出,甬上忠义之士以为眉目,志中极力表扬,何尝以父故变白为黑乎?文洁乞为死事之吴从龙立传,志中又大书之,且清容集中屡及高节,而以卖降为耻,则亦未尝故为撺著矣。抑吾更有疑于此。"认为蒋景高及全祖望的观点都不符合历史事实。徐时栋进一步指出,袁桷修志时,王应麟之孙王厚孙(号遂初老人)实参与之。袁氏为王应麟高弟,厚孙则为其畏友,王应麟有《悼袁进士》诗传世,清容不当有所隐讳,颠倒黑白。徐氏最后指出,《延祐四明志》未立袁镛传可能另有原因,"当遂初独修至正志时,笔削由己,一无掣肘,何以于所补人物传中,同时忠节如郑覃、孙璹详悉备书,而独于乃祖所谓'手回日月、忠动天地之烈丈夫'全不齿及,则又何也?清容有通谱不遂之嫌,而王袁则秦越也;清容有父为降臣之讳,而遂初之祖父则并高节也。此虽起丹台谢山于九原,而质之未易解也"。可惜只是怀疑,并未明确指出原因。

民国时期,《象山县志》修订出版,再次提及此事。"案延祐志不为袁镛立传,诚一缺憾。蒋丹台先生补之,实有功世道之文,故全氏谢山亟称之,徐柳泉(徐时栋)舍人极力为袁清容辩护,更疑丹台求家世不与之言,非其实录。则黄金事《南山集》亦谓清容于公有通谱不遂之仇,蒋黄去清容时代并近,岂皆诬清容者乎?惜《丹台集》已久佚,无以考宋元及元明间诸大事尔。"②转而支持蒋景高"通谱"之说。

1943年,柴德赓作《〈鲒埼亭集〉谢三宾考》,其中谈到"谢昌元与赵孟传卖友求荣,《延祐四明志》何以不书,则地方志本以扬善为主;且袁桷父洪,亦在赵孟传幕中,与昌元善,同降元,故桷不特深为隐饰,且为作佳传"③。又回到了全祖望的立场。

20世纪90年代后,相关问题再次被提及,只不过这次基本都是替袁桷辩护。比如张尧均认为袁桷未为袁镛立传固然有失,但亦不当以"丑正有素""著书而以颠倒是非为事"责之。他进一步指出,袁桷之所以未为袁镛等宋季忠烈立传,是因为在清容心目中,"大一统"的国家意志取代了以故国之念为内容的民族意识,而后者亦是全氏苛责袁桷的思想文化基础。④ 纪宁则认为袁桷"党于降元之徒"的看法有失偏颇。在他看来,影响袁桷选择立场的因素,既有传统价值观的影响,更有宋末元初社会现实的刺激,当然也有袁桷身处元代

---

① 乾隆《鄞县志》卷30《旧志源流》"延祐四明志"条,乾隆五十三年刻本。
② 民国《象山县志》卷18《艺文考目》"丹台外史集"下,第1027页。
③ 柴德赓:《〈鲒埼亭集〉谢三宾考》,《辅仁学志》1943年第1—2期。后收入氏著《清代学术史讲义》,北京:商务印书馆,2013年,第25页。
④ 张尧均:《"区区著述"与"忠贞大节"——书全谢山〈宋忠臣袁公祠堂碑铭〉后》,《暨南学报》1999年第2期。

的实际,而立传者也确有可传之处。① 其他诸人大多秉持相似观点,不赘。②

为什么同样的事情会出现截然不同的认识?到底谁更符合历史真实?笔者以为,关于《延祐四明志》未为袁镛立传的原因,虽然明清以来已有相当多的探讨,但结论多系推测,并无直接材料证明。更重要的是,上述观点特别是全氏的"颠倒黑白"说带有强烈的道德评判的意味,从而使得袁镛立传与否的问题从简单的历史考据演化为人伦心性的道德之争。在这样的政治和文化氛围下,所谓的真相不过是"镜中花""水中月",幻象而已。笔者以为,要找寻真相,我们还须回到历史书写的立场,从袁镛忠义形象的建构与书写谈起,关注书写时的材料准备工作。在笔者看来,历史书写活动中,是否书写以及如何书写不仅与政治形势、个人情感有关,也与书写时的材料准备有关。毫无疑问,材料不足或材料失实都会影响到书写的结果。那么,袁桷编修《延祐四明志》时,袁镛的相关材料是否准备好了呢?

## 二

袁镛,《宋史》无传,其忠义事迹最早见诸其同乡王应麟所作悼诗。《四明文献集》卷五《悼袁进士镛》:

> 天柱不可折,柱折不可撑。九鼎不可覆,鼎覆人莫扛。
> 袁公烈丈夫,独立东南方。欲以一己力,代国相颉颃。
> 适遭宋祚移,耻为不义戕。奋然抱志起,誓欲扫欃枪。
> 拔剑突前麾,手回日月光。贼势愈猖獗,山摧失忠良。
> 呜呼绝伦志,不得骋才长。妻孥悉从溺,枯骨谁为襄。
> 忠烈动天地,游魂为国殇。山水倍堪悲,抱恨彻穹苍。
> 穹苍幸一息,庶几纪星霜。西风白杨路,哀猿号崇冈。
> 解剑挂墓柏,泣下沾衣裳。惜哉时不利,抽毫述悲伤。

《两宋名贤小集》亦载此诗,文字大致相同,惟改"贼"为"敌",且改标题为《鳌山》,标题下有小注云:"进士袁镛抗节死于此山,家人投山下溺死者十七人。"《两宋名贤小集》原题宋陈思编,元陈世隆补,清修四库时,考证其为伪书,是后人收集《两宋名贤小集》的旧稿,又从朱彝尊处得到宋人小集40余种,汇为一编。③ 又袁镛死于西山资教寺,非鳌山。康熙《鄞县志》卷五《形胜考·鳌山》下小注云:"宋咸淳进士袁镛抗节死于西山,家人惊悼投溺此山之下者十有七人。"两者文字极其相似,《鳌山》标题下小注可能出自此。综合来看,《鳌山》应系清人改录后的作品,今不取。

---

① 纪宁:《袁桷〈延祐四明志〉人物立传问题浅议》,《青海师范大学学报》2008年第2期。
② 杨亮:《宋末元初四明文士及其诗文研究》,北京:中华书局,2009年;陈莉萍、陈小亮:《宋元四明袁氏宗族研究》,杭州:浙江大学出版社,2012年。
③ (清)纪昀:《四库全书总目提要》卷187《两宋名贤小集》,石家庄:河北人民出版社,2000年,第5136—5137页。

《四明文献集》系明人所辑王应麟诗文集。王应麟(1223—1296),南宋庆元人,原籍浚仪(今河南开封)。字伯厚,号深宁,学者称厚斋先生。淳祐进士,宝祐四年(1256)中博学宏词科,曾任太常寺主簿、礼部尚书兼给事中等。正直敢言,先后触迕权臣丁大全、贾似道、留梦炎,屡遭贬斥,遂辞官归里。宋亡不仕,专事著述,于天文、地理、经史百家均有研究和考证,著有《困学纪闻》《玉海》《论语孟子考异》《汉制考》《六经天文编》《通鉴地理通释》《深宁集》等三十余种。

王应麟诗文集原名《深宁集》,共一百卷。王应麟在世时,此集即已编定,惟未曾刊行。① 至元六年(1340),王应麟嫡孙王厚孙、王宁孙在庆元路儒学刊刻王应麟著作时,仅将《玉海》并附《词学指南》等十四种学术专著刊行,而《深宁集》不在其中。因长期以稿本传世,且"诗文多犯时忌"②,《深宁集》元代时即已散佚。元末,王氏世交郑真开始辑录王应麟遗文,编为《四明文献集》,共六十卷。③ 此集亦未能刊行,至明代再次散佚,明崇祯十六年(1643),鄞县人陈朝辅曾得到钞本进行补辑。清人修四库全书时,《四明文献集》仅存五卷。④

《四明文献集》五卷所辑王应麟诗文,其卷一为记、序、跋,卷二为敕文、诏,卷三为表、露布、檄,卷四为制、告文、青词、祭文、乐章,卷五为诰、墓志铭、赞、诗,全书辑记十篇,序两篇,跋一篇,墓志铭两篇,诗一首,余者皆制诏之属,与《深宁集》只收诗文,不收制诰的体例有明显出入,故《四库全书总目提要》云:"通一百七十余篇,制诰居十之七,盖捃拾残剩,已非其旧矣。"⑤ 所录诗文多为寺庙记、学记和学术著作序言。这些作品,多为请托之作,很少言及时事,其中较直接反映当时社会状况或王应麟不同时期心态、情感、交往的作品仅《真逸阁记》《德润斋记》《悼袁进士镛》等屈指可数的几篇,而《悼袁进士镛》是《四明文献集》中唯一的诗歌。

由于《四明文献集》本身系辑佚之作,且自身也曾经多次散佚,特别是《悼袁进士镛》内容有触犯时忌之嫌,而《四明文献集》中王应麟诗作仅此一首传世,颇令人怀疑此诗的真实性。又,此诗情感和修辞不合常情。王应麟与袁镛同为鄞人,又皆世家出身,年龄大体相若,二人应该相识,并且极有可能是相交深厚的挚友。⑥ 不仅如此,事发时王应麟正好隐居在家⑦,也应该了解事件的经过,《悼袁进士镛》的真实性看起来是确凿无疑的。但作者将袁镛之死比作"天柱折断""九鼎倾覆",实属太过。这种比喻用来指代文天祥、陆秀夫等宋

---

① (宋)王应麟:《浚仪遗民自志》,见(清)陈仅:《王深宁先生年谱》附录,四明丛书本。
② 世传《深宁集》在元代因王应麟后人分家割裂致散,张寿镛《〈四明文献集〉序》则怀疑"多忌讳之作,而子孙毁之耳"。参见(宋)王应麟著,张骁飞点校:《四明文献集:外二种》,北京:中华书局,2010年,第4页。
③ (明)郑真:《荥阳外史集》卷38《跋史越王进陈正言禾四经解札子》,文渊阁四库全书第1234册,第223页:"(真)尝辑《四明文献集》,求公遗文则散轶已久。今岁以秋试乡贡……"则明洪武四年(1371)以前《四明文献集》已经编好。又,《四明文献集》中郑真所加按语,凡言宋代事必加国号,言及元代皇帝忽必烈则曰"世祖",可见是集当编成于元代。
④ 国家图书馆善本室另藏有《四明文献集》清钞本两册,共十卷,辑者郑真,收董复礼、史弥远、黄震等二十七人诗文、小传,各家诗文后均有郑真按语,其体例正与五卷本《四明文献集》相同。参见张骁飞:《王应麟〈四明文献集〉整理中的几个问题》,《浙江学刊》2010年第1期。
⑤ (清)纪昀:《四库全书总目提要》卷165《四明文献集》第4214—4215页。
⑥ 《悼袁进士镛》有"解剑挂墓柏"语。此出自春秋吴季札"墓门挂剑"典故,亦证二人可能为挚友。
⑦ (清)钱大昕:《王深宁先生年谱》,《嘉定钱大昕全集(肆)》,南京:江苏古籍出版社,1997年,第9页。

季枢机重臣尚可，袁镛当时虽是进士，却未有一命之寄，在宋元忠义亦分等差的情况下①，以"天柱""九鼎"喻之，明显失当。王应麟文章大家，对好友之死纵然悲痛惋惜，也不应有此低级失误。

王应麟著作散佚严重，虽然有诸多疑问，今天我们已无法考证出《悼袁进士镛》的真伪，但不论该诗是否伪作，宋季以至元代，不仅没有人谈到王应麟曾写诗悼念袁镛，甚至连袁镛殉国之事都鲜有提及。南宋末年，文天祥参与并领导了轰轰烈烈的勤王抗元斗争，在战斗之暇，特别是囚居燕京期间，他将自己所见所闻的宋季史实记录下来，先后撰成《纪年录》《指南录》《指南后录》《集杜诗》，这是最早系统记载宋季忠义人物及事迹的著作，也是仅有的一部传世的以一手史料为主的宋季忠义文献。② 这些著作均未提及袁镛及其家人明州抗元殉节之事。

元人"讳言宋事"③，但宋遗民④或出于故国之思，或激于伦理大义，或出于国亡史存的现实考虑，仍然搜集整理了大量宋季士人的忠义事迹，并汇编成册，私相传授。著名的有刘埙、刘麟瑞父子的《咏史十忠诗》《昭忠逸咏》(《昭忠录》)⑤、赵景良《忠义集》等。至正三年(1343)，元顺帝下诏重修三史，为了激励元季士人为国尽忠，元朝统治者对前朝忠义给予了特别关注，元顺帝甚至直接下诏，要求不须回避前朝忠节事迹。⑥ 结果元修《宋史·忠义传》用了十卷的篇幅，共记载了278人(算上附传，共283人)，其中近半为宋季忠义，篇幅之大，人数之多，远远超过前朝。遗憾的是，上述著述中也无袁镛殉国的记载。

又，元代的地方文献中同样没有袁镛殉国的相关记载，即便在至正三年(1343)放开文禁后仍然如此。至正十一年(1351)，王演应罗性道之请，为其始迁祖撰写庙碑，其中一段谈到元军进入鄞县的情形："至元丙子，宋举国内附，大兵踰浙而东向，鄞城乡民惶惧议奔窜，

---

① 元人认为忠义是有高下之分的，他们以死节、死事为界限，综合殉国时的身份及殉节方式等，将宋代忠义分为五等，类似袁镛这样的忠义只能排在最末一等，是绝对不能与文天祥、陆秀夫等相提并论。见(元)脱脱《宋史》卷446《忠义传序》第13150页。

② 除文天祥外，陆秀夫也曾据其目见，撰有《陆秀夫日记》，在其投海前交付邓光荐保管。入元后，邓氏"以所闻见，集录野史若干卷，藏不示人"。龚开撰《陆君实传》时，"尝托黄唐佐圭从中甫取册(陆秀夫日记)，不得"。后人认为邓光荐《德祐日记》即据《陆秀夫日记》而成。事实上，《陆秀夫日记》内容集中于二王行朝之事，不可能成为《德祐日记》的史料来源，而《德祐日记》的作者也并非邓光荐。此外，邓光荐尚撰有《文丞相传》《文丞相传附传》(《文丞相督府忠义传》)《填海录》等，可惜要么不传，要么非一手史料。详见拙著《邓光荐史学著述杂考》(待刊稿)。

③ (明)何乔新:《忠义集序》，载(元)赵景良:《忠义集》卷首，文渊阁四库全书第1366册，第914页。《忠义集》编好后，仅"私相传录"，流传不广。明弘治年间，乡人赵玺在一老农家发现《忠义集》，遂"校补其讹缺"，赵玺整理好后，将手稿送何乔新阅览，何氏"因厘为七卷，录而藏之"。此本后由浙江金宪王廷光刻版付梓。

④ 在中国文化史上，"遗民"一词通常有两个义项。一指亡国之民，一指改朝换代后不仕新朝的人。虽然如此，"遗民"概念的内涵和外延并不确定，在实际运用的时候，往往需要根据具体情况稍作调整。以宋季遗民为例。有学者指出，"出仕学官并不妨害其作为遗民的本质属性"，"那些为故宋所遗，虽未出仕而心存干进、献媚新朝者，却必须斥之于遗民之外"。见方勇:《南宋遗民诗人群体研究》，北京:人民出版社，2000年，第5页。此处"遗民"意为"亡国之民"，后文所见"遗民"，如无特殊说明，皆指第二义项。

⑤ 《昭忠逸咏》与《昭忠录》在体例编排及内容上高度一致，实际皆出自刘麟瑞之手。刘麟瑞将收集到的宋季忠义事迹整理为《昭忠录》，并在此基础上创作《昭忠逸咏》，同时将《昭忠录》的行文改动后以注的形式附于诗中。迫于形势，刘麟瑞不敢在《昭忠录》上署上自己的姓名，也不敢将之公诸于众。相反，《昭忠逸咏》因为在纪年及名称上迎合了元朝统治者对正统的要求，故刘麟瑞不仅署上了自己的姓名，而且在书成11年后，将书送文学掾岳天祐阅览。参拙著《南宋佚名〈昭忠录〉作者考——兼论〈昭忠录〉与〈昭忠逸咏〉的关系》，《元史及民族与边疆研究集刊》第27辑。

⑥ (元)脱脱:《辽史》附录《三史凡例》，北京:中华书局，1974年，第572页。

计未决,诣庙虔祷。是夕,巫祝倪氏梦神告曰:'兵至此,必无战斗苦,勿忧也,慎无妄动。'众信而安之。后,大兵至,果安堵如故。"①仍然没有袁镛殉国的相关记载。事实上,不论是《宋史》,还是《元史》,对明州降元之事基本都未作记载,可见袁镛抗元要么系子虚乌有,要么影响十分有限,不值一提。

地方文献如果仍有所忌讳的话,家族文献应该就会"直录实书",甚至是大书特书。但匪夷所思的是,截至元末,袁氏家族文献中才开始提及袁镛殉国之事,且文字躲闪,都没有详尽的细节描写。不仅如此,有关袁镛世系名讳的记载还异常混乱,不同类型的文献之间内容上也往往相互歧异。

元代袁氏家族文献中,时代最早的是戴良②撰袁镛嫡孙袁士元的墓志。《故文林郎翰林国史院检阅官菊村袁先生(士元)墓志铭》(以下简称《袁士元墓志铭》):

> 鄞之儒师四明先生袁彦章,讳宁老,一讳士元。其先南昌宦族,五世祖知临安府讳子诚者,从高宗至鄞,故遂为鄞人。曾大父讳芳,知吉州泰和县。大父讳景安,登进士第。父讳衍,入国朝隐居不仕。……初衍无子,而子其弟泽民。先生泽民出也,知其礼有未安,卒言之官,复以泽民为弟,而己为衍后。伦序以正,闻者叹服。先生以至正二十四年八月二十一日,卒于家,得年五十有九,明年八月丁未,葬于鄞桃源杨山人墅先茔之次。配曰杨,有贤行。子男四人,长琪、次珪、瑛、璟。女一人,适同里潘复源。孙男一人,忠敉。③

此志由戴良撰,张□(王綦)书,危素篆额。三人中,后二人曾先后举荐过袁士元,皆为袁士元生前好友;戴良较为晚出,不及认识士元,乃袁士元之子袁琪好友,交往最密。至元二十六年(1366)二月,袁琪奉吴志淳所作袁士元行状乞铭于戴良,遂作此篇。

《袁士元墓志铭》除袁士元生平外,于袁氏家族世系也多有提及,史料价值很高。但耐人寻味的是,此志不仅未有袁镛殉国的相关记载,甚至连袁镛的名讳都未提及,而认为袁士元父亲为袁衍,祖父为袁景安,曾祖父为袁芳。该墓志进一步指出,初袁衍无子,遂以弟泽民为后,泽民实为袁士元生父。后士元认为泽民以弟继兄,于礼非宜,乃白诸有司,奉泽民归本宗,而己为衍子。有人认为,袁镛的抗元尽忠可能对西门袁氏产生很大影响,不排除撰者有意回避或改名的可能。④ 但此文作于元末动荡之时,烽烟战火之余,哪里还有什么时忌?况袁琪元末已有时名,与诸名士大臣颇有交往,而赵、谢二人后代早已湮没无闻,所避何为?

---

① 光绪《慈溪县志》卷50《慈溪县罗府君嘉德庙碑记》,转引自李修生:《全元文》第58册,第228—229页。
② 戴良(1317—1383),字叔能,号九灵山人,婺州浦江(今金华浦江)人。通经史百家书,起为月泉书院山长,复弃去。至正二十一年(1361),以荐授淮南江北行省儒学提举,以世乱,避地吴中,依张士诚。元亡,隐于四明山。明太祖召至京师,以老病固辞,旋暴卒。有《九灵山房集》30卷、《补编》2卷。
③ 章国庆:《宁波历代碑碣墓志汇编(唐、五代、宋、元卷)》,上海古籍出版社,2012年版,第18—19页。据编者自述,此志为佚文,出自天一阁藏拓片,《全元文》及《戴良集》皆未收。事实上,袁氏宗谱如袁丙熊《鄞西袁氏家乘》卷18《家墓上》亦收有全文。此外,乾隆《鄞县志》卷13《袁士元传》亦有部分引用。
④ 《袁士元墓志铭》文后编者附记。见章国庆:《宁波历代碑碣墓志汇编(唐、五代、宋、元卷)》第19页。

除戴良外,蒋景高撰有袁士元与其夫人杨氏的合葬墓志,其中也有袁氏世系的记载:"高宗南渡,(袁)子诚遂居于鄞。子诚生国贤,……国贤生章,……章生芳,知吉州太和县。芳生景安,……遭宋讫录,无子,以弟景宏之子衍为子。"进一步指出袁衍生父为景安之弟景宏。蒋景高乃袁士元旧友,"予交于先生殆四十四年",洪武九年(1376),袁士元之子袁琪持赵宜讷所作行状乞铭于蒋景高,遂作此篇。要强调的是,该墓志同样未提及袁镛忠义事迹,其袁氏世系的相关记载中也不见袁镛的名讳。①

袁士元自己也曾提及其父祖情况,不过却与上述两篇墓志相异。《呈许具瞻县尹》:"愚童从母命,承乏本相宜。自是同宗子,殊非异姓儿。家君归已久,族弟出何迟。双继无通例,清官必素知。"其标题下小注云:"叔祖惠孙降吾父,与兄为子,诉以正之。"指出自己的亲生祖父为叔祖惠孙。许具瞻即许广大(1309—1353)。② 至正九年(1349),袁士元向鄞县知县许广大递呈诉状,要求纠正本家"双继"的不正伦序,并得到了许广大的支持,当时官府甚至还颁发了《庆元路改正昭穆执照》。③ 袁士元的本生父顺利地恢复了从弟的身份,而袁士元则成为袁衍的过继子。又,从"同宗""族弟""叔祖"看,袁泽民与袁衍只是同宗兄弟,而非同胞兄弟。

不仅如此,上述两篇墓志所述先祖世系与宋代袁氏家族文献的记载也不尽相同。赵希洽《长兴县尉袁冈墓志铭》:"曾大父子诚,大父国贤,父章,皆累仕而显。"④袁冈有子三人,"长锡、次镛、次鈜"⑤。明确袁镛乃袁冈之子,袁章之孙。袁冈之弟袁埚为其亡姊所撰墓志也曰:"曾大父子诚,大父国贤,父章。"⑥按:元《庆元路改正昭穆执照》中有"袁士元状告:故高祖千四官生下四子:芳、文蔚、冈、埚"⑦等语,则袁芳、袁冈、袁埚为同胞兄弟⑧。

为什么袁士元的两篇墓志都没有提及袁镛忠义殉国之事,其所述先祖世系也与宋人以及袁士元自己的文字相异?从现有材料来看,这种情况的出现,似乎与宋元之际袁氏家族文献曾遭族人恶意隐匿、销毁有关。袁士元说:"我家自德祐忠臣遇害,书籍、赀玩悉为族人天锡父子所得。"⑨清人袁钧也说:"镛死时,文书谱牒归犹子天锡,(赵)孟传以女妻天锡,使湮其迹,自镛以前家传多阙也。"⑩"正统辛酉,丰城袁钝四修族谱,吾鄞县支始与彼通谱。以今考之,必奉新令彰之所为也。彰之曾祖天锡,取降臣赵孟传女,因孟传得官,匿家谱,讳

---

① (明)蒋景高:《合葬墓志铭》,载(清)袁丙熊:《鄞西袁氏家乘》卷18《冢墓上》,敦本堂木活字本。
② (明)刘基:《诚意伯文集》卷9《故鄞县尹许君遗爱碑铭》,四库荟要本第408册,中国台北:世界书局,1985年,第457—458页。
③ (清)袁钧:《瞻衮堂文集》卷9《西袁氏世系考》,四明丛书本。
④ (清)袁丙熊:《鄞西袁氏家乘》卷18《冢墓上》。
⑤ (清)袁丙熊:《鄞西袁氏家乘》卷18《冢墓上》。乾隆《鄞县志》卷24《袁冈墓》:"在四十九都一品董墺,知武康县,赵希洽撰墓志。"其下小注云:"四明袁氏谱图。"则赵撰墓志最早出自元末《四明袁氏谱图》。但(清)袁钧谓:"嘉靖中所得长兴公志",则袁冈墓志乃嘉靖中出之,不知孰是。见(清)袁钧:《瞻衮堂文集》卷9《西袁氏世系考》。
⑥ (清)袁丙熊:《鄞西袁氏家乘》卷18《冢墓上》。
⑦ (清)袁钧:《瞻衮堂文集》卷9《西袁氏世系考》。
⑧ (清)袁钧:《瞻衮堂文集》卷7《家乘列传·袁士元传》:"初,泽民既遭家难,降继于再从兄衍,士元谓弟无继之礼,言之官,奉泽民归宗,而己为衍后。衍入元隐居弗仕。衍之父曰景安,宝祐中进士。景安父提刑公芳也。"指出衍与泽民的关系为再从兄弟。
⑨ (明)袁忠彻:《符台外集》卷下《敬跋检阅先祖诗集后》,四明丛书本。
⑩ (清)袁钧:《瞻衮堂文集》卷7《家乘列传·袁镛传》。

忠臣公死节事,与吾宗为难者凡数世。"① 又,袁士元改正昭穆的做法也引起了一些族人的不满,他们担心伦序调整后家族利益受损,也将世谱藏匿起来。戴良《四明袁氏谱图跋》云:"袁氏世谱自菊村归宗之后,族人之不□者遂匿而不传,盖惧伦序之复正也。菊村为是而追修之,然不能无遗忘之憾矣。"②

不过,我们发现,前述元代袁氏家族文献中,除袁衍和泽民外,其他先祖主要是一世至五世祖的名讳和世系其实并不混乱。而按常理推断,在宗谱遭藏匿、销毁的情况下,时代越早记忆势必越模糊才对。又,纵然名讳和世系有误,何以相关忠义殉节事迹也只字未提?难道袁家历史上根本就没有袁镛这样一个祖先?看来,不论元代袁氏宗谱的流传情况是否属实,两篇墓志的书写背后一定隐藏着一个尚未为人所知、不足为人所言的秘密。

笔者注意到,除《袁士元墓志铭》外,戴良尚撰有《四明袁氏谱图序》③,其中也有袁氏世系的记载:

> 异时文献之盛称东州,东州文献鄞为盛,而袁氏又鄞之最盛者也。袁氏之居鄞者三族,曰西门袁氏、曰南门袁氏、曰鉴桥袁氏。……西门袁氏则有名镛字天与者,其以忠贞节义著闻于时,乡人士至今口之不置。镛之四世孙珙与予善,示予以先世谱图。……赵宋渡江,曰子诚者,自南昌扈驾,为临安知府,遂居鄞,子孙四世皆大官。至镛以进士死国难,而族稍微。自是而后,独以儒世其家,恂恂自检束。镛之子衍无子,而子其弟泽民。泽民之子宁老,以为弟继兄后,于礼非宜,乃白诸有司,奉泽民归本宗,而己为衍子,伦序复正,识者题之。

此文文末具名"至正丙午良月上澣,金华九灵山人序"④,则同样写成于至正二十六年(1366)。其所记内容大体同于《墓志》,惟明确袁镛殉国事迹及其袁氏先祖的世系身份。

除戴良外,毛彝仲也曾给《四明袁氏谱图》作序,其中有云:"赵宋时四世为大官,逮及其季,有名镛者,当革命时,死国难,举族歼焉,忠贞节义至今凛凛。"同样有袁镛忠义殉国的记载。此序作于至正二十七年(1367)三月,较戴序略晚,同样系应袁珙请托而作,不同在于,毛彝仲认识袁士元。⑤ 时代稍晚的王英也见过《四明袁氏谱图》,并撰有题记,可惜文字简略,并未提到袁镛世系及其殉节之事。⑥

前引戴氏二文,写成时间相同,材料皆出自袁珙提供的家族文献,内容也大致相同,为何名讳会出现差异?笔者发现,不止戴氏二文,事实上元明两朝涉及袁镛殉国的原始材料皆出自袁珙,或袁珙之子袁忠彻。笔者有理由相信,这一现象的出现与袁珙父子再造家族

---

① (清)袁钧:《瞻衮堂文集》卷9《西袁氏世系考》。
② (清)袁钧:《瞻衮堂文集》卷3《宁波鄞县西袁氏家乘目录叙》。
③ 《四明袁氏谱图》是已知四明袁氏最早编修的宗谱,据戴良《四明袁氏谱图跋》,是谱始修于袁士元,后经袁珙增补而成。
④ (清)袁钧:《瞻衮堂文集》卷3《宁波鄞县西袁氏家乘目录叙》。此文亦见戴良《九灵山房集》卷21,惟不载文末具名一段。
⑤ (清)袁钧:《瞻衮堂文集》卷3《宁波鄞县西袁氏家乘目录叙》。
⑥ (明)王英:《王文安公诗文集·文集》卷6《书四明袁氏族谱后》,续修四库全书第1327册,上海:上海古籍出版社,2002年,第377—378页。

历史的努力有关。元明之时,袁珙父子以相术起家,虽骤得富贵,然终非科举正途出身;且其先祖泽民以弟继兄,有违礼法。这种情况下,袁珙父子迫切需要一个伟大的祖先洗脱自己和家族身上的"污点"。

袁镛不就是这样一个伟大的祖先吗?关键是袁镛确定是袁珙的祖先吗?由于前引袁士元墓志中没有提及袁镛,也未提及其先祖有忠义殉国者,特别是袁士元自述泽民生父乃惠孙,非袁镛,则袁镛未必出自鄞西袁氏,或者根本就是个子虚乌有的人物。又,袁镛忠义殉国的记载最早只见于元末袁氏宗谱①,且都没有详尽的细节描写,则袁镛殉国的故事也可能是编造的,至少是在情节上。正因为人物和事迹都是编造的,考虑到墓志和家谱流传的范围不同,前者公开,后者私密,所以形成两种不同的记载,只在家谱材料里涉及袁镛的世系身份及忠义事迹。

二种文本,二种记载,袁珙的做法实在太过拙劣,漏洞太过明显。在笔者看来,即便元代袁氏宗谱在流传的时候的确出现过恶意隐匿、损毁,也不至于出现二种文本区别记载的情况。笔者怀疑,元代袁氏宗谱惨遭隐匿、损毁的说法也是假的,出自袁珙的虚构。如前所述,元代袁氏宗谱惨遭隐匿、损毁的说法出处有二:一见袁忠彻《符台外集》引袁士元语,但袁士元去世时,袁忠彻尚未出生,这段话其实是袁忠彻从其祖母和父亲袁珙那听来的;二见戴良《四明袁氏谱图跋》,而《四明袁氏谱图》正是在袁珙手上最终成书,作为袁珙的好朋友,此文也是戴良应袁珙之请而作,相关说法自然也是出自袁珙。袁珙应该是为了最大程度凸显相关记载的真实性,并回应人们对其家族文献中区别书写做法的怀疑和指责,才虚构了这一说法。

真实也好,编造也罢,不管怎么讲,一个家族总不能有两套不同的祖先名讳及世系,这势必引起人们对材料真实性的怀疑,进而影响袁镛忠义形象的历史建构。事实上,袁珙及其子孙也认识到这一问题,结果在明初的材料中,我们发现在袁珙之子袁忠彻的努力下,袁景安和袁镛的身份已经合二为一。姚广孝《太常寺寺丞赠太常寺少卿柳庄袁珙墓志铭》:

> 永乐八年,岁在庚寅十二月五日,承直郎太常寺丞柳庄袁先生卒于家。讣至京,明年辛卯正月二十二日。其子中书舍人忠彻奏闻,上为之哀悼,赐钞六百锭营葬事,遣中贵官祭于其家。二十四日忠彻传奉敕旨,命臣广孝撰先生墓志。臣谨奉命按赐进士出身吏部员外郎臣陈宗问行状:先生讳珙,字廷玉,姓袁氏。系出南昌,世多闻人。宋南渡有讳子诚者,知临安府兼大宗正司丞,扈跸至鄞,遂家焉。其孙镛以进士死忠于德祐间。曾祖讳景安,登进士第,祖讳衍,隐德弗耀。考士元文林郎翰林国史检阅官,博学能文,器量恢廓,性明果义,有所不可则奋力正之,故乡间以忠直称。初衍无子,以弟泽民承后,泽民仲子士元谓:"弟无继兄之义。"白于有司奉泽民归宗而已衍子,俾得伦序不紊。自号菊村先生,实德祐忠臣之嫡孙也,生子四人:曰珙,曰珪,曰瑛,曰璟。珙即

---

① 单就时间而言,王应麟《悼袁进士镛》应是最早记载袁镛殉国事迹的文献。但如前述,此诗在元代从未被人提及,修辞及语气也不合常理,极有可能是伪作。

先生也。①

文中镛、景安并见,景安为袁珙之曾祖,而袁珙之父袁士元为德祐忠臣袁镛之嫡孙,则镛、景安为同一人。②

以上我们梳理了袁镛忠义故事在元代的书写与流传,兼及袁氏宗族世系情况,从中我们不难看出,袁镛忠义抗元的故事要么系子虚乌有,要么影响有限,时人关注不多,截至袁桷编修《延祐四明志》时,诸文献中只有王应麟《悼袁进士镛》诗涉及此事。因为该诗情感及修辞不合常情,且元人文献均未提及,极有可能系后人的伪托之作。即便确系真作,仅凭一首诗歌也不足以支撑起一篇人物传记的写作,故《延祐四明志》不为袁镛立传,真正原因很可能是材料不足,未必出于袁桷主观故意。又,虽然元末袁氏家族文献中出现了相关记载,然只是提及,没有细节描写,并且在先祖名讳及世系上存在较为明显的编造痕迹,种种迹象显示出袁镛殉国的忠义故事是其后人塑造出的"传奇",只不过元代还处于"传奇"塑造的初始阶段。

## 三

袁镛的形象建构和历史书写主要开始于明代。洪武九年(1376),蒋景高应袁镛四世孙袁珙之请,为袁士元、杨氏合葬墓撰写墓志的同时,也为袁镛撰写了一篇传记,这也是袁镛的第一篇传记。《袁进士传》:

> 袁镛,字天与,治《春秋》,有文武才,尚气节,咸淳辛未进士。丁父忧,未即仕。时事日蹙,宗室赵孟传由华文阁直学士兼沿海制置使镇抚四明,将作少监奉御谢昌元亦寓明,故与镛友善。镛因倡言曰:"公等食君之缘(禄),为国重臣,镛亦忝进士,为臣死忠,此其日也。"三人者,誓以死殉国。
> 德祐丙子,元兵至鄞,遣游骑十八人候于邑之西山资教寺。二人谓镛曰:"尔先往,晓以顺逆,我二人将兵至也。"镛往。遇骑问行在存亡,为之开陈大义,具言四方勤王师且大集。北兵疑信未决。明日,赵、谢以兵献于慈溪之车厩。镛失援,被困,挺身与战,自辰至酉,力不支被擒。元将爱其才,胁令降,谓降且富贵,不即烧爇汝。镛骂曰:"死则死耳,不从汝也。"元将怒,取晒箕穴其中,加镛颈旁,纵火燎之,须发且尽。镛词气益厉,骂益振,遂遇害。赵、谢并以城降,是年三月十七日也。属清明墓祭,镛家人上冢,次鳖山,闻镛死,三子、二妇、三孙、二妾,伯祖妣胡与其子、妻三人,并姑之子,曾祖之侧室,若婢凡十七人赴水死。惟仲子泽民甫十岁,仆沈拯之,藏黄猛洞,裹青糍食之,比五日兵退,始克还守闾。妾利其箧笥,复投诸大水瓮中,仆朱脚援出,得免。袁氏卒以不

---

① (明)姚广孝:《太常寺寺丞赠太常寺少卿柳庄袁珙墓志铭》,见(明)焦竑:《国朝献征录》卷70,续修四库全书第528册,第782—783页。

② 这段材料在袁子诚与袁镛的关系上仍存在错误,袁镛为袁子诚的玄孙,非孙。

坠。后昌元入元为礼部尚书,孟传为浙东宣慰使。深宁王先生语及镛事,未尝不太息流涕也。大德间,袁清容求其家世,不与衔之。比修延祐郡志,没其事不书。明洪武丙辰,四世孙洪(珙)慨前烈之无闻,求余传。

丹台外史论曰:"矢路不可以羽回,轮运不可以蓬止,人孰不知之?彼陆秀夫辈,身膺国难,溺其妻子而不辞;文履善艰难万状,犹欲有为,岂当车而奋螳螂之臂哉!诚以忠义之心始终不渝耳。且袁镛誓义之时,孟传之初心未变也,乃其迫于利害,负乎故人,泚忍惭愧,非借口于知几乎?故君子一言难于不渝其志。若镛,可谓至死不渝。"①

《袁进士传》的材料出处不明,由于元代除王应麟悼袁镛诗外,其余提及此事的文献皆出于袁氏家族文献,且该文仍是应袁珙而作,其基本材料亦当出自袁氏家族文献。至此,袁镛及其家人殉节的过程终于有了详尽的细节描写。但这种时代越晚记载越清晰的现象,颇有些顾颉刚所谓"层累"说的意味,不由得再次坚定了此前我们对袁镛历史书写的判断,即袁氏后人正在塑造袁镛忠义抗元的"传奇"。

为了突出袁镛的忠义形象,蒋氏在文章叙事及结构上做了一些极具匠心的安排,颇具技巧。叙事上,作者一方面用较少的笔墨点出袁镛"为臣死忠"的道义认识,为下文袁镛殉国作好铺垫;另一方面,通过大量细节描写,比如箕穴其中、火燎须发等,烘托袁镛的大义凛然,宁死不屈。这样处理,既避免了叙事时的平铺直叙,又做到详略得当,主题突出。结构上,蒋氏在文末附上了自己的大段评论,对袁镛殉国的意义作了新的阐释,认为忠义的实质不在初心,而在始终如一、至死不渝,从这一角度出发,蒋将袁镛殉国上升到与陆秀夫、文天祥殉国相同的高度。顺便说一下,只有在这样的语境下,我们才能将袁镛之死视作"天柱折断""九鼎倾覆"。事实上,也正是从此文开始,王应麟曾有文字悼念袁镛的记载才见诸文献。鉴于《袁进士传》的材料出自袁氏家族文献,笔者猜测,王应麟悼袁镛诗很可能出自元明之际袁氏后人伪造。

笔者注意到,《袁进士传》有相当篇幅谈及泽民的早期经历。笔者以为,泽民作为袁镛就义后幸免于难的唯一后嗣,其个人于袁氏宗族的延续至关重要,不得不提。但在袁镛的传记中,需要对泽民的早年经历作如此详细的介绍吗?蒋氏加入这段内容,其落脚点不在泽民本身,表达的也不是对泽民"悲惨"经历的同情,而是通过泽民的早期经历,渲染袁镛的德行感动天地,终能庇佑后人,逢凶化吉,从而传递出一种"天祐忠义"的情感。林环《跋袁镛传后》:"镛不能使谢赵二友不背同生死之盟,而卒能使沈朱二仆保遗孤于既死之后,而脱之于利害危急之中,岂谢赵卖友之徒不可化,而镛之忠诚气义,其余烈犹足以感动其仆欤?不然,天欲存镛之后于冥冥之中,或有阴诱其衷欤?死二百余年,其裔方大振。今其四世孙廷玉及其子忠彻皆跻华要,则天意盖可识矣!抑不知彼谢赵者两家子弟尚有廷玉君父子否乎?读是传为之三叹!"②"呜呼!镛之死烈矣,郡志既抑而不载,作史者又失之,此不足计也。君子之道仰不愧于天,则必祐之。初袁氏之溺,仅存弱孙一人,而今益大以蓄有若

---

① 乾隆《象山志》卷11《艺文》,转引自民国《象山县志》第1541—1542页。
② (明)林环:《跋袁镛传后》,载(清)顾有孝:《明文英华》卷3,四库禁毁书丛刊集部第34册,北京:北京出版社,1997年,第181页。

太常尚宝之贤而显者,赵谢之后微矣。天定胜人,岂可诬也哉!"①

要说明的是,这段文字中,作者有意隐瞒了泽民以弟继兄的事实,相形之下,元代文献对这一事实常常是"直录实书"。表面上看,这样做似乎是为了替先人避讳,毕竟以弟继兄有违伦常,不合礼法。不过结合前引诸文看,这样处理的目的极可能是为了回避袁镛死难家人身份说明中存在的逻辑上的矛盾和冲突。上文述及,袁镛就义后,其家人十七人赴水溺死,②其中有袁镛的三子、二妇、三孙。按:泽民既为仲子,且为十岁(其他文献多记为六岁),则三孙定为袁镛长子所出,这样一来,泽民所继当为旁宗兄弟。但若入继旁宗,袁镛家人上坟时泽民何以在列?既出继他人,行文时怎能称其为子?

除蒋景高外,明初为袁镛作传者尚有天台人林右、南平人赵弼。林右的传记今已不存,据相关文献记载,其写作时间同时或稍晚于蒋景高,也是应袁珙之请而作③,内容大致同于蒋传,想必材料也出自袁珙提供的家族文献。明宣宗宣德时,儒学教谕赵弼出于教化民众的目的,以历史上的忠节道义孝友事迹为基础,创作传奇小说,并汇编为《效颦集》,《宋进士袁镛忠义传》即其一。此传的材料来源除蒋、林二传外,尚参考有进士公传、诔、柳庄先生类编诗集,内容大体同于蒋传,惟增入神鬼异象,小说意味更浓。④

蒋、林二传完成后,为了获得更大的影响,袁珙、袁忠彻父子利用自己的政治地位和人脉关系,将私撰的袁镛传记遍示朝中诸士,并请求大家为之撰写题记、书后。据笔者所见,先后撰写题记、书后的有徐一夔、杨士奇、杨荣、梁潜、林环、胡广等。⑤ 后来,他们又购得了一些遗文,"太常尚宝业表章先德,补国史郡志之阙,而文学仲鳞又购得华亭遗墨于剥蚀之余",大约在正统年间,袁忠彻将这些文字汇为一编,"合为琬琰"⑥,题曰《忠义录》,并约请名臣王直、郑珞、钱士升、夏原吉等作序⑦,锓梓以行。

要说明的是,这些序跋,连同明初士人为袁镛传记所作题记、书后,都对袁镛殉国的意义作了重新阐释。本来,宋季类似袁镛这样的忠义事例,举不胜举,本不值得大书特书。因其影响有限,时人甚至都没有记载下来。但通过这些人的重新阐释,袁镛从一个未有一命之寄的小角色变成了千古一出的道德楷模。"士君子于死生之际,忠义所激,非必有民社之

---

① 乾隆《象山志》卷21《袁珙忠义录》下引王直序。
② 关于投水而死的袁镛家人身份,还有另一种说法:袁家投水的人中,有袁镛的原配妻子包氏、一位妾室(也就是小润祖的母亲),两个儿子、三个孙子、两个孙女,还有袁镛堂兄的儿子袁衡的妻子胡氏、袁衡的儿子以及儿媳妇两人,还有袁衡的两个孙子,袁镛的胞妹及其两个儿子、一个婢女。惜未提供材料出处。见徐海蛟、许暖阳:《袁氏家族》,宁波:宁波出版社,2012年,第219页。
③ (清)袁钧:《瞻衮堂文集》卷3《宁波鄞县西袁氏家乘目录叙》。
④ 此文记载袁镛殉国时有神异之事出现:"敌人大怒,积薪焚之。公辞气愈厉,骂不绝。既而烟焰大作,公恨怒之声,有如震雷。敌人大惊讶,皆向火再拜曰:'进士公忠臣也,吾辈愚懵无知,悞公命矣。'亦有举酒祠酹者。"
⑤ 分见(明)徐一夔著,徐永恩校:《始丰稿校注》卷14《跋袁镛传后》,杭州:浙江古籍出版社,2008年,第374—375页;(明)杨士奇:《东里集》续集卷23《题袁进士镛后》第682页;(明)杨荣:《文敏集》卷15《题袁进士镛后》,文渊阁四库全书第1240册,第239页;(明)梁潜:《泊庵集》卷16《书袁镛死节传》第422页;(明)林环:《跋袁镛传后》,载(清)顾有孝:《明文英华》卷3,第181页;(明)胡广《胡文穆公文集》卷18《书袁镛传后》,四库存目丛书集部第29册,第138—139页。
⑥ (明)钱士升:《赐余堂集》卷2《忠义录小序》,四库禁毁书丛刊集部第10册,第445页。
⑦ 《忠义录》今已不存,其卷次编排不详,相关序跋,据笔者所见有4篇,分见乾隆《鄞县志》卷21,《天一阁书目》卷2之一《忠义录》,《赐余堂集》卷2,《夏忠靖集》卷5。又,夏序名为《题宋进士袁天与忠节传后》,从内容看,"《宋进士袁天与忠节传》"实为《忠义录》。

寄,唯其理之当而已。……宋之士有曰袁镛天与者……当宋之亡,死节之臣率多光明伟杰,而天与有足异者,非食焉不避其难者之比也。至举家十七人者,闻之亦皆赴水死,惟恐辱其身以负于镛,则尤为难焉。"①"镛虽登进士第,亦未尝一日食宋之禄,固亦宋之士耳,而欲以一身存已亡之宋,及事不济,则皆继以死,亦可念哉!夫为臣死忠无庸言者,为士亦如之则诚罕见,千百载而上有一王蠋,固足以愧夫后世之为人臣而怀二心者矣,讵意千百载而下复有如镛者哉?"②"宋季元兵压境,镛不屈,死烈火中,其家十七人闻变俱赴水。为臣死忠者,古有之矣,未沾一命而捐躯徇国,求之古则少也。以一身死国者,古有之矣,而举家闻变赴难,求之古则尤少也,则如袁镛者其真绝无而仅有者乎!"③

对袁氏父子这种大张旗鼓的家族书写活动,也有人表达了不同声音。邵经邦《弘艺录》:"(袁镛)宋史无传,历元至大明初,曾孙太常丞琪、尚宝少卿忠彻始请于外史蒋景高、赵弼、国博林右私为立传,而传之一时,名公巨卿相与惜其芜漫,不一而足,至先辈陈敬宗以为当时执笔者或有所不足,故不欲使其事之表襮。"陈敬宗以作者能力有限、传记文字芜漫为由,公开表态,反对前述私传文字大肆流传。邵氏对陈敬宗的看法大不为然,"鸣呼!冤哉!愚故因袁公之事,以为正坐史失其职之故,非有所不足于其间也"④。

袁镛的忠义故事越传越广,意义越拔越高,影响也越来越大,成化年间,《宁波郡志》首次为袁镛立传:

> 袁镛,字天与,鄞人。有大志,邃于《春秋》,登咸淳进士第,以父忧未即仕。时国事日蹙,镛窃叹曰:"所贵乎士者,以有义焉耳。天下之势,殊未可遏。夫生为宋臣,死则宋鬼尔。吾无寸兵尺地,不能捍御以固社稷;得仗义执言,从常山睢阳于地下,不失为宋国臣则足矣。"居三月,元将遣游兵十八骑驻于鄞之西山之资教寺。镛奋然往,谕以大义,且肆言曰:"汝主无故谋起干戈,残我土宇,使我人民宛转锋刃之下,天地鬼神所不容,四方忠义之士日夜愤惋,勤王之师日至,吾恐汝北归无日也。"言未竟就擒。元将奇其才,胁令降曰:"从则且富贵,不从则烧戮汝。"镛骂曰:"我为宋臣,死即死尔,终不从汝胡也。"元将怒,纵火燎之,须发殆尽,辞气愈厉,至死不少变。死之日,家人惊悚赴水而死者十有七人。前进士王应麟尝为诗悼其忠义。诗曰……⑤

此传内容与蒋景高《袁进士传》大致相同,文字则有较大差异,应该综合参考了前述三种传记作品。不过,此传删掉了泽民早期经历以及跳水而死的十七人的身份说明。大概也是认识到了两者之间逻辑上的矛盾。

---

① (明)梁潜:《泊庵集》卷16《书袁镛死节传》,文渊阁四库全书第1237册,第422页。
② (明)徐一夔著,徐永恩校:《始丰稿校注》卷14《跋袁镛传后》第374—375页。
③ (明)林环:《跋袁镛传后》,载(清)顾有孝:《明文英华》卷3,第181页。
④ (明)邵经邦:《弘艺录》卷23《四明袁公镛忠义传后序》第473页。
⑤ (明)杨寔:《成化宁波郡志》卷8《袁镛传》,中国方志丛书,中国台北:台湾成文出版社,1983年,第692—693页。

不久,袁镛忠义事迹又被收入《厓山志》①。《厓山志》卷二《列忠传》:

> 德祐初,第进士,丁父忧,未仕。宋亡,人劝其退伏草莽,为自全计,不听,结义兵誓复州邑,奋不顾身,兵败骂贼以死。初与谢昌元、赵孟頫(传)约同死国,无何二人仕元,独天与践言,一门自尽者十七人,止遗一子。呜呼!天与时未有官守,而仗节死义,其出于天性然耶?②

《厓山志》虽名山志,实际主要记宋季忠义殉国事迹、后人的赞咏诗文以及厓山建祠立典的经过,是有明一代收录宋季忠义最全的史书。此段材料出处不详,文字较简,内容则明显有所发挥,已将袁镛塑造成团结义兵的勤王将帅,因兵败骂敌而死。再接着,袁镛又被收入《两浙名贤录》,荣升两浙乡贤名士。

明朝灭亡以后,一些明遗民通过表彰或搜集整理前代尤其是宋季忠义事迹,借以表达对新朝的政治态度,寄托怀念明朝的情愫,代表人物有万斯同、全祖望等。作为袁镛的同乡,万氏、全氏对袁镛的忠节事迹都极尽推崇,大加褒扬。万氏除将袁镛收入《宋季忠义录》外,更特别吟诗咏叹:"袁公释褐即捐生,南史争题忠义名。愧杀宗臣赵制使,背君卖友竟何成。"③全氏的相关文字已见上述,虽然他并未直接参加对袁镛的历史书写,但正是由于他的犀利批评,继明初之后,再次引发了人们对袁镛殉国一事的持久关注。

在这种特殊的时代背景下,也基于袁氏的家族情感,为重振袁氏一族的社会地位④,袁氏后人再次加入到英雄塑造的行列中。限于身份,为避免给人自吹自擂的感觉,袁氏的工作主要是材料性的,而非意义阐发。他们通过编修宗谱的方式,一方面汇编整理前代文献,另一方面也补充一些新材料。清代袁氏后人编修的宗谱主要有二部,分别为袁钧《宁波鄞县袁氏家乘》(乾隆四十六年,1781)⑤、袁元镇《鄞县西袁氏家乘》(光绪二十六年,1900),其中以袁钧所修最为出色,纠正了许多流传已久的讹误,"吾家宗谱创于元,而(值)大乱。于明之中叶,承讹袭谬者三百有余年。陶轩先生(袁钧)奋百世之下,网罗放失,以绍翰林太常之业,以备一家之征信,谱系复厘然大定,如火之明,上下无不灼然,而烟雾不可遏抑也"⑥。

鉴于前代文献在袁氏先祖世系——主要是袁镛及泽民的身份上存在许多模糊不清、甚

---

① 明弘治十六年(1503),时任广东按察司佥事的徐纮建议陈献章门人张诩:"厓山宜有志而未有志之者,盖缺典也,先生盍留意焉。"诩"因与门徒博采群载,凡事关厓山者,次第编辑,既成,名曰《厓山志》,凡十有八卷"。嘉靖二十二年(1543),许炯以"岁久讹乱,寝不可读……乃即旧志,删其繁者,正其谬者,定为十类"。万历三十五年(1607),黄淳又"乃展旧志,惜其太略,辑补缺遗,一时忠节,搜录存附",成五卷本。见陈泽弘:《略论〈厓山志〉》,《中国地方志》2015年第4期;拙著《〈厓山集〉作者考——兼论与〈厓山志〉的关系》,《中国地方志》2015年第9期。
② (明)黄淳:《厓山志》卷2,广州:广东人民出版社,1996年,第241页。
③ (清)万斯同:《鄞西竹枝词》,载张如安、杜建海:《鄞州历代诗文选》,杭州:浙江古籍出版社,2008年,第372页。
④ 据袁钧自述,明嘉靖至清乾隆二百余年间,"吾鄞之宗甚微弱"。见(清)袁钧:《瞻衮堂文集》卷9《西袁氏世系考》。
⑤ 此据(清)袁元镇《鄞县西袁氏家乘》卷首作者自序。此谱原为24卷,今已残缺,仅存3卷。不过,袁钧的诗文集《瞻衮堂文集》收录了大量的相关文字,仍可为参考。
⑥ (清)袁元镇:《鄞县西袁氏家乘》卷首作者自序,敦本堂木活字本。

至相互歧义的记载,清代袁氏后人没有花很多笔墨去突出袁镛殉国的细节,而是将书写重心放在袁镛及泽民身份的说明和辨析上。世系一旦厘清了,袁镛殉国的故事自然就变得更加真实、可信了。

在袁镛的书写史上,清代袁氏后人的贡献有三:第一,首次著录了袁镛任官文书。《锡进士签书平江节度判官袁镛敕》:

> 敕曰:三岁三比,人徒知布衣进身之涂,艺祖皇帝有言曰:设科取士,本欲得贤以共治天下。大哉王言!朕所当法也。廷策者三,乃始得汝。尔蚤以艺文首贤能之书,亲阅大对,嘉其渊源,兹特擢尔举优等,殆天留以遗朕也。尚循故事,往往外幕,以须登用。
>
> 咸淳七年八月二十一日

文末有袁丙熊按语,介绍文书的来历及装裱等情况。"右敕不载前谱,《忠义录》中亦未及签判之官,族人光熙家藏。此敕[敕]用黄书,已漫灭,隐约尚可见年月,上有全宝,旁注'让字五百三十七号'小字,有半宝,盖遗失复得。尚宝公编录时未见。"①

第二,撰写《启孤庙记》,指出建于宁波西山潘嚣口的一座破庙,非祭祀张俊的"弃孤庙",也非祭祀天仙的"启姑庙",而是乡人纪念袁镛忠义行为的"启孤庙"。"启孤庙者,宋忠臣袁公庙也。……乡之人壮其节,惜其死志不得申,而悯其孤之幼且弱也,为立庙曰'启孤'。其后讹'启'为'弃',而以神为张俊,说者谓俊之弃孤城而逃也。弃孤城者,何以祀之?且俊之不足祀,即张循王庙,志乘尚以为在当毁之列,更传会之而增立别庙,可乎?已又讹'孤'为'姑',而以神而天仙,天仙何神耶?夫大禹庙之讹为谢女黄公,林庙之讹为黄姑,林风堋庙之讹为风伯。数百年卒正其名,以公之忠节载在史册,乃因传袭之讹,考之不详,至易而祀,不知谁何之神,又可乎?"②

第三,指出润祖即泽民,泽民继兄为后乃袁镛蒙难后的事。润祖之名,据《宋史翼·袁镛传》,最早出自元代袁士元为其父亲撰写的行实中。③ 此文今已失传,内容不得而知,真伪也无从判断。由于其他文献皆言袁镛之子为泽民,则袁镛之子的名讳曾经存在泽民、润祖两种不同的叫法。袁钧《袁镛传》:"泽民,名润祖,以字行,一字野航。"指出润祖、泽民实为一人,泽民即润祖,润祖为名,泽民为字。为增强说服力,袁钧甚至指出其手曾经伤残,"镛侧室之子,褓褓时母置之卧车中,旁温以火,车覆,焚左手五指及半,镛怒出其母。"④ 又,泽民改宗一事,诸书虽有记载,但歧异之处甚多,最典型莫过于,泽民既为他子,袁镛家人上坟时何以在列?袁钧《袁士元传》:"初泽民既遭家难,降继于再从兄衍。"指出泽民继兄为后乃袁镛遇难之后的事情,而改宗的目的则是躲避赵、谢二人的迫害。"其后,赵谢耻己之

---

① 袁丙熊:《鄞县西袁氏家乘》卷5《荣褒》,敦本堂木活字本。其按语"此敕敕"句,后一"敕"应为衍文。
② (清)袁钧:《瞻衮堂文集》卷6《启孤庙记》。
③ (清)陆心源:《宋史翼》卷32《袁镛传》,北京:中华书局,1991年,第345页。此传记袁镛仲子为润祖,并附小注云:"原作泽民,据士元教授府君行实改之。"在介绍润祖生平后,又附小注云:"袁士元撰润祖行实。"
④ (清)袁钧:《瞻衮堂文集》卷7《家乘列传·袁镛传》。

卖友也,复多方谋所以灭孤者。"①

经过袁氏后人的努力,袁氏的谱系大体得以厘定,笼罩在袁镛忠义故事上的谜团也基本解开。②但笔者要指出的是,这几种说法前人皆未提及,真实性大可质疑。比如启孤庙。前文述及,袁镛忠义事迹在元代影响十分有限,除袁氏家谱文献略有提及外,余皆失载,因此启孤庙如果真实存在的话,其兴建年代不可能早于明代。但明代在袁珙、袁忠彻父子的努力下,西门袁氏的社会地位和政治影响正处于不断上升阶段,虽然明中期后,袁氏地位一度中衰,但此庙就在袁镛殉节地点西山附近,离袁氏聚居地也不远,怎么会讹为他庙?此庙应该与袁镛无关。③事实上,直到乾隆时期,该庙仍被称为天仙圣庙。④又,袁镛蒙难后,为躲避赵、谢二人的迫害,泽民继兄为后的说法也与事实不符。前引袁士元《呈许具瞻县尹》有"愚童从母命"之语,袁镛遇难后,其家人皆赴水而死,何来从母命之说?⑤则泽民出继袁衍当在袁镛蒙难前。

三则材料中,袁镛任官文书因录自实物,似乎最为真实。实际上,这篇文书也应是虚构的。从标题和内容看,该敕书应为告身文书。按唐宋之制,告身文书除告词外,尚有反映文书运行流程的签押,该敕只有告词而无相关签押,不知是实物如此,还是翻录时省略所致,若是前者,则必假无疑。又,唐宋时告词有相对固定的格式,通常是先"敕云云",后"具官某某云云",最后"可特授云云"。告身为朝廷颁赐给官员的任官凭证,也是重要的身份证明文书,必须明确姓名官称等身份信息。此敕告词部分尚属完整,但却没有颁赐对象的名讳及除授官名(差遣)的信息,只用"尔""汝"代指,殊难理解。又,此敕用印也不对。在中国传统社会,"宝"作印章讲往往特指皇帝玉玺,袁镛只是一个小小的签书节度判官,属于吏部除授之官,其告身加盖的应是"吏部告身之印",非皇帝之宝。又,宋太祖出身武人,内心对文士、儒术并不太感兴趣,他虽然讲过"宰相须用读书人",却并未说过"设科取士,本欲得贤以共治天下"这样的话。

以上我们梳理了袁镛忠义故事在明清时期的书写及流传情况。可以看出,明清时期正是袁镛忠义故事的成型期和完成期。在这一时期,袁镛殉国的细节得以披露,殉节意义被重新阐发,袁氏世系也得以厘清,一切看起来都真实无误,确有其事。但经过严谨的史料分析和历史考证,这些大多都是虚构的,经不起推敲,同样也是出自后人的塑造和建构。问题是,为什么人们会热衷于袁镛忠义故事的塑造和书写?为什么这种塑造和书写能够超越王朝断代和民族国家的界限?在英雄塑造和书写的过程中,影响的因素有哪些?除袁氏后人外,还有没有其他政治或社会力量的参与?它们之间又是如何互动的呢?

---

① (清)袁钧:《瞻衮堂文集》卷7《家乘列传·袁士元传》。
② 当然,清代袁氏后人所修宗谱中仍有一些内容前后矛盾,比如袁钧所作《袁镛传》载袁镛丁母忧未即仕;《泽民传》载泽民六岁时举家避兵资教寺旁祖庵,非上坟后舟次鳖山。见(清)袁钧:《瞻衮堂文集》卷7《家乘列传》。
③ 宁波地区祭祀袁镛的庙祠,相对可信的只有宋忠臣袁公祠。但此祠起初只是家祠,用作统宗之祠,明天启后才转为公祠,专祠袁镛。
④ 乾隆《鄞县志》卷7《启孤庙》。
⑤ 袁镛全家蒙难后,家中尚有一侍妾,泽民被救回后,此妾为图家产,溺泽民于水缸中,被发觉后逃之夭夭。见(清)袁钧:《瞻衮堂文集》卷7《家乘列传·袁泽民传》。

## 四

论者或以为,袁镛忠义故事的形塑和书写之所以引起关注,并超越王朝断代和民族国家的限制,首先自然是因为忠义作为中国传统政治伦理的重要范畴,强调臣民对国家君主的道义责任,与王朝国祚延续息息相关,一直以来都受到统治者的大力支持和重视。

要说明的是,作为中国传统政治伦理的重要概念,在不同的历史时期,不同的话语体系下,"忠义"的内涵其实有较大变化,并非是固定不变的。"忠""义"首先是作为两个独立的词汇出现的,比如《论语》里就有大量"忠""义"的内容,"忠义"合称则是东汉时的事情①。大体来讲,宋朝以前,"忠义"内涵比较模糊。作为复词,它的词义有时偏重于"忠",有时偏重于"义",而"忠"又可以有不同的解释,并非单指殉节。从指涉的社会关系看,"忠"主要指君臣关系,"义"则更多指乡里亲朋。宋朝以后,随着政治体制和意识形态的变化,"忠义"内涵逐渐明确,主要指殉节。还要指出的是,宋朝以前,"忠义"的道德约束是有前提条件的,"君使臣以礼,臣侍君以忠"②,"君择臣而使之,臣择君而事之,有道顺命,无道衡命"③。宋朝以后,"忠义"成为一种单向的道德要求。④

又,中国传统忠义观与忠义的历史书写是两个不同范畴的概念,两者虽有联系,也存在区别。前者强调宣示忠义的政治伦理意义,带有普遍主义的色彩;后者则偏重梳理忠义书写的历史过程,带有鲜明的时代性特征。这种时代性,除表现为书写本身的"历史性"外,更多指的是作为书写背景的时代差异。可以这样讲,在忠义人物的历史书写过程中,虽然不能脱离中国传统忠义观的大背景,但起决定作用的其实并不是忠义观。也即,忠义观与忠义的历史书写并非简单的指导原则和内容形式的关系,忠义观下未必就有忠义的历史书写,或者不同时期的忠义历史书写内容和形式并不相同。

忠义历史书写的这个特点与"忠义"群体的时代属性有关。上文述及,在不同历史时期,"忠义"内涵各不相同,但在整个中国传统社会,殉节都是"忠义"的重要内涵之一。在"殉节"这一特定主题下,"忠义""忠臣"往往出现在王朝嬗代之际,所谓"国家昏乱,有忠臣"⑤"板荡识忠臣"⑥是也。唐时,魏徵在谈到良臣与忠臣的区别时也说:"良臣,身符美名,君都显号,子孙传承,流祚无疆;忠臣,己婴祸诛,君陷错恶,丧国夷家,只取空名。此其异也。"⑦如此一来,忠义的历史书写就牵涉到新旧王朝的正统性、合法性建构。

---

① 王充《论衡·齐世》篇中首次出现了"忠""义"连缀现象:"语称上世之人重义轻身,遭忠义之事,得己所当赴死之分明也,则必赴汤趋锋,死不顾恨。"
② 《论语·八佾篇第三》。
③ (汉)司马迁:《史记》卷67《仲尼弟子列传》"索隐"引《大戴礼记》,北京:中华书局,1972年,第2186页。
④ 参见魏良弢:《忠节的历史考察:先秦时期》《忠节的历史考察:秦汉至五代时期》,《南京大学学报》1994年第1期、1995年第2期;宁可、蒋福亚:《中国历史上的皇权和忠君观念》,《历史研究》1994年第2期;王子今:《"忠"观念研究》,吉林教育出版社,1999年;秦翠红:《中国古代"忠义"内涵及其演变探析》,《孔子研究》2010年第5期。
⑤ 《老子》第18章。
⑥ (后晋)刘昫:《旧唐书》卷63《萧瑀传》:"疾风知劲草,版荡识诚臣。"《佩文韵府》引作"板荡识忠臣"。
⑦ (宋)欧阳修:《新唐书》卷97《魏徵传》,北京:中华书局,1975年,第3868—3869页。

在中国传统社会,王朝虽然不断更替,但新旧王朝的政治理念和思想基础却往往并无二致,这就使得新朝对前朝的历史书写绝不仅仅体现在所谓的"天命靡常"上,有时它们也会有共同的政治和道德诉求,但是在王朝更替的背景下,对前朝历史的弘扬和提倡难免会对新朝的"正统性"造成影响。比如忠义人问题。从现实政治看,忠义人是前朝的英雄,是新朝的"敌人",需要斥责;但从伦理规范看,忠义精神又是中国传统社会一贯的道德追求,必须弘扬。由于"正统"一词除具有"合法性"释义外,还带有谱系的意味,因此即便是那些并非前后更替的王朝,也不得不考虑忠义历史书写的两难之处。

事实上,在相当长时间里,忠义都是作为"叛逆"而载入历代"正史"。对此,唐代大史学家刘知几曾经感叹道:"霜雪交下,始见贞松之操;国家丧乱,方验忠臣之节。若汉末之董承、耿纪,晋初之诸葛、毋丘,齐兴而有刘秉、袁粲,周灭而有王谦、尉迥,斯皆破家殉国,视死犹生,而历代诸史皆书之曰逆,将何以激扬名教,以劝事君者乎?"[①]贞观年间,唐修《晋书》,始置《忠传》,[②]忠义的政治价值和伦理意义才得到普遍认可。此后,历代正史皆设置有《忠义传》或相关类传,如《死事传》《死节传》等。

虽然如此,在不同的语境下,忠义的历史书写却并不雷同。这种不同,既源于时代差异,也与书写者的身份,以及历史书写的载体——文本在主题及类型等方面的不同有关。先说时代差异。由于忠义的历史书写本身即王朝意识形态建设的重要内容之一,这种差异也突出表现为不同王朝在合法性、正统性建构上的差异。以宋季忠义的历史书写为例。元朝以武而立,以游牧而定中原,故"讳言宋事"。虽然有元一代,上至皇帝、下至朝臣并未颁布限制宋季忠义历史书写的制度或法令,但元朝前中期大量宋季忠义失于记载却是事实。据统计,现存十二种元代方志中,只有《至顺镇江志》《至正金陵新志》设置有《节义传》,记录有宋季忠义事迹,但也只有区区3人。[③]而刘埙《咏史十忠诗》、刘麟瑞《昭忠逸咏》(《昭忠录》)、赵景良《忠义集》等著作全部出自民间,"私相传授",流传不广,影响有限。元末重修三史,顺帝下诏不须回避前朝忠义,情况有了一些改变,故《宋史·忠义传》所载278人中,有差不多一半来自宋季。但正如前所述,能够被记录下来的仍是少数,"十才二三",更多的忠义人物及事迹都湮没在历史的长河中了。

要指出的是,元修《宋史》时,宋季忠义人物的失载并非单纯是出于史料原因,有时也是出于意识形态考虑的"选择性失载"。对此,甚至元代史臣也多有感叹。虞集《忠史序》:"《忠史》者,番易杨玄所著也。玄之大父,死于宋咸淳末,玄伤其事不著于世,故为是书,列夏商以来至宋而止,得以忠可书者八百余人。泰定初元,以其书来京师,国史与学省皆是之。上送于朝,有司不以闻,凡三年,不遇而归。"[④]危素《跋宋理宗诗》:"素承诏修《宋史》,欲为公(何梦然)立传,而有司不上其状,史之阙文如此。"[⑤]又,危素《故宋秘书监毛公墓

---

① (唐)刘知几著,(清)浦起龙释:《史通通释》卷7《曲笔》,上海:上海古籍出版社,1978年,第198页。
② 《隋书》有《诚节传》,隋唐由于避隋文帝之父杨忠的名讳,将"忠"改作"诚",故此《诚节传》实为《忠节传》。又,唐修《北史》《魏书》有《节义传》,所收亦为忠君报国之人。
③ 《至顺镇江志》卷19《节义》为"负帝沉海"的陆秀夫立传;《至正金陵志》卷13《人物志二·节义》则记载了抗元忠义之士牛富和赵淮。
④ (元)虞集:《道园学古录》卷5,四部丛刊初编本。
⑤ (元)危素:《危太朴文续集》卷9,元人文集珍本丛刊第7册,台北:新文丰出版公司,1985年,第590页。

表》:"奉使访厓山遗事,于故礼部郎官邓光荐家,得南恩公兄弟(毛沆、毛演)死事。"①危素明言其奉使求书之时,于邓光荐家得泸州忠义毛沆、毛演兄弟死事,并撰有《墓表》,"使得与《宋史》参观焉",但《宋史》却无一字述及。刘咸炘认为是时间来不及②,其实更大可能是被总裁官故意删落③。

即便是那些有幸被记录下来的宋季忠义人物及事迹,也不见得就是历史事实。多数情况下,这类人的历史书写总会受到一些时忌的影响,不得不有所避讳,尤其是在官方的历史书写中更是如此。笔者曾经以《宋史·陈炤传》立传始末为中心,探讨宋季常州通判陈炤的历史书写问题。笔者发现,虽然不论是从战役意义,还是从弘扬忠义精神看,元修《宋史》都不应该遗忘这段历史及宋殉节诸臣。但在至正重修三史时,余阙仍以史料问题为由拒绝了陈显曾为其先祖陈炤立传的请求。事实上,邵焕有《陈炤墓志》、虞集《陈炤小传》此前已在社会流传,而陈显曾提供的家传材料真实性也很高。余阙始终以忠义自勉,这样处理的目的,主要是想掩饰元初重臣伯颜血腥的常州屠城之举,将伯颜塑造成为元朝的道德楷模,以激励元季士人报效国家。后来,余阙虽然勉强为陈炤立传,也参考了《陈炤墓志》《陈炤小传》的内容,却将文字大幅精简,删减了大部宋人殉节和全部元人屠城的细节描写。④

明朝建立以后,以继宋正统自居,对于宋代史事极为关注。明人撰述的宋史著述流存于世者有 62 种,有目无书者 61 种,共计 123 种,2000 多卷,其中 17 种兼及元代历史,单纯针对宋代历史的著作达 106 种。⑤ 在宋季忠义故事的书写与流传方面,明人更是不遗余力。以文天祥为例。顾宝林指出,宋末文天祥以其大义凛然、临死不惧的浩然正气化身为一个英雄符号、忠节典范而被历代接受传颂。入明以后,文天祥这种忠节义气和风范每每唤醒世人的历史记忆,上至政府,下至民间,以传记、书志和建祠、立碑、刻铭等诸形式传承建构,使得他的事迹影响与精神传承空间不断扩大,成为忠臣义士和文人士子的效法模范与敬仰对象。⑥ 又,成化、弘治以至嘉靖年间,明人在南宋覆亡之地——新会厓山大建祠堂庙宇,祭奠所有为国殉难的宋季忠义之士,⑦并先后三次编修《厓山志》,以表彰宋季忠义的政治意义和伦理价值,烘托明王朝的正统性、合法性。在这样的背景下,明人对宋季忠义的历史书写表现出与元朝迥异的特征。不仅大量的忠义人物及事迹被重新挖掘出来,忠义的意义也被无限放大,而且在书写的时候不再注意材料的真伪辨别,有时甚至公然编造。前述袁镛历史书写在元明两朝的不同,正是时代差异的鲜活证明。

---

① (元)危素:《危太朴文续集》卷 4《故宋秘书监毛公墓表》第 537 页。
② 刘咸炘:《推十书(丙辑 3)》,上海:上海科学技术文献出版社,2009 年,第 902 页。
③ 元修三史时,总裁官对各本底稿皆有删改。如揭傒斯,"既领史事,每与僚属言,欲求作史之法,须示作史之意。……自是毅然以笔削自任,凡政事之得失,人才之贤否,一切律以是非之公"。欧阳玄,"史官中有悻悻露才、议论不公者,公不以口舌争,俟其呈稿,援笔窜正,其论自定"。张起岩,"史官有露才自是者,每立言未当","即据理窜定"。分见(元)黄溍:《黄文献集》卷 10 下《揭傒斯神道碑》,丛书集成初编,上海:商务印书馆,1936 年,第 484 页;(元)危素:《危太朴文续集》卷 7《欧阳玄行状》第 563 页;(明)宋濂:《元史》卷 182《张起岩传》,北京:中华书局,1976 年,第 4195 页。
④ 参拙著《宋元易代与宋季忠义人的历史书写研究——以〈宋史·陈炤传〉立传始末为中心》(待刊稿)。
⑤ 吴漫:《明代宋史学研究》,北京:人民出版社,2012 年,第 2 页。
⑥ 顾宝林、欧阳侯亮:《明代对历史人物风范的记忆与建构——以文天祥为例》,《河北学刊》2014 年第 1 期。
⑦ 刘正刚:《明代祭奠宋亡的活动:以厓山祠庙建设为中心》,《历史文献与传统文化》第 18 辑。

不同王朝在合法性、正统性建构上的差异,为我们观察和认识宋季忠义的历史书写提供了一个宏观的背景框架,但在王朝不同发展阶段,其意识形态建设其实是各有侧重的,未必事事以正统性、合法性建构为旨归。上文述及,在中国传统社会,王朝虽然不断更替,但新旧王朝的政治理念和思想基础却往往并无二致,结果中国的王朝更替呈现出一种"循环往复"的图景。从社会发展形态来看,所有的王朝都要经历兴起、鼎盛、衰落三个阶段,而在每一个阶段,每个王朝面临的挑战和问题又基本类同。大致来讲,王朝前期,由于王朝刚刚建立,社会矛盾相对缓和,王朝意识形态建设重心往往在政权合法性、正统性建构上,历史书写的目的也在于此;而王朝中后期,社会矛盾通常比较尖锐,王朝的理论工作重心则往往在缓解统治危机上,历史书写的目的则渐渐调整为以史为鉴,经世致用。

宋季忠义的历史书写很好地阐释了这一时代差异。我们发现,元初,出于政权合法性考虑,故"讳言宋事";元末,由于各地农民起义风起云涌,为激励士人精忠报国,元廷一改前辙,大修《宋史·忠义传》,顺帝甚至公开下诏要求不必回避前朝忠节。明代也是如此。比如明代中期在厓山修筑祠庙祭祀宋季忠义及重修《厓山志》等活动,在弘扬明朝正统性之外,也与这一时期南方土著叛乱所引发的王朝形势严峻有关,"两广地,自景泰初年调广西官军从征,广东各山洞贼乘机窃发,高山之猺日下平地,深洞之獞时近村。天顺、成化以来,大肆猖獗"①。明人建祠及修志的目的就是要通过公开缅怀与祭奠厓山宋亡的君臣将士,以激励广大官兵忠于王朝国家,从而能有效地平定南方土著的动乱。

作为宋季忠义历史书写的宏观背景,时代差异体现的主要是不同时期官方意识形态(或者叫国家意志)的区别,但历史书写终究是由人来书写的,书写者的身份不同,他对意识形态(国家意志)和书写内容的理解和认同就不一样,投入的感情也不相同,相关书写自然会有差异。②

本文所讲的"身份",是指在社会生活中人们对于个人经历和社会地位的阐释和建构。③ 传统上,身份可分为两种类型:客观身份,如原籍、年龄、辈分、性别、职务、职业等;主观身份,即与他人的关系定位,强调身份认同,如内部人和外人、熟人与陌生人、君子与小人等。现在则更多会从血缘、族裔、法律、社会、文化等方面进行区分。限于篇幅,本文不拟就书写者身份与历史书写之间的关系作全面论述。鉴于传统史学在背景分析时较为关注作者的政治身份及其与书写对象的关系定位,我们也不妨以此两类身份为例,对书写者身份与宋季忠义历史书写的关系略作说明。

先看政治身份。所谓政治身份,指的是书写者的政治地位及归属。从政治地位看,可以有官方身份和非官方身份的区分;从政治归属看,又可以有遗民与非遗民的区别。总体

---

① 《明孝宗实录》卷139,弘治十一年(1498)七月壬戌,南京浙江道监察御史万祥奏,台湾"中央"研究院史语所校印,1962年,第2418页。
② 后现代主义认为,作者在写作时,不可能以一个纯粹的"作者"身份进行写作,而是以一个拥有多重身份的主体进行。比如,他(她)是个作家的同时还是一个政治家,那么,作家之外的这个身份必然会使得他(她)形成一种与此相关的身份意识,使得他(她)在言说时,自觉或不自觉地受到了这种身份意识的影响,形成一种与政治家身份相关的身份话语。如果作者在政治家之外,还同时有着其他几重身份,那么,作者的多重身份必然会形成多种身份话语,交织渗透在其写作中,这使得相关话语的构成大为复杂化。见石中华:《作者身份与中国古代文学活动》,华中师范大学博士论文,2012年,第48页。
③ 在现代学术语境中,"身份"是一个异常复杂的概念,本身并无统一定义,此处乃是最通俗的理解。

来看,虽然官方身份有职官类型和职位高低的区分,不同的官方身份在书写动机、策略等方面会略有差异①,但大致说来,只要具有官方身份,通常都会较多从王朝利益出发,着重考虑书写本身与意识形态建设的关系,突出国家意志的影响。② 前述陈炤的历史书写即是。

非官方身份的书写者虽然也会受到意识形态及国家意志的影响,但他们的侧重点会稍有不同。刘埙《补史十忠诗序》:"诗以厚伦美化为本,非曰谐俗寄情而已,即千篇奚益?每思张、许、二颜同时死国,名芳唐史,与天长存。近代死节数公,何愧往昔。顾《麦秀》《黍离》,无由仿柳州状逸事上太史,庶几不朽。窃以慨念,更后几年,遗老渐近,旧闻消歇,将无复知有斯人者,悲夫哀哉!死,臣子职分,古人常事尔!死矣,宁顾其传不传?乃亦不可无传者,为其系彝伦,关风教,厉后代之臣子,愧前日之不如数公也。采清议得忠义臣十人,史不书,各赋十韵,纂其实,曰《补史诗》。"又卷末跋云:"右襄围以来死忠者,不止此,然多所不知,知其详且显者,莫如此十公。故先赋此十诗,尚俟续书,以著大节。噫!十诗存即十忠不亡,十忠不亡,吾十诗亦永存矣。是未易与俗子言之,儿辈深藏之,非深于诗、精于理者,勿轻示之云。"③ 在道德教化之外,特别强调国亡史存的问题。其子刘麟瑞编写《昭忠逸咏》(《昭忠录》),也是基于同样的想法。④

遗民的价值追求相对独特。由于他们对现政权持不认可或不合作的态度,他们的历史书写更多表达的是不忘故国的家国情怀。比如南宋遗民郑思肖⑤。《心史总后叙》:"《心史》,毋乃僭乎?夫天下治,史在朝廷;天下乱,史寄匹夫。……我罹大变,心痍骨寒,力未昭于事功,笔已断其忠逆。所谓诗,所谓文,实国事、世事、家事、必事系焉。大事未定,兵革方殷。凡闻语正大事,必疾走而去,不肯终听,畏祸相及,况此书耶?则其存不存,诚非可计,纸上语可废坏,心中誓不可磨灭。若剐、若斩、若碓、若锯等事,数尝熟思冥想,至苦至痛,庸试此心,卒不以毫发萦我一定不易之天。……我断断为大宋办中兴事,即所以报我父母大德,天理一本而已矣。"⑥ 明遗民对宋季忠义的历史书写表达的仍然是故国之思。清初史学家邵廷采曾说:"明之季年,犹宋之季年也,明之遗民,非犹宋之遗民乎?曰节固一致,时有不同。"⑦ 由于宋末元初和明末清初的历史有着惊人的相似之处,出于种种"忌讳",明遗民们不便于表彰明末清初"忠义之士"。因此,他们便借助表彰南宋末年的"忠义之士"来寄托自己怀念明朝的情愫。

从书写者与书写对象的关系定位看,一般可分为后裔、亲朋、同乡等几种不同的身份类

---

① 比如史官、学官可能比其他官员更注重相关书写的政治和伦理意义。
② 从社会角色的角度看,官员属于规定性角色,其权利、义务、规范都有比较严格和明确的规定,个人不能按自己的理解或带有个人感情色彩办事。与之相对应,开放性角色则可以根据自己对所承担角色的理解和社会对角色的期望从事活动,个人选择的余地更大。
③ (元)赵景良:《忠义集》卷1,第915页。
④ (元)赵景良:《忠义集》卷2,第918页。
⑤ 郑思肖,原名不详,宋亡,改名思肖("肖"意指"赵"),字忆翁,以示不忘故国;又号所南,表示"南"为"所",不降于"北"。名其居为曰"本穴世界"(取"本"字下之"十"加进"穴"内,即为"大宋"二字),以示不忘故国。精通书画,尤擅画兰,但后期画兰,花叶萧疏而不见根土,意寓宋土地已被掠夺。汇生平诗文为《心史》,于宋之亡,极尽悲恸,因担心触犯时忌,不能传世,乃用铁函封置于苏州承天寺井中,明崇祯十一年(1638)寺僧淘井时才发现。
⑥ (宋)郑思肖著,陈福康校点:《郑思肖集》,上海:上海古籍出版社,1991年,第196页。
⑦ (清)邵廷采:《思复堂文集》卷3《明遗民所知传》第211页。

型。如果说政治身份更多体现的是政治认同、价值认同的话,那么这几种类型的身份强调的则是基于血缘、文化、地缘产生的情感联系(亲情、友情、乡情)。要说明的是,由于个体情感存在内外亲疏的区别,结果一些人想当然地认为,情感的亲疏与书写动机的强弱存在一定的对应关系,情感越亲密,书写动机就越强烈,反之亦然。于是,在后裔、朋友、同乡这几种社会身份中,后裔因其与书写对象的关系最为亲密,常常被认为是历史书写(主要是非官方历史书写)的主体,其次才是朋友、同乡。袁镛的历史书写不也证明了这一点吗?

事实上,书写动机体现的是书写者的情感投入,而前述身份揭示的却是情感基础、情感联系,两者之间并不存在所谓的"正相关"关系。情感投入固然需要相应的情感基础,但只有情感基础则未必会有情感投入。从这个意义上讲,朋友之谊、同乡之情未必就不如家族亲情,相应地,也不是所有的后裔都会致力于弘扬先祖的德行和事迹。

要说明的是,每一个人在现实社会中的身份都不是单一的,而是多元的,既可以有官方身份,也不妨同时是书写对象的亲属、朋友或同乡①;不仅如此,不同身份间还可以相互转换,所以从身份差别的角度看,历史书写的动机其实是多元、多变的。但多元、多变不等于杂乱无章,也不等于互不相干。在笔者看来,价值认同也好,情感投入也好,这些都只是表面现象。从书写者的个人角度看,历史书写的终极目的其实都是"超身份"的,始终与个人在"当下"的资源竞争和分享有关。袁氏后人如是,万斯同、全祖望如是②,其他诸人概莫能外。

当然,在追求自身利益的过程中,书写者也不能"毫无忌惮""为所欲为",所有的书写活动或多或少都要受到时代背景(主要是意识形态或国家意志)的制约和限制,即便是对现政权采取不合作态度的遗民,如宋季郑思肖,也必须对书写内容、主题等作一些技术处理,否则不仅相关著作难以传世,甚至个人性命都难以保全。

最后,要特别强调的是,时代背景也好,书写者身份也好,说到底其实都只是一种宏观的背景分析,在具体的案例中,我们仍需回到文本,回到历史书写本身。换句话讲,文本的主题、类型一定程度上将决定时代背景和书写者身份这两大要素影响的方式和程度。所以同样的时代背景下,同样的作者,"忠义"书写与"文学""循吏"等的书写不同,官方文献与民间文献的书写不同,民间文献中,家谱又与其他文献的书写不同。如此一来,前述戴良二种文本区别记载的事情也就不足为怪了。

意大利史家克罗齐曾经说道:"一切历史都是当代史。"人们对遥远过去的记忆与书写,其实不过是关注"当下"的另一种表达罢了。透过历史书写之手,历史不仅丰富了我们对过去的认识,也为我们理解现在提供了方法和钥匙。历史的价值在于此,历史的魅力也在于此!

**作者简介**:熊燕军,广东省潮州市韩山师范学院历史文化学院副教授。

---

① 在袁镛的历史书写中,许多人既是袁氏后人的朋友,也是同乡(或曾经寓居宁波),如戴良、蒋景高等皆是。
② 清初,浙江抗清斗争最为激烈,尤其是宁波地区,多"故国忠义"。万斯同、全祖望二人皆为宁波人,明代万氏以忠节名世,而全氏则参与了明末抗清斗争。因此,万氏、全氏对袁镛的书写,表面上看是出于同乡之情,实际还是与家族利益有关。

# 汉北岩疆：宁陕镇与清代秦岭治理

赵永翔

**【摘　要】** 宁陕镇是清代嘉庆年间设置于秦岭腹地的军事屏障，其前身为清初因袭明朝旧制而设置于此的五郎关巡检。清中叶乾隆年间，由于秦岭南麓移民数量剧增，清廷为应对移民管理而割五县之地设置五郎厅，后更名为宁陕厅。嘉庆以降，蔓延至秦岭南麓的白莲教起义，以及之后迭连发生的兵变与匪乱，使宁陕要隘的镇抚作用更加突出，清廷遂在宁陕厅基础上增设宁陕镇，并招抚流民，尝试军屯，进一步加强了该地的军事存在。宁陕镇的设立，一定程度上提升了清代秦岭的治理效果，促进了汉江上游地带局势的缓和。

**【关键词】** 宁陕镇；秦岭；汉江上游；治理

地处汉江北岸、秦岭南麓腹地的宁陕镇，位置上屏障长安，扼守汉中，乃清代陕南与关中交通的关键性节点。清代嘉庆年间，宁陕镇能以最初的一隅之地而跃升为辖境广阔的军事重镇，正是基于其特殊地理位置上的重大战略价值。宁陕镇作为清廷设立的军事移民型镇城，其安危事关全陕，"陕之宁不宁，汉上诸郡之安危系焉"[①]。倘以国家安全的宏大视阈来看，宁陕镇作为西南勾连西北交通线上的重要环节，"居常则以资震慑，遇变则有事剿防"[②]，在秦岭腹地的戍守作用，对于秦岭南北的长江中上游以及关陇地区安危意义重大，诚蜀道之咽喉，秦川之屏障。清代乾隆朝以来的移民大量迁入、嘉庆朝白莲教起义的波涉以及此后衍生出的兵变和匪盗等社会问题，进一步巩固和提升了它在秦岭核心区域内的镇戍价值。

宁陕镇的设置与清代秦岭防务问题紧密关联，对前者的通彻探讨可以作为一个理想的切入点，来理解清代中后期陕鄂川三省交界地带的军政与民事情状。史念海先生曾点评了宁陕镇功用与地位上的重要性，李之勤先生曾厘清了宁陕诸关隘的位置。[③] 但就目前而言，学界对清代秦岭的军事防务问题关注仍嫌偏少，系统性论著尚付阙如。本文拟通过宁陕镇

---

\* 基金项目：本文系陕西省社科基金一般项目"清代秦岭南麓的人口与山地治理研究"（2015H014）、中国博士后科学基金第61批面上项目"清代汉江上游的水环境与区域治理研究"（2017M613046）的研究成果。

① 严如煜：《严如煜集》，长沙：岳麓书社，2013年，第194页。
② 陕西清理财政局编辑：《陕西全省财政说明书·岁入部·军政费》，清宣统元年排印本，第14页。
③ 史念海先生认为："秦岭群山不仅横贯陕西中部，且近在西安之南，清朝就视之为全陕安危所系，故立这个县，并以宁陕命名，可见其重视程度。"参见史念海：《以陕西省为例探索古今县的命名的某些规律》，《中国历史地理论丛》1985年第1期，第171页。李之勤先生认为："子午关当即清代和现在的关石，也称石羊关。清初原属西安府长安县，宁陕设厅后属宁陕厅。"参见毛凤枝撰，李之勤校注：《南山谷口考校注》，西安：三秦出版社，2006年，第87页。

的设置深入探讨,见微知著,来观照清代秦岭南麓的社会整治问题,不妥之处,敬盼方家指点。

## 一、五郎关巡检:宁陕镇的前身

横贯陕西的秦岭既是中国自然地理的南北分界线,亦为长江与黄河两大水系分界线上的主体性山脉。正好处于秦岭中部脊梁位置上的宁陕镇,其基础为宁陕厅,而宁陕厅的前身则为五郎关巡检。在宁陕设厅之前,终南山在宁陕厅北四百七十里,设厅之后,辖境北扩,则"终南山悉属宁陕厅矣"①。宁陕厅恰处秦岭宏大山系的分水岭上,境内山林所出诸水,少部分北流汇入渭河,大部分南流汇入汉江,"盖南山之脊,江河之水所由分也","故岭南之水皆谓之江,岭北之水皆谓之河"②。宁陕厅因地理位置而具有的交通重要性亦为清朝官员所认可,如嘉庆年间,曾对南山细致踏勘的汉中知府严如熤,认为秦岭"在五郎、孝义者,上下均七八十里,度岭总须两日,盖即南山之正干也"③。宁陕厅所处的子午谷正是汉唐时代著名的子午道中端,地势极为险要。其中,子午道北口即子午关,两旁山势陡峭,中仅一辙之道,易守难攻,千里南山"据川陕湖之腹,而五郎形势要害,又据南山、秦岭之腹"④。

实际上,"南山"是陕西关中民间对秦岭中段西安府以南部分的俗称。正如清代人蒋湘南所云:"陕人谓汉中、兴安、孝义、宁陕各属之山曰南山,谓鄜州、延安、绥德、榆林各属之山曰北山"⑤。可见,此称是相对于渭河平原以北的浅山台塬地带而言的。在古史文献中,"南山"也常被称作终南山。"终南山为三秦屏障,毗连蜀楚,绵亘二千余里,除武关、褒斜可通大路,余皆层峦叠嶂,密荫深林,居民鲜少。"⑥宁陕厅的前身五郎关厅深处秦岭万山之中,设厅之前从未发展为具有独立行政单元性质的郡县,它一直作为历朝设立于秦岭北麓郡县的南部属境而存在。历史上,秦朝设杜县,此处为杜县南境,汉朝则属洵阳地,隋朝则属大兴县南境,唐宋以后悉属长安县南境。此处山林延绵不断,"自汉讫明,为群盗逋逃薮,天下有事,常先叛后服"⑦。元朝对秦岭实行封禁,元至正年间,"流贼为乱,终元之世不能制。明初剿除之,空其地,禁民不得入"⑧。明朝成化年间,统治者在镇压荆襄流民起义之后,相度形势,设立地跨陕、鄂、豫三省的湖广行都司,将西安府纳入其中,此地乃属郧阳府辖地,但未接收流民,仍行封禁。正德十六年(1502),为防备秦岭南麓流民的四处扩散,明廷在此处设置柴家关、五郎坝二巡检司,以资稽查弹压。顺治年间,清廷最初希望继续在此

---

① 林一铭:《道光宁陕厅志》卷1,南京:凤凰出版社,2007年,第56页。
② 龚柴:《陕西考略》,王锡祺:《小方壶宅舆地丛刊》,《西北文献丛书》第65册,兰州:兰州古籍出版社,1990年,第205页。
③ 严如熤:《严如熤集》第1083页。
④ 李启良、李厚之等编:《安康碑版钩沉》,西安:陕西人民出版社,1998年,第44页。
⑤ 蒋湘南:《七经楼文钞》卷6,清同治八年马氏家塾刻本。
⑥ 李启良、李厚之等编:《安康碑版钩沉》,西安:陕西人民出版社,1998年,第44页。
⑦ 魏源:《魏源集》,长沙:岳麓书社,2004年,第254页。
⑧ 林一铭:《道光宁陕厅志》卷1,第55页。

实行封禁,后觉其地险人稀而将原设的两巡检司俱裁汰,但这一地带战略地位的重要性毕竟是一种客观存在,不会因此而削弱,反而可能会随着时局推展重获重视。

五郎关在康熙朝一直未得清代君臣重视,各类政论文献亦鲜见提及。迨至雍正七年(1729)三月,川陕总督岳钟琪上疏云:"秦省自南山往蜀路径,有长安县之子午谷,周至县之黑水谷,眉县之斜谷。三谷之中,斜谷、黑水谷俱极险僻,毋庸开凿,惟子午谷,汉唐之时,为粮运大道,后渐荒废。若将此路修凿坦夷,由西安径抵汉江,计程才五百余里,最为便捷,但宜设兵防范,以便行人。请于子午谷内,秦岭南之五郎关,设守备一员,千总二员,驻兵二百五十名。秦岭北之关神里,亦属隘口,请就五郎关所设营内,拨千总一员,兵五十名,分驻其地"①,得到朝廷允准。岳钟琪的奏疏显示,彼时子午谷总计人口二百九十七户,其中"以樵采买卖为主者十之一,在山间耕种为业者十之九"②。这说明康熙以降,南山以往的宁谧状态已被打破,山区人口问题初露端倪,清世宗正是出于防微杜渐的考虑而允准了奏折。

如果说岳钟琪彼时所奏只是南山情状变化前奏的话,那么五郎关真正上升为清政府在秦岭腹地戍守布局的战略核心,则出现在清中后期移民大量涌入之后。清朝建立之后,至"康乾盛世",生齿日繁,南方诸省人口增长与土地供给之间的矛盾愈加突显。从康熙年间起,清政府就极力推动南方诸省人多地少的"狭乡"人口,前往人少地多的"宽乡",汉江以北秦岭以南的广袤山区,成为彼时安置招徕人口的重要基地。至乾隆年间,随着人口数量的快速增长,南方人多地少的社会问题愈加尖锐,以往零星而至的无地穷民,开始自发至汉江上游山区垦种,"始则茅屋依山,继且街衢布岭"③。西安府以南之终南山,周围数千余里崇山峻岭俱系鸟道羊肠,先时不过是土著居民樵采之处,自乾隆三十七年(1772)之后,"四川、湖广等省之人,陆续前来,开垦荒田,久而益众,处处俱成村落"④。五郎关一带民居零散,或三四家,或五六家至二三十家,不相连续,多系川楚各省辐辏来附之众。移民在浅山丘陵地带占垦完毕后,开始深入秦岭腹地垦种,从五郎关往西经佛坪至留坝的八百余里空阔山林,成为流民新的乐土,"秦中大吏因聚积日多,不可无官弹压"⑤,清政府遂于乾隆四十九年(1784),准奏五郎地方设立通判、巡检,拨紫阳营千总一员驻扎。

与五郎关休戚与共的兴安州同处秦岭南麓,其所属平利、洵阳、白河、紫阳、石泉、汉阴六县,以往俱系荒山僻壤之邑。自乾隆中期后,因川楚间有歉收,彼地穷民来此就食,"旋即栖谷依岩,开垦度日,而河南、江西、安徽等处,贫民亦多携家带室来此,认地开荒,络绎不绝,是以近年户口骤增至数十余万"。彼时南方诸省民人来山开种者甚多,不少游手无籍之徒以及川楚啯噜、棍徒亦窜入其中,扰害村氓,秦岭南北均产生了移民管理以及匪盗防治方面的问题,但旧设州县辖境过于广阔,官府鞭长莫及,对此难以稽防。要想有效地解决这一由时代变迁而带来的治理难题,就需要地方官具有因时因地、体察变通的行政素养。乾隆四十七年(1782),陕西巡抚毕沅就此情形上奏朝廷,指出秦岭中部五郎关一带距最近的县

---

① 《清世宗实录》卷79,雍正七年(1729)三月庚午条,北京:中华书局,1986年。
② 中国第一历史档案馆编:《雍正朝汉文朱批奏折汇编》14册,南京:江苏古籍出版社,1991年,第687页。
③ 李启良、李厚之等编:《安康碑版钩沉》,西安:陕西人民出版社,1998年,第44页。
④ 林一铭:《道光宁陕厅志》序言,第49页。
⑤ 李启良、李厚之等编:《安康碑版钩沉》第44页。

治有百数十里,其间山径分歧,开荒耕种于此的川楚客民良莠不齐,稽察难周,应择山谷、隘口等扼要之地添设丞卒,以便就近抚治弹压,如此,则秦岭南北的汉中府和西安府"声势联络,一切防奸、缉匪、稽查,易周实"①,可收一劳永逸之效。这实际上也是秦岭腹地因为流民大量涌入,而带来的行政单元重新规划问题。

从宁陕厅具有的地缘意义上讲,新设的宁陕营滨临汉水,背负终南,不仅为陕西南北安危之关键,亦且为长江荆襄防御之门户,形势之险要不言自明。与作为军事据点的宁陕营相对应的,是作为民政管理单位的宁陕厅的设置。毕沅上疏次年,清廷考虑到移民聚集日多,不可无官弹压,遂肯定了其对秦岭中部腹里地带的政区调整设想,"是以东分镇安之地,西分洋县之地,南分石泉之地,北分长安、周至之地,拨入宁陕,安设通判以便易于稽查"②。具体来说,将北长安山境五十里,西北周至县山境一百五十里,南石泉山境五十里,东南镇安县山境一百一十里,西南洋县山境四十里,五县所拨之地设立五郎厅。随之,又命泾阳县水利通判移驻于此,全权负责该地方军政管理。辖境扩展后的宁陕厅,东西缩南北长,其参将驻扎老关口营城以捍卫褒斜南路,其都司驻扎江口营城以捍卫镇安、孝义并子午谷北路,成为自雍正朝以来清廷秦岭腹地治理策略上的重大调整。

虽然清政府早在雍正朝就关注到五郎关的军事价值,但彼时对其考量更多的是出于保障湖广米石北运陕甘通道的畅通。清前期由于经略西北之需,要将大批物资由荆州溯汉江至襄阳,又由襄阳入丹江,再经河南所属之荆子关水运至陕西商州之龙驹寨,在龙驹寨卸船,改用骡马驮运,翻越秦岭至关中,以接济物资较匮乏的陕甘,所以清政府试图以秦岭腹地的五郎关作为南粮北运通道上重要节点,而加强其军事保障功能。但事实上,这条水陆联运的物资通道,因过于艰远而绝少使用,故在乾隆朝之前,五郎关及秦岭腹地整体较为宁谧。乾隆四十八年(1783),由于移民治理问题日益凸显,清朝始建署设官,军事镇戍力量也已延伸至此,但各类设施均属草创。

宁陕厅设立后,东西延四百四十里,南北袤五百四十里,其所在谷地即古史所云之子午谷。此处关隘重重,却又能四通八达。从子午谷往北五百余里,崇山复崖,为兴安、汉中两郡赴西安之孔道。嘉庆年间,汉中知府严如熤评价了当时由陕南穿越秦岭而入西安的五条常用通道,自西向东依次为陈仓道、褒斜道、傥骆道、子午道、蓝武道,他认为诸道之中唯子午道最理想。子午道开通于新莽时期,后为汉唐国家驿道,基本上在西安正南。走此道可通过石泉县之迎风坝,西乡县之子午镇,经宁陕东江营口、夹岭汛而至子午谷,由此再北行至孝义厅而入西安,距离相对较短,且不甚险峻,交通状况总体上最为理想,其余四路则存在着或险阻难行,或绕行耗时费力等缺点。正因为如此,处于子午道中段的宁陕厅安危关系重大,它实际上已不是孤立的军政单元,而是与诸多关隘勾连交通的秦岭军事网络的关键节点。从宁陕厅彼时所具备的条件来看,其既具五县之土分割而成的广袤辖境,又有大量来此垦种定居的移民,且存在经朝廷同意特设具有独立事权的通判莅驻,应该说从乾隆四十九年(1784)起,五郎关已由昔日普通营汛,一转而成具有实土厅要素的行政单元。

---

① 严如熤:《严如熤集》第1152页。
② 李启良、李厚之等编:《安康碑版钩沉》第50页。

## 二、扼守要隘：宁陕镇城的确立

宁陕厅经历乾隆朝初步建设，至嘉庆初，"石田日辟，山民妇子恬嬉，颇称乐土"①，与乾隆初"数百里古木，丛篁茂密蒙蔽，狐狸所居，豺狼所嗥人烟零星，荒凉特甚"②的旧景形成了鲜明对比。迨至嘉庆初，由于更多移民的涌入，以及豫楚白莲教迅速蔓延至清政府统治薄弱的汉江上游及秦岭南麓，并有翻越秦岭而取关中的趋势。清政府因此加紧了秦岭的军事体系构建，五郎关因时局巨变而更加重要。嘉庆初，江西永新人左观澜权五郎厅通判后，"即牒大府，捐廉雇役，筑土城，躬自督之，半月工竣"③。修城甫结束，白莲教大军至城下，城内官民在重重围困之下，凭城固守，最终等到援军解围。清军将领德楞泰、明亮至宁陕城，询状惊叹，遂遣守备率兵驻城中，听观澜节制，城守因此益坚固。

嘉庆三年（1798）正月，白莲教高均德部率部万余，围攻汉中府所属的城固、洋县，被清军击败，其溃散部众遁入五郎关，试图经此逃往镇安。由于清军在五郎关这一关键堵防点上设置的兵力不足，被高均德部突破，从而造成白莲教起义军以向北、向东进发的趋势，在秦岭腹地的万山之间扩散开来，使得清军对南山的弹压变得更加困难。时刻关注南山局势的清仁宗面对义军依恃老林、任意出没的情形寝食俱废，他认为"陕省南山老林，最为深阻，但亦必有出入路径。堵贼之法，不外杜其窜入窜出二端，如果能扼住要隘，设法堵御，或将道路挖断，或择要派令团勇严防，贼匪乌能出入自如！总应使贼匪既入不得复出，既出不得复入，庶可以收搏击之效"④。尽管清仁宗对南山战场的复杂事态看得过于简单，但从战局的分析中可以看出，他显然提高了对秦岭关隘的重视程度。

实际上，清朝治理秦岭腹地之难也与其旧有的行政规划无法适应山内的新形势有关。秦岭跨越西安、凤翔、兴安、汉中、商州四府一州，南北八百余里，东西一千七百余里。在此辽阔山内，道里绵长，路径丛杂，虽分管山面者计有三十余厅州县，而在山内真正设治者，只有商州及孝义、五郎二厅，且地广兵单，并无任何营汛，一旦有事，官员很难及时应对。于是，寻合适之地而设新的治理机构，就成为亟须解决的问题。嘉庆五年（1800）三月，陕甘总督长麟奏请于五郎关地方，添设总兵员，安置墩汛，以资弹压，并以原有名称不合适，题请清仁宗肇锡嘉名。清仁宗谕旨云："陕西五郎地方，层峦复嶂，道路纷歧，奸民易于藏匿，自当专设总兵大员，永资镇守，以为西安省城屏障。著照所请，设立总兵一员，赐名宁陕镇，在五郎厅驻扎。"⑤当年八月，经陕抚台布奏请，又添设宁陕城守营。这样，五郎厅经乾隆年间析五县之地扩充辖境后，改称宁陕厅，原抚民官由通判改为同知，所领土地、人口大幅增加。同时，增设宁陕镇总兵一员，设有两个营汛，地理位置上万山丛杂，最为扼要，军事职权上节

---

① 李启良、李厚之等编：《安康碑版钩沉》第45页。
② 蓝培原修，郭鹏校：《续修南郑县志校注》，北京：中国人民公安大学出版社，1993年，第573页。
③ 赵尔巽：《清史稿》卷489，列传276，北京：中华书局，1977年。
④ 《清仁宗实录》卷63，嘉庆五年（1800）四月丙申条，北京：中华书局，1986年。
⑤ 中国社会科学院历史研究所清史室、资料室编：《清中期五省白莲教起义资料》第2册，南京：江苏人民出版社，1981年，第297页。

制子午、华阳等棋布于秦岭腹地的各处营汛,军事权重大增。嘉庆帝对宁陕镇寄予厚望,饬令陕甘总督长麟等继续招募和训练新兵,俾其早成重镇,截堵白莲教进入老林之路,以期地方永臻宁谧。

在镇压秦岭南麓的白莲教起义过程中,清政府先后调动广西、山东、湖北、四川、直隶、山西等数省兵力前往围剿,企图集中优势兵力快速扑灭起义,然各省大军劳师远征,又不谙熟山高林密的秦岭地形,在征剿小股分散、机动灵活的白莲教军方面,呈现出猛虎搏蝇的尴尬,军事推展缓慢迟滞。在此漫长过程中,不断增兵所带来的粮饷浩繁供应,使经历了乾隆朝数次大规模战争的清朝中央财政几难支持。清政府为补官军长途征发不便之弊,允准川楚陕诸省就近招募乡勇,增设营汛,以为长久之计。乡勇本是清政府在兵额征调不及的情况下,从民间征召精壮人员充当临时战斗人员。此举主要是从三方面权衡:首先,以三省交界之地,长途调动正规军队,沿途供顿浩繁,且难以在短时间内赶赴指定地点;其次,时值清朝多事之秋,各地战事迭起,兵力本已吃紧,难以从有限的额定兵员中抽调;再次,秦岭山高林密,地理环境复杂,外省官兵到营之后,既不能服习水土,又不能晓悉地利,难以很快适应,当然也不能迅捷发挥最有效的攻击力。综合上述诸种考量,官方认为南山防治之难在于"地广则虑兵单,兵多则虞粮绌"①,兵之卫民不如民之自卫,且"若以宁陕兵众一去,恐邪匪又作"②。甚至清仁宗也认为,"与其远为征调,自不如就近招募乡勇为便"③。于是,由乡勇中拣选出来的新兵被招纳入地方各镇营汛,接受调遣征伐之命,享受正规军待遇。

在付出巨大的财力与人力代价之后,至嘉庆六年(1801)二月,清政府始将流动在陕南境内的白莲教义军基本镇压下去,但仍有零星力量潜逃山林。清仁宗唯恐事端再起,严责惠龄、杨芳等领军将领以各种手段穷搜,如将兵勇分作十余路,每路百数人,由东而西,由南而北,逐山逐箐依次排搜。但受制于崎岖高峻的地形与蒙密幽邃的丛林,这些举措施展起来甚为艰难。参与征剿的诸将军、督抚等,在反思这场旷日持久的战争时,深感"教匪滋事藉南山为逋逃薮,大兵剿捕,屡年始克蒇事,于是,南山最为紧要之地,不可不设立重镇矣"④。陕甘总督额勒登保趁此良机,奏请在宁陕厅增设军事色彩鲜明的宁陕镇,以之为南山屏障,很快得到允准。宁陕镇设立之后,镇城距厅城十里,以久经战火历练的六千乡勇为新兵,挑补入各营汛,专防老林,一时情形大变,时论称其"地险兵悍,为汉北第一岩疆"⑤。

事实上,宁陕镇作为秦岭整体戍防体系的核心,其地位与作用,与同处秦岭腹地的各州县的地理环境亦密切相关。宁陕镇四周的周至县、户县、洋县、西乡、留坝等县,均地方辽阔,山谷阻深,且处处与宁陕老林相接,周围数百里崇山峻岭蓊郁蒙密,要想严密稽查防范殊属不易。就清军与白莲教的作战方式而言,前者集结大军携辎重追堵,后者却以山林为屏障,来去无踪,因此,"南山袤延千余里,万壑亿箐无际,兵鱼贯入其中,数十贼作千万贼剿,千万兵作数十兵用"⑥。率军征讨入山的明亮、永保、那彦成等人,在复杂的山地环境中

---

① 毛凤枝著,李之勤校注:《南山谷口考校注》第155页。
② 李启良、李厚之等编:《安康碑版钩沉》第50页。
③ 《清仁宗实录》卷59,嘉庆五年(1800)二月壬辰条。
④ 李启良、李厚之等编:《安康碑版钩沉》第44页。
⑤ 蓝培原修,郭鹏校:《续修南郑县志校注》第573页。
⑥ 魏源:《圣武记》,北京:中华书局,1984年,第369页。

智勇俱困,束手无策。各路清军所奏的小胜也不过是被遗弃的羸弱者,其精壮者仍以老林为逃薮,或三四十人,或百余人,分合不定,官军追急则败叶掩踪,四散而逃,约会他地,清军莫知所向。在此情形下,在南山内分段安设营汛,联络声势,"立设镇城,分安十营以堵,贼匪不得入山之路"①。在贼匪必经关隘重兵防守,就成为清政府南山通盘军事计划中的上策。清政府在子午道上最为险要的节点宁陕厅,屯重兵驻劲将,"就近搜捕,以逸待劳,以主御客,肤功得以速奏。否则环老林数千里,猾贼据为巢穴,不易完结"②。清政府在镇压白莲教起义过程中,充分认识到宁陕设厅之举殊为重要,遂在大规模军事行动结束后,加紧建置调整,将宁陕同知由长安县斗门镇移驻于此。不久,又设总兵官驻扎五郎关厅城,同时设城守营都司,在这一带要隘俱设兵守护。经此布置,秦岭广袤的腹地形成分界分兵,各防各汛,兵丁既星罗棋布,复犄角相望的严整局面,加之树林层列,路道崎岖,形成一夫当关万夫莫御,四面险阻之奇观。

嘉庆九年(1804)九月,陕甘总督那彦成会同陕西巡抚方维甸向清廷上折告功时,悉陈以往白莲教在川陕边界依恃深山大林窜若猿狙,而官军搜捕艰难的情状。十一月,那彦成就宁陕新兵借项置买地亩的情形再次上奏:"仿照屯田之例,寓兵于农,量为置买地亩以备每年添补兵粮之用。"那彦成认为,秦岭南麓及汉江上游走廊地带山大林深,最易藏奸,须于秦岭腹地设立拥有六千名新兵的宁陕镇营,同时旧有镇营增添营汛新兵二千六百余名,此可为秦岭岩疆久安之计。他在体察宁陕新兵训练时,发现新兵多系无业乡勇,性情桀骜,约束为难,既不便深恃而又不能不用,但若能保其生计,则可望训成劲旅。那彦成也注意到新设的宁陕镇地处万山之中,食物昂贵,采取与陕安相同的方法,给新兵加给米折银,短期可以优渥恩施安稳其心,但要从根本上解决问题,则需筹措饷银买置地亩,寓兵于农,填补兵粮之缺。除宁陕之外,汉南各处标营如阳平关、宁羌、略阳等处,新兵集结亦多,清廷"将与宁陕新兵,皆须一律置买地亩,俾裕生计"③,如此,共需银八万六千余两。此项款额本不甚大,然连年战争消耗已使朝廷财政捉襟见肘,清帝每因地方银款之事焦头烂额,地方大员也不能不想办法以申明为朝廷分忧解愁之心。那彦成等人以山径崎岖、用马不能得力为由,建议朝廷在嘉庆八年(1803)地丁银项下先行借支,同时在山内各营额设的两成马兵中缓买一成马匹,将节省下来的马干银两用作买地之项,交与宁陕总兵杨芳、提督杨遇春督率办理。清政府最终同意了此项提议,但又认为二杨平素带兵打仗最为勇猛,处理民事非其所长,遂将买地、纳粮、丈量、踏勘等事交与陕省臬司朱勋办理。

设置宁陕镇城本为屏障关中、拱卫西安、重振山内生气之举,然"大兵即撤,山路太觉空虚,留桀骜不驯之乡勇,与惊魂甫定之民人,杂处于崇山峻岭,无兵无官之地,实亦不能放心"④。战乱已使山内民生大不如前,加之山内情况复杂,五方之民俱系杂处,奸盗之事频发,地方官难以尽行办理。大军撤后,应召入伍的驻守新兵奸拐赌盗无所不为,日日有之,至发觉而地方官欲行办理,又恐其聚众酿成事端。这种情况令有司悲叹:"不但兵也,即匪

---

① 林一铭:《道光宁陕厅志》卷4,第95页。
② 蓝培原修,郭鹏校:《续修南郑县志校注》第573页。
③ 《清仁宗实录》卷138,嘉庆九年(1804)十二月壬戌条。
④ 《钦定剿平三省邪教方略》(清嘉庆武英殿刻本),正编卷131,庚申年正月初十日条。

类之民亦恃官兵之势,愿与勾结,以至南山一带为藏奸之薮,欲其肃清也不能。"①于是,对宁陕镇的合理调整就成为必然。

### 三、迁镇汉中:宁陕军政的重整

从整个清代秦岭南麓社会局势的走向分析,历次动荡的发起者大都不是当地土民,多为来自于南方诸省的反清势力,像嘉庆朝的白莲教起义和兵勇哗变,同治朝蔓延至此的太平天国军以及自云南经四川而入陕南的回民起义军,莫不属此。这也正如地方官所奏,"贼匪滋事,系起于川楚,窜于西南。于陕西南山,非陕省南山原有贼匪"②。嘉庆五年(1800),清廷在五郎关设置宁陕镇,并从乡勇中挑选五千人作为新兵,节制子午、华阳、黑河诸营汛,宁陕镇由此正式形成。由于新兵皆募自乡勇及山野游民,鸟枪矛杆,人各怀兵,不比平地各营素习纪律之兵。加之,此辈无父兄妻子之牵盼,骁悍桀骜,不易管教,故宁陕镇在因作为险要营汛而地位重要的同时,也因新兵管束问题,潜存威胁南山腹地安宁的风险因子。

官军在征剿陕西境内白莲教的最初几年,所征乡勇多为川豫贫民。在征剿过程中,清仁宗就已经在权衡使用乡勇的潜在利弊了。嘉庆四年(1799)六月,他谕军机大臣等人:"四川乡勇一千五百名,河南乡勇五百名,现将老病者汰去一节,此等汰去之乡勇,作何归结?若听其自便,恐去而从贼,或为贼所戕害"③。次年二月,他又对乡勇的作战能力提出质疑:"陕省各州县团练乡勇,原以保护村庄,堵御贼匪。今率将游荡无业之人,滥厕其闲,安望其能认真出力?"④清仁宗的担忧不无道理,乡勇的使用确是一柄双刃剑,从征乡勇散之恐其聚而为匪,遣之则半皆无家可归。这些来源复杂、秉性粗犷的赳赳武夫,本为贫且无以为生的客勇及游民,视入营伍为生计,既然战时可被用以冲锋陷阵,则战后也可因利益诉求不得满足,转而为威胁地方的反叛力量。如兴安新兵多系降匪,性颇犷悍,常不肯服教。加之,"新兵聚众酿成事端,不但兵也,即匪类之民亦恃官兵之势,愿与勾结,以致南山一带,尽为藏奸之薮,欲其肃清也不能"⑤。南山大局定后,清廷命人筹办善后事宜,以俾乡勇生计,免使其重新流害。安置乡勇的措施主要包括遣散返乡、改编充军以及从事盐铁等手工业劳动,也有相当数量的乡勇被编为兵,进行军事屯田,如此则"既已俗其生计,即可严加训练,以销其桀骜於前,复警其骄恣於后,于以知山民之大可用也"⑥。不少官员认为若进行军屯,则可以山中之人为兵,因山中之田得食,无事则耕佣贸易,有警则执戈守卫,可一举而解两难。但彼时三省动用乡勇累计已达十五六万,其中陕西三万余,善后已非易事。

在将三省白莲教起义镇压下去之后,清廷一方面需要强化部署于秦岭各要隘的戍守力量,以防再生其他变故;另一方面却迫于日益拮据的财政,难以承担驻防军队浩大的粮饷支

---

① 李启良、李厚之等编:《安康碑版钩沉》第50页。
② 李启良、李厚之等编:《安康碑版钩沉》第51页。
③ 《清仁宗实录》卷47,嘉庆四年(1799)六月庚辰条。
④ 《清仁宗实录》卷59,嘉庆五年(1800)二月庚寅条。
⑤ 李启良、李厚之等编:《安康碑版钩沉》第50页。
⑥ 李启良,李厚之等编:《安康碑版钩沉》第44页。

出,不得不实行裁勇减饷的政策。于是,从嘉庆八年(1803)起,陕南开始大规模散遣乡勇,酌远近各给银二三两,并以银百钱缴其刀枪。然各处乡勇对此安置十分不满,众颇汹汹,其中,总兵李应贵所领四百乡勇哄于大安驿,通判雒昂所领四百乡勇哄于汉中,副将吴廷刚的四百乡勇甚至公然胁迫道员索求高额赏银,每人至二十金始散。这种胁迫官长的做法很快引起他营乡勇效仿,杨芳麾下三千乡勇亦闻风思叛,部分乡勇赴五郎城营辕,希望得赏银如汉中之数。杨芳从容开导,议尽散遣乡勇二千四百人,并清查游民,捐赏回籍,先后散乡勇二千、游民三千,但此举不过是将悬而未决的乡勇安置问题稍稍掩盖而已。至九年冬,待各省大军陆续撤离之后,南山暂时稳定的表相很快被打破,各地不断发生匪盗劫掠杀人之事,而肇事者多系历年流落之乡勇。除了这些遣散的乡勇转而为匪外,那些被收入镇营充作新兵的乡勇同样存在着潜在的问题,后者最终引发了一系列的新兵叛乱。

事实上,清政府战后裁勇减饷的行为,损害了兵勇之中无家可归者的利益,而留下来充作新兵者的待遇又很低,故引起大多数乡勇的强烈不满,最终酿成多次兵变,而宁陕兵变是诸次兵变中发生最早,规模与影响最大的一次。由于宁陕镇地处万山之中,地险而粮乏,粮价高时甚至斗米银二两,营兵仅靠军队津贴难以为生。经略秦岭军务的额勒登保考虑到,陕省各营兵粮折色为多,若要例定折价,则山中不敷买食,故"具折陈情,暂扣马干银两买地亩,俾裕生计"①。在山区粮食生产既不易,例饷又不足以养兵的情况下,清廷同意于例饷之外月给盐米银每人五钱,三年而减一钱,作为稳定军心的权宜之计。迨至嘉庆十一年(1806)六月,值减给之期,陕省藩司朱勋在未奏报清廷允准的情况下,擅将盐米银四钱停发,主事者以包谷两千石,充抵新兵三个月军饷。包谷是不宜久贮的粗粮,本不被兵勇所喜食,而所发包谷又是低价购进的质次陈粮,发至新兵手中却要以高价充抵军饷,属于变相的巧取豪夺。此举引起新兵强烈的不满。新兵遂聚众向总兵杨之震陈诉苦情,但却遭到斥责和鞭笞,因而更加愤恨,遂斩杀杨之震,焚掠宁陕新旧二城,劫库狱以叛。哗变新兵多是镇压白莲教起义的乡勇,作为百战锋镝之余,他们战斗能力很强,又不断煽动和胁迫各汛新兵加入,叛乱很快呈现出由秦岭腹地向整个山南蔓延之势,一时川陕大震。清政府急令杨遇春率部前往应对,同时,命德楞泰作为钦差大臣驰援入陕。甫任陕西提督的杨遇春在西安闻变,即调兵四千余人火速前往。后由于新兵内部在是战是降问题上意见不统一,遂被官军分化招抚,至当年十二月兵变平息。此后不久,复有四川绥定府、陕西西乡瓦石营新兵哗变,尽管规模均不甚大,被迅速平息,却对清廷震动不小。溯其根源,清政府认为宁陕纵叛为始作俑者。

宁陕兵变给清政府带来了新的思考问题,即如何才能既保障秦岭防务力量的持续存在,又能解决宁陕镇军需物资的充足供应。事实上,自宁陕镇设立后,官方即就镇的长期驻地问题产生了分歧,一种意见认为宁陕镇守卫秦岭腹地,必须原地存在,以最大化地发挥其就地镇戍的作用;另一种意见则认为宁陕地狭人众,粮饷供输维艰,自身已难保障,应移驻汉中。随着大规模战事的结束,后者渐成主流。如成都将军德楞泰就认为:"宁陕镇始于嘉庆五年,其时邪匪被官兵驱逐,动辄窜入南山,搜寻不易;又因各路随征乡勇,散遣难尽,亟

---

① 李启良、李厚之等编:《安康碑版钩沉》第45页。

筹安插之法,于是设立此镇。统计管辖十营新兵六千八十名,惟是各营相距辽阔,究于统辖非宜,而总兵所管额兵多至六千余名,亦于营制未协①,请求裁减部分营汛的兵额。可见,宁陕镇设立的初衷确是防守南山要隘,但战事结束后在这一狭小之地设立重镇,却在军队给养方面存在很多现实困难。宁陕镇总兵杨芳也曾以五郎关虽为南山适中之地,然山凶水恶,不宜重镇,请求移镇汉中。嘉庆十二年(1807),宁陕厅同知李晶亦上疏清政府,认为"贼匪起事,系起于川楚,窜于陕西南山,非陕省南山原有贼匪"②,应在秦岭肃清后,将防守的前沿推移至秦岭南麓外缘的汉中,如此则汉中膏腴之地米贱,既可养兵,亦可训练,且与陕安镇两相对峙,互为犄角,声势足以壮威秦关。此外,新兵叛乱给地方民众留下了挥之不去的痛感,"民间切齿,虽对服教安伍之人,而心尤以此其党类,曾戕我父兄、掠我资财,畏之如狼,避之若丑"。以至于宁陕新城建成后,附近数十里无一户民人搬入,厅官孑然一身,惴惴然心寒胆怯,而客商裹足不前,生计日益萧条,"遇有造作言语,辄惊风鹤龙"③。有鉴于此,清廷在李晶上疏的次年采纳了其建议,将宁陕镇移至汉中府城,改称汉中镇,所辖除本标中、左、右三营外,还兼辖宁陕、阳平关等十三营。汉中镇成立后,"秦之南山,陇蜀相连之黑河、大小巴山,长林深谷,往时奥区,皆总兵防范所必周,地广任重,实为全秦重镇"④。

宁陕移镇之后,其原镇所在改制为营,镇城仅酌留都守以资弹压,设置参将一员,马步战兵计五百余名,继续保留一定的军事威慑力,而汉中府的安危与之相关。新成立的宁陕营兵勇和平民分属新、旧两城,兵勇教以屯田,大量从当地招收,改变了以往军中客兵多、土兵少的格局,嗣后山内之兵即着山内有粮之民出具甘结,联名保充,"庶父子兄弟、亲戚朋友遇有事之时,彼此相顾,不至分崩离析,且不至趁势抢夺奸淫"⑤。此举从根本上消除了滋生兵变的根源,使宁陕要塞的军事功用得到了内在巩固,不仅于宁陕一隅永宁有益,且汉上诸郡亦可籍免摇荡。

南山平定之后,清廷认识到"南山匪徒滋事,皆由年岁荒歉,饥民无所糊口,因而聚集滋扰"⑥,故进一步开放禁垦就被视为维持秦岭长治久安的根本之策。而宁陕镇有着承纳移民的天然良好条件,其境山疆辽阔,往往数两契价就可买数里、十数里之多的未开之地,各省民人源源而来。有资本者买地、典地,广辟山场,无资本者佃地、租地,佣耕谋生,且山中赋税极微,种植亦易,故本省之荒山,成为外省之乐土。迨至道光三年(1823),"该厅民数共男女大小十二万九千余口,内中木厢、铁厂工匠甚多"⑦,其中,土著民仅十分之二,昔日鹿豕巢窟者市廛鳞接,百堵皆兴。恢复宁谧的宁陕镇吸引了新的外省人口,重新焕发了生机。

---

① 赵尔巽:《清史稿》,列传一百三十一。
② 李启良、李厚之等编:《安康碑版钩沉》第 50 页。
③ 严如煜:《严如煜集》第 194 页。
④ 严如煜著,郭鹏校:《〈汉中府志〉校勘》,西安:三秦出版社,2013 年,第 992 页。
⑤ 李启良、李厚之等编:《安康碑版钩沉》第 50 页。
⑥ 《清仁宗实录》卷 285,嘉庆十九年(1814)二月壬子条。
⑦ 卢坤:《秦疆治略》,台北:成文出版社有限公司,1970 年,第 7 页。

## 四、结　语

　　清朝的秦岭治理策略经历了一个动态变化的过程。清前期对旧有巡检司的废除,完全是沿袭元、明两朝的封禁策略,而雍正朝设置五郎关营汛则出于对秦岭腹地交通要隘的防护目的。从乾隆朝开始,移民运动中大量迁入的外来人口,改变了秦岭腹地以往人烟稀少的局面,清政府为抚绥就食秦岭的南方诸省流民,而扩充五郎关营汛,设立具有实土性质的宁陕厅。嘉庆朝在五郎关营汛基础上设置的宁陕镇,是为了镇压白莲教起义,以及加强对秦岭的关防和帝国版图心腹地带的整治。嘉庆后期,宁陕镇移驻汉中则是吸取新兵哗变教训,将秦岭防务范围扩大至南麓外缘地带的需要。从清朝经略宁陕两百余年的历程中不难看出,清中叶以后,南方各省的人口问题转移并嵌入秦岭南麓与汉江上游地区,造成这一狭促之地的社会秩序全面紊乱和失控。这一由秦岭一隅引发而足动清朝版图的局地治理问题,其根源在于"康乾盛世"以来,国家承平既久,户口日繁,人口增长翻番,但清朝旧有社会经济体系的综合适应能力并未随之提升,无力承载如此多的人口,从而导致山地资源的无序开发愈演愈烈,最终与流民问题、匪盗问题、生态环境等问题,共同衍生成为诸弊丛生的状态。在此过程中,秦岭接纳了大量无以为生的外省客民,一定程度上促进了清后期汉江上游地带局势的缓和,在顶层规划层面上,为清朝版图中心地带的安稳作出了重大的贡献与牺牲。

**作者简介**:赵永翔,陕西师范大学西北历史环境与经济社会发展研究院博士后、陕西理工大学历史文化与旅游学院讲师。

【日常生活与物质文化】

# 环境史视野下的唐代岭南饮食生活研究*

夏方胜

**【摘　要】** 岭南山水交错、潮湿炎热的生态环境造就了别具一格的饮食生活。将唐代岭南的饮食生活置于环境史视野下审视，得知岭南人们主要通过种植、养殖、采集和渔猎等方式获取稻、麦、粟、薯以及瓜果蔬菜和飞禽走兽等食物。岭南的食物消费方法多种多样，既有炙、炒、煎、蒸、煮等熟制法，又有盐藏腌渍等干制法；既有众多的美味熟食，又有各种奇特的"异馔"生食。岭南特殊的生态环境孕育了敢吃、能吃、会吃、嗜槟榔、好酒的饮食习俗。通过阐述唐代岭南地区的食物获取、食物消费和食俗等内容，我们发现人类社会饮食生活概貌的形成和发展，实际上是人与生态环境互动的结果，体现了人与自然关系的辩证统一。

**【关键词】** 环境史；唐代；岭南；饮食生活

《汉书》有云："民以食为天。"[1]饮食是人类最基本的生理需求，为日常生活的重要内容，其与一定的自然环境和地域社会密切相关。唐时岭南，亦称岭表、岭外，即岭南道，共辖73州和1都护府[2]，大致相当于现今我国粤、琼、桂、港、澳等5省（区）和越南红河三角洲。岭南地区东邻福建，西至云贵高原，北依南岭，南傍南海，是一个相对封闭的自然地理单元，其地处热带和亚热带，雨热充沛，境内山地、丘陵广布，河湖众多，这样的自然环境孕育着为数众多的动植物资源，为人们提供了种类丰富的食材。

环境史（亦称生态环境史）作为新兴的史学分支，是研究历史上人与自然之间的互动关系的。环境史以新的史学研究视角探索人类与其生存环境之间的相互关系，其基本思想是强调人与自然的平等、和谐共存。目前史学界有关唐代岭南饮食史的研究已有相当数量的成果[3]，但其主要是从文化史或者社会史的角度出发，研究基于社会、文化史视野之下的饮食概况，讨论唐代岭南的饮食内容，这样的研究固然视角鲜明、有理有据，但不足之处是没有注重生态环境[4]背景，对生态环境与饮食之间的互动关系和内在逻辑联系缺少分析。

---

\* 基金项目：本文系国家社会科学基金项目"多卷本《中国生态环境史》"（13&ZD080）中期成果。
[1] （汉）班固撰，（唐）颜师古注：《汉书》卷43《郦食其传》，北京：中华书局，1964年，第2108页。
[2] （宋）欧阳修、宋祁撰：《新唐书》卷43上《地理七上》，北京：中华书局，1975年，第1095页。
[3] 如李肖：《论唐代岭南的饮食文化》，《首都师范大学学报（社会科学版）》1998年第5期；陈伟明：《唐宋华南少数民族饮食文化初探》，《东南文化》1992年第2期；林乃燊、洗剑民著：《岭南饮食文化》，广州：广东高等教育出版社，2010年，等等。
[4] 生态环境是指"影响人类生存和发展的一切外界环境系统。包括自然的和人类改变的（如被污染的）环境系统"。参见《现代汉语大词典》编委会：《现代汉语大词典》，上海：汉语大词典出版社，2000年，第2709页。

鉴于此,笔者试从环境史的角度出发,研究基于人与自然的关系视野之下的唐代岭南的饮食生活,以弥补前人研究的不足。错谬之处,敬请专家学者批评指正。

## 一、岭南生态环境与食物获取

古代食物获取在很大程度上受生态环境的制约。岭南位居唐朝南疆边陲,跨越热带和亚热带两区,为典型的热带和亚热带季风气候带,炎热潮湿,全年日照时间长,热量充足,降雨量极其丰富。岭南依山傍海,地形复杂多变,河流湖泊较多,山丘和丛林密布,平原、盆地不多,研究表明全区大约80%的面积为山地和丘陵①。历史时期南岭山地和两广山地丘陵的北部,森林茂密,天然植被发育良好,直到9世纪时期,山林仍然较为完好。由于开发较晚,宋代时期两广大部分地带仍是"山林翳密",广西山区直到18世纪还被称为"树海"。②从上可知,唐代岭南的生态环境相当良好,雨热充足、森林茂密、植被丰厚,适宜种植水稻等农作物,山林河湖海洋中孕育着鸟雀、野果、鱼类等丰富的野生动植物资源,这为当地人们获取食物提供了得天独厚的自然条件。

农业生产是古人获取食物的主要方式之一,农业越发达,获取的食物就越多。受生态环境的制约,隋唐五代时期岭南地区的农业虽有较大发展,土地利用率也有了很大提高,但仍有相当一部分地区,尤其是少数民族聚集的偏僻山区,农业仍然比较落后,还是"刀耕火种"的畲田生产③。李德裕《谪岭南道中作》云:"五月畲田收火米。"④另据魏徵《隋书》载:"江南之俗,火耕水耨,食鱼与稻,以渔猎为业。"⑤"江南"包括长江以南的广大地区。《禁岭南货卖男女敕》指出:"岭外诸州居人,与夷獠同俗,火耕水耨,昼乏暮饥。"⑥岭南地区虽然气候等生态环境较好,适合发展农业,但由于唐时岭南的开发进程不深和当地少数民族历史文明相对落后,导致了当时本区的农业生产方式主要是"刀耕火种",兼有采集和渔猎。之所以如此,吴建新分析指出:"汉六朝隋唐时期的岭南地区,还是原始森林广布的蛮烟瘴雨之乡……一方面丰富的自然资源给人们提供相对充足的生活来源,长时期内维持着低能量的物质循环方式和较低水平的生存方式;另一方面恶劣的自然环境削弱了劳动生产力,阻碍了人们向开发自然资源的深度和广度进军,限制了新的资源利用方式的应用和提升本地特色的技术文化类型。"⑦

综上可知,唐代岭南的生态环境决定了当地有种植、养殖、采集和渔猎等农业生产方式,这就说明当时本区有以上述几种获取食物的方法。相关研究和文献资料表明,历史时

---

① 林乃燊、冼剑民著:《岭南饮食文化》,广州:广东高等教育出版社,2010年,第20页。
② 中国科学院《中国自然地理》编辑委员会:《中国自然地理·历史自然地理》,北京:科学出版社,1982年,第21—22页。
③ 左鹏著:《唐代岭南社会经济与文学地理》,郑州:河南人民出版社,2014年,第46页。
④ (清)彭定求等编:《全唐诗》卷475,北京:中华书局,1980年,第5397页。
⑤ (唐)魏徵等撰:《隋书》卷31《地理下》,北京:中华书局,1973年,第886页。
⑥ (宋)宋敏求编:《唐大诏令集》卷109,北京:商务印书馆,1959年,第567页。
⑦ 吴建新:《汉六朝隋唐时期岭南农业文化的特色——兼述冼冯家族的兴起与岭南农业文化的关系》,《农业考古》2006年第4期,第86页。

期岭南主食以稻米为主,兼之于粟、麦、薯等杂粮。本区降雨丰富、潮湿炎热,非常适合水稻生长且种植历史悠久。考古研究显示,属新石器时期的广东英德云岭牛栏洞遗址发掘出两种水稻硅质体①、广东佛山东汉墓葬出土过水田耕作模型②、广西贵县北郊汉墓出土了舂米的男女陶俑③。中晚唐时期,随着北人迁入,带来新的生产工具和农作物品种,政府也加强了对岭南农业的开发,史载景龙末年,王晙任桂州都督,"堰江水,开屯田数千顷,百姓赖之"④。贞元二年(786),李去思任容州刺史,"开置屯田五百余顷,以足军实"⑤。农田规模的扩大,加之牛耕技术的推广,水稻总产量必然提高。必须提及的是,唐代岭南某些山区,特别是俚、僚等少数民族生活的偏僻地带,由于开发较晚,农业生产方式粗放,部分地区水稻种植规模小,甚至不宜种植,主粮略显不足,故当地只能种植某些适应性强的旱地或者山地农作物以补不足。据史料可知,唐代岭南已种有粟和麦子,唐代《智城洞碑》载智城(今广西上林县境)"前临沃壤,凤粟与蝉稻芬敷"⑥。《唐大和上东征传》言崖州"十月作田,正月收粟……收稻再度"⑦。两则史料反映出唐代。岭南粟、稻并种的农业结构,或已经实现了一年两熟。《岭表录异》载:"广州地热,种麦则苗而不实。"⑧另《新唐书》载,韦丹任容州刺史时,在当地"教民耕织……屯田二十四所,教种茶、麦"⑨。麦子实为北方旱地农作物,移植到岭南山区虽有地理环境的适应性问题,但韦丹试种成功,这有助于北麦南种技术在当地传播。至北宋初年,麦子在岭南已有规模化种植,朝廷鼓励当地百姓大量种植麦子等杂粮,以备水旱等自然灾害,据《宋会要辑稿》"淳化四年(993)二月"条载,宋太宗诏令"岭南诸县令劝民种四种豆及黍、粟、大麦、荞麦,以备水旱。官给种与之,仍免其税。内乏种者,以官仓新贮粟、麦、黍、豆贷与之"⑩。豆、粟、大麦、荞麦等五谷杂粮在岭南试种成功并逐步推广,很大程度上弥补了当地主粮水稻的不足,这有利于保障主食供应的稳定性和应对灾害危机。另值得补充说明的是,汉唐时期岭南人根据生态环境还广泛种植一种山地农作物,即薯,以弥补主粮水稻的不足。薯是一种耐旱能力强、适应性强、生产技术要求低、产量高的草本植物,地下块茎含有大量的淀粉和糖分,可当杂粮食用。东汉杨孚《异物志》载:"甘薯,似芋,亦有巨魁;剥去皮,肌肉正白如脂肪,南人专食以当米谷。"⑪可见甘薯个头大、肉质白嫩,东汉时期岭南人已把它充当重要的主食。唐五代时期,岭南仍然广泛种植薯类以供食用,陶谷《清异录》称:"岭外多薯,间有发深山邃谷而得之者,枚块连属,有数十斤

---

① 英德市博物馆、中山大学人类学系、广东省文物考古研究所编:《英德史前考古报告》,广州:广东人民出版社,1999年,第95页。
② 徐恒彬:《广东佛山市郊澜石东汉墓发掘报告》,《考古》1964年第9期,第455—456页。
③ 广西壮族自治区文物工作队:《广西贵县北郊汉墓》,《考古》1985年第3期,第209页。
④ (后晋)刘昫等撰:《旧唐书》卷93《王晙传》,北京:中华书局,1975年,第2895页。
⑤ (清)董诰等编:《全唐文》卷429《唐检校右散骑常侍容州刺史李公去思颂·并序》,北京:中华书局,1983年,第5379页。
⑥ 广西民族研究所编:《广西少数民族地区石刻碑文集》,南宁:广西人民出版社,1982年,第2页。
⑦ [日]真人元开著,汪向荣校注:《唐大和上东征传》,北京:中华书局,1979年,第69页。
⑧ (唐)刘恂撰,鲁迅校勘:《岭表录异》卷中,广州:广东人民出版社,1983年,第14页。
⑨ (宋)欧阳修等撰:《新唐书》卷197《韦丹传》,北京:中华书局,1975年,第5629页。
⑩ 刘琳等校点:《宋会要辑稿·食货六三·农田杂录》,上海:上海古籍出版社,2014年,第7697页。
⑪ (汉)杨孚:《异物志》,《南越五主传及其它七种》,广州:广东人民出版社,1982年,第45页。

者,味极甘香,人多自食,未尝货于外。"①又《北户录》载:"今高州多采薯为麻饼,绝宜人,味极芳美。"②以上两条材料说明唐五代时期薯类作物多在岭南山区种植且味道甘香、芳美,食用相当普遍。为适应生态环境的客观要求,唐代岭南地区形成了以水稻为主粮,粟、麦、薯等为杂粮的主食结构,这既是充分利用了岭南多样化的地形,大规模地开发了水田和旱地的生产力,又反映出岭南居民在主粮水稻不足的生存条件下,积极种植粟、麦、薯等农作物以维持生计和繁衍的勤劳智慧。

岭南地区光、热、水、土等充足,可作为副食的瓜果蔬菜、飞禽走兽等动植资源生长条件好且四季供应不断,获取方式有种植、养殖和渔猎等。耙梳史料可知,唐代岭南种植的副食有茄子、睡菜、荔枝、槟榔等蔬菜和水果。《酉阳杂俎》载:"岭南茄子,宿根成树,高五六尺。"③《岭表录异》云:"南中草菜,经冬不衰。故蔬圃之中,栽种茄子宿根,有二三年渐长枝干,乃为大树。每夏秋熟,则梯数摘之。三年后,渐树老子稀,即伐去,别栽嫩者。"④从材料提供的信息可知唐代岭南人已经充分掌握了茄子的种植方法及生长习性。岭南茄子为宿根植物,栽种根茎后两三年即可长大结果,夏秋季节采摘,三年之后茄树老去果实稀少,便可砍伐另栽新树。唐代岭南已人工栽培睡菜,《北户录》云:"睡菜,五六月生田塘中,叶类茨菰,根如藕梢,土人采根为盐菹。或云,食之好睡。"⑤睡菜为多年生挺水植物,全株光滑无毛,适宜在田间、池塘等浅水中种植,根可腌渍,食之有利睡眠。唐代岭南也已种植蕹菜,《食疗本草》言:"(蕹菜)岭南种之。蔓生,花白,堪为菜。"⑥又《北户录》载:"蕹菜,叶如柳,性冷味甜。土人织苇箔,长丈余,阔三四尺。植于水上,其根如萍,寄水上下,可和睢卖也。"⑦雍菜,即蕹菜,今日称空心菜,喜温、耐热、生长快、繁殖能力强,唐人对其花、叶、性味等形态有较为全面的认识。唐时岭南已人工种植蕹菜,并创造出编织苇箔浮水培育法,这可视为蕹菜栽培技术的创新。

唐代岭南地区栽培的水果种类颇多。翻阅《北户录》《酉阳杂俎》和《岭表录异》等文献可知,唐代岭南种植的水果有甘蔗、龙眼、香蕉、栗子、枣子、梨子、木瓜、柚子、核桃、山橘子、橄榄、杨梅、山胡桃、红梅、瓠瓜等十余种,其中荔枝栽培最为广泛。岭南人工培育的荔枝品种较多且质量优良,据《北户录》载:"南方果之美者有荔枝,梧州火山者,夏初先熟而味小劣,其高、潘州者最佳,五六月方熟。有无核荔类鸡卵大者,其肪莹白,不减水精,性热,液甘,乃奇实也。又有腊荔枝,作青黄色,亦绝美。"⑧又《岭表录异》载:"荔枝,南中之珍果也。梧州江前有火山,上有荔枝,四月先熟,核大而味酸,其高、新州与南海产者最佳。五六月方熟,形若小鸡子,近蒂稍平,皮壳殷红,肉莹寒玉。又有焦核者,性热,液甘,食之过度即蜜浆

---

① (宋)陶穀撰,孔一校点:《清异录》卷上《百果门·玉枕薯》,《宋元笔记小说大观》,上海:上海古籍出版社,2001年,第46页。
② (唐)唐公路撰:《北户录》卷2,扬州:广陵书社,2003年,第72页。
③ (唐)段成式撰,方南生点校:《酉阳杂俎》前集卷19《草篇》,北京:中华书局,1981年,第186页。
④ 《岭表录异》卷中,第14页。
⑤ 《北户录》卷2,第81页。
⑥ (唐)孟诜撰:《食疗本草》卷下,北京:人民卫生出版社,1984年,第115页。
⑦ 《北户录》卷2,第83—84页。
⑧ 《北户录》卷2,第91页。

制之。又有蜡荔,黄色,味少劣于红者。"①从上引两则史料可知,唐代岭南人工种植的荔枝既有夏初四月早熟者,又有夏末五六月晚熟者;也有产地之别,如梧州火山荔、高州和新州荔枝、腊荔枝;另还分无核和有核荔枝等。成熟时间、产地、有无核者等各个品种大小、味道均不相同,凸显了岭南荔枝品种的丰富性。另据唐末五代时期郑熊《番禺杂记》云:"犍为、僰道、广南,荔枝熟时,白鸟肥。其名上曰焦核小;次曰春花;次曰胡偈,此三种为美。次鳖卵大而酸,以为醯和,率生稻田间。"②依熊氏言,唐代岭南荔枝又增加了焦核小、春花、胡偈和鳖卵等4个品种。以上说明唐代岭南人充分利用本地的地理环境优势,在田间山头广泛种植荔枝并培育出了优良品种,使荔枝成为本区的特色水果,丰富了当地饮食生活。

唐代岭南地区的肉类副食主要靠渔猎和养殖获取,其中渔猎对象主要是野生动物,如水产、山鸡、狐兔、野象、鹿类、犀牛等,养殖对象则多为禽畜和鱼类。相关史料显示,唐代岭南已经畜养鸡、鸭、鹅、牛、猪等禽畜并且掌握了人工养鱼的技术。据《岭表录异》载:"广州浛洭县有金池。彼中居人,忽有养鹅鸭,常于屎中见麸金片。"③又韩愈《柳州罗池庙碑》:"池园洁修,猪牛鸭鸡,肥大蕃息。"④两句记载表明唐代广州和柳州已经有百姓豢养了鸡鸭鹅和猪牛等,这些禽畜定然可作日常食物之用。唐代岭南的鱼类养殖积累了一些生产经验和技术。刘恂《岭表录异》有一段关于稻田养鱼的文字,其云:"新泷等州山田,拣荒平处以锄锹开为町畦。伺春雨,丘中聚水,即先买鲩鱼子散于田内。一二年后,鱼儿长大,食草根并尽。既为熟田,又收渔利,及种稻且无稗草,乃齐民之上术也。"⑤刘恂所言即为稻田养鱼的生态农业模式,唐代岭南农民在荒野平处开挖池塘,春雨过后,池塘蓄满降水,即可把先前购买的鲩鱼(即草鱼)子放入田间,一两年之后即长大可捕捞食用。该法主要是针对鲩鱼食草的习性,利用鲩鱼吞食田间杂草,这既获渔利且有利水稻生长,也节约人工除草的时间和劳力,可谓一举两得。另外袁国青研究认为放入田间养殖的鲩鱼苗中混杂着青、鲢、鳙鱼⑥,这说明唐代岭南农民在养殖鲩鱼时,也养殖了青、鲢、鳙,即开拓了我国养殖四大家鱼的先河,这不能不算是我国古代养鱼技术的一大突破。唐代岭南农民还掌握了鱼苗培育法,据《北户录》载:"南海诸郡,郡人至八九月,于池塘间采鱼子著草上者,悬于灶烟上,至二月春雷发时,却浸于池塘间,旬日内如虾蟆子状,悉成细鱼,其大如发,土人乃编织藤竹笼子,涂以余粮或遍泥蛎灰,收水以贮鱼儿,鬻于市者,号为鱼种。鱼即鲮鲫鳢鲤之属,于池塘间一年内可供口腹也。"⑦唐代南海诸郡农民掌握了如何收集鱼子并保存至来年放入池塘孵化的方法。培育的鱼苗有鲮鲫鳢鲤等多种并且可出售,这说明此法已经相当成熟。上述养鱼方法的开拓和创新,促进了岭南渔业的发展,也为岭南人们获取更多的水产食物提供了方便。

要之,在生态环境的作用和影响之下,唐代岭南的食物主要来源于农业种植、养殖以及

---

① 《岭表录异》卷中,第18—19页。
② (唐)郑熊撰,(元)陶宗仪辑:《番禺杂记》,《南越五主传及其他七种》,广州:广东人民出版社,1982年,第50页。
③ 《岭表录异》卷上,第5页。
④ (唐)韩愈撰,马其昶校注:《韩昌黎文集校注》卷7,上海:上海古籍出版社,1986年,第493页。
⑤ 《岭表录异》卷上,第7页。
⑥ 袁国青:《归来伴凡鱼——兼论唐代草、青、鲢饲养兴起的原因》,《古今农业》1993年第2期,第78页。
⑦ 《北户录》卷1,第42—43页。

采集和渔猎,形成了以水稻为主,兼之以粟、麦、薯等为补充的主食结构。当时本区人们通过种养和采捕等方式获取各种瓜果蔬菜、海陆珍禽和走兽等资源作为副食。岭南人们这种获取食物的方式充分展现了他们善于开发利用自然环境、改造自然环境以及善待自然环境的生存哲理。

## 二、岭南生态环境与食物消费

食物消费主要是指对生产出来的食材进行加工烹制和食用。唐代岭南地区的生态环境和食材种类影响着当地的食物消费方式,其颇具地方特色,试详论之。

**(一)主食消费**

按前文,唐代岭南的主食有稻、粟、麦和薯等,其中稻、粟、麦需脱壳后烹制,薯洗净可直接蒸煮食用。关于水稻脱壳,《岭表录异》有载,其云:"广南有舂堂,以浑木刳为槽,一槽两边约排十杵,男女间立,以舂稻粮。"①即用木质杵臼舂米。稻米脱壳后可以直接蒸煮做成米饭、米粥等食用,唐代岭南比较有特色的米饭为荷包饭和团油饭,柳宗元岭南诗作《柳州峒氓》云:"青箬裹盐归峒客,绿荷包饭趁虚人。"②柳氏讲到的是用绿色荷叶包裹蒸煮食用的一种米饭,是唐代柳州的特色主食。又《北户录》载:"广之人食品中有团油饭。凡力足之家,有产妇,三日、足月、及子孙晬,为之饭,以煎虾鱼、炙鸡鹅、煮猪羊、鸡子、羹饼、灌肠、蒸肠、菜、粉酱、粔籹、蕉子、姜、桂、盐、豉之属,装而食之是也。"③按史料所言,团油饭是广州一种独特的米饭,需要虾、鱼、猪羊、鸡子、羹饼、菜等辅料以及蕉子、姜、桂、盐、豉等调料,其作法虽然比较复杂,但营养丰富,非常适合产后的妇女食用。

随着粟、麦、薯等农作物的种植推广并受到北人迁入的影响,唐代岭南的面类主食也较为普及,尤以饼类面食最为丰盛。《北户录》中记载的饼类食品种类众多,如"今高州多采薯为麻饼,绝宜人,味极芳美"④。高州薯制麻饼,味道宜人、芳美,另外书中还列举有薄夜饼、曼头饼、雀喘饼、浑沌饼、夹饼、水溲饼、束晳饼、截饼等。水稻磨成米粉也可以做饼,即米饼,据《北户录》载:"广州南尚米饼,和生熟粉为之,规白可爱,薄而复韧,亦食品中之珍物也。"⑤广州米饼以生、熟的米粉混合制成,既白又薄且富有韧性,不失为一种珍奇食物。值得提及的是,唐代岭南还有一种独具特色的面食,即桄榔饼和桄榔面。桄榔是一种热带棕榈科植物,树中含有大量淀粉,可用来制作各种面食,《太平寰宇记》载:"桄榔木。是楼桐,心中出面。"⑥据《岭表录异》载:"桄榔树生广南山谷,枝叶并蕃茂,与枣、槟榔等树小异……此树皮中有屑如面,可为饼食之。"⑦除了作饼之外,桄榔粉还可作面,如《酉阳杂俎》

---

① 《岭表录异》卷上,第8页。
② (唐)柳宗元:《柳宗元集》,北京:中华书局,1979年,第1169页。
③ 《北户录》卷2,第75页。
④ 《北户录》卷2,第72页。
⑤ 《北户录》卷2,第70页。
⑥ (宋)乐史撰,王文楚等点校:《太平寰宇记》卷164《岭南道九》,北京:中华书局,2007年,第3157页。
⑦ 《岭表录异》卷中,第17页。

载:"南海县有桄榔树,峰头生叶,有面,大者出面百斛,以牛乳啖之,甚美。"①桄榔面和以牛奶食用,味道鲜美。另唐代岭南诗歌多有桄榔面的记述,如皮日休《寄琼州杨舍人》云:"清斋净溲桄榔面,远信闲封豆蔻花。"②再如元稹《送岭南崔侍御》云:"桄榔面碜槟榔涩,海气常昏海日微。"③又如白居易《送客春游岭南二十韵》云:"面苦桄榔裹。"④虽然桄榔面碜涩,需要经过多次溲制方可去除,但唐代只有地处热带的岭南才有桄榔树,故桄榔面也应当为本区的一道特色食物。

从上可知,唐代岭南地区的主食有米饭、米饼、麦饼、薯饼、桄榔饼、桄榔面等,稻食、麦食、薯食等各具特色,共同组成了唐代岭南地区的主食结构。

**(二)副食消费**

唐代岭南地区的瓜果蔬菜、海陆珍禽等各种副食资源的烹制和食用方法也颇具地方色彩。岭南副食资源繁杂,烹饪和加工制作方法各异,既有熟制食用者,又有腌藏干制食用者,亦有直接生吃者,还有清茶和美酒等饮料。

副食熟制食用,烹饪方式有羹、炙、炒、煎、烧、蒸和煮等。唐代岭南的不乃羹和抱芋羹是羹中名肴,《岭表录异》载:"交趾之人重'不乃羹'。羹以羊鹿鸡猪肉和骨一釜煮之,令极肥浓,漉去肉,进之葱姜,调以五味,贮以盆器,置之盘中。"⑤不乃羹实为羊、鹿、鸡、猪肉和骨的大杂烩,煮浓后漉去肉,加入葱姜等调味便可食用。《太平广记》载:"百越人好食蝦蟆。凡有筵会,斯为上味。先于釜中置水,次下小芋烹之,候汤沸如鱼眼,即下其蛙,乃一一捧芋而熟。如此呼为抱芋羹。"⑥抱芋羹即蝦蟆羹,以小芋和蝦蟆混合烹制而成。另贯休《送人之岭外》云"小店蛇羹黑"⑦,《岭表录异》云"竹鱼……烹以为羹臛,肥而美"⑧,可见蛇羹和竹鱼羹也是岭南的特色羹肴。

唐代岭南也流行炙烤食物,富有特色的有鹛炙、嘉鱼炙、黄腊鱼炙、蚝炙、昌侯鱼炙、象鼻炙等。据《岭表录异》载:"鹛……其肉美,堪为炙……嘉鱼……每炙,以芭蕉叶隔火,盖虑脂滴火灭耳……黄蜡鱼……南人脔为炙,虽美而毒。或煎煿干……蚝肉大者腌为炙,小者炒之食。"⑨《本草拾遗》载:"昌侯鱼,生南海,如鲫鱼,身正圆,无硬骨,作炙食之至美。"⑩炙烤食材有禽类和水产,其中黄腊鱼和蚝肉还可煎炒食用。岭南亦有一道出名炙烤食,即象鼻炙,《北户录》云:"广之属城循州、雷州,皆产黑象,牙小而红,堪为笏裁,亦不下舶上来者;土人捕之,争食其鼻,云肥脆,偏堪为炙。"⑪唐时岭南盛产黑象,土著居民争相猎捕,象鼻肥脆,炙可为食。

---

① (唐)段成式撰,方南生点校:《酉阳杂俎》续集卷10《支植下》,北京:中华书局,1981年,第286页。
② (唐)皮日休著,萧涤非、郑庆笃整理:《皮子文薮》,上海:上海古籍出版社,1981年,第194页。
③ (唐)元稹撰:《元氏长庆集》卷17《律诗》,上海:上海古籍出版社,1994年,第94页。
④ (唐)白居易著,朱金城笺校:《白居易集笺校》卷17《律诗》,上海:上海古籍出版社,1988年,第1067页。
⑤ 《岭表录异》卷上,第9页。
⑥ (宋)李昉等编:《太平广记》卷483《芋羹》,北京:中华书局,1961年,第3983页。
⑦ (清)彭定求等编:《全唐诗》卷832,第9383页。
⑧ 《岭表录异》卷下,第26页。
⑨ 《岭表录异》卷中、卷下,第22、25、26、31页。
⑩ (唐)陈藏器撰,尚志钧辑校:《本草拾遗辑释》卷6《虫鱼部》,合肥:安徽科学技术出版社,2002年,第230页。
⑪ 《北户录》卷2,第64页。

《岭表录异》记有两种烧制菜肴,烧石矩和烧瓦屋子,其云:"石矩……入盐,干烧食,极美……瓦屋子……广人尤重之,多烧以荐酒,俗呼为天脔炙。"①石矩和瓦屋子红烧食用,味道香美,其中瓦屋子广府人甚爱,可做下酒菜,又俗称天脔炙。

蒸和煮均要用较多的水,不同的是前者食材不须入水,后者须之。《岭表录异》载:"鲬鱼……肉白如凝脂,止有一脊骨。治之以姜葱,炁之粳米,其骨自软,食者无所弃。"②炁即蒸,鱼肉质白嫩,只有一根脊骨,烹制时加以姜葱,和粳米蒸熟,连带脊骨均可食用。名菜煲牛肉乃煮制而成,《北户录》载:"南人取嫩牛头,火上燂过,复以汤毛去根,再三洗了。加酒、豉、葱、姜煮之。候熟,切如手掌片大,调以苏膏、椒、橘之类,都内於瓶瓮中,以泥泥过。煻火重烧。其名曰褒。"③煲就是用微火慢煮,煲牛头配料有酒、豉、葱、姜、苏膏、椒、橘等多种,味道可口。岭南还有煮水蟹,咸汁可做下酒菜,史载:"水蟹……广人取之,淡煮,吸其咸汁下酒。"④

副食腌藏干制主要是针对容易腐烂变质的水产和蔬菜,若要长时间存放,则必须对其进行加工保鲜。唐时岭南人已经积累了一些食用加工贮藏的经验,最常见者是用盐腌藏,如盐藏鹅毛脡,《岭表录异·补遗》云:"鹅毛脡,出海畔恩州,乃盐藏鳞鱼儿也,甚美。其细如毛白,故谓之鹅毛脡。"⑤《北户录》载:"恩州鹅毛脡,乃盐藏鳞鱼,其味绝美,其细如虾。"⑥把鲜肉晒干加工成肉干也是传统的食物保存方式之一,《岭表录异》中记载石矩和蜈蚣均可晒制成干肉,干制蜈蚣肉味道也不逊色于牛肉⑦。岭南人用盐腌制晒干制成的乌贼鱼脯更是可以长时间保存并运输至吴地出售,吴人也喜享用,《岭表录异》云:"乌贼鱼……或入盐浑腌为干,捶如脯,亦美。吴中人好食之。"⑧蔬菜腌制主要是菹法,《北户录》所载韶州芜菁菹以及鹿角菜菹、紫菜菹等都是味美腌菜,是当时岭南著名的馔肴。⑨

唐代岭南人也好生制食物,某些少数民族吃生食习以为常,《太平寰宇记》引《林邑记》记载封州风俗云:"苍梧以南有文狼人……渔食生肉。"⑩同书又引《郡国志》载骧州风俗:"庞山洞人……食生肉。"⑪岭南"蜜唧"是特色生制名肴,《朝野佥载》云:"岭南獠民好为蜜唧,即鼠胎未瞬、通身赤蠕者,饲之以蜜,钉之筵上,嗫嗫而行。以箸夹取啖之,唧唧作声,故曰蜜唧。"⑫蜜唧实为以蜜饲养的老鼠仔,夹之食用时,发生唧唧之声,故称"蜜唧"。岭南可生吃者更多的是鲜活水产,这在《岭表录异》中有相关例证,其载:"鯶鱼……广人得之,多为脍。"⑬脍亦为鲙,即生鱼片,唐时广府人捕获鯶鱼,常脍制生吃。又载:"水母……南人好

---

① 《岭表录异》卷下,第29、30页。
② 《岭表录异》卷下,第28页。
③ 《北户录》卷2,第76页。
④ 《岭表录异》卷下,第30页。
⑤ 《岭表录异·补遗》第39页。
⑥ 《北户录》卷2,第64页。
⑦ 《岭表录异》卷下,第29、34页。
⑧ 《岭表录异》卷下,第26页。
⑨ 《北户录》卷2,第73、78页。
⑩ 《太平寰宇记》卷170《岭南道十四》第3258页。
⑪ 《太平寰宇记》卷171《岭南道十五》第3274页。
⑫ (唐)张鷟撰:《朝野佥载》卷2,北京:中华书局,1985年,第41页。
⑬ 《岭表录异》卷下,第27页。

食之,云性暖,治疗河之疾。然甚腥,须以草木灰点生油,再三洗之,莹净如水晶紫玉。肉厚可二寸,薄处亦寸余。先煮椒桂或豆蔻生姜,缕切而炸之,或以五辣肉醋,或以虾醋,如脍食之,最宜。"①不难看出,"生油水母"是唐代岭南地区一道非常具有代表性的生猛海鲜,是一道用诸多佐料加工而成的名菜,若切成脍状,沾着五辣肉醋或者虾醋生吃,味道最佳。另还有名菜"虾生","南人多买虾之细者,生切绰菜兰香蓼等,用浓酱醋先泼活虾,盖以生菜,以热釜覆其上;就口跑出,亦有跳出醋碟者,谓之虾生。鄙俚重之,以为异馔也。"②可见烹制虾生,必须选用细虾,并用浓酱醋浸洗,伴以绰菜、兰香、蓼以及生菜等配料调味。生吃鱼虾是唐代岭南地区别具一格的饮食习俗,自唐以来,历经宋元明清至今,生猛海鲜也一直都是粤菜中独具特色的美味佳肴。

唐代岭南的饮料主要有清茶和美酒两种。岭南炎热潮湿、多山地丘陵的地理环境,非常适合茶树生长,韦丹任容州刺史时,就于当地教百姓种植茶叶③。陆羽《茶经》记录岭南道韶州和象州出产茶叶④,《太平寰宇记》记载岭南封州土产春紫笋茶和夏紫笋茶⑤。唐末咸通四年(863),唐懿宗下诏曰:"如闻溪洞之间,悉借岭北茶药,宜令诸道一任商人兴贩,不得禁止往来。"⑥由此可见,唐代岭南的少数民族聚集区已受到茶文化影响,茶叶贸易也有一定规模。岭南的茶叶种植、生产和商贸,必然会影响饮茶风俗在当地的传播,唐末五代毛文锡《茶谱》载:"容州黄家洞有竹茶,叶如嫩竹,土人作饮,甚甘美。"⑦偏僻山区的少数民族也酷爱制茶饮用,说明岭南饮茶风气流传甚广。

唐代岭南人也好饮酒,名酒也不少,酿酒方式独特。《唐国史补》明确记载岭南有灵溪和博罗两种名酒⑧。文献显示汉唐时期岭南地区酿酒不用曲蘖,嵇含《南方草木状》载:"南海多美酒,不用曲蘖,但杵米粉,杂以众草叶,治葛汁涤溲之,大如卵,置蓬蒿中,荫蔽之,经月而成。"⑨又《太平广记》载:"新州多美酒,南方酒不用曲蘖,杵米为粉,以众草叶胡蔓草汁溲,大如卵,置蓬蒿中荫蔽,经月而成。"⑩从史料记载来看,南海(今广州)和新州(今广东新县)酿酒不需要发酵剂曲蘖,仅依靠原材料的自然发酵。用米粉和各种草药混合酿制而成的美酒,实际上就是米酒。《太平御览》记载岭南人也喜好用文章(即五加)来泡酒饮用,"文章作酒,能成其味。以金买草,不言其贵,以美用之故也"⑪。足见文章泡酒醇香,岭南人不惜重金购买泡制。

各个地区的人们在不同时期会有相应的食物消费方式,他们根据生态环境的结构差异和食材资源的种类,创制相应的烹饪加工技术。在生态环境等的影响之下,唐代岭南人因

---

① 《岭表录异》卷下,第32页。
② 《岭表录异》卷下,第29页。
③ 《新唐书》卷197《韦丹传》第5629页。
④ (唐)陆羽撰,沈冬梅校注:《茶经校注》卷下《八之出》,北京:中国农业出版社,2006年,第82页。
⑤ 《太平寰宇记》卷164《岭南道八》第3139页。
⑥ 《旧唐书》卷19上《懿宗本纪》,北京:中华书局,1975年,第654页。
⑦ (五代)毛文锡:《茶谱》,叶羽编著:《茶书集成》,哈尔滨:黑龙江人民出版社,2001年,第14页。
⑧ (唐)李肇撰:《唐国史补》卷下,上海:上海古籍出版社,1979年,第60页。
⑨ (晋)嵇含撰:《南方草木状》,《南越五主传及其他七种》,广州:广东人民出版社,1982年,第59页。
⑩ 《太平广记》卷233《南方酒》第1786页。
⑪ (宋)李昉等撰:《太平御览》卷994,北京:中华书局,1960年,第4400页。

食而制、因食而吃,创造了富有特色的食物消费模式。从上述分析可知,唐代岭南既有羹、炙等各式各样的熟制烹饪法,又有盐藏腌渍和干脯等生制保鲜法;既有普通的熟吃法,又有奇特的生食法。同时,岭南人还非常注重各种食物间的配合,如团油饭是以米饭为主,配以鱼虾、鸡子、猪、羊、姜、桂、盐等混合烹制而成,"不乃羹"夹杂了羊、鹿、鸡、猪等肉制品,煲牛头配有酒、豉、葱、橘等多种作料,另外茶酒也成了岭南饮食生活中不可或缺的饮品。唐代岭南多姿多彩的食物消费方式,充分体现了当地人们的勤劳智慧和创造力。

## 三、岭南生态环境与食俗

俗话说:"靠山吃山,靠水吃水。"唐代岭南独特的生态环境孕育了当地别具一格的饮食习俗,即岭南人"能吃、敢吃、会吃、无所不吃"①,这种食俗的生成,主要体现在两方面:其一,孙思邈《千金要方》云:"江南岭表,其处饶足,海陆鲑肴,无所不备。"②岭南山高水长、幽林密布,有数不胜数的动植物资源,既有天上飞者,又有地上走者;既有水中游者,又有地中钻者,各个物种应有尽有、无所不含。这些生态物种在当时可谓"取之不尽,用之不竭",是岭南人的重要食材,是他们日常生活中的盘中餐和口中食,也保证了他们随时都有食可吃。以上是该种食俗形成的必要条件。其二,先就居民构成状况言,唐代岭南是个汉、百越、俚、僚、蛮夷、黎等各民族杂居的生态社会圈,居民构成具有复杂性,少数民族居多,常被称为"蛮夷之地""化外之乡"。正如杜佑《通典》所云:"五岭之南,人杂夷僚,不知教义,以富为雄。"③由于各个民族所处地理环境迥异和历史进程不一,生产力发展水平高低不齐,生活风俗千差万别,尤其是偏僻山区的少数民族仍处在刀耕火种,甚至是茹毛饮血的原始生活状态,土著民族甚至不识五谷、不知食性,为了满足果腹之需,他们不得不向山寻吃、下水捕食。《太平寰宇记》记载钦州土著民族的风俗为"不种田,入海捕鱼为业……食用手抔",儋州土著民族的风俗为"不食五谷,食蚌及鳖而已"④。各种各样的水中游鱼、蛇虫鼠蚁、飞禽走兽等他们能吃者便吃、无所忌讳地吃、敢吃各种"异馔"。再就烹制方法言,前文已述,唐代岭南烹制方式多种多样,既有各种熟制法,又有干制法,熟食、生食和茶酒等一应俱全,诸多名肴也流传史册。岭南人就地取材,据食而烹、依食而吃,充分彰显了他们"会吃"的饮食习俗。

另外,唐代岭南人还有"嗜槟榔"和"好酒"的食俗,这主要是岭南多瘴气的生态环境所致。岭南四季高温多雨,长年炎热潮湿,加之森林茂密且很多地方仍然是原始榛莽状态,该种环境极易导致湿气郁蒸、空气不通,这助长了瘴气的盛行,岭南也因此被称为"蛮烟瘴雨

---

① 李肖在《论唐代岭南的饮食文化》(《首都师范大学学报(社会科学版)》1998 年第 5 期)一文中认为"能吃、敢吃、会吃、无所不吃"等是唐代岭南饮食文化的特点,但李肖仅仅是罗列史料铺陈阐述该特点,并未对该特点的形成条件展开论述。然,笔者认为"能吃、敢吃、会吃、无所不吃"是唐代岭南的食俗,并以环境史视角阐述其生成条件。
② (唐)孙思邈撰,刘清国校注:《千金方·备急千金要方》卷 27《养性》,北京:中国中医药出版社,1998 年,第 442 页。
③ (唐)杜佑撰,王文锦等点校:《通典》卷 184《州郡十四》,北京:中华书局,1988 年,第 4961 页。
④ 《太平寰宇记》卷 167《岭南道十一》、卷 196《岭南道十三》第 3201、3233 页。

之乡"。文焕然指出:"从自然环境来说,瘴气是热带森林气候的表现之一,其特点是云雾多,湿度大,闷热。这种环境,枯枝落叶多,土壤中含腐殖质多,水中含腐殖酸等也较多,微生物生长繁殖迅速,饮食不注意易生疾病。"[①]文献中关于唐代岭南瘴气的书写可谓屡见不鲜,现略举几例,如《隋书》云:"自岭以南二十余郡,大率土地下湿,皆多瘴疠,人尤夭折。"[②]韩愈《潮州刺史谢上表》云:"州南近界,涨海连天,毒雾瘴氛,日夕发作。"[③]刘恂《岭表录异》云:"岭表山川,盘郁结聚,不易疏泄,故多岚雾作瘴。人感之多病,腹胪胀成蛊。俗传有萃百虫为蛊以毒人。盖湿热之地,毒虫生之,非第岭表之家,性残害也。"[④]岭南多瘴气的地理环境生成了当地人普遍嗜食槟榔的习俗,这主要是因为槟榔具有祛除瘴气、助消化、杀三虫的药用功效。据《岭表录异》载:"安南人自嫩及老,采食咴之,以不娄藤兼之瓦屋子灰,竞相嚼之。自云交州地温,不食此无以祛其瘴疠。"[⑤]又《新修本草》云:"槟榔,味辛,温,无毒。主消谷,逐水,除淡澼,杀三虫,去伏尸,疗寸白。生南海。"[⑥]岭南人在应对生态环境的过程中,逐渐发现了槟榔具有祛瘴等药用价值,形成了好吃槟榔的食俗。

岭南多瘴气的生态环境也造就了当地的"好酒"之俗。前文已述,岭南既有名酒灵溪和博罗,又有酿酒、泡酒的方法,而岭南市场也有酒水出售且人们竞相购买,据《岭表录异》云:"广州人多好酒,生酒行两面罗列,皆是女人招呼,鄙夫先尝酒盏上白瓷瓯,谓之瓯。一瓯三文,不持一钱来去尝酒致醉者,尝垆妪但笑弄而亡。"[⑦]岭南人好酒,与瘴气不无关联,据《旧唐书》载:"岭南瘴疠,皆日饮酒。"[⑧]总之,瘴气造就了岭南人好酒之俗,饮用适量的酒水,既有助于祛除瘴气,又可缓解疲劳,有保健之利。

唐代岭南食俗是由当时本区特定的环境因素造就的。一方面,岭南的山河湖海是一座天然的食库,山水所产可馔者比比皆是,大到野象、猩猩、鹿类、蚺蛇等,小到各种瓜果、青蛙、虫蚁、虾米等,使当地人可以尽享山中野味、水中美食。同时,这一时期的《岭表录异》《北户录》等岭南风土志和《新修本草》等本草著作不仅有相当数量的岭南动植物食材资源的介绍,还有诸多食物烹饪加工手法的论述,这实际上是岭南食俗生成的保障;另一方面,岭南潮湿炎热、瘴疠遍地,为了应对大自然对生命的威胁,岭南人必须因地制宜,寻求应对之法,故吃槟榔和饮酒成为了他们的一大独特食俗。简言之,唐代岭南的生态环境造就了当时本区的饮食习俗,而岭南的饮食习俗在一定程度上又凸显了当地的生态环境概况。

---

① 文焕然:《两广南部及海南的森林变迁》,文焕然等著:《中国历史时期植物与动物变迁研究》,重庆:重庆出版社,2006年,第94页。
② 《隋书》卷31《地理下》第887页。
③ 《韩昌黎文集校注》卷八,第618页。
④ 《岭表录异》卷上,第3—4页。
⑤ 《岭表录异·补遗》第39页。
⑥ (唐)苏敬撰,尚志钧辑校:《新修本草》卷13《木部中品》,合肥:安徽科学技术出版社,1981年,第329页。
⑦ 《岭表录异》卷上,第10页。
⑧ 《旧唐书》卷69《卢祖尚传》第2522页。

## 四、结　语

饮食可折射出特定时空环境背景下族群的创造力和精神风貌。庄华峰指出："人类的饮食生活作为一种复杂的社会文化行为事象，有着丰富的历史内涵。它是人类饮食实践所反映的社会多层次的物质形态和精神形态的各种表现形式的总和，是一种文明的标尺和民族特质的体现，从某个方面体现了本民族的创造精神和独特风格，标志着各个历史时期的文明进程和美的神韵。"[①]不同的国家、民族以及区域社会，在不同的历史时期有不同的饮食生活。通过环境史视野考察唐代岭南地区的饮食生活，我们得知在岭南特殊的生态环境之下生存，当地人民必须顺应自然、依附于生态环境，向自然求取食物；另外，为了应对自然的挑战、弥补食物不足、抵御瘴疠等的威胁，他们又必须发挥主观能动性，认识自然、改造自然、开发利用自然，探索应对之策。

**俗语云**："一方水土养育一方人。"人类生存于生态环境中，饮食生活势必同动物、植物、山水、地形、气候等生态因子产生关联、发生互动。人类的食物获取、食物消费、食俗生成实际上折射出人类本身从感性认识自然到理性认识自然的变化。也可以这样说，人类的饮食生活实质上是一个适应自然、认识自然、改造自然、开发利用自然和创造文化的过程。通过以上分析，我们不难发现，人类社会的饮食生活，尤其是区域社会饮食生活的形成和发展，在很大程度上取决于生态环境这一因素，换言之，人类社会的饮食生活实际上是人与生态环境互动的结果，体现了人与自然关系的辩证统一。

**作者简介**：夏方胜，南开大学历史学院博士研究生。

---

[①] 庄华峰著：《中国社会生活史（第2版）》，合肥：中国科学技术大学出版社，2014年，第14页。

# 重识茶叶:以民国报刊茶叶广告为中心的解读

朱慧颖　姚晓燕

【摘　要】近代报刊在中国兴起后,许多茶庄茶号或公司开始利用这一新式媒体进行商品宣传。在形式上,民国报刊茶叶广告和其他商品广告有很大的共性,但同时也有一定的个性化表现,如用专刊形式的广告进行相对密集的宣传。在叙述策略上,茶叶广告既求助于传统的价值观念、努力引导新的消费习惯,也注意借用国货、卫生、化验等新的概念。此外,茶叶在国内外博览会上获奖的经历也被用来为商品增色。由此,民国茶叶报刊广告呈现出来的茶叶是卫生的、营养的、爱国的、获奖的茶叶。这些前所未有的特点是近代以来社会经历深刻变迁的产物,也是民国时期传统茶文化进一步世俗化的反映。

【关键词】茶叶广告;国货;卫生;博览会;民国

近20多年来,近代报刊杂志中的广告以其包罗万象引起了众多研究者的关注,由此结出的果实已堪称丰硕。其中既有针对《大公报》《益世报》《申报》《北洋画报》等报纸广告及相关问题的整体研究,也有聚焦于某些特定的广告,如医药广告、征婚广告、戏曲广告、月份牌广告等的个案研究,涉及的议题包括医疗卫生、现代化、海派京剧、消费主义意识形态、办报思想、民族认同、女性形象、商业的发展等等。而且,历史学、文化学、传播学、广告学、社会学、新闻学、美学等多学科视角的切入,使研究者得以立体、生动地展示近代报纸广告的面目和意义。不过,或许是因为民国报刊中的茶叶广告数量较少,易为人忽略,因此对它的专题研究显得薄弱,有限的成果也仅以寥寥数语作泛泛之谈①。然而,茶叶作为民众日常生活的必需品,报刊广告如何认识和塑造茶叶的形象,从而对广告受众的消费取向施加影响,是个牵扯多端的问题。鉴此,本文拟以《北洋画报》《申报》《大公报》等重要报刊中的茶叶广告为解读对象,尝试通过重点分析、归纳民国时期茶叶广告的叙述策略,从茶叶广告的镜像窥看彼时社会生活、时代特征、价值观念、茶业状况和茶文化走向等之一斑,进一步丰富近代广告史和茶叶文化史或茶叶经济史研究的内容。

## 一、刊登茶叶广告的商家

广告在中国是一个既古老又新鲜的事物。鸦片战争之前,招牌、幌子等原始的广告形

---

① 如陶德臣:《汉至民国时期茶叶广告的发展》,《安徽史学》2003年第5期。

式在市场活动中一直存在,但它们尚不属于严格意义上的广告,真正的近代广告是由西方人为了推销其商品而引入中国的,报刊广告即首先出现于西方人在华创办的中外文报刊上。

自19世纪50年代始,中国人自办的近代化报刊风起云涌,时人尤其是工商界人士,对报刊的广告功能也日益重视并加以利用。现有的研究成果已揭示出,如果对广告进行分类的话,1872—1892年华商在《申报》上刊登的经济广告中,商业广告和近代工业广告在数量上分列第一第二。①

民国时期,借力于报刊广告的民族工商业者有增无减。具体到茶叶行业,在报纸上刊登广告的广告主,主要是实力雄厚的大茶庄、茶号或公司。例如,由天津"八大家"之一的穆家于清乾隆三年(1738)创办的正兴德茶庄,全盛时期全年销茶330余万斤,每年可得利润20万银元。它不仅在北京、保定、沧县、泊镇设有分店,20世纪30—40年代,该茶庄已垄断华北、东北和西北的茶叶市场。②在30年代面临茶叶市场的激烈竞争时,正兴德茶庄充分利用了报刊这个宣传平台,在《大公报》《北洋画报》上投放广告,竭力推销自己经营的茶叶。1932年9月至12月,正兴德茶庄每天都在《大公报》上刊登广告,用精心设计、富有变化的图文撩拨人们的购买欲望。它还在《北洋画报》上连出几期专刊,登载介绍茶叶小知识或茶业现状的署名文章,配以制茶场景、茶叶原产地风光、采办人员在茶叶产区现场、获奖证书、奖牌等的照片,暗示自己的茶叶从选料到制作无不精良,荣誉满身,值得选购。正兴德茶庄用于报纸、电台的广告费,外加年底向各方赠送的数万份日历,每年需一万元以上。③

上海的汪裕泰茶号也是茶业老字号,它始建于1850年,创始人为徽州绩溪人汪立政。传承至第三代汪振寰之手后,汪裕泰不仅在上海增设更多分号,且另于杭州、祁门、屯溪、天津等地开设友店。④近代上海商业发达,商业广告也很活跃。例如,20世纪20年代上海无线电广播兴起不久,上海人喜欢的评弹就因为适合电台播音,"最早被商家搬上电台,成为商家实现商业广告宣传目的的承载者"⑤。在电台播放商家赞助的评弹节目的过程中,评弹艺人主要利用演出前后和中间的间隙来播送商家广告,类似于现代社会电台节目中插播小段广告。从20世纪30年代出版的一部弹词开篇集来看,汪裕泰茶号也曾借助评弹这一大众娱乐方式来吸引顾客,其广告开篇曰:"中国国产有名茶,制造精良品质佳。茶号应推汪裕泰,名传遐迩实堪夸。(说到那)华茶历史真长久,(大概是)千百年前早有他。(所以那)宾客登门来拜谒,主人先敬一杯茶,方算殷勤礼不差。(而且得)开门七件家家有,(便是那)柴米油盐酱醋茶……"⑥汪裕泰的名号就这样通过电波印入了听众的脑海,可以想象,这些听众至少有一部分会转化为汪裕泰的客户。

对于受众面或许更广的报纸,汪裕泰茶号也以之为重要的宣传阵地。翻检20世纪30

---

① 许爱莲:《从〈申报〉广告看近代上海商业的繁荣与发展》,《历史教学问题》2000年第4期,第38页。
② 卞瑞明:《天津老字号》(上),北京:中国商业出版社,2007年,第306—308页。
③ 慕羽:《天津茶行业》,《天津文史资料选辑》(总第104辑),政协天津市委员会文史资料委员会编,天津:天津人民出版社,2005年,第87页。
④ 徐松如:《都市文化视野下的旅沪徽州人(1843—1953)》,上海:上海人民出版社,2015年,第116—117页。
⑤ 申浩:《雅韵留痕:评弹与都市》,北京:商务印书馆,2014年,第426页。
⑥ 剑公:《汪裕泰》,赵稼秋编:《秋声集》,新声社发行,1935年,第2页。

年代的《申报》可知,该茶号的售茶广告频频出现,有时几乎全年刊登,强化读者的广告记忆。1929年底至1930年常出现的一则广告图文布局合理,文字为四言短语,简洁明了:"上海汪裕泰茶号,茶质优美,价格低廉。日用必需,贮久不坏。装潢美丽,携带便利。赠亲馈友,尤为适宜。"

值得一提的还有1916年由著名的粤籍商人唐翘卿创办的上海华茶公司,这是由华商独立经营的中国第一家规模最大的茶叶出口公司,在近代华茶出口贸易中占有重要地位。在唐翘卿之子唐叔璠、唐季珊两兄弟的主持下,华茶公司非常注意用各种手段扩大该公司茶叶的影响力和国内外销路。一个有趣的例子是,1930年唐季珊携影星张织云到美国推销茶叶,在美国报刊上刊登广告,声称"中国茶叶皇帝与电影皇后同来美洲"[①]。中国的茶商很少在国外为自己的产品做广告,因此唐季珊此举充分反映了华茶公司的营销意识与市场意识。在国内报刊,主要是《申报》上,华茶公司自然也会斥资勤登广告。以1928年为例,从7月至12月,华茶公司多次在《申报》上刊登广告,分别用醒目的"国货茶"[②]"提倡中国茶业之生力军"[③]"用科学方法制成之茶叶"[④]等作标题,然后配上有变化的图文,从多个角度塑造商品的良好形象,如制作上"专采各省名茶亲自监制,与众不同",功效上"可以助消化,又能补血强身"或"提神、开胃、补血",口碑上"销往国外,深得洋商赞美",价格上"罐装牡丹牌、花篮牌红茶定价低廉",等等。

以上仅举三例,当然实际上有更多的茶商借报刊之力以广招徕,如天津"八大家"之卞家的元兴茶庄、庆隆茶庄(多登于《顺天时报》),徽商在上海创办的程裕新茶号、杭州的老字号方正大茶庄、翁隆盛茶号等。民国时期有人说:"广告者,乃攻城略地之工具也。盖商人以诚信为壁垒,以广告为战具。广告精良,犹战具之犀利也。执有利器,则战无不克。"[⑤]简言之,当时无论南北,无论是一些传统色彩较浓的批零兼营的茶庄、专营门市零售的茶号,还是外销、内销并举的近代茶叶公司,均以报刊广告为商战中攻城略地的"利器"。综观清以降许多传统茶庄茶号的兴衰,广告有力或不力也是决定其成败的因素之一。例如元兴茶庄自1914年开业以来,十多年经营不佳。1930年后新聘一位经理,"加之辅以广告宣传",营业状况方始好转。军阀王占元投资的乾祥厚茶庄本想抢夺正兴德的生意,但由于用人不当,经营不得法,"又不注意大张旗鼓地宣传",结果十几年就关门大吉。[⑥]不过,就总体来看茶叶广告在近代报刊中比重不大。当时的茶界专家也批评茶商"漠视宣传",如西湖的龙井茶本是内销的上品,但他们到了杭州,发现车站里和马路两旁几乎看不到广告,"报纸上的消息,那就更加少了"。上海"具有新商业知识的卖茶店,能够注意到的,也只有汪裕泰一二家罢了"[⑦]。茶叶广告相对不多的原因,估计一是刊登广告的费用非广大中小

---

① 上海艺术研究所编著:《沪风美雨百年潮——上海与美国地方文化艺术交流》,上海:上海人民出版社,2015年,第306页。
② 《申报》1928年7月9日、7月13日。
③ 《申报》1928年10月29日、11月3日。
④ 《申报》1928年11月10日、11月18日。
⑤ 徐启文:《商业广告之研究》,《商业月报》1934年第14卷第1号。
⑥ 慕羽:《天津茶行业》第88—89页。
⑦ 吴觉农、胡浩川:《中国茶业复兴计划》,上海:商务印书馆,1935年,第111页。

茶商财力所及;二是作为与柴米油盐酱醋并列的生活必需品,茶叶已在中国民众的生活中存在了数千年,已成为他们习以为常的一部分,或许买者与卖者都不觉得茶叶有做广告的必要。

## 二、茶叶广告的形式

现有的研究成果早已描绘出我国近代报刊广告的风貌①,茶叶广告作为其中的一部分,在形式特征上和其他商品广告有很大的共性,但同时也表现出一定的个性,如利用专刊为产品做广告。此处将依详异略同的原则对茶叶广告的形式作一介绍。

近代广告在中国起步时,形式比较单一、呆板,版式多呈条块状,内容则以文字为主,令人联想到旧式布告。如1863年3月7日《上海新报》上有一则"茶叶出售"的广告:"启者新德记洋行有熙春砖茶一百篮,每篮六十斤,现欲出卖此茶……"1872年5月11日该报又登出一则题为"广东新茶"的广告:"广东新茶已出,中外客商买者甚多,惟价值较去年稍贵……"二者均仅以直白朴实的语言道出信息,并无任何能吸引人注意力的图案。进入民国后,图文并茂的报刊广告逐渐增多,视觉效果和宣传效果已不可和从前同日而语。仅就茶叶广告而言,配图便有人物、风景、花鸟、茶叶罐、茶壶、茶杯、现代家具、摄影作品、交通工具等,五花八门。近代报刊广告从重文轻图到图文并茂的发展变化,在茶叶广告中也有鲜明的体现。

当时的一些茶庄还做起了系列广告,即形式相同,但文字内容随实际情况有适当变化的广告,对商品进行连续的有规律的宣传。系列广告的应用反映了对"变换"这一广告"艺术化"手法的深刻认识:"久则腐,久则腻,此恒情也。广告为求不腐不腻之故,当时常变换,或文字不同,或地位移异,使臻新颖,用夺人目。"②1932年,天津元兴茶庄的系列广告频繁出现在《大公报》上。10月份,广告中固定不变的画面是驾驶着轿车的一对时髦青年男女,而内容起初是该茶庄的"双蓝茶",过几日后改成了"秋季饮品 桂花薰红茶已到",隔数日后又成"桂花红茶"等。10月底至11月初,广告图案成了一对身着长袍马褂的旧式人物在举茶杯对饮,这时推出的茶叶有"京庄小叶茶"。11月9日开始,又改成两位长袍先生作躬身交谈状,其中一人手提元兴茶庄的茶叶,广而告之的商品先为"双薰大叶茶",后为"黄山苞茶"。这三组系列广告(实际上不止三组,本文仅取三例以说明情况)带有强烈的暗示性:元兴茶庄的茶叶适合各种消费群体,无论是摩登的都市青年或是传统的旧式人物。此外,元兴茶庄刊登在《北洋画报》上的新年应景系列广告也生动有趣。它们都以"新年礼品"为主题,配以一个孩子放鞭炮,另一个孩子捂耳朵的画面,中间的文字则说明商品的情况③。这些系列广告在相同中有变化,变化中又有不变的元素重复出现,比较容易给人留下

---

① 如孙会:《〈大公报〉广告与近代社会(1902—1936)》,北京:中国传媒大学出版社,2011年;韩红星:《一报一天堂——〈北洋画报〉广告研究》,厦门:厦门大学出版社,2012年。
② 徐宝璜:《新闻学纲要》,上海:现代书局,1934年,第205页。
③ 详见韩红星:《一报一天堂——〈北洋画报〉广告研究》第90页。

深刻的印象。

广为人知的是,鉴于戏剧在天津市民文化生活中的重要性,《北洋画报》开辟了戏剧专刊,由此留下了许多演艺活动和名家名角的珍贵史料。从目前掌握的资料来看,它为茶庄刊发的广告专刊数量并不多,但它们同样是一种商业活动的见证——见证了商家如何用广告和顾客"对话",引导他们的消费行为。

已知《北洋画报》刊出过正兴德茶庄专刊。就能看到的三期专刊而言①,它对正兴德茶庄的宣传堪称全面。从影像来看,既有工作场所如茶庄的制罐部,保定、北平、沧州支店门面,福州正兴德制茶厂的照片,也有茶庄销售的绿茶、红茶等茶叶的原产地如武夷九曲、安徽六安、杭州、天目山等地的风景照,以及茶庄经理和其他采办人员亲临这些地方留下的合照或单人照。从文字来看,既有对正兴德茶庄如何创制茉莉花茶的专文介绍,也有述及华茶历史与现状,或关于绿茶、茉莉花茶的功能等其他知识的小短文。专刊中丰富的影像和文字,很容易使读者形成这样一个印象:正兴德茶庄历史悠久,规模宏大,产品从原料、工艺到包装无不非常讲究。广告专刊兼顾了广告主深入报道的需求和普通读者掌握信息的阅读需求,能比普通广告产生更好的宣传效果。全面的影像和文字构成的宣传阵势,建构的不仅仅是某个茶庄及其产品的形象,还有城市的消费文化。此外,1932 年 9 月《天津商报画刊》也发行过元兴茶庄的宣传特刊,刊登了筛茶、薰花、薰焙等花茶制作场景②。

## 三、茶叶广告的叙述策略

商家出钱在报纸上刊登广告,所求无非是最大限度地争取潜在客户,赚取更多的利润。为了达此目的,广告就必须采取一定的叙述策略。民国时期围绕茶叶的广告叙述中,既有对传统生活方式的呼应,新消费文化的建构,也有对爱国、卫生等时代主题的趋从和展览会、博览会、化验等新概念的运用。

**(一)诉诸传统价值观**

重礼仪、重人情,这是中国社会普遍的价值观念。"送礼"既能表明自己知礼懂礼,又能为人际关系起到润滑作用。茶叶扮演的礼品角色,在古代婚俗中有突出的表现。由于古人误认为茶树只能用种子繁殖,不能移植,否则就会枯死,所以茶叶成为男女之间感情"矢志不移""从一而终"的象征,在婚俗中不可或缺。自宋以来,民间甚至直接把送聘礼称为"下茶"或"茶定"。根据宋人笔记,当时杭州一带的男女缔结姻缘时,男方送给女方的聘礼视男方经济实力而定,"若丰富之家,以珠翠、首饰、金器、销金裙褶及缎品、茶饼,加以双羊牵送"③。传教士卢公明(Justus Doolittle)在华居住二十多年,对晚清福州社会生活有细致而全面的观察。在"社会习俗"章中,他专门记述了当地人送礼的情况:"当某人即将启程

---

① 即《北洋画报》正兴德专刊,正兴德专刊第 3、第 4 期。时间不详。
② 许哲娜:《缔造"花茶时代"——清末以来花茶生产与消费初探》,《中国社会历史评论》2014 年第 15 卷,第 52、55 页。
③ (南宋)吴自牧:《梦粱录》,卷 20 "嫁娶",见《西湖文献集成》第 2 册,杭州:杭州出版社,2004 年,第 242 页。

去外地做生意或上任做官,亲朋好友要送他一些'路菜',如枣儿、茶叶、火腿、笋干等。"①在北方,以茶叶为寿礼的风俗历史悠久。北方人尤其是北京人喜欢喝茉莉花茶,寿礼即以花茶为多。花茶的包装形式多样,最讲究的是铁罐装,罐子有圆形、方形、扁方形、六角形等。每罐装半斤,一般每两罐或四罐为一份寿礼。也有人送小包茶叶,每一小包装二钱茶叶,正好可以沏一壶茶。② 毋庸置疑,送礼、送茶叶不是一时一地的实践,而是中国社会长期、普遍的经验。民国报刊茶叶广告很好地抓住了茶叶、广告和顾客之间的契合点——送礼,劝说人们逢年过节送礼就送茶叶。春节之前,华茶公司适时推出了巨幅广告,用"无上礼品"来形容自己的罐装茶叶,并在适合送礼的两个传统节日"冬至、春节"外面加上圆圈,以引起人们的注意。③ 正兴德茶庄认为"礼是交际的重要问题","欲得对方满意,本庄各货均宜"④。冬至前后,它甚至接连9日在报纸上刊登同一个广告,目的无非是希望人们把它的茶叶作为"冬至礼品"⑤。汪裕泰茶号也体贴地指出"送礼匪艰,选礼维艰",但只要选择它的"卢仝牌红茶",选礼这个难题就能迎刃而解。⑥

在民国报刊茶叶广告中,紧扣"送礼"主题的广告占了很大比重。已有研究者注意到,民国报刊茶叶广告有意运用了电灯、沙发等现代文明生活方式中的重要元素,以及读报、跳交谊舞、驾车旅行等充满"现代"气息的活动场景,以便提高茶与现代文明生活方式之间的关联度,打造茶叶的"现代"饮品的形象。⑦ 这是个细致入微的观察,不过更全面的说法或许是,在上海、天津等竭力追求现代性的都市,广告信息的传播也以传统价值观作为文化支撑,以适应公众积淀的文化价值心理。这不失为一个行之有效的策略。在社会转型期,传统的和现代的价值观念、行为方式、生活态度往往处于并存、杂糅的状态,共同影响人们的消费选择。一幅幅茶叶广告,也透露出都市民众日常生活的细节:买什么,喝什么,送什么。

(二)引导新的消费习惯

在消费习惯这方面,花茶消费问题具有典型性,因此下文将以之为例展开论述。

中国的六大茶类,即绿茶、白茶、黄茶、黑茶、青茶(乌龙茶)、红茶,在历史上出现的时间有先有后。迨至晚清六大茶类完全成型,茶叶消费也表现出一定的地域性差异,如"两广喜好红茶,福建多饮乌龙茶,江浙嗜好绿茶,北方人喜花茶或绿茶,边疆少数民族多用黑茶、砖茶"⑧,其中"花茶"指的是以绿茶、红茶或乌龙茶为茶坯,再用芳香的鲜花通过窨制工艺制成的再加工茶,是中国特有的茶类。

花茶自宋金时期萌芽以来,在很大程度上属于文人雅玩,直到清代花茶的生产与消费才渐成规模。⑨ 对于清末以来花茶如何风行于北方市场,尤其是京津地区这一问题,许哲娜

---

① [美]卢公明著,陈泽平译:《中国人的社会生活——一个美国传教士的晚清福州见闻录》,福州:福建人民出版社,2009年,第358页。
② 王作揖等编著:《中华传统民俗礼仪》,北京:气象出版社,2015年,第54页。
③ 《申报》1928年11月25日。
④ 《北洋画报》1933年1月7日(第880期)。
⑤ 《大公报》1932年12月17日—25日。
⑥ 《大公报》1933年11月10日。
⑦ 许哲娜:《20世纪上半叶现代都市茶文化的形成》,《中国社会历史评论》2015年第16卷(下),第38—39页。
⑧ 张士康:《中国茶产业优化发展路径》,杭州:浙江大学出版社,2015年,第23页。
⑨ 参见晓晨:《浅谈我国花茶的起源和发展》,《农业考古》1992年第2期。

作了深入的分析,肯定了茶商和他们所利用的报刊广告在建构新花茶文化的过程中发挥的重要作用。① 诚如其所言,为了拓展花茶市场,北方的一些茶商竭力为"花茶时代"的来临奠定社会文化基础。如正兴德在《北洋画报》上连续刊登专刊广告,由于它所生产的茉莉花茶的重要原料之一茉莉花来自福州,因此它有意识地用照片说明它设在福州的制茶厂内的工作情形:女工在拣茶,男工在筛茶、摊晾茉莉花,似乎在表明正兴德的花茶从选料到工艺无不精到。而且,它还登载一些具有知识性的小短文,为花茶的流行做好铺垫,如署名亦羽的文章《新茶经》介绍了花茶品鉴的三要素,并说"正兴德茶庄,关于前述各问题,自身有深切之研究"②,极似现代的软文。正兴德的竞争对手元兴茶庄除了让《天津商报画刊》出版宣传特刊,也在《大公报》《北洋画报》上刊登花茶广告。综合这些广告来看,当时茶商们能为市场提供的花茶有珠兰、茉莉薰龙井、桂花薰红茶、兰花薰大方茶、花薰碧螺春等,③名目繁多,顾客有很大的选择余地。据许哲娜研究,北方市场对花茶的旺盛需求产生了深远的影响:首先,花茶生产在很长时间内成为中国茶业的重要支柱,缔造了一个花茶时代;其次,北京成为最早、最大的花茶消费市场,而天津成为北方最大的花茶批发地;第三,改变了茉莉花的重要产地福州的生产结构和社会文化景观。

在南方,虽然花茶不是茶叶消费的主流,但是茶商为了拓宽市场,也不断推出新的花茶产品,培养顾客的花茶消费习惯。例如,1912年,汪裕泰茶号开发了由安徽黄山的野松萝茶和野蔷薇花精制而成的野蔷薇茶,据说该茶"色碧气馨,味清性平"。此外还有用枸杞、香橼和红茶或绿茶加工而成的枸橼茶,其中枸杞能"延年益寿,换骨轻身",香橼能"顺气、平肝、健脾",因此饮用这种茶,"获益岂有限量哉"④?程裕新茶号推出的花茶有"茉莉双薰茶""茉莉大方茶",均为"解暑止渴的妙品"⑤。在茶商构建花茶文化的努力下,花茶逐渐从传统茶文化的边缘走出,成为与绿茶、红茶等并列的一大品类。截至1929年,程裕新茶号门市出售的茶叶有绿茶、红茶、花茶3大类共163个品种。⑥ 在汪裕泰茶号的广告中,花茶常与红绿茶相提并论。

(三)与卫生、国货、化验、博览会等概念相勾连

几千年的中国传统茶文化在品评茶叶时,多从韵、味、色、香、形等入手,在文人的品茗体验中,这样的评点俯拾皆是。例如,明代袁宏道比较了几种茶的香气后,觉得"大约龙井头茶虽香,尚作草气,天池作豆气,虎丘作花气"⑦。清人陆次云认为龙井茶"啜之淡然,似乎无味,饮过后觉有一种太和之气弥沦乎齿颊之间。此无味之味,乃至味也"⑧。民国报刊广告依然沿此方向描述茶叶,但是为了最大限度地勾动读者的消费意愿,又结合一定的历史语境赋予了它更多的内涵或价值。

---

① 许哲娜:《缔造"花茶时代"——清末以来花茶生产与消费初探》第39—56页。
② 《北洋画报》1932年9月27日(第836期);《北洋画报》正兴德专刊第三、第四期。
③ 这些广告主要出现在1932年的《大公报》上,由于其登载具有连续性和重复性,此处不一一指出日期。
④ 《民国日报》1916年4月24日。
⑤ 《申报》1931年8月1日。
⑥ 参见张朝胜:《民国时期的旅沪徽州茶商——兼谈徽商衰落问题》,《安徽史学》1996年第2期,第76页。
⑦ (明)袁弘道:《西湖记述》,见《丛书集成续编》(第224册),台北:新文丰出版公司,1988年,第14页。
⑧ (清)陆次云撰,(清)丁丙辑:《湖壖杂记·龙井》,武林掌故丛编第57册,钱塘丁氏嘉惠堂清光绪九年(1883)刻本。

1. 卫生的茶叶

"卫生"在大多数中国人的眼中只是个再普通不过的词语,但是近一二十年的研究表明①,实际上自晚清以来它承载了丰富的社会和政治寓意,尤其是与以西方为标杆的现代性问题紧紧纠缠在一起。简单地说,卫生成了衡量一个国家、民族的现代化和文明程度的指标之一。

随着近代"卫生"意涵的复杂化,卫生一词的出现频率也在升高。罗芙芸(Ruth Rogaski)发现,"二十世纪二三十年代,天津的大众媒体充斥着彼此相似的既矛盾又复杂的卫生叙述。卫生通过广告、讲演厅、电影院、海报、报纸、杂志文章和政府宣传产生共鸣"。她还指出,"天津主要的报纸《大公报》上充满了卫生产品的广告","在这份报纸上'卫生'一词常常被用来唤起对各种商品的欲望"②。由于罗芙芸考量的是宣称能为中国顾客提供卫生现代性的进口商品,因此她没有注意到其实中国商品的广告也在强调自己是"卫生"的。例如,正兴德茶庄在一则广告中连用四个感叹号,首先强调自己的茶叶是:"经济卫生的华茶!"然后是:"精美的装潢!名贵礼品!授受适意!"③"正兴德茶庄所制之茶根据科学新法,清洁卫生。"④庆隆茶庄也标榜自己的茶叶"最合人类卫生"⑤。华茶公司的某个广告以字体粗大的"易获无价宝,难得有名茶"为标题,而广告词字体稍小,其中指出它的三种红茶是"用最合卫生之方法制成"⑥。它的另一个广告则更详细地解释了卫生的意义:"饮食为人生之最要问题,稍知摄生者,对饮食必求卫生。卫生之主要,即于饮食须求精良鲜美。茶为饮料中必需之品,惟不良之茶叶,饮之反有碍卫生。华茶公司各种出品,皆以科学方法制成,非特有提神补血之功效,而于采制上亦极合卫生也。"⑦程裕新形容其龙井茶"货品洁净,极合夏令卫生"⑧。本文暂不辨析这些广告中的"卫生"究竟是指向养生还是清洁,只是想在此提出,天津和上海是我国近代卫生行政起步最早的通商口岸城市,中西卫生观念和实践在这些地方的碰撞、融合,外加其他的一些作用力,共同促使津沪民众逐渐接纳包含了现代性诉求的卫生观,因此对于他们把"卫生"作为产品属性添加到茶叶身上,我们或许不能简单地视为只是广告中的噱头,其中其实含有他们自己对卫生的理解与追求,至少他们认为卫生并不只存在于国外的商品中。

不能回避的是,我国一些地区的传统茶叶加工工艺很容易贻人口实。祁门红茶被誉为中国"最上等"的红茶,远销海外。在"揉捻"环节,祁门一带的传统做法是"足揉",即预先洗净足部,穿上新制之鞋,站于桶内,脚踩茶叶,直至茶汁溢出⑨。金陵大学农学院农经系在

---

① 关于近些年卫生史研究的成果,参见余新忠:《卫生何为——中国近世的卫生史研究》,《史学理论研究》2011年第3期,第132—141页。
② Ruth Rogaski, *Hygienic Modernity: Meanings of Health and Disease in Treaty—Port China*, Berkeley: University of California University, 2004, pp. 226—227.
③ 《大公报》1932年9月1日。
④ 恕诚:《茶可代药》,《北洋画报》正兴德专刊第4期。
⑤ 《大公报》1932年6月27日。
⑥ 《申报》1929年1月5日。
⑦ 《申报》1928年11月10日。
⑧ 《申报》1931年7月10日、22日。
⑨ 张宗成、严庚雪:《祁门红茶区茶业近况》,《实业部月刊》1936年第1卷第8期,第95页。

调查祁红产区时,也记录了这种揉捻方法,并指出用这种方法揉茶不仅效率低,"抑且不合卫生,亟须改良"①。由于日本想方设法争夺我国茶叶的海外市场,故意摄制了足踩制茶的影片,"谓华茶之不卫生",到处放映,因此近代华茶出口到国外后,常被指控为"不卫生"。美国商人甚至因此拒绝购买,华茶经销商不得不指鹿为马,把华茶叫做日茶,方能销售。②首都博物馆收藏的一组清代八条屏国画《制茶图》描绘了似为乌龙茶的制作流程,其中也有茶农光脚揉捻茶叶的场面。外国人注意到这一点后,留下了华茶很不卫生的印象,以之为由打压华茶,甚至画成漫画进行宣传。③因此,如何扭转"不卫生"的华茶形象,重振华茶的国际声誉,从而挽回茶业利权,一直是清末以来一些具有改革思想的朝野人士共同思索的问题。1906年,清政府颁布了《商部札行各商会改良茶叶章程》,要求从茶树、地土、勤力、肥料、防寒、采摘、焙制、洁净八个方面改良茶叶的生产,其中"洁净"为重点之一:"外洋讲求卫生,最喜洁净饮食之物……山内摘采烘制之时,房厂人工以及制茶器具等类,宜时时留意,备极洁净。近来有印度、锡兰商人因欲夺华茶销路,每借口华茶不洁,极力诋毁。并绘华人制茶之图,赤足揉践,形容污秽,西人颇为所惑。我华茶商宜急留意,以保华茶声名。"④张之洞提出了"购机制茶"的方案,也是出于类似考虑:"若中国仍用旧法,洋商必借口人工不能停匀,制法不能干洁,极力传播煽惑,务使各国尽销洋茶而后已。"⑤在他的倡导下,汉口等地的机器制茶渐有起色。20世纪30年代,祁门茶业改良场也引进揉茶机、筛分机等进行机器制茶。当地茶农认为祁红的固有风味——所谓"祁门香",本源自纯手工制作,用机器揉捻会减少祁门香,因此对机器抱有偏见,但"亦渐打破"了老观念。⑥可以说,"卫生"一方面使中国的传统茶业在国际市场遭遇了前所未有的危机,另一方面它又成为近代中国茶业审视自己的不足,蹒跚走向机械化的驱动力之一。而从祁门红茶的例子来看,卫生、茶业近代化、行业习惯和实践经验之间有着更为复杂的互动关系,其实茶农未必不讲卫生,他们只是在习惯或经验的驱使下,不愿因为"卫生"而影响茶叶品质的形成。回到广告问题上来,作为茶叶的制造商,民国时期的茶商在广告中强调茶叶的卫生性、科学性,也是对华茶不卫生这类指控的回应,是对华茶形象的重新塑造。

---

① 金陵大学农业经济系:《祁门红茶之生产制造及运销》,见《豫鄂皖赣四省农村经济调查报告》(下),北京:国家图书馆出版社,2010年,第34页(全书第194页)。

② 张宗成、严庚雪:《祁门红茶区茶业近况》第95页;章有义编:《中国近代农业史资料第三辑(1927—1937)》,北京:三联书店,1957年,第409页。

③ 孙五一:《馆藏佚名〈制茶图〉探微》,首都博物馆编辑委员会编:《首都博物馆文集》(第7辑),北京:燕山出版社,1992年,第158—160页。此外,邹怡也在其著作中提到,在英国德文郡的萨尔特伦宅子(SaltramHouse)里保存了一组18世纪中国的壁画,这批画由中英茶叶贸易的巨头东印度公司于18世纪从中国运至英国。它们以连环画的形式展现了当时中国的制茶工艺,英国人将这批画命名为 Story of Tea。其中的画之三也描绘了3名男子立于桶内,用脚揉踩茶叶的场景。从画作的时间和工艺来判断,它们描绘的极有可能为福建武夷山一带的红茶制作。邹怡:《明清以来的徽州茶业与地方社会(1368—1949)》,上海:复旦大学出版社,2012年,第166—170页。由于祁门红茶、武夷山红茶、乌龙茶有技术上的传承关系,所以不难理解为何都有足揉的程序。当然,用脚揉捻茶叶早已成历史陈迹,现在的茶叶制作中并无此做法。

④ 《商部札行各商会改良茶叶章程》,《东方杂志》1906年第3卷第8期。

⑤ 张之洞:《札江汉关劝谕华商购机制茶》,苑书义等编:《张之洞全集》第5册,石家庄:河北人民出版社,1998年,第3815—3816页。

⑥ 张宗成、严庚雪:《祁门红茶区茶业近况》第96页。

晚清以来,传统的手工制茶工艺因为有碍卫生、效率低下等原因成为革新、改造的对象,然而到了现代社会,又成了保护、传承的目标。许多传统手工制茶技艺,如信阳毛尖、西湖龙井茶、武夷岩茶(大红袍)炒制技艺等,被列入地方或国家非物质文化遗产保护名录。在茶叶市场上,手工茶的身价也远高于机制茶。这或许可以理解为当近代以来卫生现代性引起的焦虑纾解后,传统手工技艺制品的人文价值逐渐被理解与正视,功利化的考量淡薄了。同时,如何避免传统与现代之间紧张的对峙和拉锯,依然值得我们深思。

2. 营养的茶叶

传统茶文化在评价茶叶时,不仅主观性强,而且更多的是强调茶对国人精神而不是身体的滋养,即便关注茶与身体的关系,也多从茶的药用价值立论。如元代太医忽思慧编撰的《饮膳正要》是古代的营养学专著,它看到的是"凡诸茶,味甘苦,微寒,无毒。去痰热、止渴、利小便、消食下气、清神少睡"①。但正兴德的一则广告另辟蹊径,从另一个角度阐释了茶的饮用价值。该广告的右侧为竖排的大标题:"科学的大贡献!"左上部为一穿白大褂的戴眼镜男子,微微俯身对着桌子上的广口瓶、烧杯、茶样等,似乎刚做完试验。广告的中下方则用表格的形式列出"著名化验家化验茶叶之结果",如"茶质"为 1.35,"单宁"为 12.36,"水分"为 11.49("百分之成分"),等等。化验的结果表明,"依据前列之成分,滋养甚多,但必须纯正之茶叶。本庄经历已二百余年,对于货路之选择,极有把握……"②在众多茶叶广告中,这则广告引人注目,因为它用具体数据和列表的方式来增强商品的说服力,而不是像同时期的医药广告那样,往往借助于冗长的证人证言。而且,它利用了"化验"的概念来寻找客观的"科学"依据。

目前尚不清楚化验在中国始于何时何地,可以明确的是,1928 年天津特别市卫生局正式成立了化验室,定期化验津市河北、河东、南市和租界的自来水,并在报纸上公布检验结果。除了自来水,各牛奶房出产的牛乳也是化验的对象,且次数远多于饮水检查③。因此笔者据此推测,30 年代津市商民对于日常生活中的"化验"已不陌生,在广告中用化验和数据来证明茶叶的营养价值,或许正是受到了自来水和牛乳化验的启发。在正兴德专刊中,也有作者借国外的化验结果力证华茶的优越:"英国派亨氏化验,华茶所有茶质、单宁均较印度、爪哇为适当。"④总之,不同于传统茶文化对茶的感性化形容,民国报刊广告引用化验结果进行量化描述,使茶叶滋养身体的功能获得了科学的认证。在身体国家化、卫生政治化的社会背景下,正如新兴的城市公共卫生行政把自来水、牛乳等纳入饮食卫生管理,报刊广告也开始从新的角度认识茶叶这一传统饮品。

3. 爱国的茶叶

20 世纪初,中国兴起了国货运动。作为国货运动的副产品,国货广告开始在《申报》等重要报纸上出现,并于 20 世纪 20—30 年代蔚为大观。爱国、用国货成为时代主题。大量

---

① (元)忽思慧:《饮膳正要》,见陈祖槼、朱自振编:《中国茶叶历史资料选辑》,北京:农业出版社,1981 年,第 286 页。
② 《大公报》1932 年 9 月 8 日。
③ 朱慧颖:《天津公共卫生建设研究(1900—1937)》,天津:天津古籍出版社,2014 年,第 113—114 页。
④ 鲁真:《茶与人生》,《北洋画报》正兴德专刊第 4 期。

的国货广告把消费国货和爱国主义相等同,不厌其烦地鼓动人们将爱国精神和救国理想落到实处:购买他们生产的国货。茶叶广告也是如此。

1932年的双十节,元兴茶庄在报端登起了醒目的大幅广告:"双十节与双蓝茶 双十节是中华民国的国庆纪念,双蓝茶是中华民国的优秀国货",巧妙地将产品和一个特殊的节日并列。广告中另有一段敬告顾客的话:"同胞们!我们在这国难期中来纪念国庆,应以卧薪尝胆的精神努力救国,提倡国货就是消极救国的良法!"①1934年10月10日,元兴茶庄再次推出大小罐两种"国庆茶",广告的语言与之前相似:"国庆日是中华民国的建国纪念,国庆茶是中华民国的建国茶",同时它还用气势磅礴的"……者当饮国庆茶"的排比句特别指出国庆茶的适用对象为庆祝国庆日者、纪念先烈士者、有国家思想者、尊崇新生活者、关心国难者、悲痛国耻者、努力救国者、提倡国货者②,几乎涵盖所有稍有良知的中国人。

将喝茶与爱国相联系并非中国独有的行为。英国人最初只喝中国茶,19世纪60—70年代,英国可以先后从印度、锡兰获取大量印度茶和锡兰茶时,饮茶也开始被拔高到了爱国主义的层次。"饮茶不仅仅是一种消费行为,而且是一种支持英国海军和英殖民地茶叶生产,支持英国帝国主义和为英国经济做贡献的爱国主义行为。"与此同时,原先被塑造为上层社会的生活时尚的中国茶遭到了丑化与攻击③。另一个更著名的例子或许就是美国的独立事业。为了对抗英国王权,北美人民甘愿放弃喝茶这一嗜好,那些喝英国茶的人被舆论斥为"叛徒"④。因为茶叶成了人们表达政治、经济诉求的媒介,喝什么茶、喝不喝茶就不再是关涉个人口腹之欲的简单选择,而成为政治、道德层面的大事。

同样的情况也出现在中国。根据国货广告里的叙述,喝茶,只要是喝国产茶,就是在救国,这在一定程度上是对消费与爱国之间的关系的简单化处理。诚如有研究者所言,类似的国货广告把消费国货说成是爱国行为,"这就把爱国主义从抽象的道德层面疏导到具体的行动层面",其积极的一面是"为消费者提供了便利的爱国途径",但消极的一面是"自觉不自觉中消解了爱国主义本身应该具有的高尚性、神圣性和严肃性"⑤。从实际情况看,因为气节、情操可以通过消费国货贯彻到日常生活最基本的饮食中,所以民众的爱国热情被点燃了,把爱国和消费捆绑在一起的促销活动大获成功,元兴茶庄的国庆茶"未及一日,总支店竟将四万余罐完全售罄"⑥。国货广告在爱国问题上和广告受众达成了很大的"共识",所以有力地影响了人们的消费取向。另一方面,爱国主义本身也沦为消费品和享乐的幌子,尤其是在抗战时期,上海工商界甚至出现了"娱乐救国""跳舞救国"等奇特的言行⑦。抗战爆发后,去茶馆"吃茶"进一步与"国运"相关联,对此王笛先生在《茶馆:成都的公共生活与微观世界,1900—1950》中有充分的论述。喝茶与爱国之间有如此深的纠葛,或许是因

---

① 《大公报》1932年10月10日。
② 《益世报》1934年10月10日。
③ 张丽编著:《经济全球化的历史视角:第一次经济全球化与中国》,杭州:浙江大学出版社,2012年,第239—240页。
④ [美]房龙著,刘宗亚译:《美国的故事》,石家庄:河北教育出版社,2002年,第120页。
⑤ 王儒年:《国货广告与市民消费中的民族认同——〈申报〉广告解读》,《江西师范大学学报》(哲学社会科学版),2003年第36卷第4期,第111—112页。
⑥ 《北洋画报》1934年10月18日(第1155期)。
⑦ 王儒年:《国货广告与市民消费中的民族认同——〈申报〉广告解读》第112页。

为喝茶不仅是中国各族人民共同的记忆与生活方式,而且很能体现中国人的精神与心态,因此很容易成为各种观点、矛盾角力的场域。

华茶公司主要从事茶叶的出口贸易,当它的茶叶在国内市场销售时,也在广告中大打国货牌。有时华茶公司直接在标题的"茶"之前加上"国货"二字,以正视听,广告词里表示提倡国货是为了要"与外货竞争"①。也有华茶公司的广告开门见山地写道"茶叶是纯粹的国货,也是我们同胞天天不可少的用品",最后说"愿爱国同胞提倡之"②。依托"国货"概念的茶叶广告在民国报刊茶叶广告中为数不少,使这一时期的茶叶广告表现出浓厚的时代特色。

值得注意的是,有的茶叶广告尽管以国人同胞为预期顾客,但仍不忘用"深得洋商赞美"来为产品加持,多少折射出江河日下的中国茶业的不自信。事实上,晚清以来华茶的海外市场不仅逐渐为日本茶、印度茶和锡兰茶等蚕食,而且连国内市场也有大量的国外茶叶涌入。光绪初年,日本绿茶最先进入中国,但为数不多,且为转口贸易。光绪三十年(1904)后,印度、锡兰等国的茶叶也相继进口。印、锡茶叶以茶末为最多,均供汉口几家砖茶厂制作红砖茶之用。印、锡、爪哇的普通红茶,进口的数量亦不少,主顾除了西餐馆和在华外人,另有很多中国人。进口的日本茶分为绿茶和茶末两种,前者专门供应给日侨,绿茶末则因价格低廉,行销于河北、山东等省的农村地区。就上海一地而论,不仅外国的百货店、糖食店有各种印度、锡兰、爪哇的红茶,"就是国人所经营的大百货商店乃至极小的面包店,也都在替其贩卖,陈列装潢,都在国产的红茶之上"。而且不仅是红茶,咖啡、可可自民元以来也源源不断地输入,非酒精类饮料的市场已不是中国茶叶的天下。

除了"外国茶叶大量的涌入",更让茶界专家忧虑的是"国人嗜好外国茶及咖啡、可可的心理的转变",所以最后他们诘问"连固有的国茶都在厌弃,又怎么可以去提倡爱用国货"③? 不爱国茶和不爱(其他)国货之间其实并无必然的逻辑关系,因此这句话可说是民族主义焦虑在消费领域的缩影。从这个意义上说,报刊把国货茶的商品信息、消费国货茶的意义通过广告的形式扩散出去,为缓释这种焦虑提供了一个渠道,事实也证明这样的广告有一定收效。另一方面,尽管饮食的阶级性可能天然地阻碍了可可、咖啡等外来饮料向中国广大农村地区和中下层市民渗透,但是它们毕竟已在中国站稳了脚跟,吸引了大量顾客,因此国货广告,当然也包括其他主题的茶叶广告,也有助于维系饮茶传统在中国人日常饮食生活中的地位。

4. 获奖的茶叶

茶叶是中国历史悠久的农产品,但是它参加大规模的集中展示,并因通过公开评比而获奖却是近代才出现的事情。茶叶展示自己并斩获荣誉的主要舞台就是国内外的博览会、劝业会和展览会等。

作为工业革命的产物,博览会最早在法国、英国等欧洲国家举办。中国与博览会的渊源可以上溯至19世纪中叶,截至1949年,中国先后出洋参加了在世界各地举办的20余次

---

① 《申报》1928年7月9日、7月13日。
② 《申报》1928年10月29日、11月3日。
③ 吴觉农、胡浩川:《中国茶业复兴计划》第108—110页。

国际性博览会。同时，从晚清开始，中国也在国内自行举办各种地方性或全国性的博览会，其中规模和影响较大的有1907年天津的商业劝工会、1909年武汉的劝业奖进会、1910年南京的南洋劝业会、1928年上海的中华国货展览会和1929年杭州的西湖博览会等。

在这些国内外博览会上，各地的茶叶是参展的常客。如在南洋劝业会上，茶叶除了在8个专业性展馆之一的农业馆展出，十几个参会省区自办的展馆里也陈列了本省生产的茶叶。湖北馆把短廊布置成了茶叶室，摆放整箱茶叶，一层层几乎堆至屋顶，凡湖北所产之茶，咸备于此室内。① 1926年的费城博览会上，中国的许多茶商选送茶叶赴海外参展参赛，并荣获茶类中的甲等大奖，如华茶公司、汪裕泰茶栈、方正大茶号、翁隆盛茶号、吴世美茶号等，总计26家。② 1928年上海举办中华国货展览会时，华茶公司也积极参加，在会场三楼搭建了一个茶园，并安排年轻美丽的女子为观众提供茶叶的免费品饮。③ 正兴德送了四箱绿茶参加芝加哥博览会。④

近代博览会举办的目的之一是把各国各地的产品与技术荟萃一处，通过相互比较，奖优汰劣，促使人们产生竞争之心，改进之念，因此通常会组织专家对所有展品进行审查评比。例如，南洋劝业会评选出奏奖（一等）、超等奖（二等）、优等奖（三等）、金牌奖（四等）和银牌奖（五等），总计5269名。在66件夺得一等奖的展品中，有8件为茶叶，如湖北汉口兴商公司的茶末砖、上海天保祥的祁门贡尖、上海洪昌隆的祁门乌龙茶、上海新隆泰茶栈的婺源贡熙茶、杭州鼎兴茶庄的龙井贡茶，等等。⑤ 参展获奖使一些商家名利双收，正兴德曾先后在1928年的国货展览会上获优质奖章，1934年在第三届铁道沿线出产展览会上获超等奖证，同年又在芝加哥博览会上受到好评，因此它载誉归来后，"声誉更震，生意更加兴旺"⑥。而且，通过参加国内外博览会这个展示台与竞技场，中国茶商逐渐从昧于商情、故步自封的状态中走出，增强了市场观念和竞争意识，这一点在广告中也有鲜明的体现。

在国内外博览会上获奖意味着产品品质赢得了官方的甚至是国际上的正式认可，它可以有效地增加产品的可信度。一些茶商不失时机地利用这种荣耀为其产品张目。例如，正兴德在其广告专刊中刊登了"天津特别市第一次国货展览会奖凭"的照片，另外还有"泡制得宜"的奖状与奖牌。⑦ 汪裕泰茶号为其枸椽（应为"橼"）茶和野蔷薇茶做广告，特别指出它们是"农商部头等奖凭国货"⑧，即1915年农商部主办的全国国货展览会的获奖产品。在另一个广告中，汪裕泰茶号罗列了两种茶叶所获得的更多荣誉："发明以来，每逢赛会，如南洋劝业会、江苏省物品展览会、农商部物产评会，均获头等奖凭。斯茶优美，足见早有定评。"⑨ 该茶号甚至分别在其发票两侧印上"江苏省地方物产评会得头等奖""农商部国货展览会得头等奖"和"美国巴拿马赛会得头等奖""前清南洋劝业会得头等奖"这4个重

---

① 商务印书馆编译所编纂：《南洋劝业会游记·湖北馆》，上海：商务印书馆，1910年，第15页。
② 恽震：《费城赛会观感录》，出版处不详，1927年，第41—42页。
③ 江柳声：《国货展览会商场之一瞥》，《申报》1928年1月7日。
④ 《芝博会昨接驻芝领事葛祖孋函》，《申报》1934年8月10日。
⑤ 《南洋劝业会审查给奖清册》（共2册），上海：商务印书馆，1910年。
⑥ 卞瑞明：《天津老字号》（上），第307页。
⑦ 《正兴德专刊》，《北洋画报》，时间不详。
⑧ 《民国日报》1916年4月24日。
⑨ 《申报》1918年12月15、17日。

要奖项①。商家借博览会之势提高产品号召力,说明部分茶商在面对近代急剧变化的社会经济环境时,及时作了自我调适,同时也说明随着举办次数的增多,博览会、劝业会等不同于传统庙会、集市等形式的新事物已有广泛的社会基础。时至今日,依然有许多现代茶企业试图和某个茶叶曾在博览会,尤其是国际性博览会上获奖的光荣过往搭建起关系。

## 四、结　语

在近代报刊商品广告中,茶叶广告虽然不及医药广告多,但是同样具备史料价值和解读意义。透过茶叶广告,我们不仅能看到茶商的商业活动,也能解析出更丰富的信息与内涵。从广告主的身份看,刊登售茶广告的多为有经济实力的茶庄、茶号或茶叶公司。他们对广告的投入程度,至今仍被认为是影响其兴衰存亡的重要因素。在表现形式上,近代报刊广告总体上经历了从简单到复杂,从幼稚到成熟的过程,茶叶广告也不例外。尽管它和其他的商品广告有很大的共性,但同时也表现出一定程度的个性,如出现了茶庄的专刊广告。在叙述策略上,民国报刊茶叶广告采取了多元化的手段。一方面,许多茶叶广告求助于传统文化资源,围绕着颇能体现中国人的传统价值观念和行为方式的"送礼"大做文章;另一方面,它们也极力构建新的花茶消费文化,使花茶的饮用成为北方地区带有地域性的消费习惯。同时,茶叶广告也注意吸收、利用晚清以来社会发生深刻变革后产生的新事物、新现象、新概念,如卫生、国货、博览会、化验等,对茶叶进行重新认识和重新塑造,赋予它政治、文化、经济的多重意义。因此在这一时期的报刊茶叶广告中,传统性与时代性鲜明地共生共存,它们所呈现出来的茶叶不仅具有味美,香浓,能提神、解渴生津等茶叶的常规属性,而且是卫生的、营养的、爱国的、获奖的、有品牌的茶叶。这样的茶叶形象为前近代社会所未有,它既是社会变迁的产物,也是社会变迁的表征。同时,真实有效的茶叶广告也从生产和消费方面促成了中国茶业的良性发展,维系了中国历史悠久的饮茶传统。此外,从中国茶文化的角度看,自唐宋以降一直由传统文人引领茶文化潮流,但是近代以来国家面临前所未有的大变局,赏玩消闲式的茶文化已不为广大士人所取,文人丧失了茶文化的领导地位,传统茶文化开始"走向伦常日用","深入到千家万户"②。民国报刊茶叶广告与更广阔的社会现实结合在一起,涉及民生日用、民族情感、国家利权等,因此也是民国时期中国茶文化进一步世俗化的反映。

**作者简介**:朱慧颖,中国茶叶博物馆研究员;姚晓燕,中国茶叶博物馆副研究员。

---

① 关于此种发票的历史面目,参见赵大川编著:《图说首届西湖博览会》,杭州:西泠印社出版社,2003年,第131页。
② 王玲:《中国茶文化》,北京:九州出版社,2009年(2013年重印),第54—55页。

# 别有奇芬日采撷：抗战初期的中学教员日常生活

## ——从社会生活史角度对詹安泰的考察

陈嘉顺

【摘　要】本文从社会生活史角度对詹安泰这位被誉为"岭南词宗"的词人在抗战初期(1937年7月至1938年10月)的日常生活进行考察，展示一名晋升为大学教授之前的中学教员的生活状态。全文分为抗战前夕悠闲自在的生活、抗战爆发对生活的影响、寄意长诗和撰写政论文、受冤入狱以及推荐饶宗颐代课等几个方面。民国时期是传统社会向现代社会的过渡时期，在政治、文化、经济等方面，都呈现出新旧交融的特点。在这期间，知识分子对自身身份的建构，只是从文化趣味层面上展开，因为他们知道怎样的活动与自己的社会身份和地位匹配，进而在与"他人"的区别中形成身份的认同和归属感。

【关键词】抗战初期；中学教员；詹安泰；日常生活；身份认同

## 一、引言：放怀万一寄新篇①

民国年间，新式教育下产生的新思想新文化，使传统的教师阶层成为具有现代意识的知识分子，他们有的未走上"学而优则仕"的传统道路，而是在文化、教育等领域中发展。他们有一定的经济基础，但又不同于传统社会的"士"，他们往往独立于政治集团之外，注重精神享受，对于自身价值更多在文化层面上体现，建构了个人的身份认同。他们对精神生活有着自身的理解与界定，通过各种新旧交织的文化活动来认同身份，他们眼中文化享受是社会阶层的象征，是教师这一群体的身份认同。

本文考察的对象是一名任教于广东一所省立师范学校的教员——詹安泰，笔者从传世的诗文集、档案等文献中探究其生活，了解其文化趣味及其在抗战初期(1937年7月至1938年10月)的日常生活状况。因为学者普遍对抗战时期中学教师的日常生活关注较少，并且关于民国知识分子的身份认同，现有成果多从政治、社团等领域来考察，未将他们的生活史纳入到视野。所以本文试图从社会生活史的角度出发，着重于揭示以詹安泰为代表的教师群体生活中的文化倾向，反映他们在抗战时期的文化观，展现他们文化趣味的历

---

① 本文中的小标题均借用詹安泰诗句。

程和矛盾,为更加深入的研究处于抗战时期的知识分子提供一个新的思路和角度。

詹安泰(1902—1967),字祝南,号无庵,广东饶平人,中国 20 世纪著名的词学家、文学史家和书法家。1938 年起任教于中山大学中文系①。近年来,《詹安泰全集》的出版及专题研讨会的召开,进一步拓展了对詹安泰学术成就的研究,成果丰硕,而通过对这批成果的梳理,可以发现基本上都是文学学科的本位讨论,对詹安泰的日常生活却鲜有深入探究。笔者相信,詹安泰人生的进展只有放在具体的时代环境中才能得到解释,他的命运,从一个侧面体现了民国社会的复杂性和 20 世纪中国风云变幻的历史进程。

中国一百多年来的现代化历程,不仅仅是政治和经济的进程,更是整个社会的进程,其中与亿万中国人息息相关的社会生活随之不断发生转变,展示出一幅幅生动的历史图卷。社会生活史就是这幅图卷中,以人的生活为核心连接社会各部分的连接线,串起了芸芸众生在不同时空中的社会组织、物质生活、岁时节日、生命周期、聚落形态等百象,并揭示了民众生活与政权的关系以及历史变动带来的影响。常建华指出,生活史在推进历史研究方面,有助于我们对社会生活的理解,而中国社会生活史的研究也应当从"社会生活"向"日常生活"转变,研究方法上则应注意建立日常生活与历史变动的联系,挖掘日常生活领域的非日常生活因素。② 而历史人物的丰满、真实和评价,有时需要细处和片断的挖掘、审拾与梳理,其中的某些细枝末节往往值得咀嚼和寻味。③

詹安泰的人生历程可分为三个大时期,即 1926 年 8 月以前是求学时期,1926 年 8 月至 1938 年 10 月是广东省立韩山师范学校(简称"韩师")时期,1938 年 11 月至去世是中大时期。④ 在韩师时期,詹安泰广交文友,切磋学问,于词用力最勤,撰写《花外集笺注》《姜词笺释》,钩陈索隐,苦心探赜,1936 年发表《论寄托》词学论文,广受词界关注,隔年又刊印《无庵词》,由此词名日显。《鹪鹩巢诗》为詹安泰晚年自定稿,集中第一首诗是《韩山韩水歌寄邵谭秋祖平》,可见,詹安泰自认得意的诗作肇始于此。⑤ 韩师这段时期,是其"名士"身份形成的阶段,这方面的问题,已有不少学者进行论述,兹不赘述。

## 二、慰情留得短长句:抗战前夕悠闲自在的生活

中国传统科举教育,创造了一种将国家与精英连为一体的世界观,但精英也有超出科举考试范围之外的思想与兴趣,例如吟诗谈禅等,这并不一定会与国家对精英信仰的期望相冲突。⑥ 按知识考古学的观点,"知识"是话语实践中可供谈论的东西,是主体可在其中

---

① 吴承学、彭玉平:《詹安泰文集》,广州:中山大学出版社,2004 年,第 1 页。
② 常建华:《中国社会生活史上生活的意义》,《历史教学》2012 年第 2 期;常建华:《从社会生活到日常生活——中国社会史研究再出发》,《人民日报(理论版)》,2011 年 3 月 31 日。
③ 廖大伟:《胸襟、境界与形象:国难之际李烈钧的复出》,《近代人物研究——社会网络与日常生活》,上海:上海人民出版社,2012 年,第 188 页。
④ 陈嘉顺:《詹安泰先生晚年的心态管窥》,《潮学研究》新 1 卷第 2 期,2011 年 6 月,第 241 页。
⑤ 陈枫、陈椰、黄晓丹:《詹安泰:"岭南词宗"的苍凉背影》,《南方日报》,2012 年 11 月 28 日,第 A20 版。
⑥ 王国斌著,李伯重、连玲玲译:《转变的中国——历史变迁与欧洲经验的局限》,南京:江苏人民出版社,1998 年,第 103 页。

置放自己话语中所涉及对象的空间场所,是概念得以产生、消失、被使用和转换的范围,是在确定的话语实践前提之下展开的活动,话语不仅是使用符号以确指事物,更重要的是创造对象本身。① 中国传统诗词的创作即是如此,对于中国传统文人士大夫所言,诗词超越了物质生活,诗词不单是一门艺术,他们的日常生活、喜怒哀乐都可渗透到诗词之中,将生活艺术化。而他们以诗会友、互相唱和,又成为他们轻松与随意的生活内容,他们除了应酬和交际之外,还追求一种情趣,将艺术生活化。

在20世纪30年代,詹安泰住在广东省东部的潮安城胶柏街上一座小门楼内。门楼坐西朝东,地基稍高,沿街需要爬一两级石级,在五间平过的楼房楼上,院子很清幽。家中的设置很简单朴素,却满目图书,靠右边最后一间房子,就是詹安泰读书工作的地方。② 詹安泰自从与柯娥仙结婚后,就一直居住在这里。在暑假时,詹安泰又经常到潮安城外的枫溪柳堂居住,在那里也留下了不少诗词。③

从1926年开始任教,经过10年的实践,詹安泰的教学经验日渐丰富,尽管他自己认为他在教学中有"语言难懂、声音不大、征引太多"的缺点,但当有人对此提出质疑时,他则用长篇累牍的文字为自己辩护,足见他在教学中的自信心。④

1937年春天,詹安泰回了一次故乡饶平,在词中有"一十年来(余旅居十年,始一还里)"之句,可知此前他已十年没有回去了。⑤ 然而此次的故乡之行,詹安泰并没有留下太多的文字,因此也未能知悉是全家同行,还是只有他一人回乡。

1937年4月11日,在长女慧明满月之后的第一个周日,⑥詹安泰就和朋友、学生一起登别峰游玩。别峰在潮安城北5.5千米,又称凤栖山,历代文人学士多喜览游此处。⑦ 游别峰的计划,詹安泰早已有之,"人笑褴褛我成癖,游别峰梦无时离。去春有人实告我,告我别峰穷幽奇"。这个告诉他别峰胜景的人就是詹夫人柯娥仙,在春窗雨夜听妻子谈别峰名胜,自然令人神思飞驰,可惜此次因长女刚满月,夫人无法同行。别峰之行,"我今欲辨口已荼,亦无雄发朝阳晞。即此是神仙窟宅,虚劳蹇叟登天梯。少豁心眼得佳趣,缓寻沙坞沿风漪"。欢快之情,跃然诗中。不料登山中,詹安泰足部受伤,此后在家休养多时,以致有"近来腰脚颇欠健""游山蹩脚费招邀(余以游山伤足)"和"偶遂肯怜长病足(余游别峰病足,犹

---

① 赵淳:《话语实践与文化立场——西方文论引介研究:1993—2007》,南京:南京大学出版社,2008年,第45页。
② 陈树秋:《胶柏街风光》,《潮州日报》,2010年10月13日,第B4版;蔡起贤:《春风杖履失追陪》,詹安泰纪念文集编辑组:《詹安泰纪念文集》,广州:广东人民出版社,1987年,第71页。
③ 詹安泰:《月夜偕娥卿、慧儿乘凉枫溪公路》《风云日紧,阻雨不得归郡寓,书寄丘拉因》《枫溪困雨寄怀石铭老》《锡纯过访枫溪,快谈竟日,别后惠诗见怀,作此报之》《留枫溪十日未发》《忆枫溪柳堂》《春尽日闻枫溪柳堂被毁》等,《詹安泰全集(4)》,上海:上海古籍出版社,2011年,第34、37、45、49、57、83页。
④ 詹安泰:《我的教学经验谈》,《韩师周刊》第2卷第10期,1935年10月,第3—7页。
⑤ 詹安泰:《醉蓬莱——丁丑春归故山,和中仙》,《詹安泰全集(4)》,第248页。
⑥ 詹安泰长女慧明于1937年3月5日出生。参见郑晓燕:《詹安泰先生年谱》,豆丁网:http://www.docin.com/p—644827485.html,2013年8月21日。
⑦ 饶宗颐:《潮州志·山川志》,潮州:潮州市地方志办公室,2005年,第3174页。

未愈)"等句。①

在1937年6月6日的教师节当日,詹安泰又与同人饮集潮州西湖,在湖光山色中,"肢翅嫩鸡佳酒酱,互劝杯觞放洪量。全无白发差醉扶,只欠红裙酬清唱。各各意气冲斗牛,不数帝王况将相"。大有指点江山,激扬文字的气概,"曰归已及二更初,谈笑尤夸酒力余。平生长恨误读书,叹出无车食无鱼嗟嗟吾党二三子,何不日日来西湖"②?

韩师时期的詹安泰,中等身材,穿一套丰顺县汤坑产的夏布唐装,着一双潮州郑义成老店的薄衣布鞋,清俊潇洒。③ 但他也有失眠的苦恼,他又喜欢邀朋呼友一起饮茶,他"最爱小壶坐夜雨""胜客快朋邀三五",虽是"人言饮多要失眠",但他却觉得"诗清胜睡苦"④,又和友朋品茗西湖滴翠亭,"饮茶来此得清歌,不比城市妖声多。饮茶人亦好题字,强半啼饥杂嘲戏。我来值夏日正午,不思饼糕况酒脯。会须一醉乐陶陶,春秋花月相对吐"⑤。詹安泰"不睡困我二十年,自从识书长失眠",可知他失眠的症状已持续多年,他素不能酒⑥,某晚小饮了几杯之后,一下就醉了,半夜醒来,却精神倍长,又燃起了从潮州开元寺买来的上等西藏香,在闻香中煮茶独饮,然后用小字写诗,尽兴之后,"待明发唱睡神听,使我夜夜生鼾声"⑦。

詹安泰喜欢听曲艺,在1937年清明前后的某天傍晚,天色昏暗且有雾气,他冒雨驱车去听《啼笑姻缘》的大鼓词⑧,在他欣赏了琵琶、筝和胡弦的合奏后,又写道:

　　乐最动人琵琶筝,我心好之嗟无成。
　　胡弦圆朗亦悦耳,合奏弥使百灵清。
　　王郑吴俱此中圣,忽携仙乐张洞庭。
　　端坐飘然若脱壳,顿觉厚地高天平。⑨

岭南古为谪官之地,韩愈、苏轼的到来,开启千年文风。韩苏是詹安泰敬仰的对象,"独有韩祠得昂屹,转忆韩公歌忽忽""韩公当年谪潮州,道固坎坷声名留。东坡当年迁岭表,胜事遗芬今皎皎。我生堕地卅五年,百无一遂羞古贤""当年韩苏曾过岭,惜不于此留一题""我思东坡翁,垂老怜花伴""东坡培翁亦喜事,作诗宠茶压酒脯""平生喜临东坡字,平

---

① 詹安泰:《游别峰八十六韵》,《詹安泰全集(4)》,第11—14页;《久思游别峰不果,春窗雨夜听娥卿谈别峰胜境,恍然有作》,《詹安泰全集(4)》,第6—7页;《余嗜茶成癖,或劝以多饮失眠,不改也,戏为长句自解》第16页;《焕华来汕,约共谈笑,病足不赴,报之以诗》,《詹安泰全集(4)》,第19页;《奉题陈斠玄师〈黄山游草〉即用柱赠原韵二首(之一)》,《詹安泰全集(4)》,第23页。
② 詹安泰:《教师节日同人饮集潮州西湖》,《詹安泰全集(4)》,第22页。
③ 汤擎民:《仰念詹安泰先生》,《詹安泰纪念文集》第62页。
④ 詹安泰:《余嗜茶成癖,或劝以多饮失眠,不改也,戏为长句自解》,《詹安泰全集(4)》,第16—17页。
⑤ 詹安泰:《与友人品茗西湖滴翠亭》,《詹安泰全集(4)》,第26页。
⑥ 詹安泰有句"拨闷聊当人痛饮(余素不能酒),"参见詹安泰:《因庵将赴桂林过访平石,别后寄此》,《詹安泰全集(4)》,第153页。
⑦ 詹安泰:《余素患失眠,且不能饮,晚来懑极,以酒试解,遂昏昏入睡,一觉已夜半矣》,《詹安泰全集(4)》,第21页。
⑧ 詹安泰:《听歌舞团陈翠宝唱大鼓词,率成长句》,《詹安泰全集(4)》,第10页。
⑨ 詹安泰:《琴香馆夜听王泽如琵琶、郑祝三筝、吴轩孙胡弦合奏》,《詹安泰全集(4)》,第14页。

生喜读东坡诗"①。瞻仰韩苏遗风,参悟古今变幻,探寻太始奥秘,达到物我两忘的境界,这种文士情怀深深地嵌入詹安泰的思想中。

詹安泰的学生蔡起贤曾论及,潮州过去不少诗人的集子里,有不少抒写纪录潮汕史事的诗篇,若能充分加以利用,不但可补充地志记事的缺略,还可纠正一些纪事的错误。② 以诗见史的观点,虽然也受学界质疑③,但诗中所言之事,往往比其他文字资料更真切地反映特定历史条件下的社会生活。

民国时期教员的经济收入胜于普通民众,稳定的收入使他们的生活显得富足。在同一学校连续服务一定年限,又可依照教育部颁《教员服务奖励规则》给予奖励。④ 教师除了正常的工资收入外,还有生育子女补助费等各种福利,患病也能得到校方的关心与经济支持。⑤ 教职员如遇生日、婚姻、丧葬、喜庆等,相应的人情事务都由学校专人负责,教职员身故后,其家属亦能得到一笔相应的抚恤金,就连教师子女升学就读也可申请补助。⑥ 这些福利使他们教学之余,可以根据个人的喜好展开各种活动。现代人力资源管理的研究认为,一个成功企业员工的总体薪酬,不仅包括企业向员工提供的经济性报酬,还包括企业为员工创造的良好工作环境及工作本身的内在特征、组织的特征等,只有二者兼具,才能提升员工对企业以及自身身份的认同。⑦ 这一理论应用于中学教师的身份认同上也具有一定意义,其构成见下图所示:

---

① 詹安泰:《韩山韩水歌寄邵谭秋祖平》《郁郁四首》(四)、《偶成三首》(一)、《余嗜茶成癖,或劝以多饮失眠,不改也,戏为长句自解》《东坡书陶诗小楷墨迹,丹师命题》,《詹安泰全集(4)》,第1、6、15、16、83页。
② 蔡起贤:《以诗证志一例》,《缶庵诗文续集》,香港:天马出版有限公司,2008年,第29—32页。
③ 张耕华:《"以诗证史"与史事坐实的复杂性——以陈寅恪〈元白诗笺证稿〉为例》,《华东师范大学学报(哲学社会科学版)》,2006年第5期。
④ 《呈为教员王显诏先生在校连续服务满廿一年,适合请授一等服务奖状,请察核转呈核授奖状下校转给由》(1944年3月14日),韩山师范学院档案室藏,民国档案,240/32—35;《省立韩山师范学校证明书》(1944年1月□日),韩山师范学院档案室藏,民国档案,252/107;《呈缴职校教员王显诏、陈镇藩两先生年籍经历表证明书,请察核颁发奖状祗领转给由》(1940年3月27日),韩山师范学院档案室藏,民国档案,121/19;《呈缴王陈两教员证明书各一件、聘书各三件,请察核发给奖状由》(1942年11月11日),韩山师范学院档案室藏,民国档案,128/17;《兹遵照卅一年度实施省立中等学校教员年功加俸暂行办法第五条之规定,谨将继续在本校服务五年以上教员列表呈报》(1943年10月□日),韩山师范学院档案室藏,民国档案,214/43。
⑤ 《呈为补缴本校卅三年度教职员沈炳华、张元敏等七人生育子女联保书及长官证明书请察核查明汇并转呈省政府核拨补助费,仍乞指令祗遵由》(1945年12月27日),韩山师范学院档案室藏,民国档案,264/63;《呈报垫支本校教员黄家泽先生生育子女补助二千元,请察核,转请将该款核发下校,俾资归垫由》(1944年10月21日),韩山师范学院档案室藏,民国档案,248/62;《呈复教员沈炳华、黄家泽生育子女补助领据业经遵令更正呈缴谨将该员等生育证明书再行缴校悬于查明汇办由》(1944年12月6日),韩山师范学院档案室藏,民国档案,250/58;《兹领到广东省立韩山师范学校垫发公务员生育子女补助费国币一千四百元正》(1944年7月30日),韩山师范学院档案室藏,民国档案,251/39;《函为本校职员许慧明先生拟赴院诊病,必要时或在院留希予优待,并赐预留房位由》(1944年5月7日),韩山师范学院档案室藏,民国档案,247/55;《励志社通告函知簿》(无时间),韩山师范学院档案室藏,民国档案,无卷数/126。
⑥ 《校工步资分配暂行办法》(无时间),韩山师范学院档案室藏,民国档案,54/40;《呈为据张关氏请发给职薪并转呈酌给恤金等情,转请察核示遵由》(1937年3月□日),韩山师范学院档案室藏,民国档案,60/48—51;《据呈为转请核准发给前训育主任张驾洲职薪及酌给恤金等情,令仰遵照由》(1937年5月2日),韩山师范学院档案室藏,民国档案,59/31—32;《函知奉令续给薪水两月由》(1937年5月13日),韩山师范学院档案室藏,民国档案,62/57—58;《陈镇藩先生六十三寿辰献金缘起》(无时间),韩山师范学院档案室藏,民国档案,16/2;《战时公教人员子女就学中等学校补助费申请书》(1944年12月20日),韩山师范学院档案室藏,民国档案,500/19。
⑦ 彭剑峰:《人力资源管理概论》,上海:复旦大学出版社,2004年,第374页。

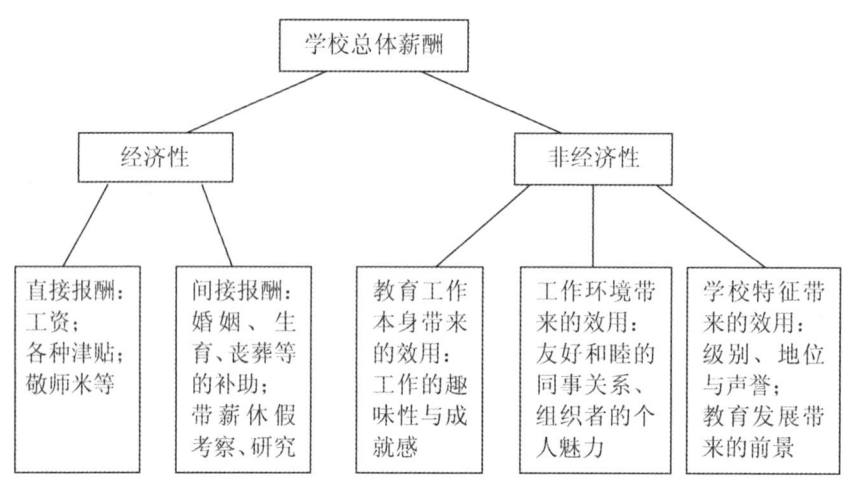

从上面的文字中,可以大概清楚抗战前的詹安泰,日子过得颇为滋润。

### 三、自是有生愁不了:抗战爆发对生活的影响

1937年7月7日,卢沟桥事变拉开了中国全民抗战的序幕。9月2日,国民政府教育部颁令,要求沿海各省公私立学校迁移内地上课。① 同日上午,韩师廿六年度第一学期开学,当时到校学生仅有2/3。至9月9日、16日,日本飞机先后来侵,致使不少学生请假避难,校务大受影响,加上军事教官未到校任教,战时特殊训练无法指导。事后虽继续上课,但警报频传,师生无法集中精神,而且有一部分学生仍未敢到校上课。校长李育藩认为长此以往,会荒废学生学业,因此为适应环境变化,同时遵照广东省教育厅颁发的《广东省各级学校处理校务临时办法》第2条"或择比较安全之县区或乡村为迁移之处置,必要时得连行办理"规定,9月底,向教育厅长许崇清汇报,准备暂时将学校迁至潮安县第五区仙田村上课。与此同时,为慎重起见,韩师将所有图书,分为重要、次要、普通三等,其中重要者5993册,分装成43箱,派员运往潮安县仙舟乡存放,以策万全。②

如果说卢沟桥的炮火离潮安城还太远的话,那么日本飞机投到潮安城的炸弹,以及图书搬迁等备战措施,一定可以让大家感受到战争的临近。同时,教员的工资受战争的影响而减少,这对他们的日常生活带来了严重的影响。从笔者整理的《詹安泰抗战初期的工资表》③可以看出这段时期詹安泰工资收入的变化情况:

---

① 王建朗、曾景忠:《中国近代通史·抗日战争(1937—1945)》,南京:江苏人民出版社,2007年,第26页。
② 《呈复装饰本校重要书籍运往安全地带保存经过,请察核示遵由》(1938年3月9日),韩山师范学院档案室藏,民国档案,68/24。
③ 表中"——"者,表示未能找到具体数据,1938年11月之后的工资表,已无詹安泰之名。

| 时间 | 詹安泰工资① （元） | 校长李育藩工资（元）（全校最高者） | 学校什役工资（元）（全校最低者） | 来源（韩师民国档案） |
|---|---|---|---|---|
| 1936 年 12 月 | 125 | 200 | 10 | 卷 282 页 26—30 |
| 1937 年 1 月 | 125 | 200 | 10 | 卷 58 页 20—24 |
| 1937 年 2 月 | 130 | 200 | 10 | 卷 572 页 52—56 |
| 1937 年 3 月 | 130 | 200 | 10 | 卷 570 页 42—47 |
| 1937 年 4 月 | 130 | 200 | 10 | 卷 570 页 19—24 |
| 1937 年 5 月 | 130 | 200 | 10 | 卷 58 页 28—32 |
| 1937 年 6 月 | —— | —— | —— | |
| 1937 年 7 月 | 130 | 200 | 10 | 卷 571 页 1—5 |
| 1937 年 8 月 | 97.22 | 138.88 | 6.94 | 卷 570 页 1—5 |
| 1937 年 9 月 | | | | |
| 1937 年 10 月 | 48.61 | 69.44 | 6 | 卷 66 页 8—12 |
| 1937 年 11 月 | 48.61 | 69.44 | 6 | 卷 66 页 31—35 |
| 1937 年 12 月 | 48.61 | 69.44 | 6 | 卷 66 页 55—59 |
| 1938 年 1 月 | 48.61 | 69.44 | 6 | 卷 67 页 80—84 |
| 1938 年 2 月 | 50 | 70 | 6 | 卷 67 页 104—108 |
| 1938 年 3 月 | 50 | 70 | 6 | 卷 67 页 129—133 |
| 1938 年 4 月 | —— | —— | —— | |
| 1938 年 5 月 | 50 | 70 | 6 | 卷 78 页 67—71 |
| 1938 年 6 月 | 50 | 70 | 6 | 卷 79 页 11—15 |
| 1938 年 7 月 | 50 | 70 | 6 | 卷 572 页 33—38 |
| 1938 年 8 月 | —— | —— | —— | |
| 1938 年 9 月 | 56 | 70 | 6 | 卷 572 页 16—20 |
| 1938 年 10 月 | 56 | 70 | —— | 卷 572 页 1—4 |

从表中可知，1937 年 8 月起，韩师教师只拿到七成工资，三个月后，再减少到战前七成的一半，几个月之间，连减二次工资。虽然在 1938 年初，全校教员联名向校长申请发足五成工资，②但从上表所列数据看，似乎校方也无法发足。战争对每个人心理的影响，不止于来自各种途径的战争消息、工资的不断减少，还有教师要付出认缴飞机捐、广东省政府代收慰劳守土将士捐款③等各种捐款，如下表《教职员认缴飞机捐款数》：

---

① 韩师虽系省立中学，但当时的广东市面上多种币种同时流通，所以上表中的教师工资用国币或是用地方货币发放，暂无法确定。1936 年两广事变后，陈济棠下台，广东还政中央，1937 年，中央等四家银行发行的国币进入潮汕，逐步将广东各地发行的地方货币挤出流通领域，这个调整过程长达数年。参见陈景熙：《潮汕工商业史话》，香港：天马出版有限公司，2011 年，第 63—64 页。

② 《林英丽、张华痕等 37 名韩师教员联名向校长申请发足五成工资》（无时间），韩山师范学院档案室藏，民国档案，21/56。

③ 从档案材料可知，校长李育藩捐款 6 元，詹安泰捐款 1 元，其余教师捐款多寡不等，学生也以班为单位进行捐款。参见《广东省政府代收慰劳守土将士捐款收据》（1938 年 3 月□日），韩山师范学院档案室藏，民国档案，91/13—39。

| 时间 | 詹安泰 | 李育藩 | 卓景锐<br>（全校教师工资最低者） | 来源<br>（韩师民国档案） |
|---|---|---|---|---|
| 1937年12月 | 0.2 | 0.69 | 0.2 | 卷418页32 |
| 1938年1月 | 0.2 | 0.69 | 0.2 | 卷428页51 |
| 2月 | 0.2 | 0.7 | 0.2 | 卷430页1 |
| 3月 | 0.2 | 0.7 | 0.2 | 卷430页4 |
| 4月 | 0.2 | 0.7 | 0.2 | 卷430页12 |
| 6月 | 0.2 | 0.7 | 0.2 | 卷427页20 |

从现存的侨批来看，抗战前夕，一般从南洋寄来潮汕的赡家批，每笔在国币5—20元之间，30元以上的比较少见，由此大概可知普通家庭的经济情况。① 抗战初期的詹安泰一家，有夫妻和6周岁的儿子伯慧及刚出生的长女慧明，共四人，月收入130元时，生活安定，经济宽裕，战时收入的逐月减少，一定会对生活质量带来严重的影响。现在我们无法知悉詹安泰一家的家庭支出情况，但可参照当时公开发行的材料进行推测。《韩山半月刊》是政府许可发行的公开刊物，其中有一篇讨论战时物价的文章：

> 潮汕方面物价上涨情形大体亦与京沪一带趋势相同，即七、八、九月份物价步步升高，十月份以后稍为降低；惟此间粮食向赖外地供给，抗战以来，调节或未能得法，致普通本地白米价格由战前每石汕券十六元左右涨至十八余元，现仍有增无减，平民生活不堪其苦。
>
> 物价上升则生活费随之而昂贵。一般人的收入，如和从前一样，无形中就打了折扣。例如一个月薪卅元的小学教员现在其家眷在潮城居住，普通用十元付房租，十三元付膳廷，五元为衣服零用；在物价腾贵的时候房租要增至十一元，膳食增至十八元，其余衣服零用须增至七元，每月生活就非三十六元不能维持，若收入仍照三十元没有增加，那末事实上就不啻被打八折了。何况现值国难时期一般人特别是公务人员，不但收入不因物价腾贵而附加，且须五折支付，并搭购公债，所以大多感觉拮据。②

## 四、试明寸抱向遥天：撰写长诗与政论文

生活的真正价值，就在于它的艺术性；人类生活之所以优越于其他生物的生存，就是因为人生在世，始终都有可能把生活本身打造成为充满创造精神的艺术作品。③ 民国时期的知识分子立场，说到底是个性与爱好的立场，就是以自我为中心的、以知识良知为基点的独

---

① 曾旭波：《寄国币的侨批（二）》，《侨批丛谈》，香港：天马出版有限公司，2010年，第47—48页。
② 伏山：《政府应注意物价统制》，《韩山半月刊》第1卷第2期，1937年11月，第4—6页。
③ 高宣扬：《福柯的生存美学》，北京：中国人民大学出版社，2005年，第505页。

立立场,它并不天然属于任何阶级,甚至自身也不成为一个独立的、固定的阶级。而社会职业结构的近代化使知识分子有了自己的文化阵地,近代知识分子萌生了阶层的自我意识,他们不再把入仕作为自己的人生选择,开始意识到知识分子之所以为知识分子,乃在于求知或真理,纵然负有社会良心的使命,也须保持身份的独立,以社会舆论干预政治。① 詹安泰就是属于这类人物。

1937年秋,詹安泰刊印了第一本个人词集——《无庵词》,他在自序中云:"呜呼,兵火满天举家避难,尚不知葬身何处,所守此区区,宁非至愚,顾敝帚自珍,贤者不免,余亦不恤人间耻笑矣!"② 这是战火日炽、家国残破之际,一个犹忘情于文字的词人发出的自我嗤叹。潮安城遭敌机轰炸后,詹安泰曾举家避难枫溪柳堂。当时各地避难民众甚多,"乱蝉如诉""画角声声,哀禽无数",悲国难深重,哀民生多艰,在詹安泰的词作中常有寄寓。其1938年7月寄夏承焘的《玲珑四犯》一词可为代表,词中题序云:

> 廿四年七月,余自沪之杭访夏瞿禅教授于秦望山,因与纵游湖上,忽忽周三年矣,大好湖山已非复我有。余寄食枫里,瞿禅亦避地瞿溪。寇氛载途,清欢难再。月夜怀思凄然欲涕。因仿白石旧谱倚此寄瞿禅。

教师的职业特点、较稳定的收入和教育背景等,使詹安泰的生活习惯具有一定的趣味和个性。他生活在自己的交际圈里,总是和周围的圈外人表现出许多不同的兴趣,这不仅体现了生活的需求,更是阶层分别的表现。但是在抗战中,面对国土沦陷,人民流离,詹安泰语调沉痛,况味幽凄,充满骚怨之情。③ 这段期间,詹安泰的诗作明显比词作多,相信这乃是词本身以抒情见长,不利于叙事的特点所决定的,词牌最长者不过百余字,韵律更有严格要求,限制了创作者思想的表达,且詹安泰的词作虽多有本事,却词境深邃,读者不易理解。④ 对比之下,诗的表达意境更广阔,更有气势,在当时动荡之中更利于反映社情民情,直抒胸臆地表达对现实的痛心及思考。如《苦热》:

> 今年万方不如意,苦热更值边警至。
> 落地巨炮声响雷,腾天飞机虎插翅。
> 初以鲜血挫凶锋,旋闻主将忽潜避。
> 探望日日复人人,消息虽远若指臂。
> 坚钢要须热力镕,莫便贪凉忘痛泪。⑤

---

① 许纪霖:《朱自清:从象牙塔到十字街头》,《大时代中的知识人》,北京:中华书局,2007年,第183页;许纪霖:《陈布雷:"道"与"势"之间的人生挣扎》,《大时代中的知识人》第137页。
② 詹安泰:《无庵词·序》,《詹安泰全集(4)》,第1页。
③ 黄晓丹:《万山深处锁吟魂——詹安泰澄江词作述略》,载陈景熙主编:《潮青学刊(第1辑)》,北京:社会科学文献出版社,2013年,第427页。
④ 蔡起贤:《詹安泰教授〈蝶恋花〉四首本事》,《缶庵诗文续集》第87—91页。
⑤ 詹安泰:《苦热》,《詹安泰全集(4)》,第34页。

詹安泰的书法在潮安城是一时之选,他的书法以魏碑笔法入行草,自然古朴。① 学生时代的蔡起贤,周日总是要到胶柏街的詹安泰家,同学及其他老师要向詹安泰索墨宝时,常是把宣纸交给他代请书写,有求必应。② 但到了后来,詹安泰书名益显,盛名之下,应酬作字颇累,詹安泰自己也说:"多时我亦鹅鸡厌(余颇喜书,酬应为劳,不胜烦厌矣)。"③但有些应酬是无法推辞的,只好勉力为之,不过若是书法行家里手,则又当别论。抗战初期,在应酬索书人之时,詹安泰自谦地写道:"我诗钝弱书尤拙,平直粗解气已荼。肥字虽避馒头羞……""忽辱笺来索书诗,强驱身战试执铁。主将有命谁敢违,只恐旁人骂滥窃。公书唐体参汉法,我曾过宋旋易辙……"在诗的最后,詹安泰仍不忘以"况值遑遑天雨血(时北寇正深也)"为结。④

如果说以诗明志,以诗寄意自古多有,那詹安泰更以对杨髡发陵的考辨,借古讽今。这篇发表于1940年3月的《杨髡发陵考辨》导言云:

自古亡国者受祸之惨烈与亡人国者手段之残酷,殆未有甚于宋元易代之际者也。元以异族驰骋华夏,豺狼成性,视人命如草菅……顾两军相搏,兽性难驯,肆意蛮凶,犹可言也。若夫人既奉表称臣,甘作奴虏矣,奴虏之不足,必殄灭之,殄灭之不足,必悉驱诸崖海之中,葬之鲸鲵之腹以为快;及事过境迁,乃复有羌髡发陵之举:以头颅作饮器,涸帝骼于牛马,悬尸沥水,建塔压邪,掠取宝货,籍没田户,以视项羽之发秦冢,温韬之盗唐陵,其毒辣尤过之十百千倍,斯真天下所稀闻,古今所未有也。呜呼烈哉!⑤

詹安泰此文系为笺碧山《咏龙涎香》词时开始属稿的,可以说是他笺注碧山词的副产品,⑥成稿应该是20世纪30年代末。国土沦丧,侵华日军之暴行令人发指,这些相比宋元易代时的惨酷情状有过之而无不及,此文虽为学术研究之作,但视为对时局之寄托也未尝不可。

抗战初期,两广大批兵力被抽调北上,留在广东的兵力薄弱,只有第12集团军(总司令余汉谋)所部3个军8个师,分守各地。⑦ 潮安城早晚落入敌手已是人所皆知,韩师当然也无法固守,为保证师生安全,迁校势在必行。韩师校长在卢沟桥事变四个月后,为全校师生作《我国抗战的前途》的演讲,说明战争环境,指出双方利弊,预测沿海各地必然失守,但日本无法长期作战,中国可以持久战与之抗衡,还就中日两方及国际情形加以分析,最后指出:"对于抵抗前途不应悲观,而应乐观,不应怀疑而应自信,人人负责任,守秩序贡献能力,效忠国家,最后胜利是属于我国的。"⑧这一言论大大地鼓舞了人心。

---

① 陈永正:《岭南书法史》,广州:广东人民出版社,1994年,第206页。
② 蔡起贤:《春风杖履失追陪》,《詹安泰纪念文集》第71—72页。
③ 詹安泰:《题清代名人手迹》,《詹安泰全集(4)》,第49页。
④ 詹安泰:《守玄寄纸索书近作,既用报命膑以长句》,《詹安泰全集(4)》,第35页。
⑤ 詹安泰:《杨髡发陵考辨》,吴承学、彭玉平:《詹安泰文集》,广州:中山大学出版社,2004年,第391页。
⑥ 蔡起贤:《春风杖履失追陪》,《詹安泰纪念文集》第73页;蔡起贤:《花外集笺注后记》,王沂孙著、詹安泰笺注、蔡起贤整理:《花外集笺注》,广州:广东人民出版社,1995年,第199页。
⑦ 王建朗、曾景忠:《中国近代通史·抗日战争(1937—1945)》,南京:江苏人民出版社,2007年,第83—84页。
⑧ 李育藩:《我国抗战的前途》,《韩山半月刊》第1卷第4期,1937年12月,第2—6页。

文学是对历史的理论表述,文学开辟了一处无罪空间,社会行为在这个空间里被表述出来,文学和历史的关系类似于数学长期以来相对于精密科学的关系:文学是一段"合乎逻辑的"历史表述,文学的虚构使历史可以被思考。① 这一时期,詹安泰也撰写了不少政论文,为全民抗战呐喊,如《有钱出钱、有力出力》②《潮安县教育工作人员抗敌同志会成立宣言》③《欧局和缓与远东问题》④等,在《抗战前途之预测》⑤一文中,詹安泰写道:

> 我国自发动抗战以来,已逾五月。前三月中,平津虽告陷落,敌势虽未稍杀,然以东西北各战场节节胜利,故国人咸抱乐观。以为驱逐暴敌收复失地,为期尚在不远。嗣因种种关系,东线撤退,西北两线,敌人亦更深入,于是曩之抱乐观者顿觉疑云四起:有谓敌方志在北方五省,五省若果得手,战事即可结束者;有谓我国军事力量,颇形不支,行将与敌媾和者;有谓九国会议不能予暴敌以有力之制裁,祇能负调解之责,届时我方必诚意接受者。众口嚣嚣,不一其说,管窥蠡测。何能有当!适足以自爆其懦怯之心理,以取笑于有识之士而已。
>
> 夫我国此次之战,乃累积数十年来备受抑压之愤怒所筑成,见胜负即言修好之内战所不可同日而语也。战而胜,固国人所深愿……不幸而不胜,亦必期与敌方同归于尽,至若委曲求全以屈服,虽已司空见惯,然断断乎不能再现于今日。若屈服而可再现于今日,则当施之于卢沟桥肇事或平津沦失时,何庸扩大战区作全面之抗战,更何必下长期抗战之决心,作长期抗战之准备?事实俱在,昭哉若揭。且我国民政府之声明及我最高领袖之谈话亦已一再表露光明磊落之态度,予全世界人士以深切真确之认识矣。最近首都之迁渝,以示留寸土,余滴血,亦必与暴敌相周旋,尤足以慑敌心而寒敌胆。而谓犹有中途停战妥协之可能耶!
>
> 故今日当务之急,不在战与和之间,而在如何抗战,如何使此抗战成为全民族之抗战及如何使全民族抗战得以坚持长久诸问题。舍此不图,而斤斤于和战之较量,自矮其心,自夺其气,真所谓"自作孽,不可活"矣,夫人类固具有斗争之天性;而斗争最终之目的实为和平之享受。故真正之和平,必当从斗争中来;而欲享受真正和平之福者,必不可不谙斗争之途径。"生于忧患,死于安乐",不劳之获而得善保蹶终者,旷古及今,未之前闻。……

通过对国际形势的分析和中日双方之力量对比,詹安泰又预测将来战事结束,大抵有几种情况:一是战事持久,敌方无力延续,复受列强之制裁,自动退出我国领域,央他国出面调停;二是敌国因经济崩溃而起革命,推翻现政府以与我讲和;三是引起第二次世界大战,随大战之结束而结束;四是敌我双方经济总崩溃,各产生伟大之革命而互相携手,不相侵

---

① 米歇尔·德·塞尔托著,邵炜译:《历史与心理分析——科学与虚构之间》,北京:中国人民大学出版社,2010年,第45—46页。
② 詹安泰:《有钱出钱、有力出力》,《烽火消息》第1卷第3期,时间不详,页码不详。
③ 詹安泰:《潮安县教育工作人员抗敌同志会成立宣言》,《无庵文存》(手稿),詹叔夏藏,无页码。
④ 詹安泰:《欧局和缓与远东问题》,《韩山半月刊》第2卷第3期,1938年10月,第3—4页。
⑤ 詹安泰:《抗战前途之预测》,《韩山半月刊》第1卷第4期,1937年12月,第6—8页。

略,并促成世界各国之革命斗争,以谋最后之解决,以奠定最终之和局。

最后,詹安泰认为,就抗战将来之结局而言,在今日殆成废话,我国将达到此结局,仍须经历许多艰难困苦之过程,非可一蹴而就也,为今计,唯有促成全民抗战而使之坚持彻底……我人果欲与敌做长期斗争者,当效马德里人民之所为,咸抱赴义恐后之决心以与敌死拼。夫如是,暴敌虽有多量之炮火,恐终不能摧毁我再接再厉之血肉长城也。

一个知识分子,既可以扮演社会批评者的角色,也可以扮演学者的角色,这两种角色有各自独立的价值和意义,也有各自不同的角色逻辑和操作道德。从作为韩师代表的詹安泰的身上,我们可以看出韩师教师们的精神空间——学术和文化,使他们在学校中,既与社会和政治保持一定的距离,又对"国事、家事、天下事,事事关心"。

## 五、又飞急雨满江天:受冤入狱和推荐饶宗颐代课

1938 年初,由于抗战形势日趋严峻,1 月 18 日,广东省教育厅指令韩师按上报计划构筑避难室及防空壕,费用在节余校款项下开支。① 韩师不久后即建成避难室三座,分别建于校内大操场、校园内和汝平亭。② 到了 1938 年 5 月,与潮汕毗邻的福建金门和厦门先后沦陷,形势更加紧张。6 月中旬以后,日机、舰更是不断窥伺、肆扰潮汕沿海一带,并炮击潮阳、惠来、澄海、饶平等沿海地区,试探海防虚实,图谋进攻,这种紧张的氛围从许多东南亚寄来的侨批中都可明显感受到。③ 由于韩师临江靠山,与潮安城甚近,虽有避难室及防空壕,仍无法令学生安心学习。据潮安沦陷后的政府调查报告指出,潮汕为敌人间谍汉奸活动之重要地区,在抗战前已觉防不胜防,故此次沦陷后,傀儡组织异常迅速……④詹安泰在1939 年初的词中也曾记:"时已不少伪组织。"⑤

在此种情况下,潮安县政府加强了对日本间谍的防备,甚至草木皆兵,使詹安泰平白无故受冤入狱。1938 年初的一天,第五区督察专员兼潮安县县长胡铭藻派人来邀请詹安泰去为他主办的一个训练班讲话。詹安泰一再推辞,说他不习政治,承担不起这一邀请。但来人却说讲讲文学方面的问题也可以。詹安泰只好勉强应邀,但一去便被扣留下来,同时被扣留的还有韩师前校长李芳柏,政府当局说他们两人有汉奸嫌疑,各界人士虽一再为他

---

① 《据缴建筑避难室图例估价单,尚属妥适,应予照准所需费用,并准予在节余款项下开支由》(无时间),韩山师范学院档案室藏,民国档案,70/31。
② 《呈缴建筑避难室预算书三份请察核存转由》(1938 年 5 月 25 日),韩山师范学院档案室藏,民国档案,78/61—62;《为遵令补缴本校建筑避难室及防空壕预算书,请察核示遵由》(1938 年 6 月 3 日),韩山师范学院档案室藏,民国档案,78/63—64;《为呈缴本校建筑避难室收支清册及单据,恳将该款在廿六年度校款节省项下开支,请罕核示遵由》(1938 年 7 月 11 日),韩山师范学院档案室藏,民国档案,78/65—66;《广东省立韩山师范学校编造建筑避难室收支清册》(1938 年 6 月□日),韩山师范学院档案室藏,民国档案,79/28。
③ 如 1938 年马来亚苫佛寄澄海城内父母的一封批中写道:"近闻我澄之南澳岛被敌人登陆,潮汕定必紧张,可知敌人不死,人心惶惶……"参见张美生:《潮汕侨批赏析》,香港:天马出版有限公司,2011 年,第 101—115 页。
④ 广东省政府统计室:《广东省奸伪动态调查专报(粤统字第 20 号)》(1940 年 11 月 1 日),载张中华主编,《日军侵略广东档案史料选编》,北京:中国档案出版社,2005 年,第 265 页。
⑤ 詹安泰:《法曲献仙音(枫溪得蒙庵书词赋报)》,《詹安泰全集(4)》,第 256 页。

们辩白,请求保释,但都得不到胡铭藻的同意。恰好潮安驻军有一位副军长叫李崇纲的,喜欢读书写诗填词,写得一手好颜体字,经常到饶宗颐的天啸楼看书谈艺。饶宗颐和他谈起詹安泰、李芳柏两人被扣的事,他即打电话给胡铭藻,要求保释两人。他对胡铭藻说:"我有一个做学术研究的朋友,我和他相处一年多,这个人从来不谈政治事,也从来没有请托过我为他做过什么事,是一个纯粹的学者,他相信他的朋友是好人,我也就相信他所说的话。再说一句,我敢担保。"几经争取,才将詹、李两人保释出来。后来了解到这事的起因,是一位抗战前在潮州开牙科诊所的台湾人,有一定技术,詹安泰他俩都曾让他治过病,后来这位牙医因精神病回台湾医治,在1938年初又回到潮州,即被作为日本间谍嫌疑人而逮捕,讯问时谈到他认识詹安泰及李芳柏,致詹、李两人被捕。① 蔡起贤认为,詹安泰的《无庵词》以李崇纲的《高阳台》作为第一篇题词,可能就是作为这一事件的纪念留痕。② 此事詹安泰在致夏承焘信函中也有提及③,足见对其心理影响之大。

詹安泰此次的受冤,经饶宗颐出面通过李崇纲而得保释。詹饶两家早有渊源,詹安泰的夫人柯娥仙系枫溪柯氏望族的千金,柯饶两家则是姻亲,詹安泰又是饶锷组织的壬社主要成员。④ 詹安泰在《赠饶伯子二首》⑤中道:

其一
我往过君居,君年十五六。侍立乃翁旁,崭然露头角。
乃翁富藏书,插架三万轴。博古而敏求,著述森在目。
……
术业日已专,精力日已足。行见卓上京,岂惟惊流俗。
……

其二
……
君才实过我,学亦不可齿。乃者我有疾,乞君代讲几。
……

又在《怀潮中故旧(饶固庵宗颐)》中道:

雅雅复鱼鱼,妙年善著书。才真不世出,榻早为君虚……

---

① 蔡起贤:《校园话旧——记韩师三校长》,《汕头文史》(第9辑),汕头市政协文史资料委员会1991年编印,第167—168页。
② 蔡起贤:《校园话旧——记韩师三校长》,《汕头文史》(第9辑),汕头市政协文史资料委员会1991年编印,第167—168页。
③ 夏承焘在《天风阁学词日记》1938年2月3日记:"接祝南汕头枫溪柳堂一月十五函,附来数词,云:'曾为奸人诬陷,羁押五日,赖地方数十团体担保,始获自由,乱世之路,险巇如此,可畏可畏。'"詹安泰与夏承焘的交游,可参见周修东:《当代二大词学家在词学上的互动——詹安泰、夏承焘二先生交游略考》,《潮青学刊(第一辑)》,第408—425页。
④ 詹饶两家的交谊材料,可参见陈贤武:《饶钝盦先生学术年表初编》,《潮青学刊(第一辑)》,第382—407页。
⑤ 詹安泰:《詹安泰全集(4)》,上海:上海古籍出版社,2011年,第40页。

关于詹安泰请饶宗颐代其课一事，詹伯慧回忆道："饶公进入韩山师范给学生讲课，的确是我父亲推荐的。当时，我父亲因为生病，需要休养一段时间，校长要他找位代课教师，我父亲就推荐了这位二十岁左右的潮州才子。"①但具体请假和代课时间，却少为人知。当时校长李育藩写给詹安泰、饶宗颐两位的文件底稿仍收藏在韩师档案室，因内容重要，特录如下：

祝南吾兄伟鉴：
顷读来书，籍悉贵体不适，至深系念。承介绍饶君宗颐代课一节，十分欢迎，希请转知前来上课可也，尊恙痊愈，希即亲自返校主持为荷。
专复，即祝
痊安！
　　　　　　　　　　　　　　　　　　　　　　　　　　　　弟复
　　　　　　　　　　　　　　　　　　　　　　　　　　　　三月十一日

宗颐先生台鉴：
顷接祝南先生来函，谓彼因身体不适，行动困难，特请台端代课。极为欢迎，用特专函奉达，敬希查照，莅校上课为幸。
专此，即颂
撰祺！
　　　　　　　　　　　　　　　　　　　　　　　　　　　　弟顿
　　　　　　　　　　　　　　　　　　　　　　　　　　　　三月十一日

在该函件底稿的封面有如下信息：

类别：笺函；
送达机关：詹祝南、饶宗颐先生；
事由：函复准由饶君宗颐代课由；
校长：李育藩、三月十一日；
拟稿者：刘有谟；
中华民国二十七年三月十一日封发；
档案总字第16号。②

而因为是文件底稿，致饶宗颐函中，在涂改处仍可清晰地看到"因患肚痈，未便行动"的字样。从以上信息可知，1938年3月11日，詹安泰因肚痈而请假，并推荐饶宗颐代课，于是韩师发函聘请饶宗颐到校，当时饶宗颐年仅21岁，比一些学生还年少。在请饶宗颐代课

---

① 詹伯慧：《家父詹安泰及我与饶宗颐先生的两代交谊》，《羊城晚报》，2011年12月17日，第B06版。
② 《函复准由饶君宗颐代课由》（1938年3月21日），韩山师范学院档案室藏，民国档案，68/15—16。

之后的 4 月 20 日,詹安泰就和李立之、吴稚筠、石铭吾、杨光祖、饶宗颐、林青萍一起游览了梅林湖,这位李立之将军应该就是年初出面保释他的李崇纲。这次游览,大家都兴致勃勃,"将军雄发绿,二老意兴远。余子致翩翩,主人引缓缓……归途遂及雨,冒雨登车返。世路信崄巇,吾生宁懒散。来日正多方,努力加餐饭"①。此时距离学校同意詹安泰请病假,并请饶宗颐代其教职,已过去了 40 天,相信詹安泰已养好身体,方才能作此行,只是现在无法了解是否还需饶宗颐代课。

1938 年底,詹安泰辞去韩师教职,由陈中凡推荐,以名士身份,被中山大学破格聘为中文系教授,继陈洵主讲诗词,而其韩师的国文教席由林守谦接代。② 临别时,詹安泰把历年讲稿三巨册及《词学季刊》汇订本等送给蔡起贤,讲稿是用蝇头小楷写的,清劲潇洒。蔡起贤则回送一部《周词订律》作为纪念。③ 自此,詹安泰完成从中学教员到大学教授的嬗变。

## 六、结语:别有奇芬日采撷

从历史研究的方法论来讲,无论是社会生活史还是历史学其他领域,都是为了理解中国社会的演变轨迹。而社会生活史的研究不仅仅是认识个体生活的过程,更重要的是要弄清楚其日常生活经历背后的思想动机,尽管这些思想动机可能被现实烦琐的事件所掩盖,但他们却真真正正是生活的组成部分。从抗战初期,与詹安泰先生有关的几件似乎琐碎的事件演变切入讨论,复原当年的生活场景,透过表象,我们可以看到其背后的价值体系所涉及的观念世界。

近年来,研究抗日战争期间作品的学术论文举不胜举,以战时教师为对象的研究也不在少数,但从日常生活的角度进行研究的学术成果并不多见,生活琐事和复杂的情感一概被忽视。而一些研究抗战时期校园生活的学术成果,则过分强调救亡与斗争,把每一个人的思想、行为都统一到这一社会潮流中,抹杀了学校和个体的特性,用粗线条叙述历史。本文从詹安泰抗战初期的生活情节展开论述,在詹安泰抗战前夕悠闲自在的生活、抗战爆发对生活的影响、寄意长诗和撰写政论文、受冤入狱和推荐饶宗颐代课等几件事中,展示了作为名士的詹安泰,在战乱中,从一名中学教员向大学教授的嬗变。把这种生活情节作为贯串全文的线索,从社会生活史层面加以考察,我们可以对詹安泰在战乱与机遇之间的抉择得出相对合乎情理的理解,这样对生活情节的观察也就不再是流水账式的场景了,可能在这种场景中酝酿着对社会变迁有重大影响的事件,而此时的日常生活就在这样的场景里被赋予了新的意义,在笔者看来,这种新的意义代表了区域社会的历史走向。

笔者认为,詹安泰在韩师工作的 12 年中,通过不断与各地名家交流,视界、胸襟得到拓

---

① 詹安泰:《戊寅三月二十日,陪李立之将军、吴稚筠师、石铭老、杨瘦子、饶伯子、林青萍游梅林湖,分均得晚字》,《詹安泰全集(4)》,第 39—40 页。
② 郑晓燕:《詹安泰先生年谱》,豆丁网:http://www.docin.com/p—644827485.html,2013 年 8 月 21 日;佚名:《更动职教员》,《韩山半月刊》第 2 卷第 11 期,1939 年 2 月,第 9 页。
③ 蔡起贤:《春风杖履失追陪》,《詹安泰纪念文集》第 75 页。

展的同时,人脉关系也得到很好的积累,为他由中学教员向大学教授的身份转变打下坚实的基础。抗战初期,在日常生活受到影响的同时,耳濡目染的灾难不仅给诗人们带来创作源泉,也成为他们改变命运进程的良机。

清末以后,传统国家的运行机制和思想基础都受到破坏,但读书人却并不因科举制度和旧政权授予他们的正式特权的取消而消失,他们以什么方式改变了自己的特征,他们又以什么方式去适应变化的环境,这些必定会形成近代中国社会史研究中的中心主题。[①] 读书人在新的社会制度中如何体现自己的特征,其实正是一种身份上的认同。

詹安泰生于清末,少年离开乡土到大城市求学,他不仅有传统的教育背景,而且接受了新式的系统教育。在城市中,学校成为他建构身份的社会空间,但学校是省立中学,实际上缺乏独立于政治之外的保障,其身份需要有新的定位,故而他注重自我的精神需求与个体意志,他知道怎样的活动与自己的社会身份和地位匹配,进而在与区别"他人"中形成身份认同和归属感。

在文化潜移默化的浸润中,知识分子的文化生活基本继承了传统士人的品位和格调,他们借诗词言寄托,在游山玩水中体现自身的人格追求。他们对传统书画诗词情有独钟,他们双重的身份特征造成其文化修养乃至思想的双重性。正是在这个融合的思想观念支撑下,他们对于文化生活的趣味进行重新界定,成为身份认同的标准。他们在文化生活中显示出来的行为,显示了自己的阶层及身份认同。他们一方面创造了一种自身的生活趣味和追求,另一方面又把这些生活趣味理想化和标准化,以这种趣味来影响其他社会阶层。

**作者简介**:陈嘉顺,中山大学历史学系博士研究生。

---

① [美]孔飞力著,谢亮生、杨品泉、谢思炜译:《中华帝国晚期的叛乱及其敌人》,北京:中国社会科学出版社,1990年,第217页。

【医疗社会文化】

# 走马楼吴简疾病词语"刑"拾遗*

陈荣杰　王亚利

【摘　要】走马楼吴简疾病词语"刑"的含义聚讼纷纭,莫衷一是。现刊布吴简"刑"的简文凡364见,在时贤研究成果的基础上,充分运用吴简资料,认为"刑"是"残疾病症"说更接近事实。

【关键词】吴简;疾病词语;刑

走马楼吴简(下简称"吴简")有大量的户籍简,这些户籍简记录了孙吴时期长沙郡临湘县下层吏民的姓名、年龄、身体状况等情况,身体状况的记录反映了当时当地下层人民的健康疾病情况。经统计,现刊布吴简共记录了41种疾病情况,以腹心病、肿、刑居多。其中"刑"以"刑手""刑足"为主,学界时贤多有论述,然尚无定谳。我们在时贤研究成果的基础上,穷尽分析现刊布吴简"刑"的简文,对"刑"的含义拾遗补缺,以期有助于相关问题的解决。

现刊布吴简"刑"的简文凡364见。如:

东阳里户人公乘烝东年卌四,筭一,刑欧背。(壹·10467)①
平阳里户人公乘刘战年五十八,刑两足。(壹·10475)
署妻大女客年五十三;署子公乘解年十三,刑目。(贰·1719)
进渚里户人公乘李客年卌,筭一,刑腹。(柒·4782)
阳贵里户人公乘洪罗年六十六,刑右手;妻万年六十四。(捌·149)
吉阳里户人公乘费汉年□六,刑左手左足。(捌·438)
妻非年廿三,刑两足。(捌·533)
宜阳里户人公乘黄能年六十三,刑足。(捌·560)
高迁里户人公乘毛布年七十四,刑左手。(捌·1141)

---

\* 基金项目:本文系国家社科基金青年项目"走马楼三国吴简词汇研究"(13CYY055)、中央高校基本科研业务费重点项目"走马楼三国吴简字形谱(SWU1709234)"和中央高校基本科研业务费专项资金创新团队项目"基于出土文献综合研究的文化推广工程"(SWU1509395)的阶段性成果。

① 本文所引简文简号前用"·"隔开的汉字"壹""贰""叁""肆""柒""捌"分别表示竹简册数。例句均来自走马楼简牍整理组编著:《长沙走马楼三国吴简·竹简·[壹][贰][叁][肆][柒][捌]》,北京:文物出版社,2003年、2007年、2008年、2011年、2013年、2015年。原整理者释文未加标点,所引简文均试予标点。

通过全面统计吴简"刑"的简文发现:"刑"后多接发病部位,以"刑手""刑足"居多,凡324 例;刑右手指,凡 2 见;另有刑右眉、刑目、刑两膝、刑庐(颅)头、刑要、刑耳、刑面、刑腹、刑欧背,各 1 见。

学界时贤对吴简"刑"的含义多有讨论,主要有以下五种观点:

一是"肉刑"说。如徐世虹先生认为:"'刑',读为动词,受刑。""今证以吴简,所见'刑右足''刑两足',不排斥就是刖刑意义上的肉刑;'刑右手''刑左手'则是前所未见的新肉刑,而且以目前公布的户籍内容推测,受刑者的比例应当不低,故评论之言当为不谬。"①郭聪敏先生赞同徐先生的观点,并进一步解释"涉及的儿童、妇女受刑现象本文大致推测为:因集体叛逃或家庭连坐而受肉刑处罚的结果。"②

二是"残疾病症"说。如谢桂华先生认为吴简"刑手、刑足"是残疾病症。③ 曹旅宁先生赞同谢先生的观点,他认为:"'刑手''刑足'之刑,与木牍所见'踵''聋''欧'等,均应为'残疾病症',并部分认同胡平生先生的作战致残说。"④

三是"创伤"说。如胡平生先生把"刑"隶定为"创",认为"竹简所举'创'手足者可能是在对敌作战中受伤致残并获得爵位的退伍士兵,而不是旧说所认为的是受刑的罪徒"⑤。杨小亮先生赞同胡先生的观点,并认为"吴简中的'刑手足'当是'创手足',当然,这并不是一般意义上的小伤,而是表示手足上具有'明显特征'的外伤性疾病甚至是残疾病症"⑥。此外,邢义田先生也认为,"刑"读为"创","刑手足比较可能是指某种程度手或足的伤残"⑦。周祖亮先生认为:"刑手、刑足、刑目可能是手、足、眼睛遭受锋利的金属器具伤害,从而使身体严重致残的外科疾病。"⑧

四是"自残"说。如于振波先生认为:"就吴国而言,由于赋税徭役沉重,百姓流亡、弃婴乃至叛逃事件时有发生,考虑到三国之前和三国之后各个时代都有由于苛政导致百姓自残的史实,我们有理由相信,吴简中的刑手、刑足是苛政所造成的恶果,是贫苦百姓为逃避苛政的自残行为。"⑨黎石生先生赞同于先生的观点,认为吴简中的"刑手、刑足"是由苛政引起的自残。⑩

五是"截断肢体"说。如张荣强先生认为,刑是刑的本字,"刑"原意是断头,泛指截断

---

① 徐世虹:《走马楼三国吴简户籍所见刑事制裁记录》,《简帛研究二〇〇一》,桂林:广西师范大学出版社,2001 年,第 529 页。
② 郭聪敏:《对长沙走马楼三国吴简所见刑手、刑足、断足、踵(肿)足、雀(截)手、雀(截)足的思考》,2014 年 3 月 22 日,武汉大学简帛网,http://www.bsm.org.cn/show_article.php?id=2001。
③ 谢桂华:《中国出土魏晋以后汉文简纸文书概述》,《简帛研究二〇〇一》,桂林:广西师范大学出版社,2001 年,第 557 页。
④ 曹旅宁:《长沙走马楼三国吴简"刑手""刑足"考释》,《广东社会科学》2006 年第 1 期,第 124 页。
⑤ 胡平生:《从走马楼简"刑(创)"字的释读谈到户籍的认定》,《中国历史文物》2002 年第 2 期,第 36 页。
⑥ 杨小亮:《走马楼户籍简"刑(创)"字性质与成因简析》,《出土文献研究(第 7 辑)》,上海:上海古籍出版社,2005 年,第 148—151 页。
⑦ 邢义田:《"雀"手足与"刑"手足——长沙走马楼三国吴简读记》,2011 年 6 月 9 日,武汉大学简帛网,http://www.bsm.org.cn/show_article.php?id=2001。
⑧ 周祖亮:《长沙走马楼三国吴简疾病词语略考》,《广西社会科学(语言学)》2011 年第 3 期,第 139—142 页。
⑨ 于振波:《浅析走马楼吴简中"刑"的含义》,《船山学刊》2004 年第 1 期,第 41 页。
⑩ 黎石生:《孙吴时期长沙郡吏民婚育状况考察》,《吴简研究(第 2 辑)》,武汉:崇文书局,2006 年,第 225 页。

肢体、损毁肌肤。吴简中的"刑手""刑足"应该理解为断手、断足。① 王素先生赞同"刑"是肢体断伤的解读,并认为,吴简"刑"应是一种特指的"残疾病症",有着可以查验和界定的专门的含义。②

以上论者分别对吴简户籍简"刑"的含义进行了阐发,有助于问题的进一步解决。分析以上诸家观点发现,王素先生和杨小亮先生虽分别赞同"截断肢体"说和"创伤"说,但实际上,他们均认同"刑"为"残疾病症"。我们亦赞同"刑"为"残疾病症"说,下面试予以论述。

关于"肉刑"说,张荣强先生和曹旅宁先生曾从汉文帝废除肉刑及秦汉法律的角度予以反驳。验之吴简,"肉刑"说也不适合吴简。今从吴简及当时的社会状况等略作补充阐述。

通过对 364 例"刑"的简文分析发现:可确定性别者中男性为 278 例,女性为 35 例,男性占可确定性别简总数的 88.82%,女性占 11.18%,户籍简标注"刑"的简文中近九成是男性,而仅一成多一点为女性。为更清楚地呈现这种男女比例,列表如下:

|  | 简例 | 百分比 |
|---|---|---|
| 男性 | 278 | 88.82% |
| 女性 | 35 | 11.18% |
| 可确定性别总计 | 313 | 100% |

因此,可以说含"刑"的户籍简绝大多数为男性,极少数为女性。

从年龄上看,现刊布"刑"的简文可确定年龄者分别为:1—9 岁者 29 人,10—19 岁者 46 人,20—29 岁者 41 人,30—39 岁者 68 人,40—49 岁者 38 人,50—59 岁者 36 人,60—69 岁者 41 人,70—79 岁者 19 人,80—89 岁者 6 人,90—99 岁者 2 人。列表如下:

| 年龄段 | 1—9 | 10—19 | 20—29 | 30—39 | 40—49 | 50—59 | 60—69 | 70—79 | 80—89 | 90—99 |
|---|---|---|---|---|---|---|---|---|---|---|
| 简例 | 29 | 46 | 41 | 68 | 38 | 36 | 41 | 19 | 6 | 2 |

由上表知,可确定年龄者共 326 人,其中 20 至 59 岁者共 183 人,占总数的 56.13%。"刑"的简文年龄最大者为九十七岁,最小者为一岁。据吴简户籍简年 15 岁及以上为成年③,年 60 岁及以上为老④。我们以这两个年龄点为界对之统计后发现:年 15 岁以下的人数为 54 人,占总数的 16.56%;15—59 岁的人数为 204 人,占总数的 62.58%;60 岁及以上的人数为 68 人,占总数的 20.86%。可见在"刑"的简文中应役的青壮年劳动力人数居多。吴简中有因"刑"而免除调役的简例。如:

---

① 张荣强:《说"罚估"——吴简所见免役资料试释》,《文物》2004 年第 12 期,第 60 页。
② 王素:《关于长沙吴简"刑"字解读的意见:〈长沙走马楼三国吴简〉释文探讨之一》,《简帛研究二〇〇六》,桂林:广西师范大学出版社,2006 年,第 274 页。
③ 凌文超:《走马楼吴简"小""大""老"研究中的若干问题》,《中国国家博物馆馆刊》2013 年第 2 期,第 61 页。
④ 于振波:《略说走马楼吴简中的"老"》,《史学月刊》2007 年第 5 期,第 122 页。

☐其卅四户各穷老及刑踵女户下品之下,不任调役。(叁·6327)
其卌户各穷老及刑踵女户下品之下,不任调役。(叁·6375)
其十三户刑踵贫穷老孤寡不任役。(捌·490)

"任"有胜任义。《汉书·宣帝纪》:"朕之不德,惧不能任。"《后汉书·王霸传》:"吾老矣,不任军旅,汝往,勉之!"所谓"不任调役"即不能胜任调役,政府对这样的民户只好免除调役。若"刑手、刑足"是一种"肉刑",统治者通过人为处罚方式使众多百姓尤其是成年男性成为免受徭役的对象。这在人力匮乏且战争频繁的孙吴时期,是相当不可思议的。据《三国志·吴书》,孙吴多次攻打蛮夷以扩充军力,相信孙吴统治者不会实行自掘坟墓的措施以削弱自己的军力。

据吴简,"刑"的部位以手、足最多,还有眉、目、膝、庐(颅)头、要、耳、面、腹、欧背。作为"肉刑"的"刑要""刑腹""刑欧背""刑庐(颅)头"当是致命的刑罚,然而吴简户籍简中这些人仍在缴纳筭赋。如:

东阳里户人公乘烝东年卅四,筭一,刑欧背。(壹·10467)
进渚里户人公乘李客年卅,筭一,刑腹。(柒·4782)
常迁里户人公乘烝☐年六十☐,刑要。(叁·3058)

简壹·10467户人公乘烝东刑欧背仍然缴纳筭赋,简柒·4782户人公乘李客刑腹也仍然缴纳筭赋,则烝东和李客必是活人且具有一定的劳动能力。据吴简户籍简,若某人因病或其他原因死去,会在户籍上标注"被病物故""死"等字样。如:

张妻客年卅六,以五年十二月廿一日被病物故。(捌·887)
高迁里户人公乘雷与年七十九,以六年正月五日被病物故。(捌·1278)
☐至女弟占年五岁,死。(捌·2608)

因此,简叁·3058户人公乘烝☐也应是活着的。这也说明"肉刑"说不符合吴简。
此外,郭聪敏先生认为,儿童、妇女受刑是集体叛逃或家庭连坐而受肉刑处罚的结果。这种观点证之吴简是讲不通的。吴简叛逃的人在户籍上会标明"叛走"二字,如:

仓女聟杨☐年十八,以嘉禾四年三月十八日叛走。(叁·1788)
☐男偅南年卅三,给限佃客,以嘉禾四年八月十一日叛走。(叁·3080)
吉阳里户人公乘陈迪年卅三,盲左目,以十一月卅日叛走。(柒·5741)
宜阳里户人公乘杨升年五十一,苦腹病,叛走。(捌·2350)

查现刊布吴简"刑"的简文,无一例标明"叛走"者。据吴简,孙吴对叛走者的处罚主要是没收家产和缴纳"叛士限米"。如:

入嘉禾二年叛士限米九十八斛。(壹·1693)
☑☑隐核叛吏区苏家财☐传送☐☑。(叁·6869)
其五十一斛五斗叛士黄龙二年限米。(肆·4109)
其卅六斛五斗四升叛士黄龙三年限米。(捌·2826)

沈刚先生认为:"对于被捕获者,要变成国家的依附民,吴简中大量存在的缴纳'叛士限米'记录就是明证。"他又据简叁·6869认为"叛走者家产是要被籍没充公的"[①]。故儿童、妇女之"刑"当和叛逃无关。

吴简户籍连记简中有不少简仅一人带有"刑"字,如:

郡吏黄士年十三,士兄公乘追年廿三,刑☐。(贰·1623)
署妻大女客年五十三,署子公乘解年十三,刑目。(贰·1719)
上乡里户人☐唫年五十六,刑右手;妻之年卅九,子男龙年六岁。(柒·53)
富贵里户人唐苓年八十九,刑足;妻思年五十四,子男主年五十,腹心苓病。(柒·519)
大男高见年卅八,刑右足;妻姑年卅二,女弟思年卅五。(捌·3518)
大男李哈年五十五,刑右手;妻文年卅六,子男☐年六岁。(捌·3532)
大男李期年六十一,刑右足;妻刘年五十六,子男双年十九,腹心病。(捌·3607)
民谢香年五十五,奇病☐;妻瞻年卅一,子男贷年十,刑手足。(捌·3651)

简贰·1623郡吏黄士没有"刑",而其兄公乘追则有"刑";简贰·1719署妻客没有"刑",而其子公乘解则刑目。最典型的连记简是丈夫、妻子、子女俱全的简,这些简竟然只有一人带有"刑"字,其他人则没有。如简柒·53丈夫刑右手,妻子和儿子均没有"刑";简柒·519丈夫刑足,妻子和儿子均没有"刑";简捌·3651儿子刑手足,丈夫和妻子均没有"刑"。若是家庭连坐,同一个家庭不可能一个人受刑另外的人却幸免,这说明儿童、妇女之"刑"和家庭连坐无关。

关于"自残"说,邢义田先生、曹旅宁先生、杨小亮先生曾据吴简含有"刑"的人之身份、年龄及并未免除徭役等方面予以反驳。几位先生已经讨论得比较充分、全面,兹不赘述。

关于"截断肢体"说,证之文献与吴简也是行不通的,下面试略加阐述。

张书严先生在《文史》第25辑谈论"刑"的来源时从古文字、音韵方面指明:"'刑'的来

---

① 沈刚:《走马楼吴简所见"叛走"简剩义》,《江汉考古》2009年第1期,第136页。

源其实只有一个,即'邢'字。所谓'刑',是因误解而产生出来的一个讹字。"① 既然"刑"是一个讹字,并非"刑"的本字,则建立在"刑是刑的本字"基础之上的"截断肢体"说自然也是不能成立的。

将"刑"解释为截断肢体,放之吴简也讲不通。因为吴简有如下简例:

> 东阳里户人公乘烝东年卌四,筭一,刑欧背。(壹·10467)
> 署妻大女客年五十三,署子公乘解年十三,刑目。(贰·1719)
> ☐杲☐尽年五十七,刑庐(颅)头,☐。(贰·7638)
> 常迁里户人公乘烝☐年六十☐,刑要。(叁·3058)
> ☐年卅二,刑面,刑左手。(肆·2626)
> 进渚里户人公乘李客年卌,筭一,刑腹。(柒·4782)

若"刑"为截断肢体,则"刑欧背"即是"断欧背","刑目"即"断目","刑庐(颅)头"即"断颅头","刑要"即"断要(腰)","刑面"即"断面","刑腹"即"断腹"。我们知道人体的关键部位如头、背、腰、腹等截断了之后是无法存活的,然而如前所述,吴简"刑欧背""刑要""刑腹"之人不但活着,有些人还要缴纳筭赋。可见,将"刑"解释为截断肢体放之吴简是行不通的。

认为刑手足者是在对敌作战中受伤致残并获得爵位的退伍士兵的观点也是不妥的。于振波先生、王素先生曾予以反驳。吴简"刑"的简文有不少是妇女儿童,据统计,成年女性有32例,未成年人有54例。如:

> 豫母大女妾年六十五,刑右手。(壹·5299)
> 子女婢年十岁,刑右足。(壹·9355)
> 禾妻大女示年卅,筭一,刑右足。(柒·1088)
> 妻思年五十五,刑两足。(捌·564)
> 知男弟堂年五岁,刑左手;堂男弟春年五岁,刑左手。(壹·8638)
> 祥侄子男举年八岁,刑右足。(壹·9116)
> 乐男侄☐年一岁,☐☐,刑☐手。(柒·939)
> 男弟文年六岁盲右目刑佐足。(捌·1023)

这些妇女和不满10岁的儿童无论如何都不会到战场上去打仗,故认为刑手足是作战致残的说法验之吴简也是讲不通的。

综上,我们认为"刑"是"残疾病症"说更接近事实。张书严先生已指出"刑"由刑罚义

---

① 张书严:《试谈"刑"字的发展》,《文史》第25辑,北京:中华书局,1985年,第350页。

引申出刑伤义①。《睡虎地秦墓竹简·法律答问》简72"擅杀、刑、髡其后子,谳之",整理者释"刑"为刑伤。②《战国策·赵策一》:"豫让又漆身为厉,灭须去眉,自刑以变其容。"③《后汉书·列女传》:"妻虑不免,乃豫刑其耳以自誓。"④可见文献早有刑眉、刑耳的记载。文献中"刑"的刑伤之义用例较少,鲜能引起学者的注意,故有学者将吴简"刑"迂回隶定为"创",⑤释作"创伤"。实际上,"刑"本身即可解释为刑伤。

张荣强先生曾说:"国家编制户籍的目的,是为了有效控制课役人口,掌握编户承担的赋役状况。而伤残的轻重程度,与所服官府课役多寡及是否享有给侍密切相关。"⑥王素先生曾云:"国家编制户籍,是为了能够有效控制课役人口,因而户籍所记'残疾病症',都必须与能否免役有关。譬如唐代户籍规定须记'三疾'。据《白氏六帖事类集》卷九,疾三一引唐《三疾令》云:'户令:诸一目盲、两耳聋、手无二指、足无大拇指、秃疮无发、久漏、下重、大瘘肿之类,皆为残疾。痴哑、侏儒、腰折、一肢废,如此之类,皆为废疾。癫狂、两肢废、两目盲,如此之类,皆为笃疾。'"⑦吴简户籍简所记录的疾病名称有不少和唐代户籍规定的"三疾"相吻合,如一目盲、两耳聋、闇哑、两目盲、癫狂等。唐代户籍"三疾"的规定当是有一定传承的。视残疾程度蠲免课役的制度,可以追溯到春秋时期,汉代更是有明文的法律规定,如张家山汉简《二年律令·徭律》。⑧

唐代户籍"三疾"只是规定了残疾病症,而没有说明造成这些残疾的原因。现实生活中造成残疾病症的原因可能是多方面的,有先天的、有后天的。而政府只是关心编户齐民的身体状况是否影响赋役,对于造成这种身体状况的原因,政府并不关心。吴简刑手、刑足等简文出现在户籍简中,只有将之理解为残疾病症,刑手、刑足、刑要、刑腹等为身体不同部位的伤残,才能与吴简本身相契合,才能解决以上诸说不能解释的有关身份、年龄等方面的问题。至于造成这种残疾病症的原因是先天残疾的,还是后天致残的;是参加作战致残的,还是自伤致残的,孙吴政府并不关心。

吴简"刑"除出现在户籍简外,还出现在乡劝农掾隐核州吏的简中。⑨ 如:

☰东乡劝农掾殷连(言):被书,条列州吏父兄人名、年纪为簿。辄料核乡界,州吏二人,父兄二人,刑踵、叛走,以下户民自代。谨列年纪以审实,无有遗脱。若有他官所觉,连自坐。嘉〔禾〕四年八月廿六日破莂保据。(J22—2543)

☰广成乡劝农掾区光言:被书,条列州吏父兄子弟状、处、人名、年纪为簿。辄隐核

---

① 张书严:《试谈"刑"字的发展》,《文史》第25辑,第351页。
② 睡虎地秦墓竹简整理小组:《睡虎地秦墓竹简·释文》,北京:文物出版社,1990年,第110页。
③ (西汉)刘向辑录:《战国策》,上海:上海古籍出版社,1983年第2版,第597页。
④ 《后汉书》卷84,北京:中华书局,1965年,第2797页。
⑤ 吴简"刑"多写作"荆",时代相近的西魏《刘阿倪提墓志》"刑"也写作"荆",且为韵脚,与"创"及其或体差别很大。参见王素:《大唐西市博物馆新藏北朝墓志疏证》,《故宫学刊》第11辑,故宫出版社,2014年,第73页。
⑥ 张荣强:《说"罚估"——吴简所见免役资料试释》,《文物》2004年第12期,第60页。
⑦ 王素:《关于长沙吴简"刑"字解读的意见——〈长沙走马楼三国吴简〉释文探讨之一》,《简帛研究二〇〇六》,广西师范大学出版社,2008年,第280页。
⑧ 张荣强:《说"罚估"——吴简所见免役资料试释》,《文物》2004年第12期,第58页。
⑨ 以下两例释文引自凌文超《长沙走马楼孙吴"保质"简考释》,《文物》2015年第6期,第53页。

乡界,州吏七人,父兄子弟合廿三人。其四人荆踵聋欧病,一人被病物故,四人真身已送及,随本主在官,十二人细小,一人限佃,一人先出给县吏。隐核人名、年纪相应,无有遗脱。若后为他官所觉,光自坐。嘉禾四年八月廿六日破莂保据。(编号不详)

上揭两简为乡劝农掾隐核州吏父兄子弟人名年纪簿,隐核的内容包括身体状况、是否叛走、是否死亡等情况。其中"刑踵""荆踵聋欧病"并置,亦说明"刑"与"踵""聋""欧"相同,是一种残疾病症。

**作者简介**:陈荣杰,西南大学汉语言文献研究所、出土文献综合研究中心副研究员;王亚利,深圳第二外国语学校教师。

# 汉唐医方中的生育技术与性别权力

王 晶

**【摘 要】**汉唐生育技术在早期妊娠的确诊以及胎儿性别鉴别方面存在着许多不确定性,技术无法控制的环节形成权力空白,制造了性别之间相互角逐的场所。妇人在生理上的特殊性,使她们在古典妇科技术的空白与缺失之处施以生育的权力。汉唐生育技术对早期妊娠的力不从心,还将求子之责归于妇人,她们在获得生育权力的同时,也承担了沉重的生育责任。

**【关键词】**生育;技术;性别;权力

技术史与身体史相结合的研究方法是当下颇为引人注目的问题。① 技术在相当大的程度上塑造了我们的生活,因此要理解历史时期的日常形态,离不开对技术水平的检讨。② 技术哲学是一个新兴的学科分支,而且成为了女性主义新的发展动力。③ 与身体史、医疗史不同,技术史对妇女身体的研究主要关注技术与社会权力、性别权力之间的关系。于赓哲曾注意到唐宋时期医疗技术水平对于医疗手段普及推广的影响。④ 技术与妇女的关系在中国历史研究中经常被忽略,因此从技术的角度来理解性别权力的变迁极为必要。

妇人的妊娠是一种天然的生理过程,并不需要繁复的医疗行为的介入,但这并不意味着父系社会放弃对妊娠的控制,亦不表明技术舍弃对它的干预。埃及发现的巴比伦文献中记载,在远古时代,欲验明妇女有无妊娠,可在盆中种植大麦和小麦,每天用妇人尿液灌溉,大麦发芽生男儿,小麦发芽生女儿,如果均不发芽,为无妊娠之证。⑤ 近代以来,医疗技术水平得到了极大的发展,但19世纪的英国产科教学书却依然认为,要确认一位妇女是否处于怀孕状态,最准确的办法就是等到九个月孕期的完结。⑥ 20世纪以前的医学技术对妇女是

---

① 参见章梅芳:《另类视角的技术史研究——〈技术与性别:晚期帝制中国的权力经纬〉》,《中国科技史杂志》2007年第7期,第186—190页;杨果、陆溪、柳雨春:《新视野、新成果:欧美的中国妇女史研究》,李健主编:《海外人文社会科学发展年度报告2011》,武汉:武汉大学出版社,2011年,第785—797页。
② 原文可参见 Simmons Jack, Technology in history, History of Technology, Vol.3, 1978, pp.1—12. 此处的中文译文又可参见[美]白馥兰著,江湄、邓京力译:《技术与性别:晚期帝制中国的权力经纬》,南京:江苏人民出版社,2006年,第1页。
③ 参见陈英、陈新辉:《女性视界——女性主义哲学的兴起》,北京:中国社会科学出版社,2012年,第181页。
④ 参见于赓哲:《唐宋民间医疗活动中灸疗法的浮沉——一项技术抉择的时代背景分析》,《清华大学学报(哲学社会科学版)》2006年第1期,第62—73页。
⑤ 参见祖照基:《妊娠早期诊断法》,上海:商务印书馆,1947年,第1页。
⑥ 参见 Ann Oakley, The captured Womb: A History of the Medical Care of Pregnant Women, Oxford: Basil Blackwell Publisher Ltd, 1984, p.17.

否妊娠这件事情往往显得无能为力,直至1928年,妊娠的化学测试才开始出现。①

当技术无力对身体进行干预时,无法控制的环节便会为身体、性别营造一个权力角逐的场所。汉唐间关于妊娠的医学文献颇多,西晋王叔和所著《脉经》中有两节关于妊娠脉象以及辨别男女的论述②,隋唐时,医方中关于妊娠的论述愈加丰富,隋代巢元方《诸病源候论》和唐人孙思邈《备急千金要方》《千金翼方》关于妊娠诊治的医方越来越多③,这些医学文献传达了社会权力对妇人妊娠的要求与期待,汉唐间关于分娩、坐月、求子等妇产知识与社会规范已经有了相当深入的讨论与研究④,而妊娠技术的议题鲜为人注目,本文结合妇女特殊的生理特点,对妊娠技术的不确定性进行探讨,考察在技术与经验夹缝中的女性权力,以期能够加深理解技术与性别之间复杂的历史关系。

## 一、生育技术的局限与女性身体的自我感知

现代社会,母体对身体和胎儿所具有的天然知识被客观的医疗技术所取代,"她们"开始遭遇到了前所未有的监控,个人所拥有的相关经验也日益被剥夺,各种现代医疗技术的应用,迫使怀孕检查手段的控制权从妇人转移到了医者。⑤ 妊娠的检测在近现代社会才逐渐有了成熟的技术手段,与此相伴的是技术对妊娠过程的全面干预,这也导致忽略了在技术并不完善时,技术与性别权力之间的关联。汉唐时期的生育技术与水准远不像现代社会这样完备,因此揭示技术局限,探讨权力对女性身体的监控是很有必要的。

较早的关于妊娠期的推算见于《睡虎地秦简》:"甲怀子六月矣,自昼与同里大女子丙斗,甲与丙相捽,丙偾庰甲。里人公士丁救,别丙、甲。甲到室即病腹痛,自宵子变出。今甲裹把子来诣自告,告丙。……丞乙爱书:令令史某、隶臣某诊甲所诣子,已前以布巾裹,如衃血状,大如手,不可知子。即置盎水中摇之,衃血子也。其头、身、臂、手指、股以下到足、足指类人,而不可知目、耳、鼻、男女。……其一式曰:令隶妾数字者某某诊甲,皆言甲前旁有

---

① 参见吴一立:《鬼胎、假妊娠与中国古典妇科中的医疗不确定性》,收入李贞德主编:《性别、身体与医疗》,北京:中华书局,2012年,第186页。
② 王叔和著,沈炎南主编:《脉经校注》,北京:人民卫生出版社,1991年。
③ 参见巢元方著,丁光迪主编:《诸病源候论校注》,北京:人民卫生出版社,1991年;孙思邈著,李景荣等校释:《备急千金要方校释》,北京:人民卫生出版社,1998年;孙思邈著,李景荣等校释:《千金翼方校释》,北京:人民卫生出版社,1998年。
④ 参见伊藤清司:《中国古代の妊娠祈願に關する咒の藥物——〈山海經〉の民俗學的研究》,《中國學志》1973年第7本,第21—54页;李贞德:《汉隋之间的"生子不举"问题》,《中央研究历史语言研究所集刊》1995年第66本第3分,第747—812页;李贞德:《汉唐之间求子医方试探——兼论妇科滥觞与性别论述》,《中央研究历史语言研究所集刊》1997年第68本第2分,第283—367页;李贞德:《汉唐之间医书中的生产之道》,《中央研究院历史语言研究所集刊》1996年第67本第2分,第533—654页;李贞德:《唐代的性别与医疗》,收入邓小南主编:《唐宋女性与社会》,上海:上海辞书出版社,2003年版,第415—446页;高世瑜:《中国传统生育文化与女性》,收入《北京大学妇女问题首届国际研讨会论文集》1992年,第161—175页。
⑤ 参见克莱尔·汉森著,章梅芳译:《怀孕文化史——怀孕、医学和文化(1750—2000)》,北京:北京大学出版社,2010年,第215—216页。又可参见陈英、陈新辉:《女性视界——女性主义哲学的兴起》,北京:中国社会科学出版社,2012年,第210页。

干血,今尚血出而少,非朔事也。某尝怀子而变,其前及血出如甲。"①李约瑟认为所谓的胎儿实际上是母亲甲偶然排出凝固的大血块,而不是她和那个妇人打架所造成的结果。② 李约瑟没有给出依据,但是据文中所提到的另外一个曾经怀孕流产的妇人的经验来看,母亲甲所排出的血物应该就是流产了。这个胎儿已经成形,头、身、臂、手指、股、足、足指皆可以辨识,只是目、耳、鼻以及胎儿性别不可辨认,故而妇人应该并非怀孕六个月。③ 那么,怀胎六月的依据就关乎了技术对妊娠期的推算。

《脉经》对西晋以前各类医书进行了搜罗整理,它是按"以类例相从"的原则,编纂而成的"类书型"医书。④《脉经》有记载:"妊娠初时,寸微小,呼吸五至。三月而尺数也。脉滑疾,重以手按之散者,胎已三月也。"⑤隋代的《诸病源候论》亦沿袭了这种方法⑥,妊娠满三个月的脉象具有一定的特点,据此可以对妊娠的出现进行最早的确认。李贞德也据此认为从西晋至隋,中国传统医者验孕,大约都要到孕期三个月时才较有把握。⑦ 中医发展到现代,仍然无从对早期妊娠做出准确的判断,"在妊娠三个月时,妊妇虽发生神经症状……且往往有于妊娠期中月经并不停止仍定期性出血者,故世俗以月经停止及神经症状作为妊娠早期之例证,殊不可靠。临床医师之诊断,如在二个月以前,对于不确征之妊娠及疑征等常有发生错误之危险。"⑧医者通过脉象能够确定已经满三个月的妊娠,而对于未满三月的妊娠的诊治,则是相对较为困难的。训练有素的医者可通过脉象来判断妊娠,《北史·王显传》有云:

> 初文昭太后之怀宣武,梦为日所逐,化而为龙而绕后,后寤而惊悸,遂成心疾。文明太后敕徐謇及显等为后诊脉。謇云是微风入藏,宜进汤加针;显言按三部脉,非有心疾,将是怀孕生男之象,果如显言。久之,补侍御师。⑨

北魏时,王显诊治文昭太后并非"微风入藏",而是怀孕生男之象。胎儿性别的诊治要到妊娠四月时,这点在下一节中有详细的阐述。医者准确地诊治了妊娠至少有四月之久的脉象,并因此加官侍御师。

妊娠技术对是否有妊的判断存在着不确定性,故而常对过期不产的现象进行过多的解释。较早记录过期不产的文献是《左传》,内中有云:"梁嬴孕,过期。卜招父与其子卜之。

---

① 《睡虎地秦墓竹简》,北京:文物出版社,1990年,第161—162页。
② 参见李约瑟著,刘巍译:《中国科学技术史》第9卷《生物学及相关技术》第6分册医学,北京:科学出版社、上海古籍出版社,2013年,第174页。
③ 参见徐智策主编:《胎儿发育生理学》,北京:高等教育出版社,2008年,第49页。
④ 参见张灿玾:《中医古籍文献学》,北京:人民卫生出版社,1998年,第49页。
⑤ 《脉经校注》卷9,第350页。
⑥ 参见《诸病源候论校注》卷41,第1180—1182页。
⑦ 参见李贞德:《汉隋之间的"生子不举"问题》,《中央研究历史语言研究所集刊》1995年第66本第3分,第794页。
⑧ 祖照基:《妊娠早期诊断法》第1—2页。
⑨ 《北史》卷90《王显传》,北京:中华书局,1974年,第2974页。

其子曰:'将生一男一女。'"①过期不产最初受到了各种政治宣传的附会,汉武帝时,钩弋夫人多受宠爱,"太始三年(前94)生昭帝,号钩弋子,任身十四月乃生。上曰:'闻昔尧十四月而生,今钩弋亦然。'"②南北朝时很多君主的出生也都附会上了过期不产的神秘色彩,有云:

> 刘聪字玄明,一名载,元海第四子也。母曰张夫人。初,聪之在孕也,张氏梦日入怀,寤而以告,元海曰:"此吉征也,慎勿言。"十五月而生聪焉。③

> 苻坚字永固,一名文玉,雄之子也。祖洪,从石季龙徙邺,家于永贵里。其母苟氏尝游漳水,祈子于西门豹祠,其夜梦与神交,因而有孕,十二月而生坚焉。④

> 李雄字仲儁,特第三子也。母罗氏,梦双虹自门升天,一虹中断,既而生荡。后罗氏因汲水,忽然如寐,又梦大蛇绕其身,遂有孕,十四月而生雄。⑤

至隋,巢元方对过期不产的病理进行论证,认为产妇劳羸致使宫胞寒冷无法养胎,产期也就相应的被延长了。⑥ 产期不定这一问题使生育技术的不确定性越发明显,也显示出汉唐生育技术中的各种局限与不足。

妇女的身体是一种非常特殊的存在,但关于她们对自身身体认识的材料却相当稀少,故而在史籍中揭出"她者"的叙事话语显得尤为重要。医案在宋元时期逐渐成熟,但笔者在魏晋隋唐的医书中也有诸多发现。如《脉经》中便有医案三十多则,其主要内容多与妇科相关。⑦ 这些医案的书写方式以"问曰……师曰……"的问答式为主,故而其中保留了妇女对自身身体的认识。《脉经》曾记载了母亲带着一名十五岁的女子来诊的病例,母亲告知医者该女子十四岁时始来月经,现在月水突然停断,"其母言恐怖"⑧。《脉经》对类似的事情多有提及,"有一妇人来诊,自道经断,脉之……师曰,……设与夫家俱来者,有躯。与父母家俱来者,当言寒多,久不作躯。"⑨对于妇科疾病,医案非常强调同行人员,医者对未婚与已婚女性月水的不规则一般是区别开来,分别进行不同的处理。在正统医者看来,妇女是声名狼藉不可依赖的病人,她们极易情绪化,医者诊断不仅靠自身的技术水平,而且还要依赖于与病人及其家属的交流能力。⑩ 第一个医案中的母亲"言恐怖",正是这种情绪化的表现,她之所以反应激烈,当是担心女儿有孕。结合这两则医案,我们不难发现,在医者来看,已婚与未婚的月水停行是不能全都等同于有妊的,而从"她者"的视角来看,停经暗示着妊娠的开始。将停经视为怀孕的征兆已经成为一种社会日常经验,女性借助月水行走

---

① 杨伯峻:《春秋左传注·僖公十七年》,北京:中华书局,1981年,第372页。
② 《汉书》卷97上《外戚传》,北京:中华书局,1964年,第3956页。
③ 《晋书》卷102《载记第二》,北京:中华书局,1974年,第2657页。
④ 《晋书》卷113《载记第十三》第2883页。
⑤ 《晋书》卷121《载记第二十一》第3035页。
⑥ 参见《诸病源候论校注》卷42,第1220页。
⑦ 参见严季澜、张如青主编:《中医文献学》,北京:中国中医药出版社,2011年,第333—340页。
⑧ 《脉经校注》卷9,第368—369页。
⑨ 《脉经校注》卷9,第359页。
⑩ 参见白馥兰:《技术与性别:晚期帝制中国的权力经纬》第243页。

状况判断是否有孕,进而求于医者的医案亦有不少,比如就有记载:"妇人妊娠三月,师脉之,言此妇人非躯,今月经当下"①。这个案例中,女性是借助于月水停行三个月判断怀孕三个月的。停经指向怀孕,这对于女性而言已经成为了一种经验常识。早期妊娠,技术无法诊断无从介入,妇女凭借自身的感知和经验能够进行判断,即便这种判断会有偏差,但也足够形成信息的不对称,进而形成一种权力关系。

值得注意的是,史籍中有很多当月怀孕的案例。《太平广记》曾记载:"张衡死月,蔡邕母始怀孕。此二人才貌甚相类。时人云,邕是衡之后身。"②妇科技术对妊娠期长短的判断是在三个月以后,张衡死月,蔡邕母亲怀孕一月,妊娠一月的时间推测显然不是通过脉象而来的,而有可能是蔡邕出生以后,反推怀孕时间,始觉与张衡过世的时间一致,并且两人才识与外貌相似,故而有蔡邕为张衡之后身的说法。北齐高浚为高欢的第三子,其母与高欢"当月而有孕,及产浚,疑非己类,不甚爱之"③,这亦是当月有孕的例子,这应是在高浚出生后,倒序推算,方才发现是当月怀孕的。

法律对妊娠期的计算也表现了极大的兴趣,《唐律疏议》记载:"若父母未亡以前而怀胎,虽于服内而生子者,不坐;纵除服以后始生,但计胎月是服内而怀者,依律得罪。"④法律所采用的是倒推法,在胎儿出生以后反推怀孕时间。《唐律》又有记载:"'堕胎者,谓在辜内子死,乃坐',谓在母辜限之内而子死者。子虽伤而在母辜限外死者,或虽在辜内胎落而子未成形者,各从本殴伤法,无堕胎之罪。"⑤辜限是指"对伤害罪适用的在伤害行为实施以后需要经过一定时间再确定伤害后果的规定"⑥,"辜内胎落而子未成形者",所反映的问题是胎儿发育到什么程度始受法律保护⑦。据胎儿发育特点,妊娠满三个月以后,胎儿开始成形,故而这条法律将妊娠早期的堕胎行为排除在外,而早期妊娠技术又是无法进行确诊的。不得不承认该条法律之所以如此这般规定的原因,正是由于生育技术在早期妊娠中的无能为力。一方面生育技术无法监控,另一方面社会法律也采取了消极回避的态度,这导致的最为直接的一个后果便是将妊娠早期的生育权力合法的让渡到了女性手中。

## 二、技术空缺与生育策略

脉法对于妊娠的确认只能在三个月以后,此前医者凭脉法当无从判断,由此便形成了技术空缺。而妇人在妊娠初期可以通过月水来判断,史籍有很多妇人"自觉有妊"的记载。袁真送阿薛、阿郭、阿马三人,看到有流星坠入水盆中,"阿马最后取,星正入瓢中。饮之,即

---

① 《脉经校注》卷9,第371页。
② 《太平广记》卷164《名贤》,北京:中华书局,1961年,第1190页。
③ 《北史》卷51《齐宗室诸王上》第1860页。
④ 《唐律疏议》卷3,北京:中华书局,1983年,第57页。
⑤ 《唐律疏议》卷21,第385—386页。
⑥ 张伯元:《出土法律文献丛考》,上海:上海人民出版社,2013年,第26页。
⑦ 参见闫晓君:《出土文献与古代司法检验史研究》,北京:文物出版社,2005年,第52页。

觉有妊,遂生桓玄"。① 有富人向神祷祀,求乞有子,"其妇不久便觉有身满,足十月,生一男儿"②。这些所谓"自觉有妊"就是妇人自我感觉,而妇人所能够倚靠的依据只有月水。在早期妊娠阶段,妇科并不能凭借医疗技术对妊娠进行有效确认,故而妇人的自我感知犹如一个沉默的知识库,在早期妊娠阶段发挥着重要作用。妊娠早期技术上的不确定性使妇人在处理妊娠时拥有很大的权力。妊娠初期,妇人可自觉有孕,这样便提供一种生育策略选择,她可自行安胎或者堕胎。汉唐医方中未满三月的安胎、堕胎方有如下几条:

妊娠一月,阴阳新合为胎,寒多为痛,热多卒惊……宜服乌雌鸡汤方。
妊娠二月,始阴阳踞经,有寒多坏不成,有热即萎悴……艾叶汤主之方。
妊娠三月为定形,有寒大便青,有热小便难……雄鸡汤方。
治妊娠二三月,上至八九月,胎动不安,腹痛,已有所见方。
治妊娠二三月,上至七八月,其人顿仆失踞,胎动不下,……胶艾汤方。③
治妊身胎二三月欲去胎方……服之其子即糜腹中,令母不疾。④

以上安胎法有数条来自于《逐月安胎法》,它严格规定了妊娠期各月份安胎所需要服用的药物。由于妊娠不足三月是一个技术空白,前三个月的安胎法只能供妇人自行选择,这些关于妊娠未满三月的安胎或者堕胎药方,意味着在妇科技术还没有能够判断是否有妊的情况下,妇人可以先于技术实施自医自治,这一点在药方中也可以得到证明。《养生方》有云:"怀妊未满三月,服药自伤下血。"⑤该方所治疗的是妊娠不满三月,所谓"服药自伤下血",正是妇人自行诊治服药所造成的下血不止。"欲去胎方,……分五服,当宿勿食,旦再服,其子如糜,令母肥盛无疾苦。千金不传"⑥,这条千金不传的秘方,可损胎益母,令母体肥壮,这与汉唐妇科的原则相违背,故而受到禁止。女性在妊娠早期的特殊权力,可采取这种极端手段,这也证明了女性在妊娠早期对生育的控制。

妇人在遭遇无子时,可以自诊、自医、自治。白薇丸可治疗无子,关于该方的记载较为丰富,其主要药方虽有所不同,但药效均以妇人自觉有妊乃止。《千金方》中有两个白薇丸方,这两个药方或"小觉有异即停服",或"觉有娠即停"⑦,求子之药如果服用过多,可能会对妇人身体不利。《千金方》中的龙骨散治妇人腹下病所导致的绝产,该药"服药三月,有子即住药。药太过多,生两子,当审方取好药"⑧。《单方》:"妇人妊娠经三月觉,即向南方礼三拜,令子端正,具足裳,吉。"⑨妊娠前三个月是技术无法控制的环节,妇人可以施以生育的权力。在技术可以干预的其他环节,妇人与技术间的权力关系仍值得探究,《后汉书·

---

① 刘义庆:《幽明录》卷2《阿马》,北京:文化艺术出版社,1988年,第42页。
② 释道世撰,周叔迦、苏晋仁校注:《法苑珠林》卷35《燃灯篇第三十》,北京:中华书局,2003年,第1125页。
③ 以上参《备急千金要方校释》卷2,第27—28、32、35—36页。
④ [日]丹波康赖:《医心方》卷22,北京:人民卫生出版社,1995年,第503页。
⑤ 《诸病候论校注》卷38,第1098页。
⑥ 王焘:《外台秘要方》卷33,北京:人民卫生出版社,1955年影印版,第923页。
⑦ 《备急千金要方校释》卷2,第23、24页。
⑧ 《备急千金要方校释》卷4,第76页。
⑨ 马继兴:《敦煌医药文献辑校》,南京:江苏古籍出版社,1998年,第249页。

华佗传》记载了这样一件史事：

> 有李将军者，妻病，呼佗视脉。佗曰："伤身而胎不去。"将军言间实伤身，胎已去矣。佗曰："案脉，胎未去也。"将军以为不然。妻稍差百余日复动，更呼佗。佗曰："脉理如前，是两胎。先生者去，血多，故后儿不得出也。胎既已死，血脉不复归，必燥著母脊。"乃为下针，并令进汤。妇因欲产而不通。佗曰："死胎枯燥，势不自生。"使人探之，果得死胎，人形可识，但其色已黑。①

华佗通过脉象可以对腹中是否有胎，胎之生死这些问题进行清晰的判断，但是将军最初却并不相信华佗的判断，延误了病情。当将军之妻再次觉得身体不适时，复召华佗诊治，华佗妙手回春，用针灸的办法刺下死胎。于赓哲曾分析了医患关系的特点，他认为"上层及富裕患者具有主动权，有择医、试医等现象"②。在这个医案中，涉及了男性、女性以及医者这三方面权力主体，女性是一个沉默的权力主体，医者的权力是诊治病情，男性的权力则在于延请医者，并且决定如何医治。将军所谓"间实伤身，胎已去矣"的认识绝非是将军本人的观点，这应该恰好是妇人的看法。在技术诊断正确的情况下，妇人依凭自身生理特点获得了相应的信息，女性对于是否医治以及如何医治有着极大的权力。在中古时期，医者的权威并不像现代社会这样大，这与医疗水平有很大关联。妇女凭借自身独特的身体感知可以将医者的诊断架空。这种权力格局的形成与医疗技术的水平及其在社会中的传播有很大关联，医疗知识传播的范围与流行程度亦受技术的限制。

技术对于妊娠的掌控有很多不确定性，女性对于自身身体的理解也有不确定性，这两种权力对女性身体的作用效果并非是此消彼长，而是一种权力博弈。妊娠的确诊在技术环节中存在着诸多不确定性，技术无法控制的环节造就了社会、性别权力角逐的空间，制造了一个权力与性别相互角逐的场所。妇人在生理上的特殊性，使他们在妇科技术的空白与缺失之处施以生育的权力。妊娠未满三月时，妇人常可以先于技术感知有孕，进而选择堕胎或者保胎。

## 三、生育技术与求子之责

李贞德指出"妇女成为医方求孕、求男与求好男的焦点"③，生育的求子之责实由女性来承担。从技术角度入手，不难发现，将求子之责归诸女性与生育技术水平有着很大的关联。妊娠未满三月，脉法无从确诊，至于男女，更无凭证。因此通过脉法鉴别胎儿的男女之

---

① 《后汉书》卷82下《华佗传》，北京：中华书局，1973年，第2738页。
② 于赓哲：《汉宋之间医患关系衍论——兼论罗伊·波特等人的医患关系价值观》，《清华大学学报》2014年第1期，第100页；于赓哲：《从古人求医心态看古代民间医人水平》，《学术研究》2005年第9期，第93—100页。
③ 李贞德：《汉唐之间求子医方试探——兼论妇科滥觞与性别论述》，《中央研究历史语言研究所集刊》1997年第68本第2分，第314页。

象,只能在妊娠四月以后。《脉经》记载了数条通过脉象的虚实沉浮来考察胎儿性别的方法①,经验丰富的医者可以熟练地掌握这种方法,华佗通过触摸法推知胎儿性别,《三国志》曾有记载曰:

> 故甘陵相夫人有娠六月,腹痛不安,佗视脉,曰:"胎已死矣。"使人摸知所在,在左则男,在右则女,人云"在左",于是为汤下之,果下男形。即愈。②

前举王显之例,他不仅准确地判断了文明太后有孕,而且还指出生男之象。③ 对于胎儿性别形成于何时,捜诸史籍,亦有记载,北齐徐才之《逐月养胎方》中有关于胎儿性别形成的认识,"妊娠三月名始胎。当此之时,未有定仪,见物而化"④,隋代《诸病源候论》继承了这种表述,"故未满三月者,可服药方术转之,令生男也"⑤。史籍中确有许多在妊娠未满三月时转女为男的药方。马王堆出土的《胎产书》认为在妊娠三月,欲生女,可佩簪珥,绅珠子,"欲产女,取乌雌鸡煮,令女子独食肉歠汁","怀子未出三月者,吞雀瓮二,其子男也"。⑥ 丹参丸治妇人始觉有娠,转女胎为男,这种方法在《逐月养胎方》中亦有类似论述⑦,安胎方中记载了食疗法,最为常见的便是乌雌鸡方,乌雌鸡又称黑雌鸡,黑雌鸡可安胎,⑧乌雌鸡汤除妊娠三月需用雄鸡汤外,其他月份均可食用,很明显其中原因不外乎妊娠三月是胎儿性别形成的重要时期。《葛氏方》有云:"觉有妊三月,溺雄鸡浴处。"又有《枕中方》治妇人欲得转女为男法,"有身二月,灸脐下三壮即有男"。《灵奇方》也记载妊娠未满三月,取斧置于妇人床下,可转女成男。《玉房秘诀》亦记载:"妇人怀子未满三月,以戊子取男子冠缨烧之,以取灰,以酒尽服之,生子富贵明达,秘之秘之。"⑨《单方》言:"凡人纯生女,怀始六十日,取弦烧作灰,取清酒服之,回女为男。"⑩这些医方均是针对妊娠未满三月的。技术凭借脉象无从判断是否有妊,而妇人却可以自我感知,并且通过服药来决定所怀胎儿之性别。

有妊三月,胎儿性别未定,可以服药转女为男。妊娠未满三月,技术无法判断是否有妊,又何从服药转胎?汉唐医方在妊娠未满三月时生育技术无法知晓是否有孕,与之相矛盾的是医方却给女性传递了在这一时期控制胎儿性别的方法。生育技术默认了女性可以先于技术对自身身体进行控制,它对于妊娠早期的诊治有很大的局限性,在"求子"这个问题上为自身的能力与责任进行了开脱,求子之责就这样被转嫁给了女性。易言之,生育技术默许了女性对于早期妊娠优先介入的权力。这种默许,对女性而言,既是权力,也是一种

---

① 参见《脉经校注》卷9,第351页。
② 《三国志·魏书》卷29《方技传》,北京:中华书局,1964年,第799页。
③ 参见《北史》卷90《王显传》第2974页。
④ 《备急千金要方校释》卷2,第28页。
⑤ 《诸病源候论校注》卷41,第1188页。
⑥ 《马王堆古医书考释》第786、811、807页。
⑦ 《备急千金要方校释》卷2,第25、28页。
⑧ 陶弘景编,尚志钧等辑校:《本草经集注》卷6《虫兽三品》,北京:人民卫生出版社,1994年,第403页;《备急千金要方校释》卷26,第569页。
⑨ 《医心方》卷24,第533页。
⑩ 马继兴:《敦煌医药文献辑校》第251页。

沉重的责任。

## 四、结　论

从生物学意义上来讲,不同性别的身体区分并不是特别明显,但是不同文化对"她"的理解却有很大的差异,妇科不仅是一个生理学上的知识概念,而且也是社会权力的控制手段。① 福柯生物权力的科学话语催生了性别的文化建构,20世纪末的欧美学界,将性别从生殖中分离出来,驱除了性别中的生育功能与意义,构建起了男女性平等的社会文化。② 如果说现代社会对性别的界定是建立在技术对身体精密计算的基础之上,那么在技术无力对身体进行严格的界定与剖析时,技术对身体、性别关系的影响则不可不论。尤其是当我们将目光投向古老的东方文明时,被技术水平所塑造的中古历史则会逐渐浮现,这个隐藏在历史曲弯幽径中别样的权力景观会给我们带来强烈的震撼。

东方文明中的性别固然可以理解为一种文化表征,当我们选择尽量减少文化对性别的塑造打磨,将长期隐匿在文化背后的技术拉上前台,技术与性别的关系则会为我们重现一段引人入胜的历史。汉唐医方中的妊娠技术对于早期妊娠的诊治颇显无力,妊娠三个月以后,方可以通过诊脉的方法确认是否有妊,妇人由于特殊的生理特点,在妊娠早期时可以先于妇科技术感知是否有妊,进而可以施行生育的权力。生育技术还认为在妊娠早期妇女可以干预胎儿男女之性别,从而将求子之责归于妇人,这使得妇人在汉唐生育制度中占据核心地位。

女性主义者阿德里安娜·里奇(Adrienne Rich)曾这样说:"我们肯定没有完全探知或理解我们自身的生物学意义,也没有完全理解女性身体的思想和政治的奥秘,有时会不禁询问,难道女人不能通过身体来进行思考吗?"③汉唐医方中的妊娠技术与性别间相互角逐的这段历史,的确使我们有了将身体属性转化为知识和权力的可能。

**作者简介**:王晶,西北大学西北历史研究所讲师。

---

① 参见李约瑟著:《中国科学技术史》第6卷《生物学及相关技术》第6分册医学,第26—27页。
② 参见费莉侠著,甄橙主译,吴朝霞主校:《繁盛之阴:中国医学史中的性(960—1665)》,南京:江苏人民出版社,2006年,第280页。
③ Adrienne Rich, of Woman Born: Motherhood as Experience and Institution, London: Virago, 1986, pp.284.

# 从寄生草到寄生虫

## ——"寄生"概念的知识考古

肖中显

**【摘　要】** 中文里"寄生"概念曾一度和"寄人篱下"的内涵相近,中国古典文学里寄生草的孤独飘零的形象,很大程度上代表了传统"寄生"概念内涵,表达了对弱小寄者的同情。但是随着近代日本寄生虫科学概念和社会文化修辞传入中国,寄生虫一概念在大众媒体的话语空间里"压倒"了寄生草,人们也开始以寄生虫的现代科学知识来理解"寄生"的形象和内涵,即认为"寄生"是一种寄生者损害宿主的行为,"寄生"也逐渐污名化。在理解寄生虫和重塑"寄生"的内涵这一过程中,近代中国的知识人也发挥了自主性。"寄生"逐渐背离了最初日本舶来的政体评论式修辞,转而主动地拥抱20世纪前半叶近代中国的社会思想变迁,如社会达尔文主义、马克思主义和国家主义等。通过这一概念重塑过程,"寄生"才得以取得了我们现今熟悉的内涵。

**【关键词】** 寄生草、寄生虫、寄生、科学、修辞

熟读《红楼梦》的读者,都应该对第二十二回中的一段有关寄生草的诗词印象深刻:

漫揾英雄泪,相离处士家,谢慈悲,剃度在莲台下。没缘法,转眼分离乍。赤条条,来去无牵挂。那里讨烟蓑雨笠捲单行?一任俺芒鞋破钵随缘化。①

"漫揾英雄泪""赤条条来去无牵挂"这些伤感飘零的词句,描写了一个无所依靠和不为俗世所累的"寄生草"游子形象。

但是我们很容易困惑,"寄生"难道不应该是一种令人反感、面目狰狞的形象么?比如寄生虫就常被用来讽刺不劳而获的个人和群体。但为何同是"寄生"的寄生草会获得这样一个值得同情甚至颇为正面的评价呢?事实上现今寄生草这一词语已经很少出现,与之相反,寄生虫概念作为寄生草的"传人",活跃于大众及知识人的修辞体系之中,以至于我们一见到"寄生",就会不自觉地将其和寄生虫联系起来而产生不好的印象。那么这种污名

---

① (清)曹雪芹:《红楼梦》(第22回),《听曲文宝玉悟禅机制灯迷贾政悲谶语》。

化的原因是什么?① 我们为何会选择忘却了寄生草的同情性形象,而牢记寄生虫的修辞?② 既然寄生草在近现代中国逐渐退出了公共话语空间,而寄生虫一词又是在近代才引入中国的,我们就有必要考察这一"退出—引入"过程背后的社会文化机制,即对寄生草(虫)的概念进行一番知识考古。③

另一方面,无论古代的寄生草还是近现代的寄生虫,对它们最基本的定义都是"科学"的,即指代一种自然界的生物,其修辞及文化的诸多内涵在一定程度上则是派生的。④ 那么寄生虫(草)科学的定义和文化的修辞之间存在着怎样的关系?这种关系的背后,又暗示了修辞使用者怎样的"期待视野"?⑤ 这些问题笔者将在下文逐一探讨解决。

## 一、"漫揾英雄泪":中国古代文学中的寄生草内涵⑥

《红楼梦》里的寄生草形象,只是古代文本中的一部分,寄生草在古代文本中通常还是以一种缠绕在粗壮植物之上,依靠他者的庇护而存活的形象出现。

无疑,古人博物志式的植物草本观察法不可能使他们发现寄生类植物的精确生理机制,事实上,即便是在自诩现代科学发源地的欧洲,对寄生植物的科学病理原因的阐明也是在19世纪中期后。在此之前,无论中国还是欧洲的植物学家,对寄生类植物的认识都基本

---

① 笔者在这里使用的"污名化"概念,并不是社会学里常指的污名化现象,而是指将某类特定的客观事物赋予"负面的"社会文化的想象。如此处的寄生,本是客观事物,一种生物学概念,但社会对其认知却在很大程度上脱离了科学内涵,认定其是一种邪恶危险的事物,这即是污名化。社会学的经典污名化研究参看[加拿大]欧文戈夫曼:《污名》,北京:商务印书馆,2009年。

② 关于寄生草"淡出"现代公众话语,笔者通过电子全文检索现代报刊发现,除了零星的几篇介绍古典文学中的寄生草内涵的文学评论式的文章外,几乎见不到当代人自主使用寄生草来作为修辞的例子,事实上,根据笔者的实际经历,我周边的同学乃至长辈们,如若不是熟读红楼梦,也多不知寄生草为何物。

③ 关于"知识考古"的概念,参看[法]米歇尔福柯:《知识考古学》,上海:生活·读书·新知三联书店,2003年。运用该概念进行历史研究的如:黄兴涛:《近代中国"黄色"词义变异考析》,《历史研究》2010年06期。对于寄生虫一词在近代中国出现的源头,参看:黄河清:《近现代辞源》,上海:上海辞书出版社,2010年。此外,日本学者沈国威的著作中也谈及"寄生",其将"寄生"归类为日语从汉语借词后再创造的新词(寄生虫),但沈没有给出任何支撑该论断的证据,也没有指出该词语背后的内涵变迁。参见:沈国威:《近代中日词汇交流研究:汉字新词的创制、容受与共享》,北京:中华书局,2012年。

④ 从词源学或历史语义学上单纯探讨寄生虫(草)的最初含义是社会文化层面还是自然描述层面并不稳妥。据Sean Corner 的研究,parasite(寄生虫)最初是"共食者"(食客)的意思,但也很有可能是某种独特的寄生类螨虫的名称,参见:Sean Corner, *The Politics of the Parasite Phoenix*(part one),2013,pp.43—80。但是据笔者考证,中文语境中的寄生草最初便是一种植物的名称,后来才称为文人笔下的修辞。所以笔者认为很难断言修辞和科学含义孰先孰后。

⑤ 此处的"期待视野"(Horizons of Expectation)并非指代文学和美学接受理论中的重要概念,而是借用德国概念史研究学者 Reinhart Koselleck 的理论,参见:Reinhart Koselleck, *The Practice of Conceptual History*: *Timing History*, *Spacing Concepts*, California: Stanford University Press,2002. 在某种程度上,台湾学者潘光哲在其多篇文章和专著中使用的自创概念"知识仓库",与期待视野理论也用相似之处,参见潘光哲:《晚清士人的西学阅读史(1833—1898)》,《"中研院"近代史研究所专刊(99)》,中国台北:"中研院"近代史研究所,2014年。

⑥ 这里笔者使用的"科学内涵"这一概念在一定程度上是不精确的,中国古代有关寄生草的记叙多为"博物志"式的而非科学的,即完全根据主观观察,既没有分析,也没有用统一规范的术语来描述。这里笔者使用科学一词,主要是为了和"文化"内涵区分开来。

停留在无法独立获取营养(从土地)和依靠其他植物生存这两大性状上。①

古代文人对寄生草文学意象的构建和使用,可以说和寄生草的博物志描述结合在了一起,前面提到的红楼梦的例子十分具有代表性,"赤条条"和"随缘""无牵挂"的凄凉形象暗合了寄生草无法扎根土地只能依附其他植物的隐喻。其实不仅是寄生草,"寄生"一词本身在古代文本中就是失去凭借、投靠强者的代名词。

> 王者以天下为家,京师为室,而四方归往犹天之无不覆也,东周将于列国,既不能家天下矣,又毁其室而不保则是寄生之君耳。②

这段文字记载在宋代的《春秋传》一书中,刻画了一个失去国家土地的落魄君王形象,此处的寄生一词更接近寄人篱下和寄居的意涵。

综上,我们发现,古代寄生草的科学内涵和文化意象很好地结合在了一起,两者都强调个体离开土地和家乡后的无依无靠和艰难求生,在这一层面上,寄生草和背井离乡者一样,是被同情而非被批判和鄙视的个人。尽管古代文人在寄生草的文学意象中也展露出"寄生(草)弱小"的隐喻,但总的来说古人是同情这一类人的,弱小者受强者的恩泽没有什么问题。③ 同时,寄生草的文学修辞所针对的多是个人的德行和能力,如洒脱不惧漂泊的淡然,和由于不幸而失去依靠的衰落,这种修辞很少涉及寄生的个体对群体和他人(宿主)带来了什么样的问题,这和近代以来的崭新的寄生虫修辞截然不同。尽管同样是依靠他人谋生,寄生虫却遭到了社会的强烈谴责,被认为是一种害群之马。产生这一差异的原因笔者将在后文阐述。

## 二、孤苦无依和谄媚奉承:西学东渐时期的寄生(草)翻译实践

据上文的考证,寄生草自古便在文人的笔下展现出独特的意象,但寄生虫一词无论是

---

① 据笔者研究,西方对 parasite(寄生虫;寄生植物)作出科学的定义是在 19 世纪中期后,德国植物学家通过实验做出了寄生类植物对宿主造成损害的阐述。参见:E. F. G. Cox, *History of Human Parasitology*, *Clinical Microbiology Review*, 2002, Vol.15(4), pp.595—612.

② (宋)胡安国:《春秋传》,卷 12。

③ 为避免读者产生古人只是单纯的去同情弱者和无法独立谋生之人,笔者有必要强调,古人大多数时候对乞丐及无业游民仍表示道德上的鄙视,尽管那些人也是背井离乡无依无靠。区分依靠他人者是否值得同情的关键是:有无道德上的缺陷和职业上的卑贱。如保持清高而离乡的无家可归者值得同情,但为牟利或者谋生堕入污秽行业(行乞卖身)的人,虽同样贫穷却不值得同情。在本文的寄生草修辞中,寄生草大多被刻画为不愿同流合污,漂泊在外,或勉强寄身他人篱下的形象,所以并不在古人鄙视的范围之内。相关讨论参见梁其姿:《施善与教化:明清时期的慈善组织》,北京:北京师范大学出版社,2013 年,第 44—60 页。

在概念上①,还是在词的形式上②,都是 19 世纪后半叶才被译介到中国语境中的,是一个崭新的词汇。在考察 19 世纪末寄生虫的译介之前,本文要先行检视一段"被湮没在线性叙事之下的历史"③,即始于 19 世纪早期,西方传教士在寄生(草)和 parasite 的翻译上,失败的双语词典编纂史。考察这段"失败的"历史,有助于我们以一个比较的视野理解 20 世纪初寄生虫这一概念之所以能够风行中国,替代寄生草,成为新时代话语的载体的原因。

parasite 和中文寄生之间的对译,据笔者考察,最早可追溯到马礼逊在 1815 年出版的《字典》和 1819 年出版的《五车韵府》,二书均属于汉英字典,即以英文译中文,其释义及例句多参照从前的汉语辞书以及各部汉文典籍,并以通俗的英文来进行阐释。笔者首先考察了《字典》对"寄"这个字的英文解释:

to depend on and be under the protection of others(依靠和活在他人的保护之下)④

这一解释貌似和上文笔者考证的寄生草意象很相近,即一种被同情的弱小寄生者。但下面对寄生的解释却令人感到陌生:

a parasitic plant; also one who attaches himself by mean flattery to the rich or powerful.⑤(寄生植物;凭借谄媚有钱人和有权者来依附于他人)

有趣的是,尽管马礼逊在他的辞典里对寄生植物(parasitic plant)的自然属性着墨很少,只是做了名词互译,却专门列了一条寄生的文化形象,而且这个寄生的文化内涵也十分怪异。笔者在前文考察过,古代汉文文献中寄生一词的内涵:一是指某种寄生类植物(寄生草);二是居无定所、背井离乡的弱小形象。马礼逊在《字典》中对寄生解释的第二条,可谓与中国传统的寄生(草)形象大相迥异。

同样的情况也出现在《五车韵府》里,其对寄生一词的英文释义和《字典》几乎一字不差。⑥ 那么马礼逊字典里面这个怪异的解释从何而来呢?

笔者考证了同时期西方的寄生(parasite)内涵,发现马礼逊对寄生(草)谄媚者的解释基本符合 19 世纪中叶以前西方主流话语里的寄生文化想象。即认为寄生(parasite)是身份

---

① 关于寄生虫学说在中国的发端,参见李尚仁:《帝国的医师:万巴德与英国热带医学的创建》,台北:允晨文化公司,2012 年。
② 关于寄生虫这一汉语词汇在中国最早一次的出现,据《近现代辞源》一书对寄生虫词条的解释,《万国药方》一书最早使用了"寄生虫"一词来翻译 parasite,也就是说"寄生虫"在中国语境中是一个传教士造词。这一观点和沈国威一书中的考证相悖,沈认为寄生虫是一个日源词,即由日本人翻译而来。但无论如何,沈和黄两人的书中都丝毫未提及 19 世纪上半叶传教士的翻译实践,忽视了早期传教士在寄生虫一词正式"出现"在中国之前,就已经尝试翻译中国的寄生和西方的 parasite(寄生虫)两词了。
③ 所谓挖掘"湮没在线性叙事之下的历史",这一方法论早已被史学界所熟知。参见杜赞奇著,王宪明译:《从民族国家拯救历史——民族主义话语与中国现代史研究》,北京:社会科学文献出版社,2003 年。
④ Robert Morrison, Dictionary Honorable East India Company's Press, 1815, p. 845.
⑤ 同上。
⑥ Robert Morrison, Dictionary Honorable East India Company's Press, 1819, p. 373.

卑微的人为求上位而对主上的谄媚，是一种政治攀附行为。据 Sean Corner 的历史文本分析，parasite（寄生虫）这一概念在古希腊时期就频繁作为一种舞台上戏剧中的隐喻出现，①且具有深刻的古典时代的社会背景。Parasite 在古希腊时期被用来批判一类政治生活中谄媚逢迎的小丑，以巩固雅典的追求独立奉献城邦的公民精神。这样的一种源自古典时期的寄生虫修辞在西方世界一直延续到了 19 世纪早期，即以马礼逊为代表的传教士接受教育和生活的时代。尽管在西方这一寄生修辞，伴随着工业时代社会情境和话语的变迁，②也在 19 世纪后半叶维多利亚时代逐渐转变，由单纯的政治伦理批判扩展到社会经济领域的利益诉求，如工人阶级对贪婪的资本家的反抗，社会精英乃至大众对社会底层贫苦群众以及工业时代失业者的敌视和忧虑。③ 此时的马礼逊和他的后继者仍然基本沿用了"传统"的寄生修辞——政治谄媚者，而非维多利亚时代的社会经济式寄生修辞。

但马礼逊的西方文化背景并不足以全面解释他为什么要在一部本该是帮助西人了解中国传统文化的汉英字典中，做出如此"怪异"的解释。重要的原因笔者认为还有两点：其一是寄生和寄生草等词在古代汉语里面并不是那么常见，日常生活中更是很少使用；其二，马礼逊的《五车韵府》基本是参考明末文人陈荩谟编纂的《元音统韵》和清代勘定的同名韵书而写成，内容和编排方式多沿袭了以前辞书的体例，④而《元音统韵》一书也很可能没有单独收录寄生一词，更未对寄生草的文学意涵作诠释。⑤ 以上这些都可能使得马礼逊没有机会了解到汉人是如何使用寄生（草）的修辞的。

再考察另一部对近代中西方知识译介贡献颇大的辞书——罗存德编的《英华字典》（1866—1869）。⑥《英华字典》里面的 parasite 及其相关词条的释义，仍然基本沿袭了马礼逊的解释。⑦

除了考察传教士编纂辞典中对寄生（草）文化内涵的解释，晚清文人如何理解传教士

---

① Parasite 一词来源于古希腊，最初的意思是"食客"。据相关研究，古希腊戏剧中的寄生虫（parasite）就是作为一个政治讽刺的形象和修辞出现的，关于古典时期寄生虫修辞和文化内涵的分析，参见 Sean Corner: *The Politics of the Parasite*（part one），*Phoenix*，2013，pp. 43—80。据笔者考证，古希腊 parasite 的内涵一度延续至前工业革命时期，在当时的英国著名报刊杂志"The Times"上，parasite 还是用来讽刺君王专制者（tyrant）身边的谄媚者，具有 cunning（胆小）、flattering（奉承）等特点。

② 关于 19 世纪工业时代跨越大西洋（英美）的社会政治话语变迁，参看：丹尼尔.T. 罗杰斯著，吴万伟译：《大西洋的跨越——进步时代的社会政治》，上海：译林出版社，2011 年。

③ 维多利亚时代的英国，parasite 的文化形象在主流媒体上开始逐渐与此前的谄媚者隐喻分道扬镳了。关乎政治伦理的旧式 parasite 修辞虽然也偶尔能见到，但也和新式的政党关系相结合了。

④ 关于马礼逊《五车韵府》和《元音统韵》以及《康熙字典》的联系，参看万献初：《五车韵府文献源流与性质考论》，《文献》2015 年第 3 期。

⑤ 笔者无法找到马礼逊编写《五车韵府》时曾参考的《元音统韵》原书，但是由于《元音》一书的内容基本都可以在《康熙字典》中窥见踪影，故而笔者专门考察了《康熙字典》中的"寄"一条，其中并没有把"寄生"专门列出来予以阐释，尽管其中提到了"寄生草"这一条目，但是也没有对其文学意涵做诠释。笔者认为这种古代辞书中对寄生内涵解释的忽略，一定程度上导致了传教士无法很好地参考古代文献中寄生的意涵，以致马礼逊产生了误解。

⑥ 有关罗存德的《英华辞典》在东亚概念史上的地位，相关探讨甚多，集中的研究请参看沈国威：《理念与实践：近代汉外辞典的诞生》，《学术月刊》2010 年第 4 期；高永伟：《罗存德和他的〈英华字典〉》，《辞书研究》2011 年第 6 期；熊英：《罗存德及其〈英华字典〉研究》，北京外国语大学博士学位论文，2014 年。

⑦ W. Lobscheid, An English and Chinese Dictionary, published by Zen—Rin Yaku—Sho Kwan（日本善鄰译书馆），1900，p. 780.

的寄生(parasite)一词也是一个值得探讨的问题。① 通过对《申报》刊文进行考察,笔者发现尽管19世纪来华的传教士有意无意地曲解寄生在中文里面固有的内涵,但当时的晚清知识分子,或者说至少是《申报》的撰稿人们,却丝毫不受传教士的影响,依旧我行我素地按照中文里固有的语境来使用寄生一词。比如下面这篇1873年9月的刊文:

> 其子孤无依,伯义亦做客,穷途且无家室,但侄犹子因托孤于友,如树之寄生焉……②

这完全是在叙述一个孤苦无依的可怜人的故事,且文中的"有如树之寄生"一句,基本是古代文献中寄生"科学形象"的借用,与马礼逊和罗存德"谄媚者"解释不同。而1886年12月的《潇湘馆遗稿序》一文则更是传统寄生草文学的应用:

> 姑苏女子林颦卿,黛玉所著也,夫其仙卉临风独立绮罗丛里,女萝翘秀寄生于松柏林间,心似井以无波,情有丝而不断,以漂泊流离之思抒芬芳悱恻之怀。③

遍览19世纪后半叶中国的主流媒体,寄生(草)的修辞基本和古代文学里的同情式文化意象保持一致,几乎不见当时传教士著作中的话语对其产生影响。

寄生(parasite)具有科学和文化两层内涵,传教士在译介寄生文化形象时,也推广了西方对寄生知识的理解。尽管传教士笔下的寄生(植物)其定义和中国古代的博物志式寄生草描写有诸多类似,④但是晚清文人仍然对传教士的寄生植物学定义和概念十分冷淡。绝大部分晚清开明士绅,都对李善兰翻译的《植物学》中的西方寄生植物知识置若罔闻。⑤ 他们的知识体系中绝少见到西方寄生植物学影响的痕迹。这和19世纪中后期西学东渐的阶段性特征有关。尽管部分晚清士人为了师夷长技而钻研西学,但除却个别植物学专有名词的使用外,无论是寄生的科学概念还是文化内涵,总的来说是位于晚清西学的边缘地带的。就晚清官方译书种类的取向来看,植物学的译介也远不如化学、物理学和医学书籍。无论

---

① 关于晚清知识的传播和接受这一话题,笔者赞同张仲民教授的观点,即着力于分析"阅读史"和"接受史",但正如张指出的,由于资料保存和获取受限,研究者往往难于找到读者直接阅读某文献的证据,尤其是在大众阅读方面。对此张仲民教授的解决方案是具有启发性的,即从话语分析的角度寻找阅读和接受的痕迹。如读者如何在自己的语境里表述和再解释被阅读文本内容。笔者在此处和后文对寄生虫修辞的话语分析便是基于此理论。参见张仲民:《从书籍史到阅读史——关于晚清书籍史阅读史研究的若干思考》,《史林》2007年第5期。
② 《陈郑争一子案》,《申报》1873年9月20日。
③ 《潇湘馆遗稿序》,《申报》1886年12月9日。
④ 此时传教士编纂的辞典中,对"寄生"(parasite)的"科学"定义是很简略的,一般只停留在直观描述上,没有任何生理机制的描述,笔者推断即便晚清士人有机会读到这些辞典中的寄生解释,也不会得到比中国语境中的"寄生"更多的知识。
⑤ 相比于李善兰翻译的数学概念在晚清知识界的容受,其早期翻译的植物学的相关概念大多只停留在自然科学的领域,很少在社会科学和文化领域出现。而晚清植物学、动物学的相关概念往往因为没有面临如物理学概念那么多的争议,而保持着相对的稳定(直至日本知识传来),但包括"寄生"在内的植物学概念还是被漠视了。关于李善兰所译的数学概念的晚清容受,以及其对物理系等科学概念推广的意义,参见阿梅龙:《重与力:晚清中国对西方力学的接纳》,收入《新词语新概念:西学译介与晚清汉语词汇之变迁》,济南:山东画报出版社,2012年。

如何,从阅读史接受史的角度来说,传教士的寄生知识译介是失败了。

事实上,传教士所编写修纂的双语辞典在19世纪末20世纪初也逐渐舍弃了早前辞典中对parasite的西方修辞内涵的介绍,转而只保留parasite的科学定义。① 即便如此,20世纪初如巨浪般袭来的日本寄生虫学知识,还是冲走了传教士在寄生知识译介方面的最后一点贡献,来自日本的最新寄生知识完全替代了传教士的模糊的前现代的寄生概念,并且为寄生虫文化内涵和修辞的创造奠定了基础。

### 三、寄生虫登场:20世纪初中日寄生虫概念的传播与政治化

既然在经历了传教士的早期翻译实践后,晚清文人和公众都没有改变此前对寄生(草)文化内涵的理解,更没有"发明"出寄生虫这一现代概念,那么寄生虫这一概念到底是从何而来的? 在寄生虫概念"登场"与寄生草概念"退场"这两种截然不同的命运之间,有着怎样的历史偶然性以及社会文化的机制在起作用呢? 这种机制又是如何推动了中文语境下崭新的"寄生"文化形象的形成呢?

中文的寄生虫一词在19世纪末已经出现在《万国药方》的parasite一条目中②,但是据笔者考证,中文寄生虫一词在《万国药方》出版后到20世纪初的近十年时间里,几乎没有在公众话语里出现过。而这一点和19世纪后半叶,处于明治时期的日本的情况迥然不同。自19世纪70年代以来,日本主流报刊媒体就时常刊载西方最新的寄生虫学理论,日文的寄生虫一词在当时日文报刊上的曝光率可以说比较高。③

事实上,寄生虫这个一度风行于20世纪中国大众媒体的词汇和概念,其"真正的来源"就是明治时期的日本,而非西方传教士。④ 甲午战争后前往日本学习近代西方自然科学和社会科学的清廷留学生和考察官员,最早于20世纪初先后回国,开始在国内普及相关理论及进行科学研究,或是宣传政治理念等。他们将系统科学的西方(日本)知识引入中国本土,基保就包括最新的寄生虫理论。20世纪初诸多科学学报性质的报刊,都对寄生虫一词的科学概念做了明确翔实的介绍。

寄生虫学:日本兽医学士生驹藤太郎著,山阴樊炳清译。……寄生物者栖息于较

---

① 笔者为此考察了几本具有代表性的清末传教士编纂的辞典,如颜惠庆:《英华大字典》,上海:商务印书馆,1908年。笔者发现不同于罗存德和马礼逊,晚期传教士的辞典里只能看见寄生(虫)概念的科学解释。
② 据《近现代辞源》一书对寄生虫条的解释,《万国药方》一书最早使用了"寄生虫"一词来翻译parasite。但是鉴于该书的有限影响,很难认为这一译介对当时本土社会产生多大的影响。
③ 该结论源于笔者对日本明治时期最重要的报刊《读卖新闻》和《朝日新闻》的考察。尽管最初日本知识界多使用"寄生植物"和"寄生动物"来代指寄生虫,或在几个名词的使用上摇摆不定,但日本确实最晚在19世纪70—80年代开始较为固定的使用寄生虫这一西方科学概念的词汇了。
④ 笔者这里的"真正的来源"指的是:从知识源头角度来讨论中国寄生虫概念的出处,而非单纯的词汇最早出现的时间。无论是《万国药方》中对寄生虫的定义,还是同时代其余传教士对寄生事物的理解,都迥异于20世纪后流行于中国的寄生虫定义。相反20世纪初日本传来的寄生虫概念,无论是用词还是说明上,都基本延续到了现在。所以笔者认为中文"寄生虫"概念的源头应该是日本。

已高等之生活,体外部或内部,由之摄取营养物以自为生存,而烧损害其宿主体者也。①

这篇登于1901年《农学报》上的文章,是笔者考证到在中国境内发行的报刊中最早使用寄生虫这一词汇的。②该文实际上直接译自日本寄生虫学专家的专著,以《农学报》为代表的晚清报刊中,直接引用日本和西洋书籍内容和刊文的不少,就《农学报》而言,对日本科学知识的推介更是其主要活动之一。可以说《农学报》刊登的这样能够精准、全面和系统阐释寄生这一生物现象的文章,在中国近代史上是首创。再加上《农学报》独特的地位和受众,可以推测它在知识分子群体里科普寄生虫科学知识具有很大的作用。③

除了《农学报》外,1908年上海《申报》也初次刊登了介绍寄生虫的文章:

> 凡柞树不必加肥料但任之天然自能生长,只需留意为之除草杀虫而已……柞树之害虫,其数绝少唯其叶间往往为五倍子所寄生……④

显然这是介绍饲育(养殖业农业)的文章,由于刊登在影响力极大的《申报》上,因而具有明显的科普及实用性质,目的是指导农事生产。尽管该文同样没有直接使用寄生虫一词,但内容是寄生虫无疑。寄生虫的文章能够登载在《申报》这种综合性报纸上,本身就在一定程度上体现了社会对它的重视和兴趣。

尽管日本寄生虫理论借由晚清报刊传入中国,使得寄生虫这一科学的概念词汇得以普及,但是此时社会上对寄生(虫)一词的科学内涵尚存误解。比如1904年的《北洋官报(商务报)》上,就刊登了一篇名为《珠为寄生虫之一》的文章:

> 珠者,实寄生虫之一,其始生于海鸥之腹,有时虫子流落入蚌蛤之口,由食管转至血管,遂成滞质,久之变为有尾之小虫,虫入蚌中遂化为珠。⑤

这段文字反映了当时的人们对寄生虫概念有了一定程度的了解,因为文中很清晰地描述了珠从出生到发育最后进入蚌中成形的过程。如果说这没有受到日本传来的近代寄生虫理论(生命周期)的影响,是不可能的。但是该文又是如此自信地声称"珠为寄生虫",这种我们现在看来可笑的结论背后,实际反映了清末十年中,寄生虫概念在中国的容受程度仍然十分有限的尴尬局面。

---

① [日]驹藤太郎著,[日]山阴樊炳清译:《寄生虫学》,《农学报》1901年第26期。
② 之前提到的《近现代辞源》一书中,作者在"寄生虫"条目中,提到了1898年《清议报》上翻译转载《大阪朝日报廿四至廿七日杂报》中的一篇文章,在那篇文章中就提到了"寄生虫"一词。但是考虑到《清议报》在日本发行,对当时国内基本没有影响,且其只是转载,并非自己使用,因此笔者在本文中不把它作为中国的"寄生虫"使用情况来讨论。
③ 《农学报》是晚清留日学生为宣传日本的自然科学及经济生产知识而创办的报纸,其中无论是名词的使用还是概念的诠释,都是基于当时日本最新的理论。关于农学报的内容特点、赞助人和读者群体的分析,参看郭欣荣、姚远:《清末农业科技期刊与社会动员——以〈农学报〉为例》,《新闻界》2011年第4期;刘小燕、姚远:《〈农学报〉及其编辑传播策略》,《西北大学学报(哲学社会科学版)》2010年第6期。
④ 《申报》1908年8月1日。
⑤ 《珠为寄生虫之一》,《北洋官报(商务报)》1904年26期。

寄生虫学不仅最初是由留日学生从东洋引进的,其自身的发展也受制于日本的寄生虫学理论的水平和阶段。通过上文的分析,清末中国寄生虫学理论在公共话语空间里还是属于动植物学和农学的范畴,很少能看到有关人体寄生虫学的介绍,这一值得注意的现象和清末日本寄生虫学的发展阶段相关。20世纪初,正是日本寄生虫学界向医学寄生虫学以外的领域高速扩展的时刻,①再结合前文所述的《农学报》等当时影响很大的农业期刊几乎"包揽"了对寄生虫学的宣传,就不难理解寄生虫在晚清作为一个农学(动植物学)而非医学词汇,流行于公共话语的空间。在这一层面上来说,近代中国寄生虫学说的发展轨迹,与晚清社会对卫生现代化的热切追求有着时间段上的"错位"。②

但因为民国初年以降,人们迫切地需要预防与治疗疾病的普及性医学知识,所以各种中国寄生虫学在公共话语中也逐渐"展露"出卫生学和医学的一面。③

　　人类以血肉之躯,而寄生于世界。不独动植物寄生体之足以侵袭其肌肤腑脏,刺戟其五官百骸也。④

该文刊登在1909年的《申报》上,题为《论说:论烟酒与卫生之关系》,是一篇宣传卫生保健的文章。虽然从时间段上看仍然属于清代,但这却是清末民初卫生学的理念开始席卷中国社会的一个缩影。

　　瘟疫可渐灭矣,发明抗毒血清,而喉风不致蔓延矣,检查肉类,而寄生虫不能侵入肺腑矣。⑤

这篇刊于1915年的《大公报》上的名为《论公众卫生之必要及其范围》的文章也很典型,它也从一个侧面表明寄生虫"危害卫生"的形象已经树立起来了。事实上,这些知名报刊不仅自己热衷刊登关于寄生虫的相关知识,出于盈利考虑,它们也时常为一些畅销的卫生书籍打广告,因为后者在讲求卫生的清末民初往往有较大的市场。⑥ 著名翻译家丁福保

---

① 寄生虫学最初由德国医生引入日本后,直至19世纪晚期留欧学者(如饭岛魁 Iijima Isao)学习了系统的寄生虫理论归国后,才发展出完整的包括农业、畜牧业等方面知识的寄生虫学知识系统。关于日本寄生虫学的发展情况,请参看森下薫《日本に於ける寄生虫学発達史》一文,文献来源:目黒寄生虫館发行的「日本における寄生虫学の研究」。
② 据张仲民的研究,晚清时期大量卫生书籍在市场上流通,不仅卫生知识本身风靡中国,各个社会话语,如政治上的救亡图存、保国保种也开始与卫生学的知识结合。但寄生虫的科学知识在此时却以农学而非卫生知识活跃于大众媒体上,可谓"独辟蹊径"。关于张仲民的研究参见徐之杰:《我国近代医学寄生虫学发展史简介》,《寄生虫与医学昆虫学报》2004年第2期。
③ 笔者在这里指的是"寄生虫"作为一个科学概念在大众媒体上的出现,开始侧重医学和卫生学领域。在近代中国整体的知识体系中,寄生虫学早已在医学领域有诸多成就了。参见徐之杰:《我国近代医学寄生虫学发展史简介》,《寄生虫与医学昆虫学报》2004年第2期。
④ 《论说:论烟酒与卫生的关系》,《申报》1909年7月13日。
⑤ 《论公众卫生之必要及其范围》,《大公报》1915年5月16日。
⑥ 参见张仲民:《出版与文化政治:晚清的"卫生"书籍研究》,上海:上海世纪出版集团,2009年。

的一本卫生学小册子《人体寄生虫病编》就时常出现于《申报》的广告版上。①

清末民初,凭借较大的宣传力度以及精准的科学阐述,西方近代科学中的寄生知识(寄生虫)已经在很大程度上得到了科普,这和19世纪传教士在其所著书籍和辞典里译介的模糊的寄生概念的命运截然不同。一方面,随着寄生虫概念在公共话语空间里越来越频繁地以一个"危险邪恶"的形象出现,尤其是在公众眼里,当寄生虫"变得"会给人类带来病痛乃至索人性命时,"寄生"便难以回到古代文学中的寄生草那样凄凉萧索、惹人同情的形象上了。另一方面,越来越多的知识分子乃至普通市民都开始在科学以外的领域使用寄生虫概念,如将其作为一种批判性修辞,用来抨击社会现实,与此同时,寄生草这种自古便有的"前现代"词语,由于其本身往往被和陈腐的文风联系起来,从而不符合新文学以及科学求真的风气,遂逐渐退出了历史舞台。

当然笔者阐述的这一过程只是一个粗线条的历史,其实无论是寄生虫由科学概念到一种政治修辞,还是寄生内涵的近代转变,都不是一个前者(科学概念)普及后者(修辞)随之产生的线性进程,而是一个充满矛盾与斗争的历史过程,"寄生"的文化内涵时常与其科学知识的社会容受互相制约或推动。②

我们首先要回答一个问题:中国语境中的寄生虫文化内涵或政治修辞的最初来源是哪?如笔者上文的考证,中国的寄生虫科学概念来自于东洋,虽难以断言中文寄生虫修辞也完全是日本的舶来品,但当时的日本寄生虫修辞和中国语境里的寄生虫形象确实有千丝万缕的联系。最直接的证据便是20世纪初中国报刊对日本报刊刊文的大量和高频次引用,上文笔者提到的驹藤太郎博士的文章便是一例。

根据《近现代辞源》的考证,梁启超在日本所办《清议报》也直接转引《大阪朝日报廿四日至廿七日杂报》的一篇社论,涉及了寄生虫的修辞内涵。③ 由于《清议报》在晚清时期对各方改革派及开明士绅均有较大影响,以及晚清时期中日各报社互相参照引用的习惯,不难推测寄生虫的修辞会被中国读者所了解甚至使用。④

具体来说,中文的寄生虫修辞也时常模仿日文里的论调。1902年《朝日新闻》里的一篇名为《总选举的结束》的政论,斥责了日本政治选举中强权干涉选民的自由意志,作者提倡无记名投票,并要求政府保护选民的自由意志,否则在权力者的干涉下,选民只能成为权威的寄生虫而失去代议制的实质。⑤

1906年的《读卖新闻》中,一篇名为《イロハ便》的文章指出元老院是内阁的寄生虫,因为元老院的诸位维新重臣们不负实际行政责任,却时常干涉内阁和政府的施政。⑥

---

① 丁福保的书曾经作为卫生学著作(普及手册)在《申报》上广为传播,我们如果检索20世纪10年代的《申报》,就会很容易发现这一现象。

② 笔者反对那种认为科学知识单方面制约或"促进"文化想象和修辞内涵的思路,在很多情况下,某事物的修辞内容(文化想象)会在社会的具体语境下"超越"乃至背离科学定义,而这一背离正是修辞使用者主观理解的体现。相关研究参照[美]浦嘉珉著,钟永强译:《中国与达尔文》,南京:江苏人民出版社,2008年8月。

③ 黄河清:《近现代辞源》,上海:上海辞书出版社,2010年,第365页。

④ 有关近代东亚各国之间报社互相影响的研究,参看潘光哲:《研究近代东亚报刊史的一些初步想法》,台北:"中研院"近代史研究所集刊,第53—70页。

⑤ 《総選挙の結了》,《朝日新闻》1902年8月12日。

⑥ 《イロハ便》,《读卖新闻》1906年5月23日。

以上文字体现的寄生虫修辞在20世纪初的东亚十分常见,即政治制度批判。其背后是东亚各国知识人对近代国家制度设计的思考。无论是以梁启超为代表的维新派,还是后来的革命派、国家主义派等,这些受日本政治思想深刻影响的群体都对这类问题的探讨表现出浓厚的兴趣。这里笔者不再阐述近代中国思想家革命家对理想政治制度和现实的思考,诸多思想史研究中已经做了深入的研究。笔者注意的是,时人在表达对晚清和民国政治制度以及政治运行现状的观点时,也常常会借用这类日本寄生虫的修辞。即寄生是一种政治上的不独立,与寄生虫依靠其他生物的养分谋生相似。

> 希望新国会诞生不易,参众两院业已正式解散,新国会之诞生无期……而造法机关转瞬产出以代国会,将来立法案件,造法机关有否决之权,俨然一变相之国会也……寄生虫国会成,则该局裁撤之,永久不撤该局,即永久存在。①

可以看出,这篇刊在1914年《大公报》上的政治纪实文很大程度上仿效了20世纪初日本的寄生虫政治修辞,都是对现存政治制度的批判。从这一角度上来说,最初中文语境里寄生虫的修辞确是仿效日本的产物。

但我们绝不能断言当今的寄生(虫)修辞单纯来自甚至取决于日本。事实上,随着新文化和五四运动的展开,中国的社会政治文化进一步复杂化,寄生虫的修辞也开始在特定的语境下呈现出与日本相异的面向,被契合到具体的近代中国社会政治语境中去,此前晚清士人和媒体对日本"政体寄生虫修辞"的邯郸学步,也逐渐淡出了公共话语。同时,尽管来自日本的寄生虫科学知识和政治修辞已经在报刊媒体上被越来越多地使用,传统寄生(草)的知识仍然驻留在中国知识人的"知识仓库"中,②并和寄生虫的修辞出现了一种"竞争性"使用,这一竞争的最终结果,则是独特的中文寄生虫修辞的创成,即笔者在文章开头所说的"寄生"形象的污名化。笔者在下文就将考察这一历史进程。

## 四、从寄生草到寄生虫:近代中国语境下"寄生"修辞的重塑

在论述寄生虫修辞如何被嵌入到近代中国的语境里并污名化之前,我们应该先解决上文笔者未彻底回答的一个问题:寄生草的修辞是如何在具体的历史语境中被寄生虫的修辞所取代的?寄生草的内涵如何失去了对"寄生"修辞的掌控?③ 笔者将通过基于历史语境

---

① 《要闻大总统批准新改之府制案》,《大公报》1914年1月18日。
② 笔者在此处使用潘光哲的"知识仓库"概念,并非是要在具体实证研究中套用此理论,而是想说明,无论是传统寄生草的知识还是近代寄生虫的科学与文化形象,在近代中国的语境中都是修辞行动的主体所可以自由选择使用的语言工具,近代知识人会根据具体的情景使用,误用最终重塑了寄生(虫)的内涵,知识仓库也随之调整。笔者使用"知识仓库"概念的目的是揭示中国语境下寄生虫修辞使用和重塑的自主性。
③ 在前文,笔者指出了20世纪初寄生草作为一个概念本身,在媒体报刊的词频上被寄生虫所压倒,因为近代寄生虫学相关概念的高频率曝光,寄生草不容易被人关注。此处笔者试图给出具体语境中,寄生草以及偏向寄生草的"寄生"概念如何更少地被用来比喻相关的社会现象,而寄生虫则被更广泛地使用,从而将寄生草修辞逐出大部分的社会领域,并最终使得"寄生"的形象污名化。

的个案考察来回答这个问题。

> 而内地之人。且贸贸偕来。以讬庇宇下为乐。曾不知以身居主位者。反隐隐然为寄生之虫焉。①

这篇刊登于1908年《申报》上的文章批评了一群来自内地的游民,认为他们缺乏自立的觉悟和能力。仔细分析这段文字的修辞,我们会发现作者在这里使用"寄生之虫"来比喻来自内地的游民,似乎是"两头不讨好"。我们可以从同时代的另一段文字中看出来这种矛盾:

> 世有寄生草寄生虫,未闻有寄生官也,然寄生云者附物以生,不能独立之谓,非专限于草与虫者也,人而不能独立自存则谓之寄生人也……今日之官,旅进旅退甚于寄生虫之盘踞,党引党援甚于寄生草之蔓延。②

这篇1915年《申报》上的修辞准确地把握了当时社会知识背景下寄生草"蔓延"和寄生虫"吸附于宿主身上"的生物性质,并将这种科学知识运用于社会文化的修辞。参照这篇文章中的寄生草和寄生虫修辞,以及笔者在前文揭示的寄生草传统"同情"式文学内涵和寄生虫的政治(政体)批判修辞,我们可以看出1908年那篇刊文中的"寄生之虫"比喻是多么的"不恰当"。因为比起"盘踞"于宿主之上,形象凶恶的寄生虫,四处蔓延、无依无靠的寄生草显然更符合背井离乡无家可归的游民形象。

但是,正如昆廷·斯金纳所主张的,对思想史上真假对错的判断不应该束缚我们对背后深层语境的探讨。③ 就上例来说,作者是否精准使用了关于"寄生"的修辞不是最关键的,关键是为什么当时的人会在语境下产生这种修辞的混淆,毕竟这类混淆并不是一个偶然和个别的现象。

笔者认为该文修辞误用的原因,主要是当时寄生虫的科学知识尚未普及,许多人在使用寄生虫修辞时产生混乱,将其与寄生草等同起来。但更为重要的是在晚清民国的语境下,社会对于乞丐、失业者以及数量庞大的下层群众存在的复杂暧昧的态度和认识。一方面,流浪汉和失业者处在社会的边缘,他们四处漂泊,往往连谋生都很困难,可谓像极了古代的寄生草游子,从情感上理应被同情;④另一方面,因晚清和民国社会面临严峻的内忧外患而激发的强烈的救亡图存的国族意识,使得时人在面对这些不仅无助于社会近代化,反

---

① 《论说,观赛马感言》,《申报》1908年11月9日。
② 孙健华:《自由谈之寄生虫》,《申报》1915年8月14日。
③ 斯金纳的这一方法论散见于诸多著作及论述中,该论述体现了斯金纳在思想史研究上的后现代转向。最具代表性的讨论是斯金纳对伽利略和贝拉明辩论的阐述,斯金纳认为重点不是伽利略的论证是否正确合理,而是其运用了怎样的逻辑、证据和修辞使其论证自洽。就本文来说,笔者亦认为这段文字中的寄生修辞使用是否符合我们的期待和当时的话语系统不是最重要的,最关键的是我们应该剖析这种"误用"背后是否有着语境上的合理性。
④ 关于明清时期直至民国中国社会对无业游民的情感态度和具体管理政策的变化,参看王玲:《从〈申报〉(1872—1911)的慈善文论看晚清慈善思想的变迁》,河南大学硕士学位论文,2004年。

而危害社会稳定的底层群体时心怀鄙视。由于晚清对于无业游民现象的愈发强烈的社会忧虑,大多数人都对这些群体感到愈发厌恶。由于寄生虫的形象远比寄生草更负面,所以作者在徘徊之际,选择了"放弃"寄生草,使用寄生虫这一看似与文章整体表述相悖的新概念,导致了上文的"误用"。而这一"徘徊"和"误用"正体现了此时寄生虫修辞在越来越多的社会政治领域,开始替代原来的寄生草修辞。许多原先被同情的社会现象,随着近代中国语境的变迁,开始被看做危害国家稳定的不安定因素——危害宿主的寄生虫。

如果说在严复的时代(晚清),部分士绅还会对底层劳动者或游民抱有一丝认可和同情,①并在修辞化无业游民时,徘徊在寄生草和寄生虫之间的话,20世纪后,这种同情和鄙视修辞之间的紧张对立很快便在近代中国强大的国族话语以及社会达尔文主义的影响下消弭了。"寄生虫"的污名化内涵几乎"负责"了对社会上各种缺乏独立的现象的批判,无业游民以及"寄生"修辞本身都进一步地被污名化了。

> 依动物学之公例,一切动物皆有求食与防御之本能,而吾侪则多为社会中之高等游民,营寄生生活于社会……胆小如鼠,强暴之加,不能为正常之防御……况忝然自立为人类社会中之个人乎,又依经济学之公例,则劳力为社会生产之要素……从社会之经济观之,如此个人,实不如无之。②

这篇题为《(再续)个人之改革》的文章充满了国家主义以及社会达尔文主义的隐喻,一强调了寄生者无能力生活如不改革必会灭亡,二强调了寄生者不为社会贡献则毫无价值,而这段文字批判的正是无业游民。可以看出,社会对待无业游民和底层群众的态度和话语逐渐由同情和鄙视的杂糅,转向彻底的鄙视。

通过对近代报刊在批判无业游民时的修辞变化,我们可以窥探到寄生虫及其背后的社会经济观是如何驱逐了寄生草和其赖以生存的文化语境。事实上,随着寄生虫修辞和观念的普及,"寄生"这一在寄生草的同情和寄生虫的鄙视之间徘徊的中性概念,也逐渐被污名化。在许多情境中,即使作者在使用传统的寄生(草)意象,也会表现出贬义来:

> 附势者如寄生,依木木伐,而寄生亦枯……始以势利结者,终以势利自毙,袁政府倒,而一般依袁以肆威福之人何在?③

上文中借用了传统的寄生植物(草)意象,修辞的对象是依附他人的弱小者。如果在以往的语境里,这种"寄生"概念多用来表达同情,那上文的修辞就会显得怪异,但正是由于"寄生"修辞的污名化,"寄生"逐渐向寄生虫的形象靠拢,而远离了寄生草的内涵,所以

---

① 严复对底层的从事贱业者乃至无业游民的经济观受制于亚当·斯密《国富论》中观点。严复认为这些群众虽然看似对社会没有直接的贡献,但实际上他们仍然有自身的尊严,他们对社会发展的影响并不是完全消极的。对严复经济观的讨论参见赖建诚:《亚当·斯密与严复——〈国富论〉与中国》,台北:三民书局,2002年,第89页。
② 东方:《(再续)个人之改革》,《大公报》1914年7月26日。
③ 《杂评二:势利之结合》,《申报》1916年9月6日。

上文的修辞在当时的语境中是可以理解的。

寄生(虫)修辞在污名化,脱离了寄生草的形象后,在20世纪20年代进一步与当时中国社会的各个社会思潮相结合,体现出极强的本地化趋势。

> 本会为农工政府以及资本主义所募债务之取消法案,对于国际资本主义之第一打击,深望农工政府继续进行,使劳动者脱离资本主义之第一步……团体之工作为人人共有之义务如是,乃能铲除社会中寄生阶级,并图生计组织之健康。①

这段文字体现了随着五四运动后马克思主义在中国的迅猛传播,寄生(虫)也开始和阶级斗争的话语结合起来,用来批判凭借政治经济的特权不劳而获剥削工人的资本家以及官僚。但笔者认为有趣的不只是寄生修辞与阶级话语的结合,还有中国的阶级斗争式寄生修辞在20世纪20年代初风行一阵后,就于20世纪20年代末偃旗息鼓了。就《大公报》和《申报》而言,尽管在20世纪20年代前期出现了大量用"寄生"概念批判官僚和资本家,表述阶级矛盾的例子,但是自20年代末到40年代末,却绝难看到几篇类似的修辞。这段阶级话语的"真空"期里,女权主义"霸占"了"寄生"修辞的使用权:

> 有些女子,伊不是在家中做手工艺,便在工厂中做工,或者在社会做些事业……这不算作寄生生活……家内的事有佣人去做,一呼百诺,便是生下小孩来,哺乳的有乳娘,抱的有领娘,伊只要高兴时把小孩揪来戏弄就取乐就得了,这一类妇女才是寄生者。②

这篇登载在1925年《妇女周报》上的文章,对当时社会上依附于男性、不愿参与社会活动的妇女予以讽刺。这类女权主义式"寄生"修辞和前文笔者叙述的无业游民批判几乎充斥30年代的报刊媒体和知识人话语,而此前一度风行的阶级寄生虫则湮没了。究其原因,与20世纪的中国阶级话语变动有关。但无论是批判不独立的女性、唯利是图的资本家,还是危害社会的无业游民,"寄生"都已经在近代中国具体的语境中,脱离了传统寄生草概念,转变为令人厌恶的负面形象了。

## 五、结 语

从寄生草到寄生虫,"寄生"的文化内涵几乎是经历了一个一百八十度的大转弯。尽管从现在看来,这一形象的转变是如此的"简单直接"——由同情到鄙视,"寄生"似乎远不如"民主"和"共和"等概念史领域的明星,值得深入剖析。但通过本文的考证与解读,我们发现"寄生"修辞转变的背后,也存在着丝毫不逊于近代重要政治概念的复杂纠葛。

---

① 《农工联合会之查禁内幕》,《大公报》1920年3月1日。
② 高山:《性的寄生》,《妇女周报》1925年第97期。

古人基于博物志式的观察创造了寄生草值得同情的形象隐喻;近代传教士在编写双语辞书时,有意无意地引进前工业时代的西方文化里寄生(parasite)的"谄媚者"形象,却由于晚清士人对植物学的相对冷漠和传教士知识体系的残缺,这一形象受到了中国本土社会的冷遇;甲午战争后潮水般袭来的日本寄生虫科学和文化概念凭借其在报刊媒体上对相关理论清晰且全面的阐述,以及晚清知识界对日本的效仿和留日学人的努力,此概念迅速被本土接受与借用;近代中国知识人在"接受"了日本寄生(虫)的概念后,也发挥自己的想象和自主性,开始基于传统的寄生草形象和近代寄生虫概念,"误用"和"创造"中文里独特的"寄生"修辞,例如其在评价可怜又危险的无业游民时,在寄生草和寄生虫修辞间徘徊;20世纪20—30年代社会达尔文主义、阶级斗争、国家主义和女权主义的思潮冲击中国思想界,"寄生"的修辞也愈发远离传统寄生草的概念,转而拥抱上述新思想,因而成为近代中国话语和叙事的一部分。事实上,当近代中国各派思想家或群体,借用彻底污名化了的"寄生"概念,表达社会政治批判时,我们都可以看到科学知识、社会政治文化语境,乃至历史上的个人,是如何交相发挥作用,共同推动"寄生"修辞的转变,并最终塑造了我们记忆中如常识一般的"寄生"污名化形象,使我们遗忘了寄生草那"赤条条来去无牵挂"的凄凉身影的。

当然,在这一形象转变的过程中,起到主导性作用的还是社会历史的大语境。正如前文所阐述的,"寄生"的修辞这一小叙事,尽管也会在个别语境中挑战大叙事,比如修辞的"误用"现象,但总体而言,"寄生"修辞的变迁是被更大的社会语境所主导的,是"主叙事"投射下的阴影。"寄生"作为一个微不足道的概念,仍然主动地拥抱近代思潮的变迁。在这一层面上,"寄生"概念与其余诸多近代史上的政治概念一样,根本上都是中国历史上话语变迁和具体行动的产物。也正因为如此,笔者对"寄生"概念的探讨,才可以小见大,窥见近代史的社会话语变迁,从而具有超越单个词汇和概念史的意义。

**作者简介**:肖中显,香港大学香港人文社会研究所硕士研究生。

## 【研究述评】

# 先秦社会日常生活史研究的回顾与展望

## 朱彦民

**【摘 要】** 先秦社会生活史的研究,肇始于上个世纪20—30年代的社会史大论战。但彼时所谓的社会史只是社会性质的讨论,且研究多不深入。1949年后的中国大陆历史研究,多注重政治话题和阶级斗争历史,对于先秦社会史的研究停滞不前。20世纪80年代以后随着社会史研究日益受到重视,先秦社会生活史研究也渐渐形成气候,注重以文物考古资料与文献资料相结合的"二重证据法",研究深入到(贵族阶层)日常生活史的层面,虽然不是以日常生活史为指归,但也有了不俗的成绩,为正式的先秦日常生活史研究打下了良好的基础。虽然相关材料缺乏,但充分利用现有资料,以文献记载和考古发掘材料乃至与甲骨、金文、简帛文字等出土文献相结合,以人为本,由物及人,复原中国古代早期人们的日常生活状态,将是先秦日常生活史研究的不二法门。

**【关键词】** 先秦时期;社会史;日常生活

如果按照往常的观念理解,《先秦社会日常生活史》这样的题目是没法做的。因为先秦时期史料阙如,且多真伪不辨,这些有限的资料,不仅"杞不足征"(言夏代)、"宋不足征"(言商代),而且"鲁卫亦不足征"(言两周),对于先秦历史的复原只能做到粗线条的勾勒。而对于旨在深入到社会各层面的社会生活研究而言,并没有多少材料可以支撑和填充其框架。况且是要做社会日常生活史研究,史料零散,书缺有间,更加捉襟见肘,正所谓"巧妇难为无米之炊"者也。

然而如果依照新时期社会史研究的基本理论,"日常生活"可以理解为人类为维持其生存而反复出现的诸如衣食住行、生产繁衍、人际交往、信仰行为等以人为本的活动的话,那么,《先秦社会日常生活史》这个题目,似乎又是可以做的。因为先秦时期的先民也如后世历史时期的人们一样,也是要吃喝拉撒,也要生儿育女,也是要生存于天地之间的,所以这一课题的研究,有开拓先秦史研究新局面的性质,很有必要性。而且,虽然古典文献记载的先秦时期史料较少,但近现代以来随着考古学的日渐成熟和古文字研究的日渐深入,尤其是新时期以来地下出土文献的日益丰富,不仅弥补了先秦史文献材料不足的缺憾,而且为先秦社会史研究提供了难得的机会,因此,先秦日常生活史的研究,也就有了一定程度上的可行性。

当然,这也只是就先秦史研究本身而言,与以往的研究相比有了一点资料上的优势。

---

\* 基金项目:本文系教育部重点高校社会科学研究基地中国社会史研究中心重大项目"先秦日常生活研究"(11JJD770028)的研究成果。

但是如果与后来历史时段相比,那么先秦社会日常生活史研究无疑仍是受限于材料的缺乏,不能在充足材料的基础上充分地驰骋其意,左右逢源,发挥论证。这就需要研究者在新的社会史研究理论体系的指导下,多种视角搜集材料,多种方法借鉴利用,使得构建一部崭新的先秦日常生活史成为可能。

## 一、先秦社会生活史研究的历程

中国是个历史悠久、历史学研究史也极为厚重的国度,关于先秦社会生活史料的注重和搜集,其实早在先秦时期就已经开始了。比如作为先秦时期诗歌文本的《诗经》,就是通过广泛采诗以观民风,这些诗歌深入社会结构内部,容有大量不同阶级、阶层的物质生活与精神生活素材,诸如邑聚迁移、氏族家族、衣食住行、劳动场景、征战之苦、男女恋情、祀神祭祖、风尚礼俗、娱乐教育等,均有所发阐扬。而作为先秦时期占筮文本的《周易》经文,也记录了原始婚俗遗风及上古人们生老病死、社会构成、商旅交通、人际交往、穿着时尚、卫生保健、行为观念、宗教信仰、盗劫内讧、水旱灾害等社会生活资料。记载孔子言行的儒家行为规范文本《论语》,其中一些篇章如《乡党篇》,也保留了当时社会士阶层应该遵循的日常生活礼俗。反映先秦时期儒家礼俗资料汇编的"三礼"之《礼记》《仪礼》等文献,对古代社会的宗法庙制、祭法祭仪、丧葬礼俗、婚规婚礼、成人仪式、亲属关系、生儿育女、学校教育、养老教子、起居仪节、服饰等次、投壶娱乐以及乡射朝聘诸礼等,也都作了详尽的规范,可视为贵族立身处世的生活手册。这些由古人有意无意遗留下来的社会生活史料素材,对于今天我们进行先秦社会生活史研究来说是异常珍贵的。

但是真正科学而系统的中国古代社会生活史研究在中国兴起,即"开宗明义以社会大系统的整体史观,对古代社会生活史进行内外表里的宏、中、微观研究",只是自上个世纪初期以来的事情。有学者指出,1906年著名学者刘师培发表《古政原始论》《古政原论》,此两文均涉及了先秦时期社会生活史,包括氏族、君长、阶级、礼俗等,"虽仍不脱传统史志的体例,但已开启具备近代意义的中国古代社会史的端倪"[①]。

20世纪初"西学东渐"的社会学理论的引入和科学研究手段的出现,加之甲骨文、金文、简帛文字等出土文献的增多以及新兴近代考古学的发轫与进展,为先秦社会生活史研究提供了可资借鉴的理论方法和大量的新资料;同时,作为这一时期的学术背景适时出现了中国古代社会史大论战,涉及先秦历史的,如对中国是否经历过奴隶制和中国历史上是否实行过亚细亚生产方式等问题的研究,不同阶层、不同政党的学者们为了驳倒对方而开始详细地分析和利用中国早期社会史料,从而将辩论之研究引向深处,更为重新构建上古社会生活历史面貌,迎来了一个新的契机。先秦社会史正式形成的标志,是一些重量级的社会史著作出版问世,比如郭沫若《中国古代社会研究》(1930)、吕振羽《史前期中国社会研究》(1934)、《殷周时代的中国社会》(1936)、李玄伯(宗桐)《中国古代社会新研》

---

① 杜正胜:《中国古代社会史重建的省思》,《大陆杂志》82卷,1991年第1期。

(1939)、《中国古代社会史》(1954)、侯外庐《中国古代社会史》(1946)、《中国古代社会史论》(1955)、吴泽《殷周奴隶制社会》(中国历史大系·古代史)(1949)等影响颇大。不过这些著作的主旨仍是在探讨先秦时期的社会性质、社会结构及国家形态，虽然对先秦时期社会生活层面略有涉及，但还没有将触角完全深入到社会生活研究的各个层面上去。

在中国古代社会性质论争的同时，也有一批史学工作者，开始具体从事社会生活史料的搜集、整理和研究工作。1937年顾颉刚先生又为瞿兑之辑集《中国社会史料丛钞》作序，复强调指出："中国社会史之著作将肇端于是，继是而作通史者亦将知政治之外别有重要者在，而扩大其眼光于全民族之生活矣。"此时期与先秦社会生活史相关的著作有：张采亮《中国风俗史》(1915)、陈顾远《中国古代婚姻史》(1925)、陈东原《中国妇女生活史》(1928)、吕思勉《中国宗族制度小史》(1929)、吕思勉《中国婚姻制度史》(1929年)、《先秦史》(1941年，其中设有"社会组织"和"衣食住行"专章)、李安宅《仪礼与礼记之社会学研究》(1931)、陶希圣《婚姻与家族》(1934)、袁业裕《中国古代氏姓制度研究》(1936)、尚秉和《历代社会风俗事物考》(1938)、高达观《中国家族社会之演变》(1944)、刘节《中国古代宗族移植史论》(1948)等。与先秦社会生活史研究相关的学术论文也层出不穷，如张世禄《文字学上之古代社会观》[1]与《〈诗经〉篇中所见之周代政治风俗》[2]、陈钟凡《从文字学上所见初民之习性》[3]、陆渊《〈诗经〉妇女观》[4]、汪震《〈易经〉书中之古代人民的生活》[5]、汪章才《周代丧制概略》[6]、迈五《从殷虚遗文窥测上古风俗的一斑》[7]、程憬《商民族的经济生活之推测》[8]、马元材《卜辞时代的经济生活》[9]、郭沫若《〈周易〉时代的社会生活》[10]、牛夕《自商至汉初社会组织之探讨》[11]、李建芳《〈诗经〉时代的女性生活研究观》[12]、温丹铭《殷卜辞婚嫁考》[13]、黎征赋《由甲骨文窥见殷商社会的宗教生活》[14]、钱穆《一千八百年前的中国家庭》[15]、龙非了《穴居杂考》[16]、丁霄汉《〈诗经〉中的周代男女关系》[17]、丁道谦《〈诗经〉中的

---

[1] 张世禄：《文字学上之古代社会观》，《国学丛刊》第1卷第2期，1923年。
[2] 张世禄：《〈诗经〉篇中所见之周代政治风俗》，《史地学报》第4卷第1期，1926年。
[3] 陈钟凡：《从文字学上所见初民之习性》，《国学丛刊》第1卷第2期，1923年。
[4] 陆渊：《〈诗经〉妇女观》，《学灯》第6卷第2期，1924年。
[5] 汪震：《〈易经〉书中之古代人民的生活》，《晨报六周年纪念特刊》1925年。
[6] 汪章才：《周代丧制概略》，《史地学报》第3卷第5期，1925年。
[7] 迈五：《从殷虚遗文窥测上古风俗的一斑》，《南开周刊周年纪念号》1925年。
[8] 程憬：《商民族的经济生活之推测》，《新月月刊》第2卷第6期，1929年。
[9] 马元材：《卜辞时代的经济生活》，《飞跃》，双局刊第2卷第1期，1930年。
[10] 郭沫若：《〈周易〉时代的社会生活》，收入《中国古代社会研究》，上海：上海联合书店，1930年。
[11] 牛夕：《自商至汉初社会组织之探讨》，《清华周刊》第35卷第2、4期，1931年。
[12] 李建芳《〈诗经〉时代的女性生活研究观》，《新创造半月刊》第1卷第2期，1932年。
[13] 温丹铭：《殷卜辞婚嫁考》，《中山大学文史研究所月刊》第1卷第5期，1933年。
[14] 黎征赋：《由甲骨文窥见殷商社会的宗教生活》，《香港南星杂志》第2卷第7期，1933年。
[15] 钱穆：《一千八百年前的中国家庭》，《人言》第1卷第29期，1934年。
[16] 龙非了：《穴居杂考》，《中国营造学社汇刊》第5卷第1期，1934年。
[17] 丁霄汉：《〈诗经〉中的周代男女关系》，《文化建设》第2卷第1期，1935年。

妇女社会观》①、陈梦家《古文字中之商周祭祀》②和《祖庙与神主之起源》③、陈应槐《先秦时代的宗教与婚丧》④、孙作云《中国古代灵石崇拜》⑤、吴泽《史前期中国社会的亲族制》⑥、唐兰《未有谥法以前的易名制度》⑦、顾颉刚《春秋时代的农民生活与商工业》⑧、胡朴安《从文字学上考见之中国古代妇女》⑨和《从文字学上考见古代辨色本能与染色技术》⑩、冯汉骥《由中国亲属名词上所见之中国古代婚姻制》⑪、蒋大沂《从古文字中观察古代家宅演进之情形》⑫、胡厚宣《殷人疾病考》⑬和《商代婚姻家族宗法生育制度考》⑭、徐中舒《结绳遗俗考》⑮和《黄河流域穴居遗俗考》⑯、斯维至的《殷代风之神话》⑰以及芮逸夫的《中国亲属称谓制的演变及其与家庭组织的相关性》⑱，等等。

上举这些论著，大多属于呼应当时的"社会史论战"而作，分别就先秦社会生活之方方面面进行了深浅不一的各种课题研究，或用新理论、新方法，或用新资料，大都取得了一定的阶段性成果。当然，毋庸讳言，此时的先秦社会生活史研究，在史料掌握上不够齐全，史料鉴别方面粗疏轻率，社会生活史与社会形态史或社会发展史的概念区分上界定不清。史学理论和研究方法上存在着诸多混乱和误区，是这一时期先秦社会生活史研究的一大缺陷。

中国先秦社会生活史研究，由于受到中国近现代社会政治风云变幻和世界范围内学术思想变迁潮流的影响，并非一帆风顺。有了这样一些影响这一课题研究的内外部环境因素存在，先秦社会生活史研究从一开始就呈现出一条在曲折道路上辗转前进的发展轨迹。比如自1949年直至20世纪70—80年代，历史研究偏重经济、政治、文化三板块框构，产生浓厚的公式化、简单化、绝对化氛围，先秦社会生活史研究在中国大陆处于萎缩停滞状态。社会生活史研究不受重视，除了因为要表现阶级斗争的政治原则而对属于先秦社会等级阶层中的"庶人""奴隶""平民"等有所论及外，其他方面的论著寥若辰星。此时虽有李亚农《殷

---

① 丁道谦：《〈诗经〉中的妇女社会观》，《食货》第4卷第7期，1936年。
② 陈梦家：《古文字中之商周祭祀》，《燕京学报》第第19期，1936年。
③ 陈梦家：《祖庙与神主之起源》，《燕京大学文学年报》第3期，1937年。
④ 陈应槐：《先秦时代的宗教与婚丧》，《民俗》第1卷第1期，1936年。
⑤ 孙作云：《中国古代灵石崇拜》，《民族》第5卷第1期，1937年。
⑥ 吴泽：《史前期中国社会的亲族制》，《文化建设》第3卷第5期，1937年。
⑦ 唐兰：《未有谥法以前的易名制度》，《重庆中央日报》1939年10月8日。
⑧ 顾颉刚：《春秋时代的农民生活与商工业》，《学术》1940年4月第3期。
⑨ 胡朴安：《从文字学上考见之中国古代妇女》，《学林》1940年第1辑。
⑩ 胡朴安：《从文字学上考见古代辨色本能与染色技术》，《学林》1941年第3辑。
⑪ 冯汉骥：《由中国亲属名词上所见之中国古代婚姻制》，《齐鲁学报》1941年1期。
⑫ 蒋大沂：《从古文字中观察古代家宅演进之情形》，《学术》1940年第3辑。
⑬ 胡厚宣：《殷人疾病考》，《学思》1943年第3卷第3、4期。
⑭ 胡厚宣：《商代婚姻家族宗法生育制度考》，《甲骨学商史论丛初集》第1册，1944年。
⑮ 徐中舒：《结绳遗俗考》，《说文月刊》1944年，第4卷。
⑯ 徐中舒：《黄河流域穴居遗俗考》，《中国文化研究汇刊》1949年第9卷。
⑰ 斯维至：《殷代风之神话》，《中国文化研究汇刊》1948年第8卷。
⑱ 芮逸夫：《中国亲属称谓制的演变及其与家庭组织的相关性》，《民族学研究集刊》1948年第6期。

代社会生活》①和陈邦怀《殷代社会史料征存》②这两本书,但两书或限于材料公布,或囿于政治影响,均不能达到研究先秦社会生活史的真正要求。而与宗法制度有关的先秦宗族、亲族研究,却一枝独秀,寂寞开放,如张政烺《古代中国的十进制氏族组织》③、丁山《甲骨文所见氏族及其制度》④、李学勤《论殷代亲族制度》⑤、杨宽《试论西周春秋间宗法制度和贵族组织》⑥、林沄《从武丁时代的几种"子卜辞"试论商代的家族形态》⑦等,可算是这一时期先秦社会生活史一个侧面的凤毛麟角式的展示。

相对而言,这时期海外学者对中国先秦社会生活史却日益重视,研究势头至今不衰,其中尤以日本学者的研究成果令人瞩目。日本学界对中国先秦社会生活史的研究起自20世纪30—40年代,主要论作有松因寿男《殷卜辞与古代中国人之生活》⑧、加藤常贤的《支那古代家族制度研究》⑨、诸桥辙次的《支那之家族制》⑩、清水盛光的《支那家族的构造》⑪等,分别对商周的家族形态、婚姻、丧葬、宗商祭祀制度进行探究,颇具影响力。在此之后,又有一批学术成果问世,如高桥盛孝《殷墟甲骨文听见的方位和风名》⑫、内藤戊申《殷人的生活》⑬、伊藤道治《殷都的生活》⑭、池田末利《中国古代土地神的祭祀》⑮、泽田大多郎《从考古资料看中国商—汉的住居形态》⑯、谷田孝之《中国古代亲族等级的考祭》⑰、江头广《金文中家族制度的若干问题》⑱、加藤常贤《中国古代的生活与文字》⑲、池田雄一《中国古代的聚落形态》⑳、藤野岩友《中国古代的坐法》㉑、林巳奈夫《两周时代玉人像的衣服与头饰》㉒、伊藤道治《商代的宗教与社会》㉓、深津胤房《古代中国人的思想与生活——关于

---

① 李亚农:《殷代社会生活》,上海:上海人民出版社,1957年。
② 陈邦怀:《殷代社会史料征存》,天津:天津人民出版社,1959年。
③ 张政烺:《古代中国的十进制氏族组织》,《历史教学》1951年9、10、12月第2卷第3、4、6期。
④ 丁山:《甲骨文所见氏族及其制度》,北京:科学出版社,1956年。
⑤ 李学勤:《论殷代亲族制度》,《文史哲》1957年第11期。
⑥ 杨宽:《试论西周春秋间宗法制度和贵族组织》,《古史新探》,北京:中华书局,1965年。
⑦ 林沄:《从武丁时代的几种"子卜辞"试论商代的家族形态》,《古文字研究》第1辑,北京:中华书局,1979年。
⑧ 松因寿男:《殷卜辞与古代中国人之生活》,《加藤博士还历纪念东洋史集说》1941年。
⑨ 加藤常贤:《支那古代家族制度研究》,东京:岩波书店,1940年。
⑩ 诸桥辙次:《支那之家族制》,东京:东京大修馆,1941年。
⑪ 清水盛光:《支那家族的构造》,东京:岩波书店,1942年。
⑫ 高桥盛孝:《殷墟甲骨文所见的方位和风名》,《史泉》1957年第5期。
⑬ 内藤戊申:《殷人的生活》,《古代殷帝国》之一章,东京:日本东京米孜孜书房,1957年。
⑭ 伊藤道治:《殷都的生活》,《图说世界文化史大系第15卷·中国1》,东京角川书店,1958年。
⑮ 池田末利:《中国古代土地神的祭祀》,《东方宗教》1963年第21号。
⑯ 泽田大多郎:《从考古资料看中国商—汉的住居形态》,《日本大学史学会研究会报》1966年第10号。
⑰ 谷田孝之:《中国古代亲族等级的考祭》,《日本中国学会报》1966年第18集。
⑱ 江头广:《金文中家族制度的若干问题》,《日本中国学会报》1967年第19集。
⑲ 加藤常贤:《中国古代的生活与文字》,《东洋学术研究》1970年第8卷4号。
⑳ 池田雄一:《中国古代的聚落形态》,《中央大学文学部纪要》1971年第61辑。
㉑ 藤野岩友:《中国古代的坐法》,《神道宗教》1972年第65、66号。
㉒ 林巳奈夫:《两周时代玉人像的衣服与头饰》,《史林》1972年第55卷2号。
㉓ 伊藤道治:《商代的宗教与社会》,《史林》1975年,第58卷2号。

"梦"》①、宇都宫清吉《诗经时代的社会》②、松本雅明《中国古代的村落和生活仪礼》③、笠川直树《商代社会的子和宗教仪礼》④,等等。尤其是林巳奈夫的《中国古代的生活史》⑤一书,对两汉以前社会的服饰、住居和村落、什器和饮食、农工商业、乘物和道路、娱乐、武器战争、文书与书物、神祇、祭祀等众多方面,作了颇为详尽的考证。日本学者这方面的学术论著,大都以勤于资料搜汇、辨析细腻、以小见大而不囿于成见而见长。1949年以后,港台地区也有学者专注于先秦社会生活史的研究,如董作宾《商代的奴隶生活》⑥、李济《跪坐蹲踞与箕踞》⑦、高去寻《殷礼的含贝握贝》⑧、石璋如《商代头饰举例》⑨、杨希枚《联名制与姓氏制度的研究》⑩、凌纯声《中国古代神主与阴阳性器崇拜》⑪和《匕鬯与醴柶考》⑫、曹德宣《殷之卜辞与中国古代社会的生活》⑬、徐朝阳《中国亲属法溯源》⑭、赵林《商周亲属制度之研究》⑮、许倬云《周代的衣食住行》⑯、庄万寿《上古的食物》⑰、贾士衡《殷周妇女生活的几个面》⑱,等等。尤其值得称道的是,美籍华裔学者张光直的《中国远古时代仪式生活的若干资料》⑲《中国古代的饮食与饮餐具》⑳以及周鸿翔《商朝的寻某》㉑、周策纵《古巫医与"六诗"考——中国浪漫文学探源》㉒等文,可谓是先秦社会生活史方面的专深之论。

欧美等其他国家的中国先秦社会生活史研究虽不多见,但水平普遍较高。如美国吉德炜(David N. Keightley)《中国古代的宫廷手工业者——商代的"工"与"多任"》㉓,原苏联学者刘克甫(M. B. Kpiokob)《古代中国人的社会组织形式》㉔,韩国学者赵振靖《商代的宗教

---

① 深津胤房:《古代中国人的思想与生活——关于"梦"》,《宇野哲人先生白寿祝贺纪念东洋学论丛》1974年。
② 宇都宫清吉:《诗经时代的社会》,《名古屋大学东洋史研究报告》1978年第5号。
③ 松本雅明:《中国古代的村落和生活仪礼》,《东方宗教》1979年第54辑。
④ 笠川直树:《商代社会的子和宗教仪礼》,《东方宗教》1981年第58号。
⑤ 林巳奈夫:《中国古代的生活史》,吉川弘文馆,1992年。
⑥ 董作宾:《商代的奴隶生活》,《大陆杂志》1950年第1卷第2期。
⑦ 李济:《跪坐蹲踞与箕踞》,《中央研究院历史语言研究所集刊》1953年第24本。
⑧ 高去寻:《殷礼的含贝握贝》,《中央研究院院刊》1954年第1辑。
⑨ 石璋如:《商代头饰举例》,《中央研究院历史语言研究所集刊》1957年第28本下册。
⑩ 杨希枚:《联名制与姓氏制度的研究》,《中央研究院历史语言研究所集刊》1957年第28本下册。
⑪ 凌纯声:《中国古代神主与阴阳性器崇拜》,《中央研究院民族学研究所集刊》第8期,1959年。
⑫ 凌纯声:《匕鬯与醴柶考》,《中央研究院民族学研究所集刊》第12期,1961年。
⑬ 曹德宣:《殷之卜辞与中国古代社会的生活》,台北:台湾商务印书馆,1965年。
⑭ 徐朝阳:《中国亲属法溯源》,台北:台湾商务印书馆,1968年。
⑮ 赵林:《商周亲属制度之研究》,台北:益智书局,1970年。
⑯ 许倬云:《周代的衣食住行》,《中央研究院历史语言研究所集刊》1976年第47本。
⑰ 庄万寿:《上古的食物》,《大陆杂志》1976年第53卷第2期。
⑱ 贾士衡:《殷周妇女生活的几个面》,《大陆杂志》1980年第61卷第5期。
⑲ 张光直:《中国远古时代仪式生活的若干资料》,《中央研究院民族学研究所集刊》1960年第9期。
⑳ 张光直:《中国古代的饮食与饮餐具》,《纽约科学协会会刊》1973年第35卷第6期。
㉑ 周鸿翔:《商朝的寻某》,《华裔学志》1970年第29卷。
㉒ 周策纵:《古巫医与"六诗"考——中国浪漫文学探源》,台北:联经出版事业公司,1986年。
㉓ (美)吉德炜(DavidN. Keightley):《中国古代的宫廷手工业者——商代的"工"与"多任"》,美国华盛顿大学现代中国历史工程讨论会论文,1970年。
㉔ [苏联]刘克甫(M. B. Kpiokob):《古代中国人的社会组织形式》,莫斯科:莫斯科科学出版社,1967年。

信仰与祭祀》①、孙叡彻《甲骨文祭祀卜辞中的牺牲考》②等,就研究深度而言,都颇值得重视。

自20世纪80年代以来,国内经济改革带动学术发展,历史学界逐渐摆脱学术研究政治化的倾向,历史学研究开始逐渐复苏。南开大学中国古代史学者群体更是发起了对中国古代社会生活史研究的倡导。在这样的形势下,先秦社会生活史研究也逐渐回归到本应受到重视的地位。一些相关选题的博士论文成为这一时期先秦社会生活史研究的代表,比如朱凤瀚《商周家族形态研究》③、谢维扬《周代家庭研究》④、王玉波《中国家长制家庭制度史》⑤、常金仓的《周代礼俗研究》⑥、钱杭《中国宗族制度新探》⑦等。一批研究先秦时期家族形态与社会结构的论著出版,揭开了新时期先秦社会生活史研究的序幕。近年来出版的南开学者论著如赵雁侠《中国早期姓氏制度研究》⑧、陈絜《商周姓氏制度研究》⑨、朱彦民《商族的起源迁徙与发展》⑩等,也都是这方面研究的后续之作。

与此同时,一些相关论文如斯维至《释宗族》⑪、徐中舒《中国古代的父系家庭及其亲属称谓》⑫、程德祺的《父系宗族公社》⑬《宗族公社若干问题试探》⑭和《我国古代的宗族》⑮、裘锡圭《关于商代的宗族组织与贵族和平民两个阶级的初步研究》⑯、李西兴《从岐山凤雏村房基遗址看西周的家族公社》⑰、王培真《金文所见西周世族的产生和传袭》⑱、张懋镕《金文所见世族政治》⑲、刘昭瑞《关于甲骨文中子称和族的几个问题》⑳、李向平《西周春秋时期士阶层宗法制度研究》㉑和《西周春秋时期庶人宗法组织研究》㉒、李启谦《鲁君的家族组织及其与宗法制度的关系》㉓、冯汉骥《中国亲属称谓制度》㉔、葛英会《殷墟卜辞所见王

---

① [韩]赵振靖:《商代的宗教信仰与祭祀》,《法商学院辅仁学志》1971年第4期。
② 孙叡彻:《甲骨文祭祀卜辞中的牺牲考》,《中国学报》第21辑,汉城:汉城大学校出版部,1980年。
③ 朱凤瀚:《商周家族形态研究》,天津:天津古籍出版社,1990年。
④ 谢维扬:《周代家庭研究》,北京:中国社会科学出版社,1990年。
⑤ 王玉波:《中国家长制家庭制度史》,天津:天津社会院出版社,1989年。
⑥ 常金仓:《周代礼俗研究》,台北:台湾文津出版社,1993年。
⑦ 钱杭:《中国宗族制度新探》,香港:香港中华书局,1994年。
⑧ 赵雁侠:《中国早期姓氏制度研究》,天津:天津古籍出版社,1996年。
⑨ 陈絜:《商周姓氏制度研究》,北京:商务印书馆,2005年。
⑩ 朱彦民:《商族的起源迁徙与发展》,北京:商务印书馆,2007年。
⑪ 斯维至:《释宗族》,《思想战线》1978年第1期。
⑫ 徐中舒:《中国古代的父系家庭及其亲属称谓》,《四川大学学报》1980年第1期。
⑬ 程德祺:《父系宗族公社》,《中央民族学院学报》1981年第1期。
⑭ 程德祺:《宗族公社若干问题试探》,《中央民族学院学报》1983年第1期。
⑮ 程德祺:《我国古代的宗族》,《苏州史学会论文选》1983年。
⑯ 裘锡圭:《关于商代的宗族组织与贵族和平民两个阶级的初步研究》,《文史》第17辑,北京:中华书局,1982年。
⑰ 李西兴:《从岐山凤雏村房基遗址看西周的家族公社》,《考古与文物》1984年第5期。
⑱ 王培真:《金文所见西周世族的产生和传袭》,《西周史研究》1984年。
⑲ 张懋镕:《金文所见世族政治》,《人文杂志》1986年第6期。
⑳ 刘昭瑞:《关于甲骨文中子称和族的几个问题》,《中国史研究》1987年第2期。
㉑ 李向平:《西周春秋时期士阶层宗法制度研究》,《历史研究》1986年第5期。
㉒ 李向平:《西周春秋时期庶人宗法组织研究》,《历史研究》1989年第2期。
㉓ 李启谦:《鲁君的家族组织及其与宗法制度的关系》,《东岳论丛》1988年第2期。
㉔ 冯汉骥:《中国亲属称谓制度》,上海:上海文艺出版社,1989年。

族及其相关问题》①、晁福林《试论春秋时期的祖先崇拜》②、孙晓春《试论商代的父系家族公社》③与《春秋时期宗族组织的经济形态初探》④等,也是从先秦社会阶层中的宗族组织角度入手,进行研究。另外,丁山《姓与氏》、杨希牧《姓字古义辨析》《论先秦所谓姓及其相关问题》、马雍《中国姓氏制度的沿革》、李学勤《考古发现与古代姓氏制度》、尹湘豪《氏姓制度与孔子的伦理思想》等,则是从先秦时期姓氏的起源与早期形态入手,研究当时社会生活史的一个侧面。而徐中舒《中国古代的父系家庭及其亲属称谓》⑤、耿慧玲《周代妇女生活》⑥、肖平汉等《从婚姻形态和婚姻制度看春秋时期妇女地位的低下》⑦、肖汉平与杨有礼《从婚姻形态和婚姻制度上看春秋战国时期妇女地位的低下》⑧、杨有礼等《讨论春秋时期贵族妇女在婚姻关系中的地位》⑨、郑慧生《上古华夏妇女与婚姻》⑩、李玉洁与黄有汉《论仰韶文化的家庭形态》⑪、祝瑞开《我国一夫一妻制度家庭的形成》⑫、陈绍棣《春秋战国婚俗》⑬、王玉波《中国婚礼的产生与演变》⑭、李衡眉《昭穆制度与周人早期婚姻形式》⑮、宋镇豪《商代婚姻的运作礼规》⑯、陈延嘉《关于〈左传〉中"蒸""报"婚问题》⑰等,则是从先秦时期婚姻制度和婚姻礼俗角度对先秦社会生活一个层面进行集中揭示。

从先秦时期社会生活层面进行全面研究的,则有许嘉璐《中国古代衣食住行》⑱、李民《殷商社会生活史》⑲、宋镇豪《夏商社会生活史》⑳、晁福林《夏商西周的社会变迁》㉑、蔡锋《春秋时期贵族社会生活研究》㉒、徐杰令《先秦社会生活史》㉓、许进雄《中国古代社会》㉔、常金仓《周代社会生活述论》㉕以及《中国风俗通史》的"原始社会卷""夏商卷""两周卷"㉖

---

① 葛英会:《殷墟卜辞所见王族及其相关问题》,《纪念北京大学考古专业三十周年论文集》1990年。
② 晁福林:《试论春秋时期的祖先崇拜》,《陕西师大学报》1995年第2期。
③ 孙晓春:《试论商代的文系家族公社》,《史学集刊》1991年第3期。
④ 孙晓春:《春秋时期宗族组织的经济形态初探》,《史林》1996年第2期。
⑤ 徐中舒:《中国古代的父系家庭及其亲属称谓》,《四川大学学报》1980年第1期。
⑥ 耿慧玲:《周代妇女生活》,《史学汇刊》1980年第12期。
⑦ 肖平汉:《从婚姻形态和婚姻制度看春秋时期妇女地位的低下》,《衡阳师专学报》1985年第2期。
⑧ 肖汉平、杨有礼:《从婚姻形态和婚姻制度上看春秋战国时期妇女地位的低下》,《衡阳师专学报》1985年第2期。
⑨ 杨有礼:《讨论春秋时期贵族妇女在婚姻关系中的地位》,《华中师范大学学报》1986年第2期。
⑩ 郑慧生:《上古华夏妇女与婚姻》,河南人民出版社,1988年。
⑪ 李玉洁、黄有汉:《论仰韶文化的家庭形态》,《先秦史论集》,郑州:中州古籍出版社,1989年。
⑫ 祝瑞开:《我国一夫一妻制度家庭的形成》,《社会科学辑刊》1989年第6期。
⑬ 陈绍棣:《春秋战国婚俗》,《百科知识》1990年条4期。
⑭ 王玉波:《中国婚礼的产生与演变》,《历史研究》1990年第4期。
⑮ 李衡眉:《昭穆制度与周人早期婚姻形式》,《历史研究》1990年第2期。
⑯ 宋镇豪:《商代婚姻的运作礼规》,《历史研究》1994年第6期。
⑰ 陈延嘉:《关于〈左传〉中"蒸""报"婚问题》,《社会科学战线》1994年第3期。
⑱ 许嘉璐:《中国古代衣食住行》,北京:北京出版社,1988年。
⑲ 李民:《殷商社会生活史》,郑州:中州古籍出版社,1993年。
⑳ 宋镇豪:《夏商社会生活史》,北京:中国社会科学出版社,2004年。
㉑ 晁福林:《夏商西周的社会变迁》,北京:北京师范大学出版社,1996年。
㉒ 蔡锋:《春秋时期贵族社会生活研究》,北京:中国社会科学出版社,2004年。
㉓ 徐杰令:《先秦社会生活史》,哈尔滨:黑龙江人民出版社,2004年。
㉔ 许进雄:《中国古代社会》,北京:中国人民大学出版社,2008年。
㉕ 常金仓:《周代社会生活述论》,长春:吉林人民出版社,2008年。
㉖ 常金仓:《中国风俗通史》之"原始社会卷""夏商卷""两周卷",上海:上海文艺出版社,2001年。

等。这些先秦社会生活全景式的研究著作,或鸟瞰整个先秦时期,或将火力集中于每个时代,由于有了更多的考古发掘材料和古文字资料,使得这一课题的研究方法大多能做到"二重证据法"或"多重证据法",因此研究结论可信度较高,观点比较平允公正,这些研究成果也就自然成为新时期先秦社会生活史研究的代表性著作。

## 二、先秦日常生活史研究的范畴

相对于先秦社会史论著(如前所述)而言,具体深入的先秦日常生活史的研究明显不足。即使有一些属于这一范畴的内容,作者的写作意图往往不是有意识地进行先秦日常生活史的探讨,而多半是在对其他问题进行研究时偶尔涉及的。正所谓"无心插柳柳成荫"者也。比如曾经在先秦史研究领域大领风骚的"人殉"与"殉人"的研究,作者众多,论著浩繁,虽然涉及了被用为"人殉"的这些人之社会阶层的争论,但其初衷不在于此,而是为了论证殷商时代是否属于奴隶社会的。

而且,学者们在利用考古资料和古文字资料所做的先秦社会生活史研究并不系统,呈现出了在某些研究领域扎堆儿研究的现象,同一个题目有时多则数十篇文章,而有的领域或方向则"门前冷落车马稀",只有几篇文章或者干脆没有。这种着力点分布不均衡的情况之所以会出现,是因为材料多寡的缘故,或者是新出土资料的推动。但是即便如此,在梳理这段学术史、总结前人研究成果之时,也同样能够感受到先秦日常社会史的学术研究正呈现一种蓬勃发展的昂然趋势。

在此,仅对新时期以来的这方面成果,综述提要,以企有窥斑见豹、尝臠知鼎之效。

**(一)衣食住行消费**

马克思指出:"人们为了能够'创造历史'必须能够生活。但是为了生活,首先就需要衣、食、住以及其他东西,因此第一个历史活动就是生产满足这些需要的资料,即生产物质生活本身。"在先秦衣食住行等人类最基本生活消费活动的研究方面,学术界参与人众、着力较多。

1. 服装、衣饰与衣料

夏鼐《我国古代蚕、桑、丝、绸的历史》一文可以说是以考古资料为依据,开启了先秦衣饰研究的先河。他指出,殷代青铜器花纹中的"蚕纹",殷墓中发现的玉蚕,黏附于铜器表面受到铜锈渗透而保存下来的丝绸残片,都是殷商时期蚕丝生产发达的有力证据。到了东周时期,丝绸实物的品种更加丰富,战国铜器上的采桑图很好地反映了当时人的劳动场景。且当时丝织物有罗、纨、绮、縠、锦、绣等[①]。胡厚宣先生也同意夏先生的观点,并以殷墟发掘的石刻人像与玉人像等器物进行了进一步的说明。[②] 河北藁城县台西村商代遗址的发掘简

---

① 夏鼐:《我国古代蚕、桑、丝、绸的历史》,《考古》1972年第2期,第12—27页。
② 胡厚宣:《殷代的蚕桑和丝织》,《文物》1972年第11期,第2—7、36页。

报中提到,随葬品中有麻织品和丝织品的残留。① 这引发了学者们的探讨。在《台西村商代遗址出土的纺织品》一文中,研究者指出,通过对麻织物残片的研究,"藁城商代遗址的麻织物纤维,基本可以判断为大麻纤维。"②而"初步判定铜觚上的纤维是蚕丝纤维"③。王若愚则指出,在23、24号墓女性墓主人的随葬品中发现的骨匕,应是刀杼之类用于纺织的工具。"当然,出土骨匕未必全是纺织用具,必须具体分析。但像台西村所出土这类薄韧长条形骨匕是用作纺织的工具,则是毋庸置疑的。"④总体来说,学界对先秦时期纺织与麻、丝织品的关注较少,很大程度上是受麻、丝织品在墓葬中不易保存的影响,考古发现的匮乏使诸位方家难为无米之炊。

房道国基于冀、鲁、豫地区的考古材料,对先秦时期冀、鲁、豫地区的蚕丝手工业进行了考察,他认为:"商代该地区的丝织业是比较发达的,不仅日益普遍,而且品种多、质量优,已能生产出绢、绮、纨、縠、纱罗等丝织品。"⑤在西周与春秋战国时期,这一地域的蚕丝业得到了进一步的发展。顾国达和徐俊良则根据相关考古材料,认为"中国蚕丝业起源是多中心的,黄河中下游流域、长江中下游流域和四川盆地都是蚕丝业的起源地之一"⑥。随后也有多位学者撰文⑦,对先秦时期丝织文化的发展表示肯定。吴爱琴则对贵族墓葬中的丝织品进行了进一步的分析研究,指出了先秦时期服饰质料与等级制度间的密切关系。⑧宋建忠和南普恒则通过对西周倗国墓地出土纺织品的技术分析,得出结论:"此次分析的纺织品均为麻织品,其纺织原料属天然纤维素纤维,分为苎麻和大麻两种。"⑨为我们认识西周时期的纺织原料提供了科学依据。

王从礼根据考古材料对楚国服饰进行了初步研究。⑩ 彭景荣指出,中原地区最早最完整的服装造型为安阳出土的殷商玉人,为"交领、右衽、系带"式,下装则以裳为主。其后出现了另外一种服饰形式即深衣,"深衣"由上衣下裳相连而成,属衣裳连属制,并简述了先秦服饰的色彩特征与材料特征。⑪ 宋镇豪先生在《春秋战国时期的服饰》一文中,按中原、齐鲁、北方、秦、吴越、楚、巴蜀滇七大文化区进行了概述。⑫

蔡革以广汉三星堆祭祀坑的出土文物为研究对象,对当时蜀人的服饰特征进行了初步

---

① 河北省文物管理处台西考古队、李捷民等:《河北藁城县台西村商代遗址发掘简报》,《文物》1979年第6期,第33—43页。
② 上海纺织科学研究院、高汉玉等:《台西村商代遗址出土的纺织品》,《文物》1979年第6期,第44页。
③ 上海纺织科学研究院、高汉玉等:《台西村商代遗址出土的纺织品》,《文物》1979年第6期,第47页。
④ 王若愚:《从台西村出土的商代织物和纺织工具谈当时的纺织》,《文物》1979年第6期,第52页。
⑤ 房道国:《试论先秦时期冀鲁豫地区的蚕丝手工业》,《农业考古》,2001年第1期,第91页。
⑥ 顾国达、徐俊良:《论我国蚕丝业的多中心起源》,《浙江大学学报(人文社会科学版)》,2003年第3期,第42页。
⑦ 孙玉琳:《浅谈周秦丝绸》,《文博》1993年6期,第43—46页。张玉霞:《试论我国先秦时期的丝织文化》,《黄河科技大学学报》2007年第1期,第31—33页;李艳红、方成军:《试论中国蚕丝业的起源及其在殷商时期的发展》,《农业考古》,2007年第1期,第166—168、204页。
⑧ 吴爱琴:《先秦时期服饰质料等级制度及其形成》,《郑州大学学报(哲学社会科学版)》,2012年第6期,第151—157页。
⑨ 宋建忠、南普恒:《西周倗国墓地出土纺织品的科学分析》,《文物》2012年第3期,第83页。
⑩ 王从礼:《从考古资料谈楚国服饰》,《文博》1992年第2期,第23—33页。
⑪ 彭景荣:《先秦服饰文化论纲》,《中原文物》1993年第4期,第73—75、88页。
⑫ 宋镇豪:《春秋战国时期的服饰》,《中原文物》1996年第2期,第56—61页。

研究。①朱彦民先生则对殷墟玉石人俑与三星堆青铜人像服饰进行了比较研究,并指出殷墟玉石人俑所反映的中原商代服饰的总特征是交领右衽(平民为直领对襟),簪发戴笄,有佩有饰,冠履齐全。三星堆先民服饰一方面受到了中原文化的影响,有冕服、礼服的特点;另一方面又显示出与中原文化判然有别的个性,即左衽、窄袖,有衣尾(燕尾),凫冠。②相关学者则对先秦时期的颈饰③、发式与发饰④、冠式⑤和佩饰⑥等进行了初步研究。

从古文字角度对这一课题进行关照的,有以下几篇论文。杜勇的《甲骨文所见商代的服饰》⑦,搜集甲骨文中所见的服饰资料,对商代服饰做了分类分式:左衽、右衽、对襟。朱彦民(朱桢)《读〈甲骨文所见商代的服饰〉:与杜勇先生商榷》⑧,不同意杜氏利用文字字形对服饰样式的机械划分,认为甲骨文材料的使用应该有其基本原则。刘莉的《商代的日常服饰文化》⑨是在大量考古资料的基础上,对商代的日常服饰文化及相关问题进行论述的论文,间涉甲骨文。张宝林、杨悦心、刘珂、戚晓雨的《从甲骨文看殷商"服饰"功用及其文化内涵》⑩也是以甲骨文为依据,对商代服饰进行归类研究的文章。

李岩《金文所见周代的赐服制度》⑪,通过整理两周金文,并对金文赏赐运用先分类、后断代的研究方法,探讨周代赐服制度的形成与特点,提出西周中晚期赏赐服饰之类别进一步细化、数量亦有所增多的见解。同时李岩还有《周代服饰制度研究》⑫一文,此文探讨与周代服饰制度有关的问题。从探讨服饰的起源和发展,到考察原始社会和夏商时期的服饰,到分析周代的冕服制度、弁服制度、衣裳制度、深衣制度、丧服制度、佩玉制度,结合礼书记载和相关金文资料,重点分析了各种服饰制度的等级特点。晁福林的《从士山盘看周代"服"制》⑬也可参看。

2. 食物、食器、酒饮及宴飨场合

陈振中先生较早对先秦时代的主要粮食作物粟、黍、稻、麦、菽、麻和菰等进行了详细的考察。他认为,稷与粟是同一种作物,即谷子,而西周春秋时期主要种植的是冬麦。⑭陈文华先生在《新时期时代的饮食》一文中,对先秦时期的食材进行了概述:"大体说来,长江流域及其以南地区以稻米为主,黄河流域以旱作粮食(粟、黍、稷、麦、豆、麻等)为主。副食可

---

① 蔡革:《从广汉三星堆祭祀坑出土文物看当时蜀人的服饰特征》,《四川文物》1995年第2期,第18—24页。
② 朱彦民:《殷代玉石人俑与三星堆青铜人像服饰的比较研究》,《四川文物》2004年第1期,第38页。
③ 郭敏:《论先秦时期颈饰习俗的演变》,《郑州大学学报(哲学社会科学版)》2007年第4期,第134—139页。
④ 向景安:《从现存文物中探讨中国古代妇女发式的演变》,《文博》1995年第4期,第31—43页;王方:《东周时期"被发"的考古学解读》,《东南文化》2010年第5期,第78—83页;王方:《东周女性发型发饰初论》,《考古与文物》2011年第3期,第46—57页;杨建生:《春秋战国即秦汉妇女发式与发饰的初探》,《管子学刊》2013年第3期,第82—84页。
⑤ 田小娟:《商周冠式初探》,《考古与文物》2001年第4期,第46—54页。
⑥ 左鹏:《楚国珠玉佩饰之研究》,《江汉考古》1998年第2期,第55—66页。
⑦ 杜勇:《甲骨文所见商代的服饰》,《中原文物》1990年第3期。
⑧ 朱彦民(朱桢):《读〈甲骨文所见商代的服饰〉:与杜勇先生商榷》,《中原文物》1993年第3期。
⑨ 刘莉:《商代的日常服饰文化》,河北师范大学硕士学位论文,2007年。
⑩ 张宝林、杨悦心、刘珂、戚晓雨:《从甲骨文看殷商"服饰"功用及其文化内涵》,《绥化学院学报》2013年第02期。
⑪ 李岩:《金文所见周代的赐服制度》,《求索》,2013年第12期。
⑫ 李岩:《周代服饰制度研究》,吉林大学博士学位论文,2010年。
⑬ 晁福林:《从士山盘看周代"服"制》,《中国历史文物》2004年第6期。
⑭ 参见陈振中:《先秦时代的主要粮食作物》,《古今农业》1988年第1期,第14—20页;陈振中:《先秦时代的主要粮食作物(续)》,《古今农业》1988年第2期,第14—21、13页。

分为动物性和植物性食物两类。"①陈文华先生还指出,通过出土文物可以确定的古代农作物包括粟、稻、黍、稷、麦、高粱、豆、麻、棉等,蔬菜瓜果包括油菜、白菜或芥菜、生姜、小茴香、葫芦、莲藕、菱、茨、瓜、桃、李、梅、杏、枣、栗、柿、梨、柑橘、橄榄、苹果、荔枝、薏苡等。② 此外,其他学者就先秦时期的主要农作物也进行了研究。③

　　王艳玲的《甲骨文谷物与耕作类词语研究》④,此文通过甲骨文研究商代的农业生产,以《甲骨文合集》为主要材料,以《甲骨文合集补编》《殷虚花园庄东地甲骨》为补充材料,通过甲骨文字形反映出来的农作物、生产工具、生产方式以及谷物加工和储藏等,结合商周文献资料以及新石器时代、夏商周时代的考古材料,认定出商代主要有黍、粟、麦、稻、高粱、大豆六种粮食作物,具体论证了商代的生产工具和生产方式,进而推断出商代的农业生产水平,分析了农业在商代的重要地位,以及商代的农业对后世的影响。

　　由于材料原因,关于饮食方面的论著,大多集中于殷商时期。末次信行的《殷代统治阶级的主食》⑤认为,殷王朝支配阶级的主要谷物是麦。邹渊的《甲骨文器物字所反映的居食习惯》⑥一文以甲骨文器物字为桥梁,讨论器物字所反映的古人的居食习惯。郭旭东的《论甲骨卜辞中的"稻"字》⑦认为甲骨文中的"禾水"字旧释为黍是有问题的,从对贞卜辞、成套

---

① 参见陈文华:《新石器时代的饮食》,《南宁职业技术学院学报》2004年第2期,第12页;陈文华:《新石器时代饮食文化的萌芽》,《农业考古》1991年第1期,第210—218页;陈文华:《春秋战国、秦汉时期的饮食文化》,《农业考古》2007年第4期,第236—249页。
② 陈文华:《漫谈出土文物中的古代农作物》,《农业考古》1990年第2期,第127—137页。
③ 王毓瑚:《我国自古以来的重要农作物》,《农业考古》1981年第1期,第79—89页;王毓瑚:《我国自古以来的重要农作物(中)》,《农业考古》1981年第2期,第13—20页;王毓瑚:《我国自古以来的重要农作物(下)》,《农业考古》1982年第1期,第42—49页;昝维廉:《正视我国古代的五谷》,《农业考古》1982年第2期,第44—49页;黄其煦:《黄河流域新石器时代农耕文化中的作物——关于农业起源问题的探索》,《农业考古》1982年第2期,第55—61页;黄其煦:《黄河流域新石器时代农耕文化中的作物(续)——关于农业起源问题的探索》,《农业考古》1983年第1期,第39—50页;黄其煦:《黄河流域新石器时代农耕文化中的作物——关于农业起源问题的探索(续)》,《农业考古》1983年第2期,第86—90页;曹隆恭:《关于中国小麦的起源问题》,《农业考古》1983年第1期,第19—24页;游修龄:《论黍和稷》,《农业考古》1984年第2期,第277—288页,第338页;李毓芳:《浅谈我国高粱的栽培时代》,《农业考古》1986年第1期,第267—270页;王尧琴:《粟的起源》,《古今农业》1988年第1期,第111—113页;郑殿升:《谈谈中国小麦的起源》,《种子世界》1988年第5期,第15—16页;郑慧生:《先秦的"大麦"》,《农业考古》1993年第3期,第183—184页;游修龄:《黍粟的起源及传播问题》,《中国农史》1993年第3期,第1—13页;吴耀利:《黄河流域新时期时代的稻作农业》,《农业考古》1994年第1期,第5—11页;卫斯:《试论中国粟的起源、驯化与传播》,《古今农业》1994年第2期,第6—18页;石玉学、曹嘉颖:《中国高粱起源初探》,《辽宁农业科学》1995年第4期,第42—46页;王在德、陈庆辉:《再论中国农业起源与传播》,《农业考古》1995年第3期,第30—42页;张之恒:《黄河流域的史前粟作农业》,《中原文物》1998年第3期,第5—11页;宋吉香:《建国以来有关粟(Setaria italica)的研究综述》,《农业考古》2006年第4期,第163—167页,第203页;王志芳:《〈诗经〉中商周时期农作物的考古学研究》,《农业考古》2006年第6期,第20—23页;侯毅:《试论我国北方粟作农业的起源问题》,《农业考古》2007年第1期,第152—155页;侯毅:《从最近的考古发现看北方粟作农业的起源问题》,《北方文物》2007年第2期,第16—19页;靳桂云:《中国早期小麦的考古发现与研究》,《农业考古》2007年第4期,第11—20页;赵敏:《中国先秦时期粟、黍遗存考古发现与研究》,载于《中国古生物学会孢粉学分会七届二次学术会议论文摘要集》,中国古生物学会孢粉学分会,河北师范大学资源与环境科学学院编,石家庄,2007年6月;何红中、惠富平:《古粟(Setaria italica Beauv.)研究综述》,《中国粮油学报》2010年第4期,第121—128页;王星光:《气候变化与黄河中下游地区的早期稻作农业》,《中国农史》2011年第3期,第3—12页。
④ 王艳玲:《甲骨文谷物与耕作类词语研究》,河北大学硕士学位论文,2011年。
⑤ 末次信行:《殷代统治阶级的主食》,《百年文集》,2003年。
⑥ 邹渊:《甲骨文器物字所反映的居食习惯》,《重庆教育学院学报》,2009年第1期。
⑦ 郭旭东:《论甲骨卜辞中的"稻"字》,《中原文物》,2006年第6期。

卜辞、相间卜辞、同期卜辞以及与水的亲密关系、古文献金文习语、种植方式来看,它符合水稻亲水的特征,应是五谷作物中的"稻"字。此外,姚伟钧的《商周饮食方式论略》①也可参阅。

中国古代酒文化非常兴盛发达,对于酒饮在先秦时期的表现,学者们多有揭示。范文澜认为酒是在禹时开始出现②,袁翰青则认为谷物酿酒是从新石器时代开始的,早于传说中的夏朝③。张子高根据考古发掘中仰韶文化未见酒器,但陶制的酒器在龙山文化遗存中有所发现这一论据认为,谷物酿酒实际起源于晚期的龙山文化。④ 李仰松则提出了不同意见,认为酿酒"早在我国原始社会仰韶文化时期就开始出现了"⑤。相关学者论证了谷物酒起源于仰韶时期⑥。曾纵野⑦、方扬⑧、罗志腾⑨支持酿酒源于龙山文化一说。方扬指出其论述只是说明了仰韶文化可能产生酿酒,并没有实质性的证据,酿酒的存在,"必须以酒器(不是一般的水器)为其标志"⑩。著名酿造史专家方心芳提出异议,认为"我国曲蘖酿酒的创始,应在八千年以前,这要比龙山文化时期早四千年"⑪。李健民在《大汶口墓地出土的酒器》一文中,依据大汶口遗址出现的大量酒器,明确指出了大汶口文化时期酿酒技术已经产生⑫,新证据的出现为上述争论画上了一个完满的句号。随后,证据充分的这一观点迅速得到了学者们的支持。⑬

殷代农业生产已达较高水平,农作物品种较多,这些粮食除作食用和饲料外,有相当一部分被用于酿酒。酿酒业已成为商代手工业中一个重要行业。相关研究颇丰:

耿杰的《从甲骨文看殷商之酒文化》⑭认为制酒业在商代成为重要的社会行业和生产部门。酒成为仅次于人们主食的主要消费品。其品种之多、器具之多、规模之大皆是酒业

---

① 姚伟钧:《商周饮食方式论略》,《浙江学刊》1999年第3期。
② 范文澜:《中国通史简编(修订本第一编)》第94页。
③ 袁翰青:《酿酒在我国的起源和发展》,《中国化学史论文集》,北京:三联书店,1956年,第99页。
④ 张子高:《论我国酿酒起源的时代问题》,《清华大学学报》1960年第2期,第31—34页。
⑤ 李仰松:《对我国酿酒起源的探讨》,《考古》1962年第1期,第41页。
⑥ 包启安:《新石器时代出土文物与我国酒的起源》,《中国酿造》1994年第2期,第33—40页;王志俊:《试论我国酿酒的起源》,《文博》1994年第3期,第17—21页;包启安:《从新石器时代出土文物看我国酒的起源》,《中国酒》1996年第1期,第50—53页;包启安:《从新石器时代出土文物看我国酒的起源(下)》,《中国酒》1996年第2期,第58—61页;包启安:《史前文化时期的酿酒(一)酒的起源》,《酿酒科技》2005年第1期,第78—82页;包启安:《仰韶文化遗存与酿酒》,《中国酿造》2007年第1期,第77—79页;包启安:《仰韶文化遗存与酿酒(续)》,《中国酿造》2007年第2期,第76—80页。
⑦ 曾纵野:《我国酿酒探源》,《黑龙江发酵》1977年第3期,第24—29页。
⑧ 李霖,叶依能:《我国古代酿酒技术的发展》,《中国农史》1989年第4期,第38—44页;张德水:《殷商酒文化初论》,《中原文物》1994年第3期,第18—24页;杨剑:《先秦时期的酒》,《农业考古》2000年第3期,第228—231页。
⑨ 罗志腾:《我国古代的酿酒发酵》,《化学通报》1978年第5期,第51—54页。
⑩ 方扬:《我国酿酒当始于龙山文化》,《考古》1964年第2期,第96页。
⑪ 方心芳:《对"我国古代的酿酒发酵"一文的商榷》,《化学通报》1979年第3期,第94页。
⑫ 李健民:《大汶口墓地出土的酒器》,《考古与文物》1984年第6期。
⑬ 王树明:《大汶口文化晚期的酿酒》,《中国烹饪》1987年第9期;袁永明:《对中国谷物酿酒起源问题的若干思考》,《文物春秋》2001年第1期,第15—18页;包启安:《大汶口文化遗存与酿酒》,《中国酿造》2008年第1期,第100—101页;包启安:《大汶口文化遗存与酿酒(续)》,《中国酿造》2008年第5期,第104—105页;魏坚:《中国古代酿酒的考古学观察》,《酒史与酒文化研究》2012年第1期,第54—58页。
⑭ 耿杰:《从甲骨文看殷商之酒文化》《传奇·传记文学选刊(理论研究)》,2010年第02期。

发达的表现,且在甲骨文中有所体现。农之兴,则酒之盛。酒业发达是农业发达的侧面反映,又是整个社会经济发达的缩影。郭胜强的《略论殷代的制酒业》①用甲骨文资料论述了商代酿酒业的发达和兴盛。张德水的《殷商酒文化初论》②论述了殷人饮酒,并非只是一种单纯的饮食行为,而是与当时的经济基础、饮食结构以及宗教意识形态等都有着十分密切的联系。从某种意义上来讲,殷商酒文化实际上就是整个商文化史的缩影。李元的《酒与殷商文化》③和王莉的《略论殷商酒文化》④也是关于殷商饮酒之风的。蔡锋在《商代酿酒业及其饮酒、酗酒风气》⑤中根据考古发掘的遗迹遗物,分别对殷商时期的饮酒现象进行了探讨。胡洪琼则在《略论殷商时期的酒器》⑥一文中以殷商时期科学发掘的墓葬资料为基础,对殷商时期的酒器种类、酒器组合及其反映的殷商饮酒风习进行了简要论述。

酒饮之外,水与其他饮料的关注者不是很多,比如,刘振亚和刘璞玉在《我国古代饮料与冷凉食品探源》一文中,通过对考古发掘的贮冰井和盛放冰的瓦制或铜制的冰鉴等材料的分析讨论,对古人通过取冰和藏冰来祛暑降温和加工饮品和食物的行为进行了初步探讨。⑦

贵族的饮食礼制深刻地影响着商周时期的社会生活。饮食礼制不仅与权力、等级有着密切的联系,而且随着时代的发展,深刻影响了社会思想意识的发展。

张光直先生在《中国古代的饮食与饮食具》一文中对先秦时期的饮食方式与文化,做了诸多有创新性的论述:"要研究青铜容器和陶器,我们就得研究古代中国的饮食习惯,而在这方面的研究上,器物本身便是有用的资料。"⑧他还在文中简要地概述了食物原料、烹调方法、菜肴种类、饮食器具。食具包括炊具、保存与贮藏器、盛食器,饮具包括贮水、酒具,饮酒具和盛水、酒具。张先生还对于饮食的观念、主食与副食、进餐的礼节、食器搭配与五行关系等问题进行了探讨。可以说,张先生此文是关于先秦时期古人饮食生活的一篇具有指导性意义的宏文,非常值得参考。

在先秦饮食器具方面,考古学家王仁湘先生着力较多。王先生在《中国古代进食具匕箸叉研究》⑨《勺子·叉子·筷子——中国古代进食方式的考古学研究》两文中,对于以上早期的中国餐具进行了更为细致的论述:"古代中国的进食用具,主要有匕和箸两种,即筷子和餐匙。""箸的始作年代应当早于商代末年……主要用于食羹菜。"王先生还根据现有的考古发现资料,从古代的烹饪技术和传统炊具、古代的厨师活动及传统食谱、直接出土的古代食物、出土的传统食具等四个方面来认识和研究中国古代饮食文化。古代的烹饪方式主要有烹煮、烧烤、蒸和煎。⑩

---

① 郭胜强:《略论殷代的制酒业》,《中原文物》1986 年第 3 期。
② 张德水:《殷商酒文化初论》,《中原文物》1994 年第 3 期。
③ 李元:《酒与殷商文化》,《学术月刊》1994 年第 5 期。
④ 王莉:《略论殷商酒文化》,《殷都学刊》1999 年增刊。
⑤ 蔡锋:《商代酿酒业及其饮酒、酗酒风气》,《青海师范大学学报(哲学社会科学版)》2004 年第 3 期,第 47—51 页。
⑥ 胡洪琼:《略论殷商时期的酒器》,《农业考古》2012 年第 4 期,第 173—176 页。
⑦ 刘振亚、刘璞玉:《我国古代饮料与冷凉食品探源》,《古今农业》1989 年第 2 期,第 40—45 页。
⑧ 张光直:《中国古代的饮食与饮食具》,载于《中国青铜时代》,北京:三联书店,1983 年,第 220—221 页。
⑨ 王仁湘:《中国古代进食具匕箸叉研究》,《考古学报》1990 年第 3 期,第 267 页。
⑩ 王仁湘:《从考古发现看中国古代的饮食文化传统》,《湖北经济学院学报》2004 年第 2 期,第 108—112 页。

杨钊《中国先秦时期的生活饮食》一文中,从饮食的基础、饮料、饮食器具、调料和烹饪及烹饪名人这五个方面概述了先秦饮食。① 刘军社则指出,先秦人的食物种类有淀粉类食物、肉类食物、鱼类食物和天然食物四种,饮食方式还有炰、脍、燔炙、肉酱、脯和腊等。② 胡志祥则对先秦主食烹食的方法进行了探讨,先是指出陶器烹饪取代了早期的"石燔法"和"石煮法",接着从陶制的罐、釜、鼎和鬲的器形演变与加热方式的联系角度来探讨烹煮方式的改变;甑的出现则与蒸法有关,另有熬法,类似于今日之干炒。③

姚伟钧指出,商周时期有分食制、席地而食的习俗。④ 申宪则对商周贵族饮食活动中的观念形态与饮食礼制进行了初步总结。⑤ 王雪萍指出,"先秦时期是我国饮食文化的形成时期,受地理环境的强烈影响,逐渐形成了以'秦岭—淮河'一线为界的南北两个饮食文化区域:黄河中下游地区为中心的北方饮食文化区,是以旱地粮食作物黍、粟等为主食,陆地动物为辅食,烧、烤、炸为主要烹饪方法的北方饮食风味;长江中下游地区为中心的南方饮食文化区,是以水田粮食作物稻米为主食,陆地动物和水产动植物为辅食,蒸、炖、煎为主要烹饪方法的南方饮食风味。"⑥张燕则对近20年来先秦时期饮食文化研究进行了总结,认为主要分成了两个方向:以先秦饮食生活为研究对象的基础研究和扩展研究。⑦

与此相关研究成果还有:宋镇豪的《夏商食政与食礼试探》⑧;姚伟钧的《试论饮食与礼的起源》⑨《商周饮食方式论略》⑩和申宪的《商周贵族饮食活动中的观念形态与饮食礼制》⑪等文。

3. 居住建筑、家具器物

中国独特的建筑体系是在商周时期初步形成的。中国建筑的一些形式如夯土台基木构架、斗以及院落式组合、对称布局等在这个时期均已出现。城市开始有了"城"和"郭"的区分。被认为是商朝早期都邑的西亳(河南偃师商城遗址)、中期都城(郑州商城)以及晚期都城殷(河南安阳殷墟)均经考古发掘,遗址中有夯土城垣、壕沟、宫殿、陵墓、祭祀场所、手工业作坊等遗迹。商城遗址有大面积夯土台,规模相当宏伟,有廊庑围绕的广庭,庭院式布局已见端倪。郑州商城范围很大,有宫殿遗址,城垣夯土至今存留地面。殷墟宫室区有很多夯土基址,残存铜质柱;陵墓使用井构造的木椁,出土精美的石雕和木雕刻,有漆饰痕迹。湖北黄陂盘龙城遗址是长江流域发现的商代古城,有城壕、城垣和夯土高台上的木构宫殿基址。河北藁城台西村发现十二座商代房基,有单间、双间、三间数种,墙基由夯土筑

---

① 杨钊:《中国先秦时期的生活饮食》,《史学月刊》1992年第1期,第1—8、21页。
② 刘军社:《"先秦人"的饮食生活》,《农业考古》1994年第1期,第210—213页;刘军社:《先秦人的饮食生活(续)》,《农业考古》1995年第1期,第231—236、241页。
③ 胡志祥:《先秦主食烹饪方法探析》,《农业考古》1994年第1期,第214—218、213页。
④ 姚伟钧:《商周饮食方式论略》,《浙江学刊》1999年第3期,第148—151页。
⑤ 申宪:《商周贵族饮食活动中的观念形态与饮食礼制》,《中原文物》2000年第2期,第33—36页。
⑥ 王雪萍:《先秦饮食文化的区域特征》,《青海社会科学》2006年第4期,第99页。
⑦ 张燕:《近二十年来先秦时期饮食文化研究考》,《牡丹江师范学院学报(哲学社会科学版)》2009年第5期,第128—131页。
⑧ 宋镇豪:《夏商食政与食礼试探》,《中国史研究》1992年第3期。
⑨ 姚伟钧:《试论饮食与礼的起源》,《湖北民族学院学报》1999年第1期。
⑩ 姚伟钧:《商周饮食方式论略》,《浙江学刊》1999年第3期。
⑪ 申宪:《商周贵族饮食活动中的观念形态与饮食礼制》,《中原文物》2000年第2期。

成,还使用了土坯墙。在偃师商城、郑州商城、殷墟的夯土基中均发现陶水管,是已知最早的陶质给水排水设施。

王慎行的《商代穴居考》[1]一文将殷墟卜辞中有关居室建筑的字形与考古发掘所获得的资料综合起来加以考察商代的居室建筑。他的《商代建筑技术考》[2]也是将殷墟卜辞中有关居室建筑的字形与考古发掘获得的资料综合起来,从穴居、宫室以及建筑技术方面进行考察,研究商代的居室建筑的。虞宁的《说甲骨卜辞中的"室"》[3]是通过整理卜辞中"室"的资料来研究殷人的建筑技术的。许进雄的《从古文字探讨床与丧葬仪式的关系》[4]则是研究居室的卧具的,他认为从古文字"宿"与"疾"的写法上可以知道古人平日睡于席上,生病时才睡特制的板床。

### 4. 交通工具、道路、出行

李雪山的《略论商代的两种交通工具》[5]、宋镇豪的《商代的道路交通制度》[6]、吴浩坤的《甲骨文所见商代的水上交通》[7]认为商代时期气候温暖,且黄河中下游流域河流湖泊交错纵横的地理特点,使得水上交通十分发达。甲骨文常见涉河(黄河)、涉滴、涉舟等的记载。甲骨文中所见之舟非独木舟,而是用木板拼接而成的首尾上翘、平底的木板船。司秀英的《说"舟"——兼论我国商代以前水上交通工具的演进》[8]从舟的字形演进来探讨水上交通工具的演进。刘志玲的《试论商代的交通》[9]认为商代已辟有交通道路,且筑路区域广阔。道路的开辟和修筑,交通工具的使用,为商品的流通提供了充分条件。杨升南的《商代的水上交通工具》[10]认为甲骨文中的舟字有两个含意:人(国族)名和舟船。从舟字的结构观察,商代的舟船与现今的木船大致相同。商王室使用的舟有王室作坊建造和诸侯、贵族贡入两种。商时驾舟的技术有桨划、篙杆撑和手推纤拉。舟不但商王国有,周边的一些方国也有。其使用较为频繁,不仅是当时的水上交通运输工具,还出现了"舟师"。张兴照的《水上交通与商代文明》[11]则论述了水上交通在文明时代初期的重要地位。水上交通与商代文明有密切的关系:商代都城选址及战略要地的建构均考虑到水运这一重要因素;水上交通在军事征伐中发挥着作用;商代的贡纳、贸易特别是江南铜的北上有赖于水运;水运之路推动着商代文明的自身发展与向外播衍。郭新和的《甲骨文中的"舟"与商代的用舟制度》[12]、田华丽的《谈商代的交通道路及其道路设施的设立》[13]及杨升南的《甲骨文中的"舟"

---

[1] 王慎行:《商代穴居考》,《中国历史博物馆馆刊》1986年第8期。
[2] 王慎行:《商代建筑技术考》,《殷都学刊》1986年第02期。
[3] 虞宁:《说甲骨卜辞中的"室"》,《文物建筑论文集(第2辑)》,2009年。
[4] 许进雄:《从古文字探讨床与丧葬仪式的关系》,《中国文字第三十三册》,2007年。
[5] 李雪山:《略论商代的两种交通工具》,《甲骨学研究》1987年。
[6] 宋镇豪:《商代的道路交通制度》,《历史研究(未定稿)》1989年第11期。
[7] 吴浩坤:《甲骨文所见商代的水上交通》,《陕西师大学报(哲学社会科学版)》1995年第4期。
[8] 司秀英:《说"舟"——兼论我国商代以前水上交通工具的演进》,《山东教育学院学报》1995年第06期。
[9] 刘志玲:《试论商代的交通》,《四川师范学院学报(哲学社会科学版)》1998年第3期。
[10] 杨升南:《商代的水上交通工具》,《殷都学刊》,2006年第4期。
[11] 张兴照:《水上交通与商代文明》,《中国社会科学》2013年第6期。
[12] 郭新和:《甲骨文中的"舟"与商代的用舟制度》,《殷都学刊》1999年增刊。
[13] 田华丽:《谈商代的交通道路及其道路设施的设立》,《殷都学刊》1999年增刊。

字及商代的水上交通工具》①也是相关研究,可参阅。相关学位论文有田华丽的《商代交通探索》②,此文对商代的交通状况进行了考察。全文共分四部分:一、主要介绍商代的一些交通地理观念,例如商人对于交通地理环境的地形地貌的认识、对于自身所处的地理位置的认识等,指出交通地理观念中的对自身所处的地理位置即方位观体现了商朝政治统治的地域特征;二、介绍商代的主要交通工具;三、介绍商代的交通道路,分析不同统治区域的道路分布及在此基础上初步形成的商代的道路交通网络;四、探讨商代的交通制度,如驿传制度等。

考古学界对先秦车马交通的研究,主要是围绕着墓葬中的车马展开的。杨宝成先生较早对此进行探讨,其《殷代车子的发现与复原》③一文,侧重对历年殷墟的车马坑发掘资料进行探讨。针对考古工作者的一些复原工作,杨先生提出了自己的建议,为随后的研究打下了基础。孙机则根据考古发掘中的古车,对中国古独辀马车的结构进行了研究,论述十分细致。④ 郑若葵也在《论商代马车的形制和系统驾法的复原》一文中对商代晚期马车的结构和内涵特色进行了综合性的复原论述和探讨。⑤ 郑若葵还指出,根据商代早、中期出现的考古资料中至今还未见任何车马殉祭坑的痕迹推测,商代早、中期出现车马殉祭制度也许还不太可能。从殷墟墓葬看,商代晚期出现了车马殉祭制度。⑥ 另外一个角度,也可以看出商代晚期贵族拥有相当数量的车马,故有能力在墓葬中以车马殉葬,可知当时贵族使用车马进行交通和战争的能力。翟德芳研究指出,通过对车的形制及车马具的研究,从商周时期车辆与古代世界其他地区车辆的比较入手,可知中国古代的马车有自己的起源。⑦ 王星光则进一步指出:"牛车、马车应是在中国本土起源的,商族应是我国最早掌握牛车、马车驾驭技术的部族。"⑧以上观点得到了其他学者的支持。⑨

刘志玲则从商代的交通道路、交通工具和物品流通三个方面对商代的交通进行了探讨。陆上交通工具,最主要的是牛车和马车,还有人力车辇,用象和牛负重物等;水路方面,商代舟船的制造和使用已初具规模。⑩ 冯好则根据考古发现,进一步指出商代已有羊车。⑪

李久昌则对虢国墓地车马坑的随葬车进行研究,他认为:"与殷商和西周早期相比较,虢国车的作战能力、适应能力、抗震能力、耐用性、安稳性和灵活性,远远超过了前代。"⑫

**(二)婚姻家庭制度**

婚姻与家庭是人类社会发展到一定阶段的产物,作为一种以人类自身生产为前提的男

---

① 杨升南:《甲骨文中的"舟"字及商代的水上交通工具》,《甲骨文商史丛考》,北京:线装书局,2007年。
② 田华丽:《商代交通探索》,郑州大学硕士学位论文,2000年。
③ 杨宝成:《殷代车子的发现与复原》,《考古》1984年第6期,第546—555页。
④ 孙机:《中国古独辀马车的结构》,《文物》1985年第8期,第25—40页。
⑤ 郑若葵:《论商代马车的形制和系驾法的复原》,《东南文化》1992年第6期,第96—109页。
⑥ 郑若葵:《试论商代的车葬》,《考古》1987年第5期,第462—469页。
⑦ 翟德芳:《商周时期马车起源初探》,《华夏考古》1988年第1期,第95—106页。
⑧ 王星光:《试论中国牛车、马车的本土起源》,《中原文物》2005年第4期,第28页。
⑨ 衡云花、黄富成:《技术发展与先秦古车起源蠡测》,《中原文物》2007年第6期,第50—53页;刘允东:《车马坑的考古发现与研究》,《殷都学刊》2009年第4期,第26—39页。
⑩ 刘志玲:《试论商代的交通》,《四川师范学院学报(哲学社会科学版)》1998年第5期,第118—123页。
⑪ 冯好:《关于商代车制的几个问题》,《考古与文物》2003年第5期,第38—41页。
⑫ 李久昌:《虢国墓地车马坑出土的车及其相关问题》,《中原文物》2005年第4期,第39页。

女两性结合的社会形式,理所当然地有其本身的自然属性和社会属性。婚姻人际关系所表现出的社会组织系统,属于社会构成的特定形式范畴,故而婚姻形态总是与相关的经济方式和社会生活的内约外规相适应。先秦时期的婚姻家庭制度,也是日常生活史中重要的研究对象。但由于客观条件的限制,这方面研究多集中在商代,尤其是以后期殷墟卜辞为资料的研究居多。

朱凤瀚《商周家族形态研究》①是这方面研究的代表作。该书对商至春秋战国社会内各种类型的家族组织做了深入细致的研究,并对其演化规律与趋势进行了有益的探讨。在研究方法上,该书注意了古文献与古文字资料、田野考古资料的充分结合,同时注意了利用现代人类学的方法,可以说,该书是历来有关该项课题最有价值的著作。李衡眉的《中国古代婚姻史论集》②也是这方面研究中颇具参考价值的论文集。

美国学者丁骕的《殷商王室之婚姻制度》③一文对商王室的婚姻制度进行了考察。与此有关的研究还有宋镇豪的《商代婚姻的运作礼规》④,此文以甲骨卜辞为主要依据,考察论析了商代的婚规婚礼以及求生、冥婚、命子等相关习俗,认为商代的贵族婚姻多以家族为本位,有较强的政治性质。商代族氏组织的权贵,常利用这种婚姻规约,追求更高的政治目的。且商代贵族婚姻受崇神思想支配,求吉问卜贯穿终始,然婚嫁形式渐趋礼仪化。郑慧生的《商族的婚姻制度》⑤一文认为,从简狄时代的原始群婚到王亥时代的对偶婚居妇家制再到上甲微以后的一夫一妻,是商民族婚姻制度粗略的演化过程,这中间原始婚制的陋习时有再现,直到帝乙时代方摆脱。这是商族婚姻制度发展变化的全过程,它与我国及世界各古老民族的婚姻演化过程是基本合拍的。郭旭东的《殷墟卜辞所见商代品立王后制度考》⑥一文从甲骨文出土卜辞中的小㚸的老葬之事出发,考察商王立后有两条途径:一是在已有的嫔妃中选择;一是出外到异族方国选娶,作政治婚姻。政治婚姻是商王婚姻制度中的一种重要形式和一大特色。此外杨柳的《商王婚姻研究》⑦、魏庆凤的《王亥时期商族的婚姻制度》⑧与《商族的婚姻制度》⑨均对商族的婚姻制度进行了较为全面的探讨。以上研究名义上谈的是商族的婚姻制度,实际上由于史料的限制,主要还是局限于王族及贵族阶层。对于平民阶层,实是资料匮乏,无以述及,难以实证。

对周代婚姻制度的研究,多以文献为依据,特别是以《诗经》为凭借的研究,蔚为大观,而以古文字为材料的研究相对就少很多。这一方面是由于《诗经》本身的特点,其有关婚恋的内容异常丰富;而同时在古文字方面,如金文材料上,由于金文的性质,涉及婚姻家庭的内容毕竟极为少见。以古文字为材料研究周代婚姻制度的如曹兆兰的《从金文看周代媵

---

① 朱凤瀚:《商周家族形态研究》,天津:天津古籍出版社,1990年初版,2004年再版。
② 李衡眉:《中国古代婚姻史论集》,长春:吉林文史出版社,1992年。
③ [美]丁骕:《殷商王室之婚姻制度》,《殷都学刊》1989年第3期。
④ 宋镇豪:《商代婚姻的运作礼规》,《历史研究》1994年第6期。
⑤ 郑慧生:《商族的婚姻制度》,《史学月刊》1988年第6期。
⑥ 郭旭东:《殷墟卜辞所见商代品立王后制度考》,《文史哲》2009年第1期。
⑦ 杨柳:《商王婚姻研究》,苏州大学硕士学位论文,2012年。
⑧ 魏庆凤:《王亥时期商族的婚姻制度》,《平原大学学报》2007年第2期。
⑨ 魏庆凤:《商族的婚姻制度》,郑州大学硕士学位论文,2007年。

妾婚制》①,该文从周代为出嫁女铸媵器的 7 种类型出发,推定部分铸器为媵器,并认为两女同时被媵送时,其中一女是作为异姓他国来媵的媵妾。两个出嫁女的称谓可能铸于同一媵器之中,也可能分别铸于不同的媵器之中。周代这种异姓嫡媵婚制,使周代女性地位一落千丈。此外,从金文出发探讨周代婚姻制度的尚有曹玮的《散伯车父器与西周婚姻制度》②以及孙永珍的《两周媵器铭文研究》③。可见,在探讨两周的妇女称谓、女性地位及权利、婚姻制度以及国族联姻等方面,媵器铭文是不容忽视的。

对春秋战国的婚姻家庭的研究,从古文字角度出发的有夏麦陵的《原式仲簠与春秋婚制》④及户娅娅的《从简牍看战国秦楚的平民家庭》⑤。前者以 1975 年秋河南商水县朱集村墓葬出土的一批春秋初期铜器上的铭文为依据,论及春秋婚制。后者则以秦楚简帛材料为依据,论述战国时的平民家庭逐渐脱离了宗族组织,确立了在经济生产生活中的地位,成为社会生活的基本细胞和国家统治的基本单位。韩国学者尹在硕在《睡虎地秦简〈日书〉所见"室"的结构与战国末期秦的家族类型》⑥一文中分析了云梦睡虎地秦墓出土日书反映的"室"的结构,也可参看。

对先秦时期婚姻礼俗的研究,也是这方面研究的一个亮点。胡新生在《商代余子类卜辞所反映的原始婚俗》⑦一文中指出商王占卜"余子"是为了验证新生子是否为己子,由此他推测商代的婚姻还保留有"古老的不落夫家的习惯",故王妇所生子的血统不可确定。王长丰的《甲骨文所见殷商社会婚媾礼俗考》⑧则对传世文献和考古发掘出的甲骨文资料所载的殷商婚礼进行了详尽的比较研究,认为殷商时期的社会是以一夫一妻制为主体的,男女婚嫁亦有纳采、问名、纳吉、纳征、请期、亲迎六礼。礼之成于时,本于事,此为通义。

妇女在婚姻家庭生活中的地位是不可忽视的。对这方面的研究,主要集中在材料相对较多的商周两代。张政烺的《帚好略说》⑨及《妇好略说补记》⑩;徐义华的《甲骨刻辞诸妇考》⑪和《商代诸妇的宗教地位》⑫可参看。

郑慧生的《卜辞中贵妇的社会地位考述》⑬对商代贵妇的社会地位及发展因由做了详尽论述;陈建敏的《卜辞诸妇的身份及其相关问题》⑭、朱桢的《巾帼最早属殷商——说妇

---

① 曹兆兰:《从金文看周代媵妾婚制》,《深圳大学学报(人文社会科学版)》2001 年第 6 期。
② 曹玮:《散伯车父器与西周婚姻制度》,《文物》2000 年第 3 期。
③ 孙永珍:《两周媵器铭文研究》,首都师范大学硕士学位论文,2006 年。
④ 夏麦陵:《原式仲簠与春秋婚制》,《郑州大学学报(哲学社会科学版)》1993 年第 1 期。
⑤ 户娅娅:《从简牍看战国秦楚的平民家庭》,河北师范大学硕士学位论文,2011 年。
⑥ [韩]尹在硕:《睡虎地秦简〈日书〉所见"室"的结构与战国末期秦的家族类型》,《中国史研究》1995 年第 3 期。
⑦ 胡新生:《商代余子类卜辞所反映的原始婚俗》,《山东大学学报(哲学社会科学版)》1997 年第 1 期。
⑧ 王长丰:《甲骨文所见殷商社会婚媾礼俗考》,《中国文化研究》,2009 年第 4 期。
⑨ 张政烺:《帚好略说》,《考古》1983 年第 6 期。
⑩ 张政烺:《妇好略说补记》,《考古》1983 年第 8 期。
⑪ 徐义华:《甲骨刻辞诸妇考》,中国社会科学院研究生院硕士学位论文,1999 年。
⑫ 徐义华:《商代诸妇的宗教地位》,载王宇信、宋镇豪主编:《纪念殷墟甲骨文发现一百周年国际学术研讨会论文集》,北京:社会科学文献出版社,2003 年。
⑬ 郑慧生:《卜辞中贵妇的社会地位考述》,《历史研究》1981 年第 6 期。
⑭ 陈建敏:《卜辞诸妇的身份及其相关问题》,《史林》1986 年第 2 期。

好、妇井》①认为这些诸妇应是王室妇人的总数,其中有武丁后妃,也应包括武丁兄弟子侄之妻妾。武丁卜辞中时常出现的重要诸妇,当是武丁配偶无疑。在武丁诸妇中,妇好、妇井最为出类拔萃,在甲骨文中反复出现,活动频繁。刘桓的《殷墟卜辞中的"多毓"问题》②、徐义华的《甲骨刻辞诸妇考》③认为卜辞中的妇是商人对具有一定身份的已婚妇女的称呼,是一种身份标志,它包括王妇和臣妇、子妇。

通过分析金文材料进行研究的有文术发的《从媵器铭文看两周女权》④。此文在全面搜集整理商周青铜媵器铭文材料的基础上,通过统计分析及疑难字词的考释,使我们更清楚地认识到两周妇女具有较高的社会权力和地位:她们可以取名、可以施祭、可以受祭、可以作器、可以改嫁、可有陪嫁。朱凤瀚的《论卜辞与商周金文中的后》⑤、谢乃和《西周后妃无政事考论》⑥通过文献、彝铭考证西周王后不仅广泛涉足国家事务,而且有着具体的职责分工。张素凤的《释"帚"》⑦认为甲骨文"帚"是能与上天鬼神沟通的巫觋,而其中女巫则是周代宫中世妇的前身。张素凤、张学鹏的《甲骨文中从"帚"之字考释》⑧则是对上文的补论,以"帚"字的这个意象对甲骨文中从帚字的"归""寝""侵""妇"等字的构意和在卜辞中的意义进行重新解说。

比较商周两代妇女地位的不同,则有王晖的《从商代"牝鸡之晨"现象看商周妇女地位的文化差异》⑨论述分析了商代妇女的地位、身份和价值观完全不同于周代及其之后的时代。商代妇女可以直接参与商王朝的政治军事占卜等军国大事,在商王朝担任各种重要职务,甚至率军出征,此即后来周人所指责的"牝鸡之晨"现象。而周代妇女的身份、地位是低下的,在家族中妇女无权无势无地位,在政治权力上更是为周代礼仪制度摈之于大门之外,此即周人所倡言的"牝鸡无晨"观。殷人"牝鸡之晨"型妇女价值观近于"罗马型",周人"牝鸡无晨"型近于"希腊型"。殷人妇女价值观及其习俗观念在周代的殷墟文化圈中产生过一段时间的影响,而周人的妇女价值观则通过儒家的传递关系在中国传统文化中占据了主导地位。王奇伟的《从"牝鸡司晨"现象看商代妇女的社会地位》⑩,也涉及这些问题。

(三)环境、灾荒与疾病

从20世纪50年代开始,一些学者开始从历史地理的角度展开对生态环境变迁史的研究。他们着力从多角度和多层面对黄河流域的环境变迁进行系统、细致的研究。但此类关于环境问题的文章,多是关于气候变迁的,且多站在后人立场上去分析讨论问题而对于先秦时期先民自身的环境意识方面则少有涉足,从古文字的角度进行探讨的更是凤毛麟角。

---

① 朱桢:《巾帼最早属殷商——说妇好、妇井》,《殷都学刊》1990年第2期。
② 刘桓:《殷墟卜辞中的"多毓"问题》,《考古》2010年第10期。
③ 徐义华:《甲骨刻辞诸妇考》,《三星堆七十年》,2003年。
④ 文术发:《从媵器铭文看两周女权》,《中原文物》2000年第1期。
⑤ 朱凤瀚:《论卜辞与商周金文中的后》,《古文字研究(第19辑)》,北京:中华书局,1992年,第428页。
⑥ 谢乃和:《西周后妃无政事考论》,《中国历史文物》2006年第1期。
⑦ 张素凤:《释"帚"》,《中原文物》2007年第2期。
⑧ 张素凤、张学鹏:《甲骨文中从"帚"之字考释》,《中原文物》第6期。
⑨ 王晖:《从商代"牝鸡之晨"现象看商周妇女地位的文化差异》,《陕西师范大学学报(哲学社会科学版)》1997年第4期。
⑩ 王奇伟:《从"牝鸡司晨"现象看商代妇女的社会地位》,《殷都学刊》2000年第3期。

对先秦时期生态环境进行研究,多有专论之作。王星光《生态环境变迁与夏代的兴起探索》①利用历史学、历史地理学、考古学、环境考古学、生态学、环境变迁学等学科的资料和综合研究的方法,对黄河中下游地区生态环境变迁进行了较为系统的探索,旨在探明生态环境条件在黄河中下游地区形成早期文明中心及在夏王朝建立过程中所起到的作用。

而学界对殷商时期生态环境的研究,明显多于先秦其他时代。朱彦民《商代晚期中原地区生态环境的变迁》②指出殷商时期中原地区本来有非常良好的生态环境,雨水充沛,温暖湿润,植被丛生,野生动物资源丰富。不过从考古发现的殷墟文化各期生态资料的数量变化,并结合文献记载的"象之南迁""洹水一日三绝""河竭而商亡"以及甲骨文中的"雨土于亳"等材料来看,商代晚期中原地区的生态环境曾有一定程度的变化:气候开始变冷变干,土壤变质,旱灾频仍,沙尘暴时起,植被减少,野生动物迁徙等。变化的主要原因是自然界西北季风的转向,而人为的破坏作用也加速了生态环境的恶化过程。何艳杰的《商代居址环境保护研究》③从商代城址中大型手工业作坊遗址分布于城址外围边缘而少量的小规模手工作坊处于城址内部边缘出发,认为这种布局规律体现了一定的城市环境保护意识。商代诸居址中的水井构造,反映出商人对水资源的重视和保护。商人对各种废物的处理,本身就是保护环境的措施。商人对建筑神、门神等自然神和风、雨等气象神的崇拜是商人环境保护意识萌芽的折射。总之,商人已逐渐认识到环境保护的重要性,采取了某些措施来保护生存环境,并且形成了初步的环保意识。陈智勇的《试论商代的生态文化》④认为商代生态文化的出现,是在以黄河流域和长江流域为主的广阔地理背景中展开的。同时,也是在商代以前生态文化积累的基础上产生的。商代生态文化有着不同的表现:在制度形态层面上,商代的农业管理很注重生态适应性,制订有渔业资源的保护制度;在物质与技术形态的层面上,存在着物质技术形式的转变、能源形式的转变以及生活方式的转变;在精神形态的层面上,人们用图腾以及器物刻绘或雕塑等特定的表达方式来反映人对自然生态的认识。

对先秦时期生态环境作整体研究的有刘继刚《对夏商周时期生态环境问题的几点思考》⑤。他认为在三代漫长的时期里,我国的生态环境状况是有差异的。总的说来,西周以前,我国的生态环境状况良好;春秋以后,生态环境逐渐遭到破坏。三代时期生态保护思想的根源肇始于人们对森林动物和植物的自然崇拜。周代开始设置专门的人员进行生态环境管理和保护,有些国家还将"四时之禁"的内容以法律的形式进行固定。到了战国时期"四时之禁"以法令的形式列入部分国家的法律条文。西周时期,虽然有了管理山、林、川、泽的职官,但是管理制度尚未深入人心,也没有取得显著的成效。直到战国时期,才出现了分工更为细致的环境管理人员。李金玉《先秦古简与生态环境史研究》⑥则从大量已经出

---

① 王星光:《生态环境变迁与夏代的兴起探索》,北京:科学出版社,2004年。
② 朱彦民:《商代晚期中原地区生态环境的变迁》,《南开学报》2006年第5期。
③ 何艳杰:《商代居址环境保护研究》,《殷都学刊》,2003年第4期。
④ 陈智勇:《试论商代的生态文化》,《夏商周文明研究·六——2004年安阳殷商文明国际学术研讨会论文集》,2004年。
⑤ 刘继刚:《对夏商周时期生态环境问题的几点思考》,《鄱阳湖学刊》2011年第2期。
⑥ 李金玉:《先秦古简与生态环境史研究》,《中原文物》2013年第1期。

土的先秦竹简中,钩稽有关古代生态环境及对其保护的记载,并对其所蕴含的生态环境内容进行了研究。

中国古代早期的灾异荒政,也逐渐进入学者研究的视野之中。刘继刚的《中国灾害通史(先秦卷)》①是《中国灾害通史》的第一卷,对先秦时期自然灾害进行研究,总结了先秦时期自然灾害的总体特征,分析了先秦灾害产生的自然因素和社会因素,探讨了先秦防灾和救荒实践中的具体措施。本书是目前国内第一部研究先秦自然灾害的专著,对文献材料极其匮乏的先秦自然灾害做了一次大胆的尝试性研究。它对先秦时期自然灾害的时间与空间分布特点、防灾救灾的实践总结都具有一定的开创性。

在论文方面,范毓周的《殷代的蝗灾》②一文,通过对卜辞的研究,认为我国最早的蝗灾记录较之《春秋》所记要早五六个世纪。同时该文也涉及先秦时期人民对蝗虫、蝗灾的认识与防治的情况。郭旭东的《殷商时期自然灾害及其相关问题》③认为殷商时期的自然灾害种类很多,旱、水、蝗、雹、震等灾害频频发生。这些灾害肆虐主要是殷商王朝所处的地理环境和区域内的气候因素所造成的。面对众多自然灾害,殷人首先寄希望于神祖的保佑,同时,也采取了一些力所能及的防灾救灾措施。李亚光的《从甲骨文看商代的自然灾害及救治》④一文讨论了商代的诸多自然灾害,认为以水旱为主的自然灾害频繁发生,引起自然环境的恶化。殷人心目中导致灾害发生的因素,有天地神祇降祸、祖先降灾、鬼神示警三方面。面对灾害,殷人更多的是采取巫术救荒的方法,当然也采取了一些实际有效的救灾措施。

近年来学位论文也有选此为题的。赵学华的《殷契及其反映的相关历史环境问题研究》⑤主要试图从殷商甲骨文字入手来考证两个方面的问题:一是商代的自然地理环境;一是商代的社会历史环境。其中暗含的有两条线索:对甲骨文字的考证和对历史事物的考证。刘铁丽的《先秦时期黄河水患述论》⑥一文通过对先秦时期黄河水患灾害史料的分析、总结,探讨夏、商、周三代黄河水患发生的具体原因,归纳出这一时期人们对黄河的治理方法以及防灾、减灾的措施,间涉通过甲骨文资料对殷商自然灾害的分析。

荒政包括救灾、防灾。这方面的研究,目前尚比较薄弱。计有陆忠发的《甲骨卜辞中所见的整治黄河史料》⑦以及李亚光的《周代荒政研究》⑧。周代荒政是先秦史研究的一个重要组成部分,也是一个缺乏系统研究的课题。李亚光通过对荒政在先秦各个时期演变轨迹的考察,揭示了先秦时期各历史阶段荒政的一般性和特殊性,揭示周代荒政的基本内容,阐述荒政在周代政治经济生活中的特殊地位。西周是荒政的形成时期,在《周礼》中已经把"荒政十有二纪"作为"聚万民"的手段。

---

① 刘继刚:《中国灾害通史(先秦卷)》,郑州:郑州大学出版社,2008年。
② 范毓周:《殷代的蝗灾》,《农业考古》1983年第2期。
③ 郭旭东:《殷商时期自然灾害及其相关问题》,《史学集刊》2002年第4期。
④ 李亚光:《从甲骨文看商代的自然灾害及救治》,《锦州师范学院学报》2003年第5期。
⑤ 赵学华:《殷契及其反映的相关历史环境问题研究》,兰州大学硕士学位论文,2010年。
⑥ 刘铁丽:《先秦时期黄河水患述论》,哈尔滨师范大学硕士学位论文,2010年。
⑦ 陆忠发:《甲骨卜辞中所见的整治黄河史料》,《农业考古》1998年第3期。
⑧ 李亚光:《周代荒政研究》,吉林大学博士学位论文,2004年。

相关研究论文多集中在对商代甲骨卜辞的研究上,从商代甲骨文中我们已经见到后世自然灾害的基本种类,了解到殷人心目中灾害发生的原因及灾害的救治方法。在荒政产生之前,人们出于生存需要与天灾的斗争更多的是采取巫术救灾或避灾的办法,如商代的祈雨巫术。此类研究有彭邦炯的《商人卜螽说——兼说甲骨文的秋字》。① 该文通过对甲骨卜辞上文字的推敲和对其内容的考证,对"蝗"字、类似"蝗"的字及这些文字字形的演变作了阐述,认为我国古代防治病害的历史,至少可追溯到甲骨文时代。朱桢的《殷商时代医学水平概论》②涉及殷商时代甲骨文所见疾病及其相关治疗和禳解,也探讨了相关医术与药治方法,该文认为祖国医学在殷商时代就已经初具规模了。宋镇豪的《商代的疾患医疗与卫生保健》③也讲述了这些问题。

探讨殷墟甲骨文所见疾患种类,发凡甲骨辞例,细为寻绎,揭知商代 55 种疾患,病象病因以及散积久演的医疗病患方法与卫生保健方面的社会成俗。韩国学者赵容俊的《甲骨卜辞所见之巫者的救灾活动》④论述因为古人对灾异总是充满惊惧,所以各种救灾巫仪最大的功效在于安抚人心,裨益于众人走出疑惧的阴影。水灾(包括江河之水与雨水)、旱灾及蝗灾,为自然界、自然力量所造成的灾祸。在古人的观念中,自然灾祸与人造灾祸(即群体之间的武力冲突),都与鬼神存在密不可分的关系。古代社会常将防止或禳除此种灾祸的事,交付于巫者。此一职事,大致可分为"祈雨""止风雨""战事""蝗灾"等四种。赵文在《甲骨卜辞所见之巫者的医疗活动》⑤中认为古代巫医不分。由于人类将疾病致因视为鬼魂作用,故以巫者充当人鬼间的媒介,寄希望于巫术行医、安抚死神从而达到消除疾病的目的。基于此观念,医与巫、医疗与巫术、药物心理与巫术心理取得了自然的结合,求药及求巫两者皆统一于医疗活动之中。商代的医疗知识仍然处于中国医学的萌芽状态,具有迷信性质,常与巫教信仰交织在一起。即便如此,此时的巫医也开创了医学的先河。除利用药材之外,商人亦知运用针刺方法以治病,此种针砭医疗器具,在各地遗址中时有发现。在医疗方面,巫术的具体活动主要包括二种:一为医疗巫术,二为逐疫除凶。刘继刚的《论先秦时期的祭祀禳灾》⑥论述先秦时期的祭祀禳灾是由早期天神崇拜、自然崇拜和鬼神崇拜发展而来的,从原始社会开始孕育,到夏、商和西周时形式逐渐多样化,春秋战国时则渐渐趋于衰弱。早期的祭祀禳灾具有一定的积极意义,如消除人们对灾害的恐慌心理、提前防范灾害发生、与药物相结合有治疗作用等。

相关学位论文可参看张杰的《试论殷人对疾病及其治疗的认识》⑦,此文综合甲骨文、考古和文献材料等对以下几个方面做了简要论述:一、殷人致病的原因。尽管当时盛行的是鬼神降疾的迷信观点,但是也有一些客观的致病观点,比如风寒、酗酒等;二、殷人所见的疾病种类。殷人所见疾病种类是以他们积累的人体体态知识为基础的。该文列举了 17 种

---

① 彭邦炯:《商人卜螽说——兼说甲骨文的秋字》,《农业考古》1983 年第 2 期。
② 朱桢:《殷商时代医学水平概论》,《山东医科大学学报(社会科学版)》1995 年第 2 期。
③ 宋镇豪:《商代的疾患医疗与卫生保健》,《历史研究》2004 年第 2 期。
④ [韩]赵容俊:《甲骨卜辞所见之巫者的救灾活动》,《殷都学刊》2003 年第 4 期。
⑤ [韩]赵容俊:《甲骨卜辞所见之巫者的医疗活动》,《史学集刊》2004 年第 3 期。
⑥ 刘继刚:《论先秦时期的祭祀禳灾》,《河南科技大学学报(社会科学版)》2012 年第 5 期。
⑦ 张杰:《试论殷人对疾病及其治疗的认识》,郑州大学硕士学位论文,2002 年。

疾病,如疾头、疾目、疾耳、疾自、疾口等,并附有充分的甲骨例证和自己的观点;三、商代的几种治病方法。其中占主导地位的是祭祀,另外四种科学方法是针刺、灸疗、按摩、药物治疗。除此之外,文章还简要列举了商人用以强身健体、预防疾病的保健习俗。最后,文章强调指出尽管商代医学含有大量迷信落后的成分,不能过分地拔高其地位,但是跟同时代的世界其他国家相比,其医学还是相当发达的。

另外可以参阅的文章尚有:詹鄞鑫的《卜辞殷代医药卫生考》①,许进雄的《从古文字看床与病疾的关系》②,徐锡台的《殷墟出土的一些病类卜辞考释》③以及张杰的《殷人致疾及疗疾方法新考》④。

**(四)社会阶层(众、众人、奴隶、人口构成)**

以往的先秦史研究,关于阶级与阶级斗争的内容较多,研究比较深入。因而关于古代统治阶级的研究,较为成熟。但对于社会阶层分布中占大多数的下层人士,比如平民、奴隶等的研究,相对来说较为薄弱。而这些下层人士正是社会生活史需要关注的对象。

因为甲骨文中有"众""众人"的占卜记载,所以关于"众"及"众人"在殷商时代的社会结构中的身份和地位,学术界曾展开过讨论,总的说来有"六种大相径庭的意见":一、众(众人)是奴隶。迄今为止,此说在学术界广被引用。二、众(众人)是农村公社的自由农民。三、众(众人)是家长制家族公社(也称家庭公社)的成员。四、众人是农村公社的自由农民,众是奴隶主。五、众人是奴隶主阶级的基层全体成员,众是奴隶主阶级中上层基本力量。六、众(众人)属于商代的平民。以上各种说法,互不相能,莫衷一是。

进入20世纪80年代以后,一些学者相继对殷墟卜辞中"众"的身份作了新的探讨,其共同见解是"众"("众"与"众人"为一)非奴隶。1981年朱凤瀚发表论文《殷墟卜辞中的"众"的身份问题》⑤,主张"众"是生活于族组织中的商人族众,属平民阶层,能参加一定的宗教活动,以服劳役的形式受商王与贵族的剥削。朱文同时还将殷墟西区族墓地中的小型墓葬中的墓主人与众相联系。1982年张永山也有《论商代的"众人"》⑥一文,除引甲骨卜辞资料外,还深刻分析了《盘庚》篇里众的身份,并认为众属平民,但内部两极分化。1983年杨宝成、杨锡璋两位长期从事殷墟发掘的学者亦撰文《从殷墟小型墓葬看殷代社会的平民》⑦指出,殷墟小型墓的墓主人生前应属于聚族而居的平民,身份与甲骨卜辞中的众相吻合。尤其需要提到的是裘锡圭1982年的论文《关于商代的宗族组织与贵族和平民两个阶级的初步研究》⑧,文中认为,从卜辞看广义的"众"意思就是众多的人,大概可以用来指除奴隶等贱民以外各个阶层的人;而狭义的"众"应是为商王服农业劳役的主要力量,他们无疑也是广义的"众"里面数量最多的那一种人,应该就是相当于周代国人下层的平民。这

---

① 詹鄞鑫:《卜辞殷代医药卫生考》,《中华医史杂志》1986年第1期。
② 许进雄:《从古文字看床与病疾的关系》,《中国文字》1985年第10期。
③ 徐锡台:《殷墟出土的一些病类卜辞考释》,《殷都学刊》1985年第1期。
④ 张杰:《殷人致疾及疗疾方法新考》,《郑州大学学报(哲学社会科学版)》2004年第5期。
⑤ 朱凤瀚:《殷墟卜辞中的"众"的身份问题》,《南开学报》1981年第2期。
⑥ 张永山:《论商代的"众人"》,《甲骨探史录》,北京:三联书店,1982年。
⑦ 杨宝成、杨锡璋:《从殷墟小型墓葬看殷代社会的平民》,《中原文物》1983年第1期。
⑧ 裘锡圭:《关于商代的宗族组织与贵族和平民两个阶级的初步研究》,《文史》第17辑,1982年。

种看法是相当全面、稳妥的。对以上见解，有的学者不以为然，仍坚持"众"是奴隶说，如王贵民的《商代"众人"身份为奴隶论》①认为以上文章在对卜辞的分析与对文献史料的解释上未有突破性的进展，且缺乏理论的阐明，并认为众人是保存有族氏组织的奴隶，而在中国被征服的族保存族组织是研究中国奴隶制类型的一个重要课题。

相关研究还有徐六符的《商代"众""众人"问题探讨》②。此外，晁福林的《补释甲骨文"众"字并论其社会身份的变化》③认为过去考释甲骨文"众"字，多谓其作"日下三人形"，其实这个字并不从日，它的造字本义值得重新考虑。"众"和"众人"的社会身份在殷商时代是有所变化的，不可笼统视之。该文论证"众"字的造字本义是在火塘旁生活的许多人，它所表示的应即殷商时代的氏族成员。此外反映这些问题的论文，如聂玉海的《卜辞中"众"与周之"国人"比较》④、杨升南的《殷契卜辞中"众"的身份》⑤、彭邦炯的《商代"众人"的历史考察——关于"众人"的新探索》⑥与《曲诺、众人比较研究》⑦亦可参阅。

卜辞中的"众"与人牲的身份直接关系到商代晚期商王国内是否存在着大量的作为农业劳动者的奴隶，因此也影响到对商代社会形态的看法，所以在今后相当长的一段时间内此类问题还可能会继续引起古史研究者的兴趣。

与下层等级身份相关的是奴隶问题的研究，还应该提到对有关战俘、人牲与奴隶关系问题的讨论。人祭和人殉，在商代特别是殷墟时期十分盛行，它一直是研究商代社会史学者所关注的问题。关于人殉，目前已有大致相同的看法，但对人祭的看法却有较大的分别，其主要分歧在于对人牲身份的认识，并由此涉及人祭的目的和原因。因为人牲的身份是奴隶还是俘虏，关涉到对商代社会的认识。1979年姚孝遂发表的《商代的俘虏》⑧一文，强调不应把见于甲骨刻辞早、中期用作牺牲的俘虏定为奴隶，俘虏只有当其活下来从事劳役时才有奴隶身份。对姚氏提出相反意见的是1982年杨升南的《对商代人祭身份的考察》⑨一文，该文认为用作牺牲的人应已是奴隶而不是刚抓来的俘虏。1982年罗琨的论文《商代人祭及相关问题》⑩赞成将用作人牲的俘虏与奴隶相区别，但羌人已多被用为畜牧奴隶，成批杀祭羌人是为了给过去的先王补充财富与臣民。之后，杨升南又发表文章《云梦秦简中"隶臣妾"的身份和战国时期秦国的社会性质》⑪和《商代人牲身份的再考察》⑫。相关研究还有王慎行的《卜辞所见羌人考》⑬，该文对有关卜辞进行文字考释，并与古代典籍相互参

---

① 王贵民：《商代"众人"身份为奴隶论》，《中国史研究》1990年第1期。
② 徐六符：《商代"众""众人"问题探讨》，《福建师范大学学报》1992年第1期。
③ 晁福林：《补释甲骨文"众"字并论其社会身份的变化》，《中国史研究》，2001年第4期。
④ 聂玉海：《卜辞中"众"与周之"国人"比较》，《殷都学刊》1985年第4期。
⑤ 杨升南：《殷契卜辞中"众"的身份》，载王宇信主编：《甲骨文与殷商史》（第三辑），上海：上海古籍出版社，1991年。
⑥ 彭邦炯：《商代"众人"的历史考察——关于"众人"的新探索》，《天府新论》1990年第3期。
⑦ 彭邦炯：《众人比较研究》，《重庆师范学院学报（哲学社会科学版）》1992年第12期。
⑧ 姚孝遂：《商代的俘虏》，《古文字研究（第1辑）》，北京：中华书局，1979年。
⑨ 杨升南：《对商代人祭身份的考察》，《人文杂志》增刊《先秦史论文集》1982年。
⑩ 罗琨：《商代人祭及相关问题》，收入《甲骨探史录》，北京：三联书店，1982年。
⑪ 杨升南：《云梦秦简中"隶臣妾"的身份和战国时期秦国的社会性质》，《郑州大学学报》1987年第2期。
⑫ 杨升南：《商代人牲身份的再考察》，《历史研究》1988年第1期。
⑬ 王慎行：《卜辞所见羌人考》，《中原文物》1991年第1期。

证,揭示了羌人在当时所处的社会地位及其活动的实际情况。陈伟的《"包山楚简"所见几种身份的考察》①则通过对包山楚简中关于身份记载资料的爬梳考辨,比较具体地论述了战国中期楚地身份制度及社会等级的大致情形。如国家直接掌握大量的"编户齐民",但自由民尤其是贵族也拥有一定数量的依附人口和奴婢。与此相关的是,"官(倌)"与"客"先前已分别见于传世古书和古文字材料,但因缺乏背景材料,迄今仍有歧议。结合包山简的记载可见,"官(倌)"为庶人在官者以及"客"为楚国官职的见解,大致可以信从。

可参阅的文章还有李绍连的《商代农业生产者的身份初辨》②、刘兴林的《浅议商代社会的奴隶:兼谈殉人和人牲的社会身份》③和杨升南的《商代生产领域中的奴隶劳动》④以及刘桓的《卜辞所见来自各方国的被奴役者》⑤。

关于先秦时期手工业生产者的研究有肖楠的《试论卜辞中的"工"与"百工"》⑥、陈建敏的《甲骨文金文所见商周工官工奴考》⑦以及王冠英的《任鼎铭文考释》⑧。王文通过对中国国家博物馆新藏任鼎铭文进行考释,认为任鼎铭文中有西周中期贵族买卖礼器的记录,这使我们对周代"工商食官"有了新的认识。

关于先秦社会组织方面的研究,相对来说较少。计有:连劭名的《殷墟卜辞中的四戈与四巫》⑨一文认为甲骨卜辞中的"四戈"即指四方。殷都内的居民依居住方位分为"四单",而"伍"是最底层的居民组织。卜辞中的"四巫"指的就是文献中的"四灵",即"四象":东方苍龙,南方朱雀,西方白虎,北方玄武。孙晓春的《试论商代的父系家族公社》⑩对商代社会的基本结构,即以血缘关系为纽带的父系家族组织的结构、特征以及内部诸成员身份及其地位等问题做了探讨。杨升南的《殷墟甲骨文中的邑和族》⑪在这一方面也做了探讨,而赵林的《论商代家族的亲属结构关系》⑫借用西方人类学的亲制学说,通过比较中国传统的亲制论述,在家族的层次上重建了较完整的商人亲制结构系统。裘锡圭在利用甲骨文材料研究殷商史方面,也进行了有意义的探索。他的《关于商代的宗族组织和贵族与平民两个阶级的研究》⑬论述了商代社会存在着由统治阶级族人组成的宗族组织,而"众"则指被排斥在宗族组织之外的平民。

先秦时期社会阶层的人口构成及相关问题,主要是通过考古发掘的墓葬和遗迹资料来进行研究,这也是考古学的研究内容之一。杨宝成和杨锡璋将殷墟墓葬分为大中型墓、小

---

① 陈伟:《"包山楚简"所见几种身份的考察》,《湖北大学学报》1996 年第 1 期。
② 绍连名:《商代农业生产者的身份初辨》,《农业考古》1988 年第 2 期。
③ 刘兴林:《浅议商代社会的奴隶——兼谈殉人和人牲的社会身份》,《齐鲁学刊》1990 年第 4 期。
④ 杨升南:《商代生产领域中的奴隶劳动》,《殷都学刊》1994 年第 1 期。
⑤ 刘桓:《卜辞所见来自各方国的被奴役者》,《尽心集:张政烺先生八十庆寿论文集》,北京:中国社会科学出版社,1996 年。
⑥ 肖楠:《试论卜辞中的"工"与"百工"》,《考古》1981 年第 3 期。
⑦ 陈建敏:《甲骨文金文所见商周工官工奴考》,《学术月刊》1984 年第 2 期。
⑧ 王冠英:《任鼎铭文考释》,《中国历史文物》,2004 年第 2 期。
⑨ 连劭名:《殷墟卜辞中的四戈与四巫》,《殷都学刊》2008 年第 4 期。
⑩ 孙晓春:《试论商代的父系家族公社》,《史学集刊》1991 年第 3 期。
⑪ 杨升南:《殷墟甲骨文中的邑和族》,《人文杂志》1992 年第 1 期。
⑫ 赵林:《论商代家族的亲属结构关系》,《中国史研究》2006 年 2 期。
⑬ 裘锡圭:《关于商代的宗族组织和贵族与平民两个阶级的研究》,《文史》第 17 辑,北京:中华书局,1983 年。

型墓和无墓圹墓三种,此外还有大量的祭祀坑。他们认为第一类墓葬的主人应属于国王和贵族奴隶主,第二类墓葬的主人是中小奴隶主和平民,第三类墓葬的主人则是失去氏族联系的奴隶。① 梁晴则对殷墟墓葬中的各阶层所占比例做了进一步的分析,她指出:"在殷墟的墓葬中,统治阶级的人数最多不超过总人数的3%,也就是全社会的人口中,人民占大多数,而统治阶级的人数只占极少数,平民和奴隶占绝大多数。"②且根据样本分析可知,身高平均在1.5—1.75米,死亡年龄在25—50之间,而以三四十岁为多。罗琨则在人口研究方面进行探讨,他并不认可有的学者根据殷墟王都居民人口男女比例为2.06∶1,就提出"这种男女结构比例失调是商代比较普遍的社会现象",进而给出的"自父系社会以来,男性一定多于女性"的说法,他指出"仅据研究报告公布的少数墓葬人骨性别鉴定,判断居民人口的两性比例,无论是研究方法,还是结论,都有待讨论"③。段振美则指出,殷墟墓葬不但是人与人之间等级分化的反映,亦是宗族间等级分化的反映,而同一宗族墓地内的分群现象则是宗族内社会等级分化的反映。④ 王丽霞和何艳杰则从商代城邑遗址中有关手工业、用水、排水以及墓葬的考古资料入手,研究与探讨商代城邑人的生产和生活方式。⑤ 马赛则通过墓葬材料对周原遗址西周时期的人群构成进行研究,他指出在西周早期聚落中高等级的墓葬的数量较多,且周原遗址西周时期的人群族群构成情况,从总体上分析,主要可以分为广义的殷遗民和周人两类,并从腰坑比例、殉人殉牲比例、兵器比例、陶器组合、随葬品摆放位置、明器化现象的方式、车马坑性质等多个方面予以考察。⑥

## 三、先秦日常生活史研究的前瞻

综观以上所举新时期先秦社会生活史论著,虽然已经取得了很大的成绩,将先秦社会生活史研究推向前进,但是也毋庸讳言,还有一定的缺陷和不足之处。

仅以现有的社会生活史著作而言,或将社会生活概念作泛化处理,将政治、经济、军事、精神、文化等都归入其中,如李民主编的《殷商社会生活史》;或将某一阶层(贵族阶层较多)日常生活等同于整个社会生活史,如宋镇豪《夏商社会生活史》和蔡锋著作;或局限于某个时代或某个方面,而不是先秦时期社会生活的全景观察,如许嘉璐著和常金仓著;或以社会进化与社会风俗探索代替日常社会生活研究,如晁福林著和"风俗通史"系列。即便徐杰令著的《先秦社会生活史》,名称是先秦时期全景式的观照,但实际内容却割舍了社会生活物事源起重要阶段的史前世界,而且将军事战争等内容也纳入其中,不伦不类。另外

---

① 杨宝成、杨锡璋:《从殷墟小型墓葬看殷代社会的平民》,《中原文物》1983年第1期,第30—34页。
② 梁晴:《从殷墟发现的墓葬看殷都的人口问题》,《殷都学刊》1991年第1期,第20页。
③ 罗琨:《商代殷都人口的自然构成——兼谈如何利用考古资料研究历史》,《考古》1995年第4期,第346页。
④ 段振美:《从殷墟墓葬看商代社会等级分化》,《殷都学刊》2001年第3期,第28—30、52页。
⑤ 王丽霞、何艳杰:《从考古资料看商代城邑人的生产和生活方式》,《西北大学学报(哲学社会科学版)》2003年第1期,第127—131页。
⑥ 马赛:《周原遗址西周时期人群构成情况研究——以墓葬材料为中心》,载于北京大学中国考古学研究中心编:《古代文明(第8卷)》,北京:文物出版社,2010年,第138—162页。

此书疏于考证，失之简陋，对于整个先秦时期社会生活从无到有、从小到大的物事发展脉络，并未做出令人信服的勾勒。

就单篇论文而言，一些专题性研究往往集中于某一个时代的深究细研，很少能够将这一问题在整个先秦时期做打通处理，即缺乏所谓长时段考察的目光。比如在先秦时期人们极为重视、几乎每日都要做的占卜一事，学者多做商代占卜，很少言及周代占卜如何，更没有人探讨商代与周代占卜的异同。其实三代占卜虽有继承，但各不相同，商代的甲骨占卜（所谓热占卜）与周代的蓍草占卜（所谓冷占卜），是完全不同的。到了春秋战国，龟占与蓍占并存，但究竟以何为主，要看占卜者的个人爱好和现场选择。所以如果以任何一个时代的占卜情形而指代整个先秦时期的占卜传统，难免有以偏概全的嫌疑。与占卜类似的事项还有祭祀。其他方面的生活史，也当有所不同。这些都需要做夏商周三代贯通考察的研究。

凡此种种，都是我们继续做此课题需要注意之处，需要努力之方向。

**作者简介**：朱彦民，南开大学历史学院教授、博士生导师、中国社会史研究中心研究员。

# 隋唐五代日常生活史研究的回顾与思考

王力平

【摘　要】20世纪20—30年代,一批由旧入新、致力于中国古代经济史研究的史学家开启了隋唐生活史研究新领域。此后,中外学者分别从文化、风俗等不同角度对隋唐五代社会生活进行了探讨,取得了巨大的成绩。近年来,随着墓志、敦煌吐鲁番文书、壁画、实物等新材料的利用,研究成果呈现出进一步深化、细化的特点,理论探讨也达到了新的高度,为今后这一主题研究的进一步全面和深化奠定了坚实基础。但目前隋唐五代日常生活研究还存在着诸多问题,如研究内容不平衡、对传世文献利用相对不足以及日常生活研究与名物制度研究相混淆等问题,还需要有关学者继续探索与开拓。

【关键词】隋唐;日常生活;社会生活;文化

## 一、隋唐五代日常生活史研究的历程

日常生活是人类每日每时都在进行着的最基本的活动,是具有重复性、经验性的生产、生活活动,与人类自身的生存和繁衍密切相关,人类自身的物质生活、思想文化和社会进步也在其中得以实现。从梁启超到年鉴学派,都对日常生活虽平凡琐碎但却具有重要意义有一致的看法。如梁启超说:"史料者何? 过去人类思想行迹所留之痕迹,有证据传留至今日者也。"又言"匹夫匹妇的日用饮食之活动",对"一社会一时代之共同心理、共同习惯"之形成,"皆与有力焉"①。法国年鉴学派也倡导一种所谓的"整体史"的研究范式,强调无论经济史抑或社会史都应该是整体性和社会性的,生活史也自然纳入其研究范围。自20世纪70年代开始,日常生活史研究开始作为一个新兴领域和史学流派在欧美兴起,其代表人物匈牙利学者阿格妮丝·赫勒把日常生活定义为"个体的再生产"。她说:"正是历史——人们自觉地选择的和按人们的计划铸造的历史——可以使所有人都把自己的日常生活变成'为他们自己的存在',把地球变成所有人的真正家园。"②

---

\* 基金项目:本文系教育部人文社会科学重点研究基地重大项目"隋唐五代日常生活"(12JJD770016)的研究成果。
① 梁启超撰,汤志钧导读:《中国历史研究法》第4章《说史料》、第1章《史之意义及其范围》,上海:上海古籍出版社,1998年,第2、40页。
② [匈]阿格妮斯著,衣俊卿译:《日常生活·中文第二版译序》,重庆:重庆出版集团·重庆出版社,2010年,第19页。

其实,中国古代的史学家,素有关注民生并记录日常生活的传统。早在《史记》的《平准书》《货殖列传》中,司马迁就对各地民生、风俗、物产有所记载。杜佑《通典》则将《食货》列在首位,传达了"《洪范》八政,食货为先"的宗旨。隋唐五代是中国古代历史发展的高峰,所谓"盛唐气象"在中国乃至世界历史上都留下了深刻的印记。唐五代与宋初出现的大量野史、笔记和小说,是刚刚告别那个时代的文人墨客对繁华故国的追忆和记述,其中不乏有专门记述士庶生活的内容,如《太平广记》不仅是"小说家之渊薮",同时堪称隋唐社会日常生活史料之渊薮。当然这些记述中关于生活的内容还比较零散、缺少系统性,甚至有一些"小说家言",离严肃的历史著述和学术研究还有很大距离。

历史研究的主题从来没有脱离过时代脉搏的律动。20世纪初叶的隋唐五代史研究,明显带有由旧入新的时代特征。1900—1949年发表的隋唐五代史论文约1100篇,著作不下150种,① 主要为考证性文字,但有关隋唐生活史的研究也在此时蹒跚起步,如关于唐代服饰的研究,就有冯承钧《唐代华化蕃胡考》②、韵倩《唐代女子化妆考》③、贺昌群《唐代女子服装考》④、童书业《唐代妇女的围巾"披帛"考》《唐代妇女的西装(胡服式半袖裙襦)考》《唐代妇女"红妆"考》等⑤。王国维也著有《胡服考》。⑥ 接触到西域考古资料的学者如向达(觉明),在1933年10月《燕京学报》专号发表了长文《唐代长安与西域文明》⑦,其中分专节考察"流寓长安之西域人""疏勒裴氏""龟兹白氏""昭武九姓胡人"的生活以及西市胡店与胡姬、开元前后长安之胡化、打毬、歌舞伎等问题,并配以多幅长安、洛阳等地出土的唐三彩俑、画作的图片,令人耳目一新。此后向达又有采用敦煌写本材料的《唐代俗讲考》问世⑧。刘复(半农)也在法国抄录了百余件反映社会生活的敦煌文书,辑为《敦煌掇琐》,蔡元培曾评价此书"可见当时社会状况","可见家宅图,可见居室的布置;舞谱,可见舞蹈的形式……借贷实物和罚去利息的习惯,通婚书、答婚书"等,"都是很有益于考察当时社会状况的"⑨。以上成果代表了一部分站在时代学术前沿的学者对生活史的关注,富有开创性。在此阶段开展的"中国社会史大论战"和古代社会史研究热潮中,有关隋唐五代社会文化生活的研究涌现出更多成果,如黄现璠著有《唐代之贱民阶级》,后又出版《唐代社

---

① 参阅张国刚《二十世纪隋唐五代史研究的回顾与展望》,《历史研究》2001年第2期,第148—170页。
② 原载《东方杂志》1930年第27卷第17期,后收入冯承钧撰,邬国义编校:《冯承钧学术论文集》(上),上海:上海古籍出版社,2015年,第62—93页。
③ 《小说月报》第1卷第2期,上海:商务印书馆,1910年9月。
④ 原载《大公报·艺术周刊》第15期,1935年1月12日,后收入贺昌群:《贺昌群文集》第一卷《史学丛论》,北京:商务印书馆,2003年,第263—279页;此外,同书还收有贺氏《唐代之服饰》(224—262页)一文。
⑤ 原文分别初载于中央日报(上海)《文物周刊》1947年10月15日、22日、29日,后收入童书业著、童教英整理:《童书业著作集》第3卷《童书业史籍考证论集》,北京:中华书局,2008年,第566—573、574—579、580—582页。
⑥ 本文初刊《雪堂丛刻》(1915年上虞罗氏排印本),原题为《古胡服考》,后改为《胡服考》,收入王国维:《观堂集林》(第4册)卷22《史林十四》,北京:中华书局,1959年版,第1069—1113页。
⑦ 后作者以此文为书名,于1957年由北京:生活·读书·新知三联书店出版。
⑧ 最初发表于《燕京学报》第16期,后又补充以英、法藏敦煌资料,于1940年修订再版。
⑨ 蔡元培:《敦煌掇琐序》。按《敦煌掇琐》分上、中、下三册,1925年由国立中央研究院历史语言所出版,1957年科学出版社再版。

会概略》①,考察了贵族、贱民、娼妓、劳动阶层,被公认为20世纪探讨唐代社会阶层问题的力作。1933年,陶希圣创办了半月刊《食货》,并与鞠清远、武仙卿等在唐代经济史料搜集方面投入巨大精力,完成了唐代经济史料丛编八册(当时仅印就《土地问题》《寺院经济》《唐代之交通》三种,其余只印成清样,抗日战争爆发后遂搁浅,五种清样亦为白蚁所毁)②。其中交通分册部分将关隘、桥梁、过所、陆路水路驿制、中外交通等分列为52项;都市分册对重要城市的地理位置、内部组织及城市生活甚至小市、镇、庙会式的蚕市也搜罗极详。这部分类资料集,实带有一定的研究性质,为当时的学者进行唐代经济史研究提供了极大的方便,在此基础上,一大批质量较高的专著和论文得以结撰成篇,推动了20世纪30年代唐代社会经济史研究的开展。其中代表性的著作是陶希圣《婚姻与家族》③、鞠清远《唐宋官私工业》④以及二人合著的《唐代经济史》⑤。陶著对婚姻和家族问题的关注,是对中国社会重大问题的思考;鞠著较早关注唐宋商人和市民的生活,论述了下层工匠乃至官奴婢的身份地位、劳作与日常生活状况。这几部著作以新的学术视野和问题意识受到学术界的好评,当时的《天津益世报读书周刊》《中国社会经济集刊》等都发表了书评。此时还有傅安华《唐代的两种妇女生活》《唐代男性生活之一斑》《唐代社会生活一斑》发表⑥,不仅讨论唐代男性、女性的生活,还对农村的交换与借贷、邸店、部曲、牙人等有细致的探讨,这是当时直接以唐代生活史为主题的专门研究,实属可贵。此后,罗香林《唐代文化史》出版,旨在揭示唐代文化的创造性、世界性、适应性特点,其中《唐代斗鸡戏考》《唐代波罗球戏考》等考察了休闲生活⑦。此外,全汉昇《唐代物价的变动》⑧《唐宋帝国与运河》⑨,瞿宣颖《中国社会史料丛钞》、陈东原《中国妇女史》、邓云特《中国救荒史》等著作的隋唐部分,从广义的社会经济史的角度,或多或少地涉及与日常生活有关的婚姻、物价、社会救助以及衣食住行问题。总之,在中国社会史大论战背景下,一批致力于古代经济史研究的学者——包括"食货派"成员,向达、刘复等一批接触到新史料和研究方法的学者,成为了开启和带动隋唐生活史研究的探路者,正是他们筚路蓝缕,以史籍考订和代表当时学术前沿的西域出土文献研究,开辟了隋唐生活研究的新领域。只是抗日战争的爆发打断了中国学者进一步深化生活史研究的进程。

20世纪50—70年代,隋唐五代史研究出现了一个高峰,主要标志是多部隋唐五代史出版。而以岑、吕二人为代表的、旧学根底深厚又以"新方法整理旧国故"的学者,在隋唐史

---

① 黄现璠:《唐代之贱民阶级》,国立北平师范大学创办《师大月刊》第13期,1934年8月;《唐代社会概略》,上海:商务印书馆,1936年。
② 当时北京大学出版部出版。至20世纪70年代初,台湾食货出版社予以正式出版(参阅李源涛:《20世纪30年代的食货派与中国社会经济史研究》,《河北学刊》2001年第5期,第98—101页)。
③ 陶希圣:《婚姻与家族》,上海:商务印书馆,1934年。
④ 鞠清远:《唐宋官私工业》,上海:新生命书局,1934年。
⑤ 陶希圣、鞠清远:《唐代经济史》,上海:商务印书馆,1935年。
⑥ 《唐代的两种妇女生活》连载于1935年11月21日、28日《华北日报·史学周刊》;《唐代男性生活之一斑》连载于1936年3月19日、26日《华北日报·史学周刊》;《唐代社会生活一斑》原载《文化建设》1937年第2期,后该文收入傅安华著,安冰整理:《傅安华史学论文集》,合肥:黄山书社,2010年,第169—193页。
⑦ 罗香林:《唐代文化史》,上海:商务印书馆,1944年。
⑧ 全汉昇:《唐代物价的变动》,《中研院历史语言研究所集刊》第11本,上海:商务印书馆,1943年。
⑨ 全汉昇:《唐宋帝国与运河》,上海:商务印书馆,1944年。

的撰述中开始注意社会生活问题。岑著《隋唐史》有"乐舞与百戏""服饰""社会杂缀"等节,专门记述南北风俗的差异以及唐代的婚姻习俗。吕著《隋唐五代史》设"隋唐五代人民生计""隋唐五代人民生活"等章,从交易方式、物价、饮食、服饰、丧葬、交通等问题,对社会组织、人民生计、生活做了专门的探讨。在此后,有台湾学者傅乐成《唐人的生活》发表①。但由于当时大陆学界在选题上囿于"五朵金花"的影响,这个时期的社会研究很难容纳更多的日常生活内容,主要特点还是从经济形态、生产关系、文化等角度来讨论相关的问题,生活史方面尚无全面、系统的论作。

20 世纪 80 年代以来,学术研究进入全面繁荣期,隋唐社会生活受到学者更多的关注,三秦出版社、西北大学出版社相继出版了"隋唐历史文化丛书"和"唐代历史文化丛书",共十种,其中有牛志平与姚兆女合著《唐人称谓》、高世瑜《唐代妇女》、田廷柱《隋唐士族》、王永平《唐代游艺》、潘孝伟《唐代体育》等。至于从社会史、文化史的角度观察隋唐时代婚姻、礼俗、风尚的综合性著作,则有熊铁基《汉唐文化史》、赵文润《隋唐文化史》、臧嵘等著《中国隋唐五代习俗史》、李斌城等著《隋唐五代社会生活史》、吴玉贵《中国风俗通史·隋唐五代卷》、徐连达《唐朝文化史》②。武汉大学 3—9 世纪研究所编著的《魏晋南北朝隋唐史资料》、中国唐史学会编辑出版的《唐史论丛》、荣新江主编的《唐研究》、南开大学中国社会史研究中心主办的《中国社会历史评论》以及多种隋唐史方面的论文集、《唐研究基金会丛书》、台北文津出版社推出的大陆唐史博士论文和学术专著等,都有可观的生活史方面的内容刊载。特别是近年来,随着出土墓志、敦煌吐鲁番文书、壁画以及考古实物等新材料的利用,隋唐五代生活的研究开始出前所未有的繁荣局面,不仅选题愈加丰富,内容也更为深化、细化,专题、区域、个案研究的新成果层出不穷。当然,在这种繁荣状态下,更需要适时地予以回顾和总结,以便发现问题。2004 年,国内隋唐生活史研究的积极倡导者和领军人物黄正建曾发表《唐代日常生活史研究现状断想》一文③,但作者意在从"类例"上规范日常生活史的研究对象,没有针对学术史做出全面的回顾与总结。有鉴于此,本人不揣浅陋,试对隋唐日常生活史的学术史做一梳理,指出成绩与不足,庶几于该领域的学术发展有所裨益。需要说明的是,由于以往的研究成果大多从属于文化、风俗或社会生活研究,极少明确冠以"日常生活"题目,因而需要从众多论著中提炼和梳理出与日常生活史相关的内容,加之本人在域外资料的获取和阅读上能力有限,本文下面所介绍和评论的成果,也只能说是粗略的,挂一漏万之弊在所难免,还请方家不吝批评和指教。

---

① 傅乐成:《唐人的生活》,《食货月刊》副刊,1974 年 5 月。
② 熊铁基:《汉唐文化史》,长沙:湖南出版社,1992 年;赵文润:《隋唐文化史》,西安:陕西师范大学出版社,1992 年;臧嵘等著:《中国隋唐五代习俗史》,北京:人民出版社,1994 年;李斌城等著:《隋唐五代社会生活史》,北京:中国社会科学出版社,1998 年;吴玉贵:《中国风俗通史·隋唐五代卷》,上海:上海文艺出版社,2001 年;徐连达:《唐朝文化史》,上海:复旦大学出版社,2003 年。
③ 黄正建:《唐代日常生活史研究现状断想》,收入中国人民大学人文学院历史系暨汉唐研究中心编:《中国人民大学汉唐盛世学术研讨会论文集》,2004 年,第 268—271 页。

## 二、隋唐日常生活史研究的主要领域

### (一) 从摇篮到坟墓——关于人的生命历程的研究

从呱呱坠地开始,人的生命与生活就被赋予了社会和日常性。对古代儿童生活的研究,台湾学者开始较早,如熊秉真《幼幼:传统中国的襁褓之道》即是这方面的代表作①。在隋唐五代史领域,有廖宜方《唐代的母子关系》、王一平《唐代儿童的教与养》、高嘉琪《生育、养育、教育——唐代育儿文化研究》等②,对唐代儿童的生存实况、养护与教育及亲子关系进行了研究,当然,这里"子"的含义不完全局限于儿童。

大陆学界对隋唐五代儿童生活的研究,较早有李斌城等合著《隋唐五代社会生活史》,但篇幅有限,仅提到三日洗儿、儿童游戏等风俗习惯③。此后相关成果渐多,如王永平著《游戏、竞技与娱乐——中古社会生活透视》一书④,用相当笔墨论述了唐代儿童的各种游戏及其渊源、文化内涵。刘燕歌《唐诗中的少年儿童生活研究》、李巧玲《从笔记小说看唐代儿童的日常生活》,则以唐诗、笔记小说为素材探讨儿童生活⑤。余欣《重绘孩提时代——追寻儿童在中古敦煌历史上的踪迹(婴戏篇)》⑥,利用壁画、金银器、陶俑等图像、器物并结合传世文献,观察自诞生、占相、洗浴开始的儿童生活,揭示隋唐时期人们对于新生命的关爱及对儿童生活的思想与认识。杨秀清《敦煌石窟壁画中的古代儿童生活研究》⑦以及郑阳《唐代儿童图像研究》⑧、宋丙玲《唐代儿童服饰探究——以儿童图像为中心的考察》⑨等文,在史料运用方面很有新意,如演绎疑伪经的《父母恩重经变》和西方净土思想的壁画,有许多儿童游戏图像(大多为男童),兼有敦煌和中原内地生活,对认识隋唐儿童生活具有较高价值。

婚姻与家庭,是成人生活的重要内容。李树桐《唐人的婚姻》⑩、向淑云《唐代婚姻法与婚姻实态》⑪、牛志平《唐代婚丧》⑫以及李斌城等著《隋唐五代社会生活史》第三章《婚丧》,

---

① 熊秉真:《幼幼:传统中国的襁褓之道》,台北:台湾联经出版公司,1995年。
② 廖宜方:《唐代的母子关系》,此书原为作者2000年台湾大学硕士学位论文,2009年由台北稻乡出版社出版;王一平:《唐代儿童的教与养》,台湾师范大学硕士学位论文,2004年;高嘉琪:《生育、养育、教育——唐代育儿文化研究》,台湾中兴大学硕士学位论文,2008年。
③ 李斌城等合著:《隋唐五代社会生活史》,北京:中国社会科学出版社,1998年。
④ 王永平:《游戏、竞技与娱乐——中古社会生活透视》,北京:中华书局,2010年。
⑤ 刘燕歌:《唐诗中的少年儿童生活研究》,西北大学硕士学位论文,2007年;李巧玲:《从笔记小说看唐代儿童的日常生活》,安徽大学硕士学位论文,2011年。
⑥ 余欣:《重绘孩提时代——追寻儿童在中古敦煌历史上的踪迹(婴戏篇)》,《敦煌写本研究年报》,日本京都大学人文科学研究所"西陲发现中国中世写本研究班"(第3号),2009年。
⑦ 杨秀清:《敦煌石窟壁画中的古代儿童生活研究》,《敦煌学辑刊》,2013年第1—3期连载,分别为第24—46、40—56、86—103页。
⑧ 郑阳:《唐代儿童图像研究》,中央美术学院硕士学位论文,2010年。
⑨ 宋丙玲:《唐代儿童服饰探究——以儿童图像为中心的考察》,《齐鲁艺苑》2011年第5期。
⑩ 李树桐:《唐人的婚姻》,《唐史索隐》,中国台湾:《国学文献馆馆讯》第11期,1985年。
⑪ 向淑云:《唐代婚姻法与婚姻实态》,中国台北:台湾商务印书馆,1991年。
⑫ 牛志平:《唐代婚丧》,西安:三秦出版社,2011年。

综合考察唐人婚姻生活,涉及王公贵族、官僚士人、平民等各阶层。张国刚主编《中国家庭史》第 2 卷《隋唐五代时期》以及论文《论唐代家庭中父母的角色及其与子女的关系》①,从法制、经济和社会等角度探索了隋唐家庭的发展变迁,在更深层面如家庭结构、夫妻关系与财产、生计、子女教育、离异、财产分割等方面,做了深入、全面、系统的考察,为全面认识隋唐家庭生活提供了多方面启发。此外,李志生对工商业者婚姻状况的研究②、杜文玉对宦官婚姻生活的研究③,填补了特殊群体婚姻研究的空白。此外,通过唐代墓志文献的利用研究婚俗,考察婚龄、选妻标准、离婚改嫁等方面的成果层出不穷。④ 至于士族家族婚姻生活,学界已在个案研究中取得了丰厚成果,对此已有学者做过专门评述,故不赘述。⑤

与生命历程相伴随的,是身体的衰老、疾病,因此保健与医疗成为日常生活史的重要内容。在隋唐五代生活中,哪些人是医者,人们如何问医求药？李斌城《隋唐五代社会生活史》"医药卫生与保健"一节,对隋唐官方、私人医疗机构,包括长安和地方的民间药肆、病坊的经营和作用,以及宫廷和民众使用药膳、食疗等方法进行了饶有兴味的探讨。另有周左锋考察了长安的药肆和药材市场以及宫廷药材问题。⑥ 尚永亮、萧波《唐人的"后院"——从唐诗中的"药"看唐人生活与创作》⑦,则讨论了文人生活中药的重要性及所反映的生命意识。

近年来,与食疗、养生相关的研究成果众多⑧,如有学者对司马承祯和孙思邈的养生思想展开研究⑨,提出唐代有重视家庭养生和性命双修的观念。李斌城《唐人养生文化》⑩,则系统论述唐人道教色彩浓重的服食养生理论和养生方法。林富士《中国中古时期的宗教与医疗》⑪,以字书、医家观念研究医疗制度;李金菊《汉传佛教养生的历史研究》⑫,有部分内容涉及隋唐时期的佛教养生。此外,对隋唐生活中的佛医、道医、巫觋也有较多关注。于赓哲著《唐代疾病、医疗史初探》⑬,是较为全面、系统考察唐代疾病与医疗的著作。该书指出

---

① 张国刚主编:《中国家庭史》第 2 卷《隋唐五代时期》,广州:广东人民出版社,2007 年;张国刚:《论唐代家庭中父母的角色及其与子女的关系》,《中华文史论丛》,2007 年第 3 期,第 207—249、369 页。

② 李志生:《唐代工商业者婚姻状况初探》,《人文杂志》1997 年第 3 期,第 66、76—81 页。

③ 杜文玉:《唐代宦官婚姻及其内部结构》,《学术月刊》2000 年第 6 期,第 88—95 页。

④ 如段塔丽:《从唐墓志看唐代社会的婚姻习俗》,《文博》1998 年第 5 期,第 61—63 页;李肖:《论隋唐时期的婚姻习俗》,《中华文化论坛》2002 年第 2 期,第 59—63 页;姚平:《论唐代的冥婚及其形成的原因》,《学术月刊》2003 年第 7 期,第 68—74 页。

⑤ 参见容建新:《80 年代以来魏晋南北朝大族个案研究综述》,《中国史研究动态》1996 年第 4 期,第 6—13 页;常建华:《二十世纪的中国宗族研究》,《历史研究》1999 年第 5 期,第 140—162 页。

⑥ 见周左锋:《论唐代药肆和宫廷药材消费》,《南京师范大学学报》2012 年第 1 期;《唐代药肆新探》,《唐史论丛》第 16 辑。

⑦ 尚永亮、萧波:《唐人的"后院"——从唐诗中的"药"看唐人生活与创作》,《华中师范大学学报》2004 年第 5 期。

⑧ 如拜根兴:《唐代道教徒养生饮食述论》,《陕西师范大学学报(哲学社会科学版)》1998 年第 4 期,第 106—112 页;张萍:《唐代饮食文化中的道教色彩》,《兰州大学学报》2000 年第 2 期,第 110—115 页;李悦《唐代酒疗研究》,陕西师范大学硕士学位论文,2010 年;刘朴兵《试论唐宋饮食养生学的发展》,《农业考古》2009 年第 1 期,第 233—241 页。

⑨ 严善絵、卢声远:《试论孙思邈的养生学术思想》,《中国自然医学杂志》2003 年第 1 期,第 44—45 页。

⑩ 李斌城:《唐人养生文化》,《隋唐辽宋金元史论丛》第 1 辑,北京:紫禁城出版社,2011 年,第 13—31 页。

⑪ 林富士:《中国中古时期的宗教与医疗》,北京:中华书局,2012 年。

⑫ 李金菊:《汉传佛教养生的历史研究》,中国中医科学院博士学位论文,2007 年。

⑬ 于赓哲:《唐代疾病、医疗史初探》,北京:中国社会科学出版社,2011 年。

了威胁唐人生命的常见疾病,如疟疾和传染病、产褥期感染,并对官方与民间医疗机构的多种功能、疗法进行了系统的考证,为认识隋唐生活中人们如何面对疾病,疾病又如何影响了人们的生活质量、甚至军事行动的胜负等问题提出了新见。与疾病直接关联的是人的寿命。李燕捷《唐人年寿研究》①一书,借鉴社会学、人类学方法,对唐代各阶层、男女性的平均寿命进行了分时期的估算与分析,开唐人寿命研究之先河。此后,冻国栋的《中国人口史》也涉及隋唐时期人口寿命的问题。② 蒋爱花《唐人寿命水平及其死亡原因试探——以墓志资料为中心》,利用墓志资料探讨了唐人年寿和养老问题。③ 另有学者专门对科举出身者的年寿进行了考证。④

对死亡的认识和态度既是哲学问题,也是生活研究的一部分。透过丧葬制度和普遍存在的冥婚、厚葬等现象,探讨隋唐生死观念的成果较多。⑤ 李斌城等《隋唐五代社会生活史》,对隋唐的厚葬、薄葬、归葬、招魂葬俗等做了较为详细论述,揭示了丧葬活动的阶层差异。卢建荣《北魏唐宋死亡文化史》⑥,也深入探讨了北魏至宋约六百年间,人们如何面对生活中的死亡以及与此有关的思想、礼制等问题。此外,还有对隋唐佛教徒葬法的研究⑦,以及探讨敦煌地区丧葬问题的成果⑧。

**(二)关于衣食住行以及消费生活的研究**

衣着与服饰为社会和日常生活所必须。沈从文《中国古代服饰研究》隋唐部分图文并茂,对士农工商以及船夫、猎户、行脚僧、进香人等普通民众的服饰进行了细致考证。⑨ 对女子服饰的研究则有大量成果。⑩ 黄正建《唐代衣食住行研究》⑪,从等级、地方和民族讨论了服饰的社会性。纳春英《唐代服饰时尚》则侧重研究生活中服饰与时尚的关系。⑫

饮食,既关乎人的生命"再生产",又是家庭消费生活和社会交往的一部分,也是最富有日常性的内容。黄永年《说饼——唐代长安饮食探索》⑬一文,对唐三辅地区各种饼的由

---

① 李燕捷:《唐人年寿研究》,台北:文津出版社,1994年。
② 冻国栋:《中国人口史》第2卷《隋唐五代时期》,上海:复旦大学出版社,2002年。
③ 蒋爱花:《唐人寿命水平及其死亡原因试探——以墓志资料为中心》,《中国史研究》,2006年第4期,第59—76页。
④ 张燕波:《唐代科举出身者年寿问题研究》,《江汉论坛》2005年第9期。
⑤ 如姚平:《论唐代的冥婚及其形成的原因》(《学术月刊》2003年第7期,第68—74页)认为:佛教的影响是冥婚兴盛的原因;黄景春:《论我国冥婚的历史、现状及根源——兼与姚平教授商榷唐代冥婚问题》一文中则提出冥婚是中国原始宗教观念的产物,与佛教无关,在唐代一样是违禁的的观点(《民间文化论坛》2005年第5期,第97—103页)。牛志平:《唐代的厚葬之风》(《文博》1993年第5期,第32—38页)比较了魏晋薄葬和唐代厚葬风气的成因及其特点。
⑥ 卢建荣:《北魏唐宋死亡文化史》,台北:麦田出版城邦文化事业股份有限公司,2006年。
⑦ 王磊:《试论中古时期佛教徒的全身葬法》,《中山大学学报》2013年第2期,第107—114页。
⑧ 余欣:《唐宋敦煌墓葬神煞研究》,《敦煌学辑刊》2003年第1期,第55—68页;金身佳:《敦煌写本宅经葬书研究》,兰州大学博士学位论文,2006年。
⑨ 沈从文:《中国古代服饰研究》,香港:香港商务印书馆,1981年。
⑩ 如党焕英:《唐代男女服饰及女妆概述》,《文博》1996年第2期;李蓉:《唐代前期妇女服饰开放风气》,《中国典籍与文化》1995年第1期;张庆:《唐代妇女的流行服装》,《文史知识》1997年第3期;纳春英:《唐代平民女子服饰与生存状态初探》,《陕西师范大学学报(哲学社会科学版)》2012年第1期。
⑪ 黄正建:《唐代衣食住行研究》,北京:中华书局,2013年。
⑫ 纳春英:《唐代服饰时尚》,北京:中国社会科学出版社,2009年。
⑬ 黄永年:《说饼——唐代长安饮食探索》,原载《中国烹饪》1983年第10期,后入《唐史十二讲》,北京:中华书局,2007年,第191—196页。

来、做法以及与之相关的饮食生活做了饶有兴味的考证。王子辉《隋唐五代烹饪史纲》①、陈伟民《唐宋饮食文化发展史》②、黎虎《汉唐饮食文化史》一书及所作《汉唐时期的食肆行业》与《唐代的饮食原料市场》等系列论文③、王赛时《唐代饮食》④，都是较早讨论唐饮食文化发展轨迹及其与社会政治、经济关系的论作。此后的相关研究不断细化，如拜根兴《饮食与唐代官场》⑤，把饮食生活和官场政治相联系；张萍《唐代饮食文化中的道教色彩》⑥，考察道教徒禁食鱼、肉的教规及菜肴中的道教名词、道教养生食品的流传等，构成唐饮食文化的独有特色；黄正建则从社会阶层的角度对饮食的社会性做了综合性考察⑦。对不同地区的饮食生活，如北方、中原在北朝胡食影响下的饮食生活、江淮地区的饮食特色的研究也有不少成果⑧，其中王利华著《中古华北饮食文化的变迁》⑨，通过对华北地区生存环境、人口承载能力、饮食生活的内容和质量的细致考察，提出了生态环境与生活方式演变的交互影响和联系，极富启发性。

  茶酒与宴集也是隋唐日常生活的重要方面。唐代处于我国茶史发展的关键阶段。相对于酒，茶在唐代的重要地位有过之而无不及。关于隋唐茶事的研究成果众多，涉及茶树种植、茶叶采制与分类、煮茶技艺、饮茶用水和茶具选择、茶叶的药用价值、饮茶风气盛行的原因、饮茶人群之社会阶层、茶道等方面，不胜枚举。⑩ 至于饮酒，既是饮食生活，也是社交风尚之一，成果同样丰富。王昆吾《唐代酒令艺术》⑪、徐连达《隋唐的饮酒习尚》⑫，论述了隋唐酒宴、酒肆、酒具、酒名、酒令等。黄正建《唐代衣食住行》中也以相当篇幅论述了唐代的饮酒活动。

  居住是日常生活的必要条件，也是文化与习俗的体现。具体到房屋建筑，刘敦桢《中国

---

① 王子辉：《隋唐五代烹饪史纲》，西安：陕西科学技术出版社，1991年。
② 陈伟民：《唐宋饮食文化发展史》，台北：学生书局，1995年。
③ 黎虎：《汉唐饮食文化史》，北京：北京师范大学出版社，1998年；黎虎：《汉唐时期的食肆行业》，《中国社会经济史研究》1998年第2期；黎虎：《唐代的饮食原料市场》，《中国经济史研究》1999年第1期。
④ 王赛时：《唐代饮食》，济南：齐鲁书社，2003年。
⑤ 拜根兴：《饮食与唐代官场》，《人文杂志》1994年第1期。
⑥ 张萍：《唐代饮食文化中的道教色彩》，《兰州大学学报（社会科学版）》2000年第2期。
⑦ 黄正建：《唐代衣食住行研究》，北京：中华书局，2013年。
⑧ 如傅晓静：《唐代的胡风饮食》，《民俗研究》1998年第2期；张萍：《唐代长安的饮食生活》《唐代西北民族内迁及对中原饮食文化的影响》，《唐史论丛》第6、7辑；刘朴兵：《从日常饮食习俗看唐宋社会变革——以中原地区为考察中心》，《农业考古》2012年第3期；刘朴兵：《从酒宴习俗看唐宋社会变迁——以中原地区为考察中心》，《中州学刊》2013第3期。以上均是从中原地区日常饮食习俗如餐制、饮食坐姿、分食向会食变化等细节探讨了唐宋之际饮食习俗的形成及其影响。刘礼堂、黄薇：《唐代长江上中游地区的饮食文化——以民间饮食中的主、副食为例》，《江汉论坛》2009年第6期。从红米饭食、鱼类副食研究了唐代长江上中游饮食文化的特色。
⑨ 王利华：《中古华北饮食文化的变迁》，北京：中国社会科学出版社，2000年。
⑩ 以发表时间为序：朱利民：《唐代茶道》(《唐都学刊》1988年第1期)、李斌城《唐人与茶》(《农业考古》1995年第2期)、韩金科：《试论大唐茶文化》(《农业考古》1995年第2期)、姜含春：《唐风贵茶之成因》(《农业考古》1998年第2期)、王双怀：《论唐代饮茶风气形成原因》(《农业考古》1998年第4期)、杨西云：《唐代的茶道》(《历史教学》2000年第6期)、王赛时：《论唐代饮茶风习形成的原因》(《农业考古》2002年第2期)、孙军辉：《唐人饮茶习俗的兴盛与唐代上层消费群体》(《求索》2007年第2期)。
⑪ 王昆吾：《唐代酒令艺术》，上海：东方出版中心，1995年。
⑫ 徐连达：《隋唐的饮酒习尚》，收入《中国古代社会研究——庆祝韩国磐先生八十华诞纪念论文集》，厦门：厦门大学出版社，1998年。

古代建筑史》第五章"隋唐五代时期的建筑"①,据《展子虔游春图》对平民住宅进行了研究,认为乡村中的住宅一般建造成平面狭长的四合院,此外还有木篱茅屋房舍、简单三合院,这些住宅的布局具有明显的中轴线和左右对称的特点。雷巧玲《唐代租宅初探》《唐人的居住方式与孝悌之道》《试论唐代的住宅文化》《唐代凶宅剖析》等文,也对唐人的起居习惯、居住方式和住宅文化做了比较系统、深入的探讨。② 黄正建《唐朝人住房面积小考》,用具体的考证在社会性方面深化了居住问题的研究。③ 盛会莲《唐五代百姓房舍的分配及相关问题之试析》④,考察了敦煌百姓获得宅舍的途径与相关制度。都城长安的居住生活也为学者所关注,曹尔琴《唐代长安住宅的规模》以及贺从容《隋唐长安城坊内百姓宅地规模分析》,都对唐人住宅规模和住宅面积做了具体考察。⑤ 孙英刚《隋唐长安的王府与王宅》、蒙曼《唐代长安的公主宅第》⑥是对贵族宅第的研究。荣新江《高楼对紫陌,甲第连青山——唐长安城的甲第及其象征意义》⑦,从居所和环境考察了特权阶级的居生活,认为唐代新贵的特征之一就是拥有靠近宫城、外观壮丽宽广、庭园奢华的甲第,甲第反映了一种城市观念的兴起,带动了城市生活和文化的建设。此外,荣新江、李丹婕《郭子仪家族及其京城宅第——以新出墓志为中心》,通过新刊郭氏家族成员墓志,对郭子仪这一安史之乱后催生出的武将权贵代表人物在京城的宅第进行了考察。⑧

对家具的研究,有黄永年《唐代家具探索》⑨,作者认为隋唐家具部分承自汉魏南北朝传统,后以"胡床"为代表的西域风格对中原家具以及与此相关的起居方式产生了影响。黄正建《唐代的椅子与绳床》⑩认为:椅子和绳床(坐具)在唐代处于发展阶段,到五代则成熟。朱大渭《中古汉人由跪坐到垂脚高坐》⑪认为:为适应垂脚高坐,唐代的床、榻、桌、几案由低向高发展,唐墓壁画和绘画中垂脚高坐家具较多出现,汉人由跪坐到垂脚坐至唐末五代已近完成。杨森著《敦煌壁画家具图像研究》⑫则对敦煌壁画中南北朝至宋的家具图像

---

① 刘敦桢:《中国古代建筑史》,北京:中国建筑工业出版社,1980年,第104—162页。
② 雷巧玲:《唐代租宅初探》,《晋阳学刊》1993年第3期,第70—74页;雷巧玲:《唐人的居住方式与孝悌之道》,《陕西师范大学学报(哲学社会科学版)》1993年第3期,第98—103页;雷巧玲:《试论唐代的住宅文化》,《人文杂志》1997年第4期,第74—78页;雷巧玲:《唐代凶宅剖析》,《西安交通大学学报(社会科学版)》1998年第1期,第72—75页。
③ 黄正建:《唐朝人住房面积小考》,《陕西师范大学学报(哲学社会科学版)》1994年第3期,第123—125页。
④ 盛会莲:《唐五代百姓房舍的分配及相关问题之试析》,《敦煌研究》2002年第6期,第29—34、107页。
⑤ 曹尔琴:《唐代长安住宅的规模》,《中国古都研究》第13辑,1995年;贺从容:《隋唐长安城坊内百姓宅地规模分析》,《中国建筑史论汇刊》2010年第1期,第275—303页。
⑥ 孙英刚:《隋唐长安的王府与王宅》,《唐研究》第9卷,2003年,第185—214页;蒙曼:《唐代长安的公主宅第》,《唐研究》第9卷,2003年,第215—234页。
⑦ 荣新江:《高楼对紫陌,甲第连青山——唐长安城的甲第及其象征意义》,《中华文史论丛》2009年第4期,第1—39、393页。
⑧ 荣新江、李丹婕:《郭子仪家族及其京城宅第——以新出墓志为中心》,《北京大学学报(哲学社会科学版)》2013年第4期。
⑨ 黄永年:《唐代家具探索》,原载《家具与生活》1981年第1、2期,收入《唐史十二讲》,北京:中华书局,2007年,第199—210页。
⑩ 黄正建:《唐代的椅子与绳床》,《文物》1990年第7期,第86—89页。
⑪ 朱大渭:《中古汉人由跪坐到垂脚高坐》,《中国史研究》1994年第4期,第102—115页。
⑫ 杨森:《敦煌壁画家具图像研究》,北京:民族出版社,2010年。

进行了分类研究,分析了敦煌家具与中原家具异同,认为唐代是家具发展的重要时期。

"行"的研究过去一直从属于广义的交通史范畴,但也有一些学者关注其在日常生活中的作用,如吕著《隋唐五代史》"隋唐五代人民生活"章"交通"一节,介绍了隋唐时期的主要交通工具,如牛、驴、骡、驼以及肩舆、步辇等①;岑著《隋唐史》论述了唐代"交通之设备及程途",包括驿站、关隘等②。黄正建《唐代的"传"与"递"》③、宁欣《隋唐五代的城市与交通》也都关系到"行"的研究④。

消费是生活中日常性很强的活动,是人类实现劳动交换与再生产的重要环节。消费分层是最直观的社会分层,个体、群体的消费水平和差异直接反映其生活质量。近年来,陈衍德《试述唐后期奢侈性消费的特点》⑤,集中讨论了唐后期消费的表现、特点及不良影响。黄正建《试论唐代前期皇帝消费的某些侧面——以〈通典〉卷六所记常贡为中心》⑥,考证了原始唐《式》中的物品以及皇帝贡品所反映的皇帝衣食住行消费。吴晓亮《从城市生活变化看唐宋社会的消费变迁》⑦,较为全面地考察了中唐以后奢侈性消费的特点。张雁南《唐代社会阶层消费水平差异析论》等系列文章⑧,针对唐代社会不同阶层的消费行为和方式进行考察,认为不同社会阶层的消费存在很大差异,富商、僧侣群体的消费活动日趋增长,而农民等社会下层的消费则仅能维持生存。介永强《论隋唐时期的宗教消费》⑨,考察了宗教活动中僧道信徒日常衣食丹药的消费给社会造成的影响,同时指出这种消费刺激了艺术的发展。陈磊《隋唐时期的物价研究:以江淮地区为中心》⑩,以唐人笔记材料勾勒出唐后期日常生活费用以及物价情况,对不同时间、地区的物价变化及其原因做了具体分析。夏炎《唐代薪炭消费与日常生活》,则从燃料这一特殊问题着手对日常生活中在薪碳消费方面的相关问题做了新探讨,并提出了唐代薪炭供应总体良好的观点。⑪

金银器与三彩是隋唐生活中常见的日用品,研究成果丰富,仅列举一二:段丙文《唐代金银香囊研究》,根据法门寺、何家村、正仓院等地出土的唐代 13 件金银香囊进行了研究⑫,认为金银香囊属上层贵族生活中的配饰品,具有时代审美特点,镂空、鎏金等工艺水平

---

① 吕思勉:《隋唐五代史》,上海:上海古籍出版社,2005 年,第 858—882 页。
② 岑仲勉:《隋唐史》,北京:商务印书馆,2015 年,第 524—535 页。
③ 黄正建:《唐代的"传"与"递"》,《中国史研究》1994 年第 4 期,第 77—82 页。
④ 宁欣:《隋唐五代的城市与交通》,《唐宋识见录》下编《经济视野下的城乡社会》,北京:商务印书馆,2010 年。
⑤ 陈衍德:《试述唐后期奢侈性消费的特点》,《中国社会经济史研究》1990 年第 1 期,第 15—20、26 页。
⑥ 荣新江主编:《唐研究》第 6 卷,北京:北京大学出版社,2000 年,第 173—211 页。
⑦ 吴晓亮:《从城市生活变化看唐宋社会的消费变迁》,《中国经济史研究》2005 年第 4 期,第 79—87 页。
⑧ 张雁南:《唐代社会阶层消费水平差异析论》,《贵州社会科学》2009 年第 2 期,第 124—129 页;张雁南还有《唐代炫耀性消费异化析论》(《河北大学学报(哲学社会科学版)》2009 年第 3 期)、《唐代中上层社会消费方式变革析论》(《殷都学刊》2009 年第 2 期)、《唐代上层社会节俭消费方式的倡导及实践》(《郑州大学学报(哲学社会科学版)》2011 年第 2 期)等文。
⑨ 介永强:《论隋唐时期的宗教消费》,《思想战线》2008 年第 4 期,第 107—111 页。
⑩ 陈磊:《隋唐时期的物价研究:以江淮地区为中心》,《史林》2012 年第 4 期,第 51—64、190 页。
⑪ 夏炎:《唐代薪炭消费与日常生活》,《天津师范大学学报(社会科学版)》2013 年第 4 期,8—12 页。
⑫ 即目前已公布的唐代金银香囊 13 件香囊(法门寺银香囊 2 件、何家村银香囊 1 件、沙坡村银香囊 4 件、三兆村银香囊 1 件、正仓院银香囊 1 件、弗利尔银香囊 1 件、凯波银香 2 件、大都会银香囊 1 件。详见段丙文:《唐代金银香囊研究》,《中央民族大学学报(哲学社会科学版)》2011 年第 4 期。

十分高超;刘毅《"唐三彩"所展示的唐人社会生活》①一文,则以唐两京等地出土的三彩瓷器为基本资料,结合唐宋文献,细致考察了唐人的日常物质生活,包括服饰、宅园与家具、娱乐活动等内容。

(三)生活的律动——岁时节日与娱乐

岁时节日是社会和日常生活的重要内容,也是调节社会生活节奏的重要工具,既体现了传统文化和主流价值取向,又蕴含着人民群众的丰富创造力和想象力,因此节日研究如同寻访古人的精神家园,触摸时代生活的脉搏,对观察隋唐社会生活与民俗风尚有重要意义。有关隋唐节日的记载,除正史史部时令、地理类中的记录外,专门著作不多。《荆楚岁时记》是专门记录长江中游地区岁时节气的笔记,注释中有隋朝的内容。② 另有韩鄂的《岁华纪丽》。在小说中对节日有较多记述。随着近年来社会生活史研究的兴盛,岁时节日研究受到关注,如张泽咸《唐代的节日》③,对唐代官定节日和民间传统节日,如诞节、佛日、道日、元日、寒食、清明、上巳、端午节、七夕、中元节、中秋节、重阳节、除夕等进行了全面、系统的研究。再如臧嵘等著《中国隋唐五代习俗史》、李斌城等著《隋唐五代社会生活史》、吴玉贵《中国风俗通史·隋唐五代卷》④,分别从社会风俗、文化的角度对隋唐节日进行了论述,其中吴著将节日分作岁时、纪念性和宗教性三类有利于对节日的总体把握。此外,程蔷、董乃斌《唐帝国的精神文明》⑤之《岁时节日篇》探讨了唐人的时间意识以及对节俗传统的改造,旨在通过节日的考察认识唐人的精神世界。还有从宗教节俗如三元节、佛诞日、降圣节与唐人休闲娱乐生活的关系,讨论佛教元素对日常节俗的影响。⑥

对地方节庆的研究,主要集中在敦煌。张弓《敦煌春月节俗探论》对8—10世纪敦煌春季节俗进行了研究,作者认为此间敦煌先后为唐、吐蕃、归义军政权所统治,节日内容既有中原传统文化的影响,也有吐蕃、粟特等民族元素的掺杂,反映了本土文化与异族、域外文化的交流与碰撞。⑦ 此后谭蝉雪发表了对敦煌节日习俗尤其是佛俗的系列研究。⑧ 此外,张弓《中古盂兰盆节的民族化衍变》,具体探讨了外来节日的本土化过程。⑨ 刘礼堂《唐代长江中游民俗文化问题研究》⑩、熊燃《唐代长江上中游地区的岁时节令》⑪,探讨了长江中

---

① 刘毅:《"唐三彩"所展示的唐人社会生活》,《中国社会历史评论》第1卷,天津:天津古籍出版社,1999年,第158—168页。
② 宗懔撰:《荆楚岁时记》卷1,《四库馆臣》认为:"其注相传为隋杜公瞻作,故多引开皇中杜台卿《玉烛宝典》。"《四库全书总目》卷70《史部·地理》类三,北京:中华书局,1965年,第622页。
③ 张泽咸:《唐代的节日》,《文史》第37辑,北京:中华书局,1993年,第65—92页。
④ 臧嵘等著:《中国隋唐五代习俗史》,北京:人民出版社,1994年;李斌城等著:《隋唐五代社会生活史》,北京:中国社会科学出版社,1998年;吴玉贵:《中国风俗通史·隋唐五代卷》,上海:上海文艺出版社,2001年。
⑤ 程蔷、董乃斌:《唐帝国的精神文明》,北京:中国社会科学出版社,1996年。
⑥ 王永平:《宗教节俗与唐人的休闲娱乐生活——以三元节、佛诞日与降圣节为中心》,《山西大学学报(哲学社会科学版)》2011年第4期,第27—35页。
⑦ 张弓:《敦煌春月节俗探论》,《中国史研究》1989年第3期,第121—133页。
⑧ 谭蝉雪:《敦煌祈赛风俗》(《敦煌研究》1993年第4期,第61—67页);《唐宋敦煌岁时佛俗——正月》(《敦煌研究》2000年第4期,第65—71页),《唐宋敦煌岁时佛俗——二月至七月》(《敦煌研究》2001年第1期,第93—104、189页),《唐宋敦煌岁时佛俗——八月至十二月》(《敦煌研究》2001年第2期,第73—81页)。
⑨ 张弓:《中古盂兰盆节的民族化衍变》,《历史研究》1991年第1期,第136—146页。
⑩ 刘礼堂:《唐代长江中游民俗文化问题研究》,武汉大学博士学位论文,2002年。
⑪ 熊燃:《唐代长江上中游地区的岁时节令》,《武汉大学学报(人文科学版)》2008年第6期,第752—758页。

游岁时节令及所反映的民间生活。还有吕一飞《胡族习俗与隋唐风韵》①,专门探讨了南北朝以来北方民族习俗对隋唐风俗的影响。近年来有张宏梅《唐代的节日与习俗》、张勃《唐代节日研究》两部新著出版,②后者着重从国家制度层面论述隋唐新兴节日的产生与影响并试图揭示唐代节日特点。

隋唐生活中游戏与体育活动经常合而为一。20 世纪 30 年代,向达作《长安打毬小考》③。此后罗香林发表了《唐代拔河之戏考》《唐代斗鸡戏考》《唐代波罗毬戏考》④,作者认为六朝时拔河已流行,唐玄宗时最盛,已演变为纯娱乐与耀武双重性质,并述拔河之阵容、盛况及影响,又详叙唐代斗鸡习尚、鸡坊、护鸡坊谒者与鸡坊小儿及斗鸡图、诗等,并考证唐代打毬之盛,包括马毬传入、打毬规则、毬场、毬戏之地域分布等,比向达仅研究长安打毬更进一步。此后,体育与文娱生活的研究成果层出不穷。⑤ 王永平《唐代游艺》《从踏歌看唐代中外娱乐风俗》⑥,涉及唐代各阶层日常生活中的蹴鞠、弹棋、斗鸡、竞渡、秋千等游戏。李重申《敦煌古代体育文化》⑦一书,考察了敦煌唐五代时期的体育活动。近年来,对唐代特别是女性体育的研究也增加了许多新成果。⑧

旅游和休闲研究成果也逐年增加,有刘菊湘《唐代旅游研究》⑨、牟维珍《唐代文人与旅游文化论略》⑩、卢长怀《唐宋休闲活动的主要方式及其影响》⑪等。此外,还有对唐人喜爱牡丹习俗的研究⑫、对赌博和文身习俗的研究⑬。宠物研究限于史料研究者较少,丛振《西

---

① 吕一飞:《胡族习俗与隋唐风韵》,北京:书目文献出版社,1994 年。
② 张宏梅:《唐代的节日与习俗》,太原:山西人民出版社,2010 年;张勃:《唐代节日研究》,北京:中国社会科学出版社,2013 年。
③ 向达:《长安打毬小考》,详见《唐代长安与西域文明》6,北京:生活·读书·新知三联书店,1957 年,第 80 页。
④ 罗香林:《唐代文化史》,初印于 1944 年,1967 年收入王云五主编的"人人文库"中,1974 年台北商务印书馆再版。参见李岩:《罗香林唐代文化史研究述略》,《中国史研究动态》1991 年第 4 期,第 18—23 页。
⑤ 王赛时:《唐代马球综考》,《中国唐史学会论文集》1993 年;邱百明:《从安阳隋墓中出土的围棋盘谈围棋》,《中原文物》1981 年,第 57—59 页;黄伟:《唐代体育与唐代社会开放风气》,《晋阳学刊》1991 年第 6 期,第 27—31 页;潘孝伟:《略论唐代体育的特点》,《安庆师范学院学报》1991 年第 3 期,第 40、51—55 页;黄中安:《论唐代的体育活动》,《人文杂志》1990 年第 6 期,第 93—98 页。
⑥ 王永平:《唐代游艺》,西安:西北大学出版社,1995 年;王永平:《从踏歌看唐代中外娱乐风俗》,《河北学刊》2010 年第 6 期,第 68—77 页。此外还有通俗性的著作如于左《玩在唐朝》(北京:中华书局,2008 年),也介绍了唐代生活中蹴鞠、投壶、斗鸡等各种游戏。
⑦ 李重申:《敦煌古代体育文化》,兰州:甘肃人民出版社,2000 年。
⑧ 如胡惠玲:《论唐代体育发展的环境》,张晶:《从文物古籍看唐代女子体育》,刘芳梅:《试论我国唐代女子体育活动的特点及其原因》,胡琳:《唐代女子体育活动探析》,矫志庆:《唐代体育活动的发展与女性社会空间的拓展》(分别发表于《山西师大体育学院学报》2002 年第 2 期,第 6—8 页;《体育文化导刊》2002 年第 5 期,第 39—40 页;《湖北体育科技》2004 年第 3 期,第 299—300、303 页;《兰台世界》2011 年 11 月,第 23—24 页;《曲阜师范大学学报(自然科学版)》2011 年第 4 期,第 109—113 页)。
⑨ 刘菊湘:《唐代旅游研究》,《宁夏社会科学》2005 年第 6 期,第 106—108 页。
⑩ 牟维珍:《唐代文人与旅游文化论略》,《学术交流》2010 年第 8 期,第 188—193 页。
⑪ 卢长怀:《唐宋休闲活动的主要方式及其影响》,《辽宁师范大学学报》2012 年第 6 期。
⑫ 胡行:《唐都长安的牡丹狂》,《逸经》1936 年第 7 期;李树桐:《唐人喜爱牡丹考》,《大陆杂志》1969 年第 1、2 期。
⑬ 如葛承雍:《论唐代社会中的赌博浊流》,《社会科学战线》1991 年第 1 期;张燕波:《唐代的博戏》,《华夏文化》2001 年第 3 期,第 16—18 页;张萍:《唐的文身风气》,《晋阳学刊》1990 年第 3 期;汤夺先:《从〈酉阳杂俎·黥〉看唐代的文身习俗》,《华南师范大学学报》2010 年第 5 期。

域"猧子"与唐代社会生活》①,吸收前贤的相关论述,以西域狗猧子为中心,对猧子活跃于贵族仕女和儿童生活中及其对社会的诸多影响进行了探讨,触及了中西文化交流这一大主题。

**(四)精神世界——有关信仰生活的研究**

隋唐是佛教、道教高度发达的时期。在信众的日常生活中,礼佛、斋醮是不可缺少的部分。郭绍林《唐代士大夫与佛教》②、张国刚《佛学与隋唐社会》③,从佛教对士人生活的影响、佛教的世俗化、佛教与民众闲暇生活、佛教饮食与茶文化等方面,探讨了宗教与民众生活的联系。近年来,考察隋唐民间众神崇拜的著作很多,如贾二强《唐宋民间信仰》④,记述和考察了庶民生活中在鬼神观念支配下的迷信活动。敦煌吐鲁番发现的部分文书,丰富了生活中民间神祇的研究,如法藏《白泽精恠(怪)图》是敦煌文书中涉及民间信仰的重要资料之一,该图以杂占记述为主要内容,并附相关彩图及解说,与唐代完成的占卜类书《天地瑞祥志》《开元占经》等相近,本质上也包含了复杂的民间信仰观念。⑤ 有学者认为隋唐以后"百怪"使用频繁,《百怪书》和《百怪图》的出现,反映了民间信仰对象更加广泛。⑥

**(五)群体与个体——女性,士、农、工、商、兵士的生活研究**

高世瑜《唐代妇女》一书,是较早详细考察唐代各阶层妇女生活状况以及杰出女性在文学、艺术、政治、科技、学术、宗教领域的活动的代表性著作。⑦ 此后,段塔丽《唐代妇女地位研究》⑧也对唐代妇女生活有多角度的研究。姚平《唐代妇女的生命历程》⑨,分别探讨了婚姻、夫妇关系、为人之母这妇女生活的三大方面。陈弱水《隐蔽的光景:唐代的妇女文化与家庭生活》⑩,侧重从思想史角度研究妇女生活。近年来,对女性家庭和婚姻生活的研究日趋细化,如张国刚《唐代寡居妇女的生活世界》,根据墓志、笔记小说、出土文书,分析和研究了隋唐"寡母孤儿"的物质、精神生活,并深入探讨了儒家礼法文化逐渐下移的问题。⑪ 此外,宁可、郝春文《北朝至隋唐五代间的女人结社》通过对女性的结社与信仰的考察,得出了北朝至隋唐间妇女社会地位较高的观点⑫。各阶层妇女的服饰、时尚生活、消费能力以

---

① 丛振:《西域"猧子"与唐代社会生活》,《新疆大学学报(哲学社会科学版)》2012年第11期。
② 郭绍林:《唐代士大夫与佛教》,西安:陕西人民出版社,1987年。
③ 张国刚:《佛学与隋唐社会》,石家庄:河北人民出版社,2002年。
④ 贾二强:《唐宋民间信仰》,福州:福建人民出版社,2002年。同类研究还有王昌焕:《论唐代社会的神仙信仰》,《史学月刊》2000年第4期,第118—124页。
⑤ 关于此文书的研究,可参考高国藩:《敦煌民间信仰的〈白泽精怪图〉》,载《敦煌民俗学》,上海:上海文艺出版社,1989年,第342—367页;黄正建:《敦煌占卜文书与唐五代占卜研究》,北京:学苑出版社,2001年,第166—167页;余欣:《神道人心:唐宋之际敦煌民生宗教社会史研究》,北京:中华书局,2006年,第216页。
⑥ 参阅游自勇:《敦煌写本〈百怪图〉补考》,《复旦学报(社会科学版)》2013年第6期。
⑦ 高世瑜:《唐代妇女》,西安:三秦出版社,1988年。
⑧ 段塔丽:《唐代妇女地位研究》,北京:人民出版社,2001年。
⑨ 姚平:《唐代妇女的生命历程》,上海:上海古籍出版社,2004年。
⑩ 陈弱水:《隐蔽的光景:唐代的妇女文化与家庭生活》,桂林:广西师范大学出版社,2009年。
⑪ 张国刚:《唐代寡居妇女的生活世界》,《安徽师范大学学报(人文社会科学版)》2007年第3期,第307—342页;同一主题的研究还有李晓敏:《唐代寡居女性生活探微——以墓志为基础》,《内蒙古大学学报(人文社会科学版)》2007年第9期,第59—63页;苏士梅:《从墓志看佛教对唐代妇女生活的影响》,《史学月刊》2003年第5期,第84—88页。
⑫ 宁可、郝春文:《北朝至隋唐五代间的女人结社》,《北京师范学院学报》1990年第5期,第16—19页;苏士梅:《从墓志看佛教对唐代妇女生活的影响》,《史学月刊》2003年第5期。

及社会活跃度等也受到学者的关注,如荣新江《女扮男装——唐代前期妇女的性别意识》,由着装风习探讨了唐前期妇女的性别意识,颇多新见。①

近年来,对官员与士人日常交游、宴集等休闲生活的研究十分活跃。李乃龙《雅人深致与宗教情缘——唐代文人的生活样态》②是整体考察文人群体生活面貌的专著。香港大学庄申著《长安时代:唐人生活史》③,据称该书为唐人琴棋书画、文学艺术、舞蹈服饰、健康病患等细节讨论甚详。惜本人尚未拜读过上述两著,仅在此做一般介绍。彭梅芳《中唐文人的日常生活与文学创作》一书也从衣食住行、琴棋书画及交往活动方面探讨了文人的日常生活,特别是宴集活动。④ 黄正建《韩愈日常生活研究—唐贞元长庆文人型官员日常生活研究之一》⑤及《官员日常生活的个案比较——张说与元稹的场合》,以"文人型官员"的个体生活为对象,先后考察了韩愈、元稹和张籍的日常生活,试图通过文官个案揭示一个时代、阶层的生活内容,为认识人与社会的发展变化提供了生活层面的依据。⑥

对隋唐城市中商人、手工业者和艺人生活的研究起步于 20 世纪 20—30 年代,陶希圣、鞠清远,特别是向达从中西文化交流的宏观视野出发,探讨了寓居长安的胡商的生活及文娱活动中的胡俗、胡伎。⑦ 黄煌《唐代的城市居民生活与城市经济》⑧,探讨了唐代市民的衣食住行及文化精神生活,再现了商品生产发展和城市经济的进步。此外,黄新亚《消失的太阳》⑨、程蔷、董乃斌《唐帝国的精神文明——民俗与文学》⑩,综合考察了唐代城市政治、经济、文化、宗教、民情、风俗各方面的情况,并将宫城皇城与李唐皇族、官员、长安市井居民划分为不同的群体进行了考察。薛平拴《论唐代商人阶层的经济实力》,从奢侈生活方面窥知商人的地位。⑪ 王赛时《唐代的夜生活》⑫,集中探讨了常日夜晚以及节日夜晚时分的宴饮、娱乐活动。关于手工业者生活的研究也有较多成果。宋军风《唐宋商人舆服演变考述》,论述了唐宋商人舆服实况与制度相脱节,其中涉及了一些商人的日常生活,如出行、服饰等。⑬ 李鸿宾《唐代四种官类工匠考实》,对了解服役于官府的四类工匠生活提供了重要参考。⑭ 魏明孔《唐代工匠与农民家庭规模比较》,对画匠、染匠、织户、制笔户等手工业者家庭结构做了五种划分,探讨他们的生产模式、生活与婚姻状况。⑮ 宁欣《论唐代长安另类

---

① 荣新江:《隋唐长安:性别、记忆及其他》,上海:复旦大学出版社,2010 年 9 月,第 25—46 页。
② 李乃龙:《雅人深致与宗教情缘——唐代文人的生活样态》,台北:台湾文津出版社,2000 年。
③ 庄申:《长安时代:唐人生活史》,香港:香港大学美术博物馆,2008 年。
④ 彭梅芳:《中唐文人的日常生活与文学创作》,北京:人民出版社,2011 年。
⑤ 荣新江主编:《唐研究》第 4 卷,北京:北京大学出版社,1998 年,第 251—273 页。
⑥ 黄正建:《中晚唐社会与政治研究》第 4 章,北京:中国社会科学出版社,2006 年,第 411—433 页。
⑦ 向达《唐代长安与西域文明》一书是以同名论文为书名的,该文最初发表在 1933 年 10 月《燕京学报》专号。
⑧ 黄煌:《唐代的城市居民生活与城市经济》,《华东师范大学学报》1992 年第 3 期。
⑨ 黄新亚:《消失的太阳》,长沙:湖南出版社,1996 年。
⑩ 程蔷、董乃斌:《唐帝国的精神文明——民俗与文学》,北京:中国社会科学出版社,1996 年。
⑪ 薛平拴:《论唐代商人阶层的经济实力》,《唐史论丛》第 7 辑,西安:陕西师范大学出版社,1998 年。
⑫ 王赛时:《唐代的夜生活》,《东岳论丛》2000 年第 4 期。
⑬ 宋军风:《唐宋商人舆服演变考述》,《重庆社会科学》2006 年第 6 期,第 65—69 页。
⑭ 李鸿宾:《唐代四种官类工匠考实》,《文史》第 42 辑,北京:中华书局,1997 年,第 105—111 页。
⑮ 魏明孔:《唐代工匠与农民家庭规模比较》,《西北大学学报(社会科学版)》2004 年 1 期。

商人与市场发育——以〈窦义传〉为中心》,也从个案讨论了商人生活。①戴显群《唐代优伶的社会地位及其相关问题》、岳永逸《眼泪与欢笑:唐代教坊艺人的生活》,都以艺人与卜者等特殊行业者的生活为中心,考察这一群体的生活方式和社会地位。②

隋唐学界对军人生活的研究,较早散见于对军事制度的考察中。陈仲安、张国刚对府兵衣装、衣粮的讨论;③张国刚《唐代藩镇研究》对唐后期藩镇军人问题的探讨,也涉及若干军人生活层面的问题。此后,部分学者利用敦煌特别是吐鲁番出土的军事文书,如黄正建《敦煌文书与唐代军队衣装》④、孙继民《敦煌吐鲁番所出唐代军事文书初探》⑤等系列成果,对府兵、兵募的装备、补给等问题进行了深入的探讨,对认识唐代前后期军事制度演变背景下的军人生活提供了重要参照。还有学者从运河沿岸骄兵哗变频繁这一现象入手分析了唐后期军人带家属、养家压力成为藩镇动乱的原因之一。⑥郭绍林《唐代的练兵活动》《唐代军队乐舞体育活动考》⑦,是对军人日常训练和余暇文娱活动的专门研究。刘琴丽《唐代幽州军人与佛教——以〈房山石经题记汇编〉为中心》⑧,是为数不多的、考察军人信仰生活的佳作。近年来,在研究生学位毕业论文中,出现了军人生活选题,如李谋娜《唐代士兵相关问题研究》、陈巍《唐代前期患兵问题研究》、赵杰《唐代军赏问题研究》、刘宁《唐宋"军伶"考述》。⑨此外还有对唐代士兵亡故的善后处置⑩以及军戎服饰、边塞诗中的征衣等问题的研究,反映出青年学人对军人研究领域的拓展。

近年来,学界对隋唐农村乡里组织的构成、功能,地方与中央关系的研究成果丰硕,但对乡里胥吏的日常工作和生计则缺少具体的研究。林晓洁《唐代西州官吏日常生活的时与空》⑪,运用敦煌吐鲁番文书,以西州官吏的工作为线索,考察其工作与休假、值班及发放月料等日常活动,揭示了官与吏身份地位的不同决定了他们日常生活状态的不同。该文是此类主题的成功尝试,在史料的分析运用方面颇有新意。

农民是国家财富的主要创造者和赋役的承担者,乡村农民日常生活的具体内容与家庭

---

① 宁欣:《论唐代长安另类商人与市场发育——以〈窦义传〉为中心》,《西北师大学报(社会科学版)》2006年第4期,第71—78页。
② 戴显群:《唐代优伶的社会地位及其相关问题》,《福建师大学报》1993年第2期;岳永逸:《眼泪与欢笑:唐代教坊艺人的生活》,《民俗研究》2009年第3期。
③ 陈仲安:《唐府兵随身七事辨》,载中国唐史学会编:《中国唐史学会论文集(二)》,西安:三秦出版社,1989年,第183—187页;张国刚:《所谓府兵"随身七事"辨》,载《唐代政治制度研究论集》,台北:文津出版社,1994年,第259—260页。
④ 黄正建:《敦煌文书与唐代军队衣装》,《敦煌学辑刊》1993年第1期,第11—16页。
⑤ 孙继民:《敦煌吐鲁番所出唐代军事文书初探》,北京:中国社会科学出版社,2000年。
⑥ 如拙作《唐后期汴乱原因的分析》,《河北学刊》1987年第5期。
⑦ 郭绍林:《唐代的练兵活动》,《洛阳师范学院学报》2003年第6期,第83—84页;《唐代军队乐舞体育活动考》,《史学月刊》2004年第3期,第120—123页。
⑧ 刘琴丽:《唐代幽州军人与佛教——以〈房山石经题记汇编〉为中心》,《世界宗教研究》2011年第6期,第24—32页。
⑨ 李谋娜:《唐代士兵相关问题研究》,陕西师范大学硕士学位论文,2007年;陈巍:《唐代前期患兵问题研究》,中国人民大学硕士学位论文,2008年;赵杰:《唐代军赏问题研究》,安徽大学硕士学位论文,2013年;刘宁:《唐宋"军伶"考述》,河北师范大学硕士学位论文,2014年。
⑩ 李蓉:《论唐代士兵亡故的善后处置》,《陕西师范大学学报(哲学社会科学版)》2012年第5期。
⑪ 林晓洁:《唐代西州官吏日常生活的时与空》,《西域研究》2008年第1期,第60—83页。

经济状况、社会发展程度有着密切的关系,是观察社会的重要视角。韩国磐《唐天宝时农民生活之一瞥——敦煌吐鲁番资料阅读札记之一》,根据敦煌出土的物价史料,分析了天宝年间农民家庭的收入与支出状况,从生产关系层面直接触及农民生活。① 近年来,张安福对唐代农民的日常生活、生产活动以及收入与消费做了系列研究,如《唐初农民家庭收支与社会发展》《税制改革对唐代农民产业经营和日常生活的影响》等文,②详细考察了农民在均田制度和安史之乱后两税法背景下的生产和日常生活状况。劳动妇女生活素来缺少研究。夏增民《中古时代女性赋税负担蠡测》③,根据男女在社会和家庭内劳动分工的不同,结合物价和女性所要承担的租调庸进行了匡算,认为中古时代女性赋税约为男子的 3—4 倍,此结论尚待商讨,但作者的关注点十分难得。

**(六)特殊地区的生活——以敦煌、吐鲁番地区为中心**

由于敦煌、吐鲁番文书的发现,学者对这一地区人民生活的研究有了大量生动丰富的史料可资利用,成果众多,如张安福《唐代西北地区农民群体的生活世界》④,对敦煌、吐鲁番等地农民群体的物质生活,包括衣食住行、宗教信仰和劳作之余的休闲生活进行了考察,认为西北农民日常生活比想象中富足、舒适。徐秀玲《唐宋之际敦煌农业领域受雇人的生活》⑤,根据敦煌雇佣文书中受雇人的工价,考察了雇工与普通农户每日食粮、税收、穿衣以及邻舍人情往来花费等生活支出,认为敦煌普通农户佣工生活拮据。僧尼生活也是敦煌研究的热点。姜伯勤《唐五代敦煌寺户制度(增订版)》从敦煌寺户文书的研究入手,力图再现 8—10 世纪敦煌寺院的经济结构,探讨农奴式人口"寺户"的地位和生活。⑥ 郝春文《唐后期五代宋初敦煌僧尼遗产的处理与丧事的操办》⑦,利用敦煌办理亡僧后事、处置遗产的文书,还原了僧尼群体处理后事的过程。同主题的论文还有季爱民《唐代西州僧尼的社会生活》。⑧ 此外,薛宗正《唐代西域汉人的社会生活》⑨,李方《唐西州九姓胡人生活状况一瞥——以史玄政为中心》⑩,通过十六件文书梳理了昭武九姓胡人的生活经历。

## 三、域外学者关于隋唐五代日常生活史的研究

西方学者对中国古代社会生活史的研究,从属于传统汉学的范围,发端于"汉学的童年

---

① 韩国磐:《唐天宝时农民生活之一瞥——敦煌吐鲁番资料阅读札记之一》,《厦门大学学报》1963 年第 10 期。
② 张安福:《唐初农民家庭收支与社会发展》,《齐鲁学刊》2003 年 6 期;《税制改革对唐代农民产业经营和日常生活的影响》,《江西社会科学》2009 年 7 期,第 45—50 页。
③ 夏增民:《中古时代女性赋税负担蠡测》,《华中科技大学学报(社会科学版)》2009 年第 5 期。
④ 张安福:《唐代西北地区农民群体的生活世界》,《齐鲁学刊》2008 年第 6 期,第 45—50 页。
⑤ 徐秀玲:《唐宋之际敦煌农业领域受雇人的生活》,《敦煌研究》2012 年第 5 期,第 86—92 页。
⑥ 姜伯勤:《唐五代敦煌寺户制度(增订版)》,北京:中国人民大学出版社,2011 年。
⑦ 郝春文:《唐后期五代宋初敦煌僧尼遗产的处理与丧事的操办》,《敦煌研究》1998 年第 1 期,第 34—46、186 页。
⑧ 季爱民:《唐代西州僧尼的社会生活》,《西域研究》2007 年第 4 期,第 63—73、143 页。
⑨ 薛宗正:《唐代西域汉人的社会生活》,《西域研究》1996 年第 4 期,第 74—88 页。
⑩ 载季羡林主编:《敦煌吐鲁番研究》第 4 卷,北京:北京大学出版社,1999 年,第 265—286 页。

时期"①——明清传教士来华以后,中国物品充斥于欧洲人的生活,西方知识界对中国浩如烟海的典籍也渐有了解,对中国古老文明形态和社会体系的认知、认可,促使其将中国作为独立的研究对象。有关古代中国社会和生活的最早记录,大多出自传教士的观察与描述,当然时代多为明清以后。而在中西文化交流史上,法国人扮演过重要角色。1753 年,法兰西学院曾收到过在华耶稣会士宋君荣(Antione Gaubil,1689—1759)《中国大唐朝史纲》的手稿,并于 1814 年由法国学者萨西、雷慕沙刊行。19 世纪末、20 世纪初,法国是西方汉学的中心,产生了沙畹、马伯乐、伯希和、戴密微等一批著名学者,此后谢和耐、戴仁、童丕等人继其续馀。在他们的汉学成果中,中国古代社会研究有着悠久的历史和传统,为其鲜明特色。如沙畹(Édouard Chavannes,1865—1918)在《泰山——中国的山岳崇拜》一书后附有《中国的社神》。马伯乐(Henri Maspero,1883—1945)在 1920 年编写了《唐代长安方言考》②,当然这是以《切韵》为中心的研究唐代音韵的著作。但马伯乐对中国古代道教有深入的研究。而其不太为人所知的贡献,还有对斯坦因第三次中亚探险(敦煌、楼兰、吐鲁番、塔里木盆地、居延)所获数量庞大的唐代古文书的整理和考释,其中有对开元年间长行马、马簿或马籍以及唐代小麦借据的考释。这些研究体现在《斯坦因第三次中亚探险中所获汉文文书》中(1953 年伦敦版),仁井田陞评价说:"大概在马伯乐的许多成就中,(这)是经过最艰苦的努力而取得的一个。"③

此后,欧洲英、俄、德等国逐渐形成一支职业化的汉学研究队伍,各领风骚,但研究多偏重儒家经典和古典文学、宗教,时代也多为明清以后。在此不能不提到英国作家韦尔斯(Herbert George Wells,1866—1946)初版于 1920 年的《世界史纲》④和另一部《世界史纲简编》⑤。韦尔斯的著作,最初由梁启超倡议翻译,20 世纪 30 年代有多个译本,译者为梁思成、向达、陈建民、朱应会、蔡希陶等,分别由商务印书馆(1927 年)、上海昆仑书店(1930)、大江书铺(1932)出版。这部小说家偶然"玩票"的历史著述,不可避免地存在着若干史实上的错误,但却在当时的中国史学界产生了很大影响,甚至受到一些学者的好评。⑥ 韦尔斯对唐代生活的下述评论传布甚广:"公元 7—9 世纪,中国是世界上最安乐的文明国家。……中国威名远扬;甚至在生活娱乐的方式上,都有了伟大的成就。人们开始饮茶,发明了纸张,并开始木版印刷术。在这几个世纪之间,将近数百万的中国人过着井然有序、幽雅舒适的生活。但是,在同一时期,欧洲和西亚的人口却在减少,人们居住在茅舍,或有城

---

① 参张国刚:《明清传教士与欧洲汉学前言》,北京:中国社会科学出版社,2001 年 5 月,第 1 页。
② 法文标题为 Le dialecte de Tch'ang—ngan sous les T'ang,该书于 1920 年出版(参见姚伯岳:《〈胡适、王重民先生书信往来集〉中的几位法国汉学家》,《大学图书馆学报》2009 年第 6 期,第 77 页),2005 年中华书局出版了聂鸿音的中文译本。
③ [日]仁井田陞:《斯坦因在第三次中亚探险中收集的文书与马伯乐的研究特别是唐代有关马政文书与西夏高利贷文书》,载《中国史研究》1981 年第 4 期,第 19—26 页,仁井田陞著,姜镇庆译:《中国法制史研究——土地法、交易法》,东京:东京大学出版会,1960 年。
④ The Outline of History: Being Plain History of Life and Mankind.
⑤ Short History of World,另有版本译作《世界文化史》《世界文化史纲》及《世界史要》。
⑥ 如吴于廑称韦尔斯:"超越地区、国别的局限,以鲜明的世界观点考察世界历史……这点值得称道。"参《吴于廑文选》,武汉:武汉大学出版社,2007 年。转引自朱慈恩:《略论韦尔斯及其〈世界史纲〉在中国的影响》,《廊坊师范学院学报(社会科学版)》2013 年第 5 期,第 60—64 页。

墙的小城,有些地方遍布着盗贼、山寨。西方的精神因为神学的迷妄而黯淡无光,而中国人的思想却是开放的、宽容的。"①这个结论虽不能说完全准确,但作者对盛唐生活的艳羡却是由衷的。

二战后,远东史研究迅速发展,1956 年法国学者谢和耐(Jacques Gernet)《中国 5—10 世纪寺院经济》一书出版②,部分章节涉及唐代僧侣的经济生活。该氏还著有《中国社会史》③,但这是一部从上古至当代的中国通史,没有讨论隋唐生活。童丕(Éric Trombert)《敦煌的信贷——中国中古时代的物质生活与社会》④《酒与佛教——八至十世纪敦煌寺院的酒类消费》⑤,收集、分析了大量敦煌等地的唐宋契约文书,并广泛征引小说、法律文书以及考古资料,揭示了敦煌社会的经济发展状况以及当地百姓的生活,戴仁称此书"不仅得以重现了这个时代的经济,而且展示了日常生活的一个重要方面"。⑥

虽然与欧洲各国汉学研究相比,美国汉学研究起步较晚,但发展很快,成为战后西方汉学(或称"中国学")的重镇。一些研究机构及会刊如《美国东方学会会刊》《哈佛亚洲学报》在学界产生了很大的影响,中国上古史、秦汉史、魏晋南北朝史、隋唐史等学会也纷纷成立。美国学者除去同样重视儒家经典、古典文学、佛教、道教研究外,还更多关注明清以降、特别是近代以来的中国社会的政治、经济,相比之下,隋唐生活史的成果数量不多,比较重要的有:薛爱华(Edward Schafer)《撒马尔罕的金桃:唐代舶来品研究》⑦,该书既是一部中西交流方面的名著,又有大量唐代日常生活内容,作者通过社会物质生活这一独特视角来探讨唐代的社会和文化生活。米歇尔·洛伊著有《中国早期帝国的日常生活》⑧(惜本人没有看到原著,未知其具体内容)。20 世纪 70 年代中期以后,以宇文所安、梅维恒(Victor H Mair)、伊佩霞(Patricia Ebrey)等人为代表的新一代汉学家,不仅有良好的中文素养,受过严格、正规的学术训练,而且视野宽广,成就可观。但宇文所安、梅维恒学术专长在唐代文学研究⑨,伊佩霞则是在古代家族研究方面享有较高知名度。涉及唐代生活史研究的,有韩森(Valerie Hansen)《传统中国日常生活中的协商:中古契约研究》⑩,利用了敦煌、吐鲁番的地契、卖身契约、放妻书等资料。2001 年,查尔斯·本(Charles Benn)著 *Daily Life in*

---

① 引自《世界简史》今译本《图解世界简史》唐朝部分,北京:北京国际出版社,2008 年,第 196 页。
② [法]谢和耐(Jacques Gernet):《中国 5—10 世纪寺院经济》,巴黎法兰西远东学院,1956 年出版。
③ [法]谢和耐(Jacques Gernet)著,耿昇译:《中国社会史》,北京:中国藏学出版社,2006 年。
④ [法]童丕著,余欣、陈建伟译:《敦煌的信贷——中国中古时代的物质生活与社会》,北京:中华书局,2003 年。
⑤ Bière et Boudhisme, la consommation de boissons alcoolisées dans les monastères de Dunhuang aux VIIIe – Xe, *Cahiers d'Extrême – Asie*, Vol. 11: *Nouvelles études de Dunhuang*, Jean—Pière Drège éd., Centenaire de l'Ecole française d'Extrême – Orient, Koyto: Ecole française d'Extrême – Orient section de Kyoto, 2000, pp. 129—181).
⑥ [法]童丕著,余欣、陈建伟译:《敦煌的借贷——中国中古时代的物质生活与社会》,中译本余欣序,第 3 页。
⑦ 该书最初于 1963 年由加利福尼亚大学出版社出版。后有多种版本。本人在此使用的是薛爱华(Edward Schafer)著,吴玉贵译:《撒马尔罕的金桃:唐代舶来品研究》,北京:社会科学文献出版社,2016 年。
⑧ [美]米歇尔·洛伊:《中国早期帝国的日常生活》,纽约:1970 年。
⑨ 梅维恒著有《唐代的变文》和《唐代的行卷》。参阅仇华飞:《论美国早期汉学研究》,《史学月刊》2000 年第 1 期,第 93 页。
⑩ [美]韩森(Valerie Hansen)著,鲁西奇译:《传统中国日常生活中的协商:中古契约研究》,南京:江苏人民出版社,2008 年。英文书名及出版信息为: *Negotiating Daily Life in Traditional China: How Ordinary People Used Contract*, New Haven: Yale University Press, 1995.

Traditional China:The Tang Dynasty 出版①,该书是作者在夏威夷大学讲授唐代日常生活课程的讲稿,不是学术著作,因此未注史料出处,但作者自己绘制了多幅简图,章节的设置如"生命循环""死亡与来世"也体现了对人的生活、生命历程的关注。2009年,由著名汉学家卜正明(Timothy Brook)主编、陆威仪(Mark Edward Lwewis)撰写的《哈佛中国史》之《世界性的帝国——唐朝》②卷问世,该卷用可观的篇幅讨论了唐代城市生活、乡村生活以及宗教、宗族问题,一些内容如长安的花街柳巷、花卉热、茶叶和糖、家庭中妇女的生活、长安宗教场所图、安史之乱前后街市对比图,以及通过《北里志》《李娃传》等材料对社会风尚的讨论,都颇有新意。

日本学界对隋唐生活史的关注更有着复杂的背景。日本古代文化、制度受隋唐礼乐文明影响至深,如池田温教授所说:"日本对作为其文明母体的古代中国一直持有兴趣。1895年甲午战争以后,日本意识到对毗邻的东亚的朝鲜半岛、中国大陆谋求政治、经济上的利益是关系国家存亡的课题,自然也认识到对这些地区进行地理、历史研究的重要性。这就是日俄战争以后日本东洋史研究急速发展的背景。"③日本学者对唐代社会文化史的综合研究开始较早并取得了较多成果,综合性的著作有:守屋美都雄《中国古代岁时记的研究》④、那波利贞《唐代社会文化史研究》⑤、爱宕元《唐代地域社会史研究》⑥、池田温《中国古代籍帐研究》⑦等。其他如滨口重国对汉唐兵制、徭役,青山定雄对地志和交通史,铃木俊对均田租庸调制,特别是仁井田陞《唐令拾遗》对法律文书的整理和研究,都可视为从整体上考察隋唐制度、文化和社会生活,从而为生活史研究提供理论和相关背景方面的著作。

由于日本古代都城深受长安都城制度的影响,因此追溯隋唐都城的历史,考察长安生活一直是日本学界研究的热点,较早的研究有足立喜六《长安史迹研究》⑧。此后有石田幹之助《长安之春》,这部日本社会家喻户晓的著作,对长安胡商、胡姬、胡旋舞以及长安盛夏生活有详细生动的描写。⑨ 该氏在此后出版的《唐史丛钞》中,又讨论了唐代风俗、宴饮、妇女生活以及纸张问题。⑩ 桑原骘藏较早注意到长安生活中的中西交往现象,《隋唐时代与

---

① 英文初版 2001 年由格林伍德出版社(New York:Greenwood Press)发行,收入《格林伍德日常生活史丛书》(The Greenwood Press Daily Life Through History Series),当时书名为 Daily Life in Traditional China:The Tang Dynasty。2004 年,该书由牛津大学出版社(New York:Oxford University Press)再版,书名改为 China's Golden Age:Everyday Life in the Tang Dynasty。2012 年北京经济科学出版社出版中译本《中国的黄金时代:唐朝的日常生活》,姚文静译。
② 哈佛大学出版社,2009 年出版。中译本,北京:中信出版社,2016 年 10 月。
③ 转引自[日]池田温撰,杨振红摘译:《二十世纪中国古代史研究回顾(上)——从上古到隋唐》,《中国史研究动态》2005 年第 2 期。
④ [日]守屋美都雄:《中國古歲時記の研究——資料復元を中心として》,东京:帝国书院,1963 年。
⑤ [日]那波利贞:《唐代社会文化史研究》,东京:创文社,1974 年。
⑥ [日]爱宕元:《唐代地域社会史研究》,东京:同朋舍,1997 年。
⑦ 最初由东京大学东洋文化研究所于 1979 年出版。中译本见龚泽铣译,北京:中华书局,2007 年 5 月。
⑧ [日]足立喜六:《長安史蹟の研究》,东京:东洋文库,1933 年。中译本见王双怀等译,西安:三秦出版社,2003 年 1 月。
⑨ [日]石田幹之助:《長安の春》1941 年创元社初版,1967 年平凡社出版增订本。中译本见钱婉约译,北京:清华大学出版社,2015 年。
⑩ [日]石田幹之助:《唐史丛钞》,要书房,1948 年。参见胡宝华:《20 世纪以来日本中国史学著作编年》,中华书局,2012 年,第 69 页。

中国往来的西域人》一文在学界产生了重要影响。① 那波利贞也发表过《渗透唐代长安朝野生活之突厥风俗考》。② 1974 年,创文社又出版了他的《唐代社会文化史研究》一书,其中部分论文是据其游学英法等国时从伯希和文书中抄录的大量中国古代民间生活史料完成的,涉及开元天宝年间的社会变迁、俗讲与变文、佛教与社邑等问题。③

进入 20 世纪 80 年代后,日本学界出现了更多研究都市生活的论著,如布目潮沨《唐代长安的王府与王宅》。④ 妹尾达彦继承并发扬了长安研究的传统,著有《长安都城设计》一书⑤,第三章《居民变长安为生活之都》部分,动态地考察了"花都长安"各阶层的居住地域及变动,指出了不同时期长安居民按社会阶层选择居住区的倾向以及出现"精英区""平民区"的原因。作者绘制的"长安西市复原图"别具匠心,生动再现了长安日常商业活动。此外妹尾达彦还有《世界都市长安城中的胡人生活》⑥,讨论了昭武九姓商胡在都城的活动。

对贵族、官僚、士人、女性、农村农民、商人、胡人等不同群体的综合性研究,如玉井是博《中国社会经济史研究》⑦中讨论了唐代贱民、土地契约、外国奴隶等问题。贵族、官僚生活一直是日本学者关注的重要方面,如布目潮沨有《唐初的贵族》⑧,筑山治三郎有《唐代官僚的俸禄和生活》⑨。妹尾达彦《唐代长安近郊的官人别庄》⑩,指出官僚和文人别庄与长安政治、经济、社会文化存在密切关系;《9 世纪的转型——以白居易为例》,则从文官生活角度来观察中唐两京的生活,并尝试复原官员生活圈。⑪ 户崎哲彦《柳宗元的故乡与唐长安城——围绕柳宗元故乡和庄园对唐代长安城里坊与长安县乡里的历史地理学考察(上、下)》⑫、西村富美子《白居易与裴度的周边——围绕长安与洛阳两地——(上、下)》⑬、中尾

---

① [日]桑原骘藏:《隋唐時代に支那に来往した西域人に就いて》,载羽田亨编:《內藤博士還暦祝賀:支那学論叢》,京都:弘文堂书房,1926 年。向达称此文:"考证俱甚精确,可为隋唐史研究上辟一新叶。"详见《唐代长安与西域文明·叙言》,北京:商务印书馆,2015 年,第 4 页。
② [日]那波利贞:《唐代の长安城内の朝野人の生活に浸润したる突厥风俗に就きての小考》1965 年 3 月《甲南大学文学会论集》。
③ 参见胡宝华:《20 世纪以来日本中国史学著作编年》,第 197 页。
④ [日]布目潮沨:《唐代長安における王府・王宅について》,载《中国聚落史の研究》,东京:刀水书房,1980 年,第 115—124 页。
⑤ [日]妹尾达彦:《長安の都市計画》,东京:讲谈社,2001 年 10 月。中译本为《长安的都市规划》,高兵兵译,西安:三秦出版社,2012 年。
⑥ [日]妹尾达彦:《世界都市長安における西域人の暮らし》,《シルクロード学研究叢書》2004 年第 9 卷,第 21—99 页。
⑦ [日]玉井是博:《中国社会经济史研究》,东京:岩波书店,1942 年。
⑧ [日]布目潮沨:《唐初の贵族》,《東洋史研究》1948 年第 10 卷第 3 号,第 24—34 页。
⑨ [日]筑山治三郎:《唐代官僚の俸禄と生活について》,《京都府立大学学术报告》人文卷 1962 年第 14 期,第 43—57 页。
⑩ [日]妹尾达彦:《唐代长安近郊的官人别庄》,唐代史研究会编:《中国都市の歴史の研究》(《唐代史研究会报告》第 Ⅵ 集),1988 年,东京:刀水书房,第 135 页。
⑪ [日]妹尾达彦:《9 世纪的转型——以白居易为例》,《唐研究》第 11 卷,北京:北京大学出版社,2005 年,第 485—524 页。
⑫ [日]户崎哲彦:《柳宗元の故郷・荘園をめぐる唐代長安城里坊・長安県郷里に関する歴史地理学の考察の試み(上、下)》,载《彦根论丛》1995 年第 296 号,彦根:滋贺大学经济学会,第 1—21 页;《滋贺大学经济学部研究年报》1995 年第 2 卷,第 43—78 页。
⑬ [日]西村富美子:《白居易と裴度の周辺——長安・洛陽の両地をめぐって(上、下)》,《未名》2000 年第 18 号,第 1—27 页;2001 年第 19 号,第 1—32 页。

健一郎《古都洛阳与唐宋文人》①,也属同类研究,论述了白居易、裴度与迫于政治压力避居洛阳的文人交游唱和的生活。此外,冈本午一《唐代聘财考》②、大泽正昭《唐宋时代的家族、婚姻、女性》③,论述了女性生活方式的某些细节。

具体到衣食住行研究,早期的研究有原田淑人《唐代女子化妆考》《正仓院御物所见唐代风俗》(《正倉院御物に見ゆる唐朝風俗の一斑》)、《千秋节宴乐考》《唐代女子骑马俑考》(《唐代女子騎馬土偶に就いて》)、《中国古代信札的编缀法》(《支那古代簡札の編綴法に就いて》)、《中国杯的形状和用途》(《支那杯の器形と用途とに就いて》)等生活史方面的内容。④ 1943 年,井坂锦江《中国民族生活史》出版,隋唐时代章论述了环境、衣食住行、农业生产、城市建筑、贸易、交通、居住、婚丧嫁娶、育儿等方面的生活内容。⑤ 此后有布目潮沨《唐代茶道的成立》。⑥

邸店是与"住""行"密切相关的重要内容。日野开三郎《唐代邸店研究》及《唐代邸店研究续》⑦,分类详细论述了各州县邸店、草市的经营内容、发展状况,店的分类包括山店、野店、水店、津店、河次店、道店、村店等。青山定雄《唐宋时期的交通和地图研究》⑧,也涉及"住"与"行"的问题。

日本学界也有较多关注唐代农村和农民生活。有小笠原宣秀《唐代西州人士的精神生活》⑨、宫川尚志《唐五代的村落生活》⑩、筑山治三郎《唐代均田制下的赋役与农民生活》⑪、《关于唐代两税法下的农民生活》⑫、长泽和俊《敦煌的庶民生活》⑬。1992 年日本唐代史研究会出版专集《中国的都市与农村》⑭,其中池田雄一《中国古代的生活圈和方百里——围绕都市和农村》(《中国古代の生活圏と方百里——「都市」と農村をめぐって》)、杉井一臣《唐前期的乡望》(《唐代前半期の郷望》)、中村治兵卫《唐代的村落和四邻——从〈全唐诗〉看四邻》⑮,都是对农民生活的研究。

此外,还有宫下三郎《隋唐时代的医疗》,对食经、酒、植物进行了研究。⑯ 中村乔的专

---

① [日]中尾健一郎:《古都洛陽と唐宋文人》,东京:汲古书院,2012 年。
② [日]冈本午一:《唐代聘财考》,《羽田亨博士颂寿记念集》,刊《东洋史论丛》1950 年,东洋史研究会出版。
③ [日]大泽正昭:《唐宋时代的家族、婚姻、女性》,明石书店,2005 年。
④ 载氏著《东亚古文化研究》(东京:座右宝刊行会,1940 年),该书收入作者三十年间发表的学术论文 48 篇。原田淑人还有据壁画、墓葬和西域、正仓院等地出土衣饰考察唐人服饰的《唐代的服饰》1970 年,东洋文库出版。
⑤ [日]井坂锦江:《中国民族生活史》,东京:日本评论社,1943 年。
⑥ [日]布目潮沨:《唐代における茶道の成立》,《立命馆文学》1962 年第 200 号,京都:立命馆大学人文学会。
⑦ 收入三一书房 1980 年出版的多卷本《日野開三郎東洋史論集》,第 17—18 卷。
⑧ [日]青山定雄:《唐宋时代の交通と地誌地圖の研究》,东京:吉川弘文馆,1963 年。
⑨ [日]小笠原宣秀:《唐代西州人士の精神生活》,《竜谷史坛》第 55 号,1965 年 10 月,第 1—11 页。
⑩ [日]宫川尚志:《唐五代の村落生活》,《冈山大学法文学部学术纪要》第 5 期,1956 年 3 月。
⑪ [日]筑山治三郎:《唐代均田制下の赋役と农民生活》,《京都产业大学论集》第 2 号,1973 年 2 月,第 1—29 页。
⑫ [日]筑山治三郎:《唐代两税法下における农民生活》,《社会文化史学》第 10 期,1974 年 4 月,第 1—19 页。
⑬ [日]长泽和俊:《讲座敦煌》第 3 卷《敦煌の社会》,东京:大东出版社,1980 年,第 457—485 页。
⑭ 日本唐代史研究会编:《中国的都市与农村》,东京:汲古书院,1992 年。
⑮ 载唐代史研究会编:《中国律令制的发展与国家、社会的关系》,刀水书房,1984 年。
⑯ [日]宫下三郎:《隋唐时代的医疗》,收入薮内清主编《中国中世科学技术史的研究》,角川书店,1963 年 3 月。

著《中国岁时史研究》,则是寒食、清明、端午、七七、重阳、除夕等节日的研究。① 对生活用语的研究有前岛信夫《安史之乱时期的几个胡语》②、滨口重国《部曲和家人的用语》③。

综上所述,从传教士开始的中国生活记述开始,西方汉学对隋唐五代社会和日常生活的研究取得了一些成就,其中法国等国学者利用西域出土文献对唐代寺院和契约的研究,美国学者对唐代"舶来品"的研究都是其中富有创造性的成果。而日本学者的隋唐生活史研究,具有起步早、探讨领域宽、比较深入细致的特点,尤其是都市生活、官僚文人生活、农民生活的研究成果,值得借鉴。

## 四、关于隋唐五代日常生活史研究的成绩、问题与思考

隋唐五代史学界对生活史的关注与耕耘已近百年。虽然以往的日常生活研究大多从属于社会生活研究,但"日常"这一"枝叶"得益于"社会"这棵"大树"而日益繁茂。经过中外学者从经济、社会、文化、风俗、地理等不同角度所开展的研究,构成隋唐日常生活史的基本元素——衣食住行等问题的梳理、考证、辨析和研究,取得了许多开创性的成果,这个时期生活的面貌基本上被勾勒出来。特别是墓志、出土文书、壁画、考古新发现的利用,给隋唐日常生活史研究带来了全面的进步,而部分学者对西方有关日常生活理论的借鉴,也为研究注入了新的活力,凡此种种,是新时期日常生活史研究所取得的最大成绩和鲜明特点。具体说来,还可以具体概括为下面几点:第一,对日常生活的基本概念、研究对象和方法,进行了较合理的梳理和探索,一些理论范畴的建设正在健全或明晰;第二,在研究方法上,开始走向多学科交叉研究,除传统史学之外,从文学、考古学、人类学等角度考察日常生活史的成果也层出不穷;第三,个案式的研究,如考察、分析不同群体、个体,不同时期,不同地域的日常生活状态等,都有重要的成果,有些还比较细致、深入。这些进步都为今后日常生活史的"再出发"奠定了重要基础。

当然,隋唐五代日常生活史研究还存在很多不足,需要予以总结,具体表现在:

其一,"类例不分,学术不明"的情况还存在。黄正建曾经统计:在1996—2002七年间的中国唐史学会《会刊》目录中,最初有关日常生活的论文被分别归入政治、经济、文化教育等大类中;其后编者在"文化"类中加入"习俗"或"民俗",统称"文化与民俗"或"文化与习俗",日常生活论著被归入此类;再后来,分类又变为"社会风俗"并与"文化教育"彻底分开。显然,日常生活研究先从属"文化",后归"习俗",再归"社会风俗"。这种"类例不分"的状况,必然导致"学术不明"④。上述现象表明,学界对日常生活史定位的认识还混沌不明,因此"在生活史研究中强调'日常生活'的概念,从'社会生活'转向'日常生活',对于进

---

① [日]中村乔的:《中国岁时史研究》,朋友书店,1992年。参见胡宝华:《20世纪以来日本中国史学著作编年》,第401页。
② [日]前岛信夫:《安史之乱时期的几个胡语》,《石田博士颂寿记念集》,刊《东洋史论丛》,石田博士古稀纪念事业会出版,1965年。
③ [日]滨口重国:《部曲和家人的用语》,载《唐王朝的贱人制度》,中吉川弘文馆出版,1966年。
④ 见黄正建《唐代日常生活史研究现状断想》。

一步推进社会史研究显得尤为必要"。①

其二,研究内容方面还有所遗漏,最明显的当然是五代十国生活研究成果稀少。再如对环境与日常生活的关系也研究不足。还有对一些群体如老人、农民劳动生活、军人的日常生活研究都显不足。以军人为例,他们除去驰骋疆场外,也有婚姻、家庭、衣食住行和休闲娱乐生活,虽有学者利用敦煌吐鲁番文书对唐代行军制度和后勤保障、军装等问题进行研究,但还没出现全面、系统的军人生活研究。此外,对日常交际语言都还欠缺研究。至于对不同地区日常生活的考察,相比明清等断代,除敦煌吐鲁番地区外,其他地区的研究成果还不够丰富。

其三,研究主旨或着眼点还不够明晰。有些研究虽是生活内容,但着眼点在考释名物制度,缺乏对生活的主体——人的关注,所谓"见物不见人"。比如胡饼研究主要在制作、材料、花样等,而究竟哪些人食用胡饼,胡饼是否为大众食品,则应多加讨论。② 一些史料翔实、论述系统的断代社会史,重点还在于人的阶层和社会性,而相对忽视考察人作为生命个体的私人生活特征。阿格妮丝·赫勒(Agnes Heller)把日常生活定义为人类的"类本质活动"③,强调人不仅实现着自身或个体的再生产,同时也实现着整个社会的再生产,因此,生育子嗣、两性活动都是人类的本能,也是日常生活的基本内容,应加强这方面的研究。

其四,在史料的运用方面存在着重笔记小说、墓志和出土资料,忽视传世文献的倾向。章学诚说:"历史非小说传奇。"④陈寅恪也曾反对以石刻完全等同于历史的做法,认为"群经诸史,乃古史资料多数之所汇集。金文石刻则其少数脱离之片断。未有不了解多数汇集之资料,而能考释少数脱离之片断不误者"⑤。当然,现在的资料条件与梁、陈所处的时代已大不相同,唐代墓志就字数来说已超出两《唐书》的总和。但墓志与传世文献仍需很好地结合,互相参证。事实上,正史所记虽主要为精英生活,但是史部"大纲",具有"体尊,义与经配"的权威性,具有版本优、选材审慎、"凡未经宸断者,则悉不滥登"⑥的优点,与稗官野史不同,是一代典章制度、礼乐文明的精髓。可以说,不谙熟《礼仪志》,写不好帝王生活;不熟读《食货志》,也写不好衣食住行。仅以郑樵《通志·二十略》为例:其中的生活史内容,如《艺文略》著录了食疗、妇幼保健、围棋、"粉泽"、印度"香薰"方面的书籍;《乐略》记录了流行曲目近百首,可了解娱乐生活;甚至在《昆虫草木略》也记载了唐代妇女喜欢佩戴的花草等装饰品。总之,志书有生活,对正史等传世文献中日常生活方面的史料还须多加采撷。至于《太平广记》有数十卷专言鬼神,因此小说史料的择取需格外谨慎。敦煌吐鲁番文书也存在残损过甚、游戏文字及赝品问题,壁画和诗歌也不尽为写实之作,这些素材都须小心辨证。

---

① 常建华:《从社会生活到日常生活——中国社会史研究再出发》,《人民日报》2011年3月31日。
② 譬如贺知章将"保惜多时"的明珠赠与老道,后者使童儿"以珠易得三十余胡饼"(《太平广记》卷42《神仙》);安史之乱玄宗仓惶离京,至咸阳"县令俱逃,中使征召更民,莫有应者。日向中,上犹未食,杨国忠自市胡饼以献。于是民争献粝饭,杂以麦豆,皇孙辈争以手掬食之,须臾而尽,犹未能饱"(《资治通鉴》卷218至德元年);白居易也有以忠州胡饼作礼物寄赠友人事(《白居易集》卷18)。可见胡饼应是比较昂贵的,非穷人所能食,乡民餐食为粗粟饭。
③ [匈]阿格妮丝著,衣俊卿译:《日常生活》(Everyday Life),重庆:重庆出版社,2010年。
④ 章学诚讲演,曹聚仁整理:《国学概论》第1章《概论》甲《国学之本体》三,北京:中华书局,2010年,第5页。
⑤ 陈寅恪:《杨树达积微居小学金石论丛稿序》,《金明馆丛稿二编》,上海:上海古籍出版社,1980年,第230页。
⑥ 《四库全书总目》卷45《史部一·正史类》,北京:中华书局,1965年影印,第397页。

最后，写法雷同和理论探讨不足。众所周知，"日常生活"首先是西方学术界一个哲学范畴，后发展而为史学流派，他们认为日常生活具有重复性、一般性的特点，对人类社会生活来说具有基础性的作用和意义。20世纪70年代中期开始，日常生活史首先出现于德国和意大利，称相似的史学学派为microstoria，直译为微小，即"微观史学"。可见，日常生活史的内容是由细微具体、平凡重复的生活元素组成的，它以个体生命的日常活动为研究对象，更关注人的生命历程、平凡生活和"私人领域"，同时也自然会采取所谓"目光向下"的方法，与研究政治、军事史等"宏大"叙述相比，显然存在巨大差异。但这不等于说日常生活史研究就一定是饾饤之学。具体到隋唐五代日常生活史研究的任务和意义来说，除去真实再现这个时期人们是"怎样生活的"，还要探讨人们生活在"什么样的"环境下、文化中，生活得"好不好"。如能将微观与宏观方法相结合，用开阔的视野和多角度的观察，揭示这个时代日常生活是如何反映社会面貌、如何折射南北朝以来民族融合、物质生活进步与文化繁荣，进而由生活方式的变革推及生产关系和社会形态的变革，或许是日常生活史研究的更高目标。在这方面，谢和耐对蒙元入侵前夜南宋临安日常生活的研究就颇具启发性[1]，他从衣食住行、生命周期、四时节令、消闲时光入手，探讨了尚武、好战、组织严明的唐代社会是如何渐变为重商、享乐和腐化的宋代，而其中农民生活的困苦恰是一个重要因素。

附记：拙文大部分内容，是笔者三年前在南开大学中国社会史研究中心"日常生活史读书班"上的讨论发言。在修改发言撰成此文之际，隋唐日常生活史又不断有新成果问世，可谓目不暇接。仅管见所及：卢建荣《唐宋私人生活史》[2]，是一部兼具学术性与普及性特点的著作，其中有对向为学者所忽略的内容如"婚前性关系""单亲家庭子女教育"等问题的讨论。此外，《唐研究》第21卷也以《长安节庆》为专题刊载了多篇讨论唐代元正舞蹈、元宵节、千秋节、重阳节方面的新作。[3] 中西书局出版了黄正建《走进日常——唐代社会生活考论》，该书是作者多年来在日常生活史领域辛勤耕耘的总结性成果，对作者坚持将研究重点放在人的活动这一研究旨趣[4]，本人深表赞同。夏炎的新作《"北人""南物"与唐后期南北问题的重新审视——以南贬北人间的礼物馈赠为中心》[5]，则通过唐后期南贬北人间礼物馈赠的习惯，探讨南贬北人在南方的生存状态，认为习惯背后实际上蕴含着被贬北人的一种积极应对环境的态度。令人耳目一新。新近出版的于赓哲《隋唐人的日常生活》则从

---

[1] ［法］谢和耐著，刘东译：《蒙元入侵前夜的中国日常生活》，北京：北京大学出版社，2008年。
[2] 卢建荣：《唐宋私人生活史》，台北：新高地文化事业有限公司，2014年。
[3] 王静：《岁时与秩序——唐代的时间政治》、夏国强：《拜舞长安——唐代元正朝会"舞蹈"礼仪的礼据与内涵》、孟宪实：《论元宵节在唐代的发展》、何亦凡：《论唐朝端午节的律令化》、刘子凡：《唐代三伏择日中的长安与地方》、杨为刚：《节日·空间·记忆——关于千秋节几个问题的再探讨》、靳亚娟：《登高与赐宴——唐代长安重阳》，北京：北京大学出版社，2015年。
[4] 见黄正建《走进日常——唐代社会生活考论》自序。
[5] 夏炎：《"北人""南物"与唐后期南北问题的重新审视——以南贬北人间的礼物馈赠为中心》，《清华大学学报（哲学社会科学版）》2016年第4期，第116—124页。

普及性出发,多方面地再现了这个时代丰富多彩的日常生活[1]。此外,还有一些通俗性读物[2],利用当代读者喜爱的网络语言和推送形式,对唐代生活的方方面面做了生动的描写,虽非学院式的文本,却也传达出大众对古代生活的关注,某种程度上折射出学界日常生活研究在社会上的反响。应该说,随着隋唐五代社会史研究领域所取得的全面进步,日常生活史的研究具备了更适宜的环境和肥沃的土壤,需要我们继往开来,向着建设既有科学的学术范畴和理论体系,又有缜密、严肃的学术研究为基础的新目标而不懈努力。

**作者简介**:王力平,南开大学中国社会史中心暨历史学院教授。

---

[1] 于赓哲:《隋唐人的日常生活》,西安:陕西人民教育出版社,2017年。
[2] 如森林鹿:《唐朝穿越指南——长安及各地人民生活手册》,北京:北京联合出版公司,2012年;师永涛:《唐代的乡愁:一部万花筒式的唐朝生活史》,合肥:安徽文艺出版社,2014年,等等。

【书评】

# 文武之道:读《刻画战勋:清朝帝国武功的文化建构》

郭瑞鹏

近年来兴起于美国的"新清史"研究的一些成果逐渐译介到国内,引起清史学界的热烈讨论。"新清史"研究强调清朝的满族特性,认为清朝得以长期统治中国的原因在于统治者维持了满族的主体性,而并非以往认为的"汉化"。如何回应"新清史"是摆在中国清史研究者面前的一个现实问题,有学者梳理了"新清史"的兴起历程及其在中国的影响等问题,还有学者已就相关问题进行了学术讨论。[①] 台湾学者马雅贞新近出版的《刻画战勋:清朝帝国武功的文化建构》[②]采用艺术史与文化史相结合的研究方法,分析清代战勋图绘对帝国武功的文化建构,进而回应"新清史"的相关学术理念和观点,可谓别开生面,十分新颖,值得肯定与学习。本文就该书的内容稍费笔墨,做一介绍,并探讨其学术意义与价值。

《刻画战勋》全书除导论与结论外共分为三大部分,六章内容。导论中作者首先简要分析了"新清史"与"汉化说"各自的学术理念和研究重点,随后,作者就上述二者的研究理念提出几个问题,若按照"新清史"所强调之清廷对于满洲以少数族群统治占大多数的汉人十分自觉,那么汉人在同样满汉比例悬殊的历史情境下,又何尝没有意识到自身被支配的地位?换句话说,清廷采纳了汉人传统的王权思想,就足以让汉人长期接受满人的统治吗?满洲皇帝以儒家思想作为汉化政策的核心,就能够赢得儒家精英的长久支持吗?作者认为这些问题表明无论是"新清史"还是"汉化说"都有其局限性,那么若想继续探究清朝延续近三百年统治的原因就需要跳脱"新清史"与"汉化说"的框架,努力找寻其他的机制与过程,由此本书借用葛兰西(Antonio Gramsci)的"文化霸权(cultural hegemony)"概念来思考满人对汉人的支配关系。这一概念既涉及统治者如何维持其支配地位,以及如何持续创造合法性,也分析被支配者如何参与使其被支配合法化的共谋之中,而支配者与被支配者的文化并非界限分明而是可穿透的。不同于其他征服王朝,清朝宫廷积极收编汉人士大夫文化以建构其皇权,作者将满洲统治者另行发展出的不同于中国传统王朝统治正统性的统治模式称之为"皇清文化霸权",透过"皇清文化霸权"的分析角度,作者期望实现本书跳脱原有解释框架的目的。

清朝统治者构建"皇清文化霸权"的过程并没有遗漏表现满洲尚武文化的军事文化,但是如果将清代特有的大量战碑、方略、战争仪式和战勋图像等表现清帝国尚武文化的行

---

[①] 徐泓:《"新清史"论争:从何炳棣、罗有枝论战说起》,《首都师范大学学报(社会科学版)》2016年第1期。
[②] 马雅贞:《刻画战勋:清朝帝国武功的文化建构》,北京:社会科学文献出版社,2016年。

为简单归结为满洲特色,则显得有点单薄。康熙、乾隆两朝帝国武勋展现方式存在明显差异,这提示了清帝国尚武文化不是一成不变的满洲本质,作者由此认为战勋图像或可作为考察清朝武勋文化建构、发展与机制的指标。作者在追溯战勋图像的历史之后发现,在中国传统画史中战勋、战争图像处于相对边缘的位置,画史文献中对此记载很少,然而,此类图像的内容不乏皇权纪念当朝的战争事迹,这就使其因比一般图画多了一层政史的内涵,而被大量记录了下来,显示出这类图像的特殊意义。具体到清宫战勋图像,历代画史罕见的战争题材,却在乾隆朝制作的一系列铜版画中大量出现。以往艺术史或将清宫战图放在清宫大量纪实图像的脉络中讨论,或将其视为西方影响的产物,作者则将此类战图同过去的战争图像相参照,再次期望跳脱原有研究的窠臼,从而解释清宫战图在乾隆朝中期才出现的原因,进而理解战勋图像与满洲尚武文化的关系。

上述导论部分的内容,作者沿着"理论面"到"研究点"的顺序介绍了本书的写作理念、分析角度、研究内容以及相关的学术史,此外,在导论最后作者还交代了本书的篇章架构。作者依照战勋图像与武勋表述的时间发展,将全书的主体内容分为明代、清代前期、乾隆回疆战争及其后三大部分。

第一部分"战勋与宦迹:明代战勋图与个人勋迹图"由第一章构成。"重文轻武"是明代历史的一大特点,然而,作者发现在明人文集中存在不少描画战勋图绘的记录,这些战争题材的图绘既不属于传统文人画,也非商业作坊生产的仿古画作,而是多由不出名的职业画家所制,反映了明人独特的需求、表现和留传网络,这同近来研究揭示的明代雅俗交错的文化现象大相径庭。本书第一章"明代战争相关图像与官员视觉文化"即是为了解释这一现象而展开论述,通过分析明代文集中关于战勋图绘的记录,作者指出,明代此类战争图绘经常以官员个人事迹为中心,尤其围绕特定官员的勋功,战争图像的内容也呈多元化发展。那些纪念文官的战勋图主要是为了凸显文官的战勋和政绩,这与明代官员流行之"宦迹图"有密切联系。接着,作者探讨明代官员的宦迹图与官员圈的视觉文化。宦迹图及其相关图绘在明代相当流行,它们种类繁多,还发展出固定的模式,也引发了不同的反应,而这些图绘的主角仍是以文官及其社交网络为主,由此可见,明代官员圈已发展出独特仕宦主题的视觉文化。那些以个人事迹为中心的文官战勋图,应该是在明代盛行记录为官事迹等官员视觉文化脉络下兴盛起来的。不过,由于负责军务的职位有限,以及发生战事的比例不是很高,所以战勋图与宦迹图中其他常见主题还是有所不同。有三本与边事和战勋有关的官员事迹将标题标举为"图",并且刻版成书,传世至今。这三本刻成书的图像分别是《安南来威图册》《三省备边图记》与《剿贼图记》,作者从其制作梗概以及与其他相关图像的比较两方面对这三本版刻图像进行分析,认为这三本留存的版刻图绘与其他一些记述个人边事和战争事迹的书中所附插图从绘画角度来看存在颇多相似,表明战争相关图绘于明朝后期越来越流行,而这都与纪念文官宦迹有关,是明代官员视觉文化的一环。这些明代战勋图盛行的范围可能主要限于官员圈,但其影响可能已经扩及坊间商业作坊。此外,个人战勋图与宦迹图的流行使得战争题材在中国画史的脉络中,从原来的边缘角色,变为重要母题,带动了此类图绘的蓬勃发展,影响深远。

第二部分"战勋与大清:清代前期战勋表述的文武取径"为第二、三章,这一部分主要讨论了清朝从关外开始到乾隆平定回疆之前这一时期的战勋表述,作者将其总体特征归纳为"文武取径"。第二章"战勋与满洲:'太祖实录图'与皇太极对满洲意识的建构",以皇太极为其父努尔哈赤制作的"太祖实录图"为焦点论述了皇太极对满洲意识的建构。作者指出,晚明描绘官员勋迹的潮流影响播及邻近的李氏朝鲜,同样处在明朝与李朝之间,且同明朝交往频繁的满洲受到明代宦迹图的影响也在情理之中,所以,作者以皇太极于天聪九年(1635)所完成的"太祖实录图"为中心,还原其可能样貌,认为"太祖实录图"的原貌应该是只有图画而无文字的画册,是皇太极根据努尔哈赤生平,依时间顺序选择重要事迹所作的图绘,这很可能就是明代个人勋迹图流行所带来的影响,因此,也就可以将其放在明代中后期宦迹图与战勋图流行的脉络中理解,"太祖实录图"是将原本专属于官员的宦迹图转化为皇帝独有的"实录图"。若再将"太祖实录图"与《太祖武皇帝实录》比较,则更能反映"太祖实录图"的编辑意图。作者指出《太祖武皇帝实录》与其最早版本的《太祖太后实录》相较,明显地体现出皇太极建构满洲意识的意图,而制作时间较早的"太祖实录图"则更简要、清楚地揭示出皇太极所要宣示的满洲意识,更提纲挈领地展现了皇太极的政治意图。从具体的图像来看,"太祖实录图"的制作表明皇太极有效地转化了明代官员宦迹图,从而建构满洲意识。通过对满洲先祖事迹的追忆性描绘,"太祖实录图"成功地将表现个人的宦迹图转换为建构整个满洲部族起源的历史图像。此外,"太祖实录图"中的战图通过多变的母题搭配,更为有效地呈现了满洲开国进程的叙事,鲜明地体现出满洲的崇武精神,其所反映的战争概念和想象比历代战争图都要丰富得多。但是,"太祖实录图"作为清宫转换明代士大夫宦迹图的第一波尝试,其结合汉人皇帝实录传统与士大夫宦迹图来建构满洲意识的做法,可能由于极度偏离传统皇权实录体例的传统而稍显激进,因此,其结果或许不能称之为成功。那么清代收编、转化汉人士大夫视觉文化的努力又会有什么新的方法呢?由此,作者引出下一章康熙朝转化明代士大夫视觉文化努力的内容。

第三章"战勋与'圣'祖:康熙朝武勋文化的确立"通过对从康熙朝到乾隆朝平定回疆之间相关武勋表述发展的分析,讨论康熙朝所确立的战勋文化。明代中后期以来官员战勋图的传统在康熙朝仍然继续传承,不过在康熙朝的历史脉络下又出现了新的发展变化,图像中的清朝官员一改明代图像中的文官装束,变为戎装上阵,并且在图绘主题方面也出现了扩展,增添了协助战事的后勤事务,图绘规模也有所扩大,战勋图的纪念主角也包括了参与战事的满洲贵族。相比之下,康熙宫廷则完全没有战争相关图绘的制作,作者认为,这应该是康熙帝无意沿袭明代以降的官员战勋图传统,也不想通过制作宫廷图绘来形塑其个人的武勋成就。他所发动的大型图绘计划,呈现的都是其仁慈圣祖的形象,"圣"可为概括康熙帝之关键字眼。虽然,康熙帝在武功的视觉记录方面没有太多活动,但是,他却开创了新的记述武勋的模式,并为后来的乾隆皇帝所继承发扬。这些新的武勋记述模式主要有立战碑、修方略,并将此提升到帝国礼仪的层级,塑造出康熙圣主、仁主的形象,这些康熙朝对皇清文化霸权的建构,更多展现了康熙宫廷转换官员宦迹图的"文"的面向。在本章最后,作者指出,乾隆朝前期,乾隆皇帝采取了不同于其祖父"文"的行为,以帝国特别重视的大阅与行围典礼为中心,逐渐发展出新的宫廷武勋图绘,这种新的以军礼为主的帝国仪典则是在逐步收编官员宦迹图的"武"的面向。清代前期战勋表述历经康熙朝"文"面向的取径,以及乾隆前期"武"面向的取径,大清的战勋正逐步发展为定于一尊的帝国战勋,而满人所致力的"皇清文化霸权"也逐步完善,当然,最终的完善还要通过乾隆平定回疆之后的一系列活动才能够得以实现,这也正是本书第三部分所要论述的主要内容。

第三部分"战勋与帝国:平定回疆与乾隆麾下的武勋图像",此部分由第四、五、六章构成。在第四章"战图的出现与紫光阁作为帝国武勋的展示空间"中,作者指出,乾隆朝平定回疆过程中所制作的战勋图像,既传承也调整了乾隆初期的长卷形制与大型贴落的仪典武勋图绘。其中《万树园赐宴图》与《马术图》这两幅大型贴落,最能展现准噶尔部对乾隆尊崇与降服的效果。画中对准部台吉近乎肖像的呈现,也强化了画面内外交错的视觉效果,加强了画作的观感力。除朝觐筵宴主题之外,此次战争过程中出现的新的"得胜图"贴落,则很可能逐步发展出成对的搭配展示。这些得胜图贴落可能与表彰特定的武将有关,且是在乾隆初期大阅与行围仪典贴落样式的基础上再行发展与变化的。最值得注意的是紫光阁功臣图,这些图像比过去的功臣图更加注重呈现武将的勇猛气势,而其中的功臣像的姿势则变化明显,这极可能来自民间戏曲版画的传统。紫光阁功臣图成功形塑出平定准回将领的英武,乾隆皇帝还有意将这些功臣同开国英雄相比较,也显示出平定准回在乾隆心目中可同开国创业的武功并列。此外,作者还指出,紫光阁虽以功臣为名重修并列有百幅功臣像,但此阁不仅是表彰战场英雄的建筑,更是展示帝国武勋的空间,在紫光阁发展成为帝国武勋空间的过程中,纪念功臣的目的逐渐弱化。

如果紫光阁战勋图标志着武勋纪念建筑展示成组战图与仪式的出现,那么由西方传教士于北京起稿、送至法国制版印刷的《平定准噶尔回部得胜图》铜版画则是乾隆所要广泛宣传的平定回疆武功形象,也即是乾隆所要建构的帝国武功形象,第五章"《平定准噶尔回部得胜图》与帝国武功"正是对此过程的论述。在第五章中,作者发现从紫光阁战勋图到《平定准噶尔回部得胜图》战图与仪式图的比例变高,而这些战图虽然采用了透视与阴影等西洋技法,但其应该是乾隆皇帝为了达到"写实"战图的效果而主动取舍西洋技法的结果。这种折中的西洋技法不仅能营造出震撼的战场视觉效果,还可以实现"事以图详,军容森列"的战争形象,而这正是乾隆皇帝所要建构的帝国武功形象。但是,《平定准噶尔回部得胜图》所要建构的帝国武功形象可能来自于"太祖实录图",这种帝国武功形象同个人勋迹形成强烈的反差,但也成为了清帝国的模式,被一再复制与套用。

第六章"帝国武勋图像之成立"通过考察《平定准噶尔回部得胜图》之后的战图制作,讨论帝国武功图像成立的过程。一种模式只有不断重复、不断被模仿才能确立一种新的文化。虽然《平定准噶尔回部得胜图》在清帝国武功形象的构建过程中具有十分重要的地位,但是其意义则在于以后各种战图制作之时对其不断的复制。作者在本章中指出,经历了从回疆战争到乾隆后期的漫长历程之后,清代宫廷战勋图像成为帝国武勋纪念不可或缺的一环,也成为后世历代皇帝述祖的范式。

结论部分作者概括了全书的基本内容,并指出希望能通过本书的研究为将来的更多讨论抛砖引玉。

本书的研究勾勒出明清战勋图像从个人事迹到帝国武功的发展轨迹,内容扎实细致,读后令人感触深刻。综观全书,笔者以为本书的优点和贡献体现在如下几方面:

第一,在理论借鉴恰当、问题意识明确的前提下,史料运用也做到了丰富扎实,这同作者的学术经历密不可分。本书由作者的硕士学位论文《战争图像与乾隆对帝国武功之建构:以〈平定准部回部得胜图〉为中心》(台湾大学艺术史研究所,2000年)一文扩充而来,可见该书的完成经历了较长时间的积淀。其后,作者赴美国留学,在西方学术的环境中接受熏陶,理论意识也不断提高,这些都为本书最终的成功奠定了基础。这也启示我们,在历史研究的过程中,不光要注意史料的收集、考订,也要注重理论的学习和问题意识的培养,二者不可偏废。

第二,如果说本书"皇清文化霸权"的理论架构有助于作者跳脱"汉化说"与"新清史"的讨论框架,那么本书最终能够实现创新的地方恰恰在于史学研究的基本功——史实重建,也可称之为"实证"。本书所要勾勒的明清战勋图像变化轨迹是一个历时性的问题,如何阐述历时性问题是史学研究的基本问题。在时间的不断变化中,所要解决的问题也呈现复杂的变动,如果我们只采取抓主干的方式来描述,则容易简单化,对历史形成单一的认识,不能使人感知历史的动态,这也是"汉化说"遭受挑战的地方。而如果只执问题的一端,进而以偏概全,则又走向了另一个极端,也不能很好地认识历史。"新清史"片面强调清朝的满族特性,剑走偏锋,也非历史研究的良法。如何能做到"执两用中"?我想本书作者在导论中提出的"机制"一词不失为一种合理的取径。这里的"机制"作何解释?愚以为就是要把握历史的复杂性,在重建史实的过程中总结历史变化的逻辑。在回应"新清史"所带来的冲击之时,多采取此种研究方式,论从史出,中国的清史研究必定能达到更高的境界。

第三,具体到本书的内容,作者结合艺术史与文化史来研究明清战勋图像以及视觉文化,丰富了明清史研究的领域。而且,本书研究的战勋图像作为战争文化表述的一种方式,也是军事史领域需要加强关注的内容。作者最后也提到"希冀未来有更多的讨论,让长久以来'尚文轻武'的明清研究,更为均衡与丰富",这或许也是本书学术贡献的另一大方面。

当然,作为一本学术著作,本书仍然存在可以继续探讨的空间。作者全书虽然以"皇清文化霸权"为核心概念,但是,不论从作为研究对象的明清战勋图像,还是清朝皇帝所要塑造的"帝国武勋",都或隐或现的指出中国文化中"武"的面向,与此相对的"皇清文化霸权"则更多为"文"的面向,而作者也在本书第二部分的标题处指出"清代前期战勋表述的文武取径"。众所周知,"文"和"武"是中国文化中固有的一对概念,在中国文化中占有重要地位,古人的很多行为都受这对概念的影响,那么我们研究中国古代的历史,是否可以用中国固有的概念体系来解释?本书作者讨论的战勋图像、武功建构问题,揭示出"武"的面向可以通过"文"的方式来表述,清代的"文武之道"既有满洲特色,也包含汉人基因。而仔细剖析作者的成书思路,我们不难发现,本书的写作实际得益于"新清史"的研究,作者在纠正"新清史"片面强调满族特性的研究方式之后,发现了清代帝国武勋形象建构历史中存在对汉人士大夫文化收编的过程,进而写作本书。但是,如果我们从整个清朝巩固统治的方法入手,就会发现相较于清代统治者大量吸收汉人传统文化的举措,清代武勋形象的建构只是其中一个方面的内容,那么这也就难以真正跳脱"汉化说"立论的范围。笔者以为若作者能够更多地采用"文""武"的概念体系来分析这一历史,或许会更接近清人的思想世界,也可能真正跳脱"新清史"与"汉化说"的框架。① 但是如此行文,则又可能陷入具体史实的论述而缺乏理论关怀,而解决的办法笔者认为不妨参考常建华先生提出的"国家认同"这一清史研究的新视角。因为不论是"文"面向的"汉化",还是"武"面向的"满洲特色""帝国武勋",最终目的都是为了取得政治合法性,得到人民的认同,并将人民的被动认同转化为主动认同,从而将清代国家的统治长期维持下去。② 这或许才是清代皇帝种种行为的真实意图,也才是更为真实的清史。

**作者简介**:郭瑞鹏,南开大学中国社会史研究中心博士研究生。

---

① 已有研究也揭示出清代"文""武"概念的广泛存在与重要影响。常建华《祈福:康熙帝巡游五台山新探》(《历史研究》2016 年第 2 期)一文的研究指出:康熙皇帝巡游五台山虽然以祈福、建构"圣山"等文治活动为主,但是巡游过程中也存在行围射猎、练兵阅军等"武功"意味较强的活动;"新清史"学者张勉治《康熙皇帝首次南巡与文武价值观念之间的对立》(《清史研究》2011 年第 1 期)一文则指出,康熙皇帝首次南巡过程中存在将巡幸视为"征服礼仪"与"仁政典范"的对立,其内涵则反映出康熙时期存在的文武价值观念的对立。

② 常建华:《国家认同:清史研究新视角》,《清史研究》2010 年第 4 期。

# 历史社会学的新思考:《通向集体之路》何以可能?

李 甜

## 引子:两个不同的建房故事

卢晖临 2015 年推出由博士论文改写的专著《通向集体之路:一项关于文化观念和制度形成的个案研究》(以下简称《通向集体之路》),这是基于 1994—2003 年间对安徽南陵县汪家村田野调查的总结与思考。① 在《引子:汪家村印象》里,作者引用一个发生在 1969 年末②的建房故事,汪家村的章利元和魏木根互为邻里,同时建造土墙房,基于某种竞争心理,两家在墙面高低上互相较劲,导致双方元气大伤,陷入困境的他们为了防止孩子们嘴馋,只好约定每周只煮一次干饭,并且要煮就一起煮。(参见该书第 5—6 页,下同)这则啼笑皆非的诙谐故事,作为农民居房换代潮的生动插曲,是一段特殊的生活经历和现实处境交合时产生的社会现象。建房故事首现于作者早年的一篇文章③,这里再次征引,或许表明这一案例在他心中的重要性。不过,邻里房屋的高度之差,还牵涉到村民对风水、命运、家运的理解与判断,他们内心对此的敏感程度可想而知。因此在建房故事的背后,除作者论述的"农民平均主义"外,或许还杂有一些习俗观念与传统思维,魏木根的帮工就用"左青龙右白虎,东边一定不能比西边低"的老话为东家打气。

近期,笔者从徽州屯溪老街收集到另一个建房故事。这是一份 1987 年秋的房屋买卖与建造协议书,买卖双方是徽州人余礼富、余礼贵兄弟,在执笔人余延年及余春九、许荣权等村邻的监督下制定协议,内容分为两部分:作为概括的第一条,确认前一年的协议继续有效;涉及细节的第二至六条,就双方的正屋、柴棚、猪栏屋、厨房、砖块、厕所、地界和付款期限作了详细规定。在第二条开头就特别注明:"余礼富新建房屋的高度只能比程荣祥正屋

---

\* 基金项目:本文系国家社科基金重大项目"当代苏浙赣黔农村基层档案资料搜集、整理与出版"(12&ZD147)、国家社科基金青年项目"皖南传统商帮的转型与衰落研究(1912—1956)"(15CZS053)的子课题之阶段性成果,并受到复旦大学亚洲研究中心课题资助。

① 卢晖临:《通向集体之路:一项关于文化观念和制度形成的个案研究》,北京:社会科学文献出版社,2015 年。
② 一说发生于 1966 年,参见该书《附录一》第 217 页。
③ 卢晖临:《革命前后中国乡村社会分化模式及其变迁:社区研究的发现》,黄宗智主编:《中国乡村研究》第 1 辑,北京:商务印书馆,2003 年,第 167 页,该文收入本书《附录一》。

高一尺以内。"由此可见,余氏兄弟协商房屋买卖与建造细节的同时,首先对新建房屋的高度加以约束,以保护第三方程荣祥的利益。①

南陵汪家村与徽州的空间距离并不遥远,但两者地理环境颇有差异,汪家村所处的南陵县,地势相对低洼,大体属于沿江平原的范畴;徽州地势高亢,气候、土壤、植被等自然要素具有明显垂直分带,是皖南丘陵山地的重要组成部分。从上述两则建房个案中,可见当事人的处理方式不太一样,这显然与两地所处的社会环境之差异有关,这种差异又源自背后不同的社会结构和文化传统。地域文化传统作为区域社会的文化根基,对理解中国社会的多元性和复杂性具有重要的参考价值。那么,如何从经济、社会、文化抑或制度的角度,来解释这种差异的产生及其运行机制呢?《通向集体之路》作为一本跨界研究著作,在历史社会学领域迈出可喜的一步,可惜迄今仍然没有引起学界的重视。笔者不揣鄙陋,抛砖引玉,冀望学界对此议题加以探讨。

## 一、《通向集体之路》的内容与价值

分析本书之前,有必要简述卢晖临的学术历程。他在北京大学社会学系和香港中文大学社会学系接受学术训练,对社区研究颇为关注,此前发表过一系列论述,钟情于历史社会学的理论建设。②选择汪家村作为田野现场,与伊莎白(Isabelle Thoreau)、麦港夫妇有关,这里是麦港母亲汪艾毓的故乡,作者借此顺利进入村庄内部调研,并于2004年通过博士论文答辩。

本书关注"人民公社制度(集体制度)如何形成这一问题"(第8页)。作者对既有研究的批判性回顾指出,传统研究受"国家—社会"范式的影响,过分集中于国家和社会两端的进退,对社会内部的紧张和冲突关注不够,受限于学科水平而缺乏明确的理论焦点。(第17页)基于历史社会学的理论自觉,卢晖临将研究时段往前推,"在一个历史的脉络中从村庄社会内部寻找那些接纳、支撑人民公社的长期因素"(第9页),并展现农民在新环境、新形势下的制度实践,指出集体制度是国家和农民以及农民和农民之间"斗争"的结果。

本书以"社会分化"为议题,通过革命前(第三章)、革命中(第四章)和革命后(第五章)农民社会的"社会分化"模式之对比,揭示汪家村内部社会的紧张和冲突。具体而言,全书存在一条清晰的主线:中华人民共和国成立前的贫富分化——土地改革所导致的财产转移——贫富新分化与合作化运动——平均主义与集体制度的形成。当然,除了社会经济层面的描述,他还抱有更大的野心,试图在一个结合结构、文化和行动的理论框架内来理解制度的形成。于是,在讨论社会、经济结构的变迁以后,将焦点对准农民的"文化世界"之分化,涉及生活理想、财产观念、道义与个体责任观、命运观、等级与平均主义等层面。他认

---

① 原件标题为《再次协议》,收藏于复旦大学当代中国社会生活资料中心。文中人名已做技术性处理。
② 卢晖临:《叙述的复兴——历史社会学的理论与发展》,张一兵、周晓虹、周宪主编:《社会理论论丛》创刊号,南京:南京大学出版社,2001年,第66—113页;卢晖临:《社会学的历史转向》,《开放时代》2004年第1期;卢晖临:《迈向叙述的社会学》,《开放时代》2004年第1期;卢晖临:《社区研究:源起、问题与前景》,《开放时代》2005年第5期。

为,革命前的农民具有界限分明的财产观念,清晰的个体责任观、明确的等级意识加上"命运观",构成支撑革命前乡村社会分化的文化网络。(第85—96页)革命发生以后,这一情形发生根本改变,来自农民社会内部的"自发势力"和"农民平均主义"两股力量,与来自国家的"社会主义原则",三者之间产生复杂又微妙的交互作用,共同造就人民公社制度的实践形态(第10—11页),不过他似乎没有明确阐述具体如何"交互作用"。作者认为农民并不是完全被动的接受者,"农民基于自己的文化意义和经验去理解制度,有意识地、富有意义地建构自己的生活,同时也建构这套制度本身"(第160页)。

本书最大的亮点是行文论述时将两个层面的构想揉在一起,客观地反映作者10多年来的学术思考历程。就写作时间而言,《通向集体之路》可分为两部分:第一部分是基于田野调查所撰写的博士论文,包括正文的五个章节、《结语》和《附录一》;第二部分包括《跋》和《附录二》,是作者十多年后的最新思考,其中《跋》是对正文和结语的再诠释与反思,《附录二》以周家庄为调查对象,重新审视集体制度之利弊,据此探讨"在一个变化的历史条件下重新认识集体经济对于我们今天的农村发展所具有的启示和意义"(第163页)。他以颇具创新性的写作手法,对自身研究道路之演变作了勾勒,展现追求学术进步的情怀。①

第二部分的内容是蜻蜓点水式的,对周家庄的调研深度显然不能与汪家村相提并论,而且将汪家村与周家庄相比不完全合适,毕竟两地处于不同的时空背景。②《通向集体之路》的主旨在于分析集体制度的形成及其背后的文化观念变迁,而第二部分则涉及对集体制度的价值判断,与本书主旨略有区隔。以中国之大,同一制度在不同区域、时代之下,实践方式必然千差万别,关于某种制度优劣性的价值判断,诚所谓此一时彼一时。历史不容假设,但若在时间属性、地域差异等方面作一番甄别,还是可以得出一些有意义的判断的,而且这种比较有助于以更宏大的视野来窥视集体制度。通过地域比较引发的学术思考,对当今的制度建设及完善颇具参考价值。

第二个亮点在于运用了"扩展个案法",并赋予相应的历史维度。汪家村作为著作的核心,从人类学的故事出发,讲了一个社会学的道理。最近二三十年来,社会学个案研究的表述文体有所创新,社会学者拒绝民族志文体的同时,积极探索新的个案表述文体,项飙的《跨越边界的社区:北京"浙江村"的生活史》、应星的《大河移民上访的故事》等,在文本策略上各有千秋。③卢晖临则另辟蹊径运用布洛维(Michael Burawoy)的"扩展的个案研究"(extended case method)④,作为该方法的鼓吹者,他曾撰文加以介绍。⑤ 以自然村作为研究

---

① 关于卢晖临的心路历程,可参见李北方的访谈《应该给农村集体制度一个机会》,《南风窗》2015年第15期。作者还有更坦率的看法:"找回中国农村发展之路,只能从改造小农经济入手,在小农经济的基础上探索多种形式的合作经济,最终回复农村发展的主体性。"参见卢晖临:《周家庄集体经济的实践与启示》,《南风窗》2016年第7期。

② 在笔者看来,周家庄的个案或许更适合与南街村做一比较,参见冯仕政:《国家、市场与制度变迁——1981—2000年南街村的集体化与政治化》,《社会学研究》2007年第2期。

③ 冯仕政:《个案研究的表述:问题、实质与实践》,《中国社会科学报》2010年2月23日,第11版;3月2日,第11版。

④ Michael Burawoy, The Extended Case Method, Sociological Theory, Vol. 16, No. 1, 1998, pp. 4—33. 这种以社区为单位的"扩展个案法",李康将之译作"拓展个案法",参见麦克·布洛维撰,沈原等译:《公共社会学:麦克·布洛维论文精选》,北京:社会科学文献出版社,2007年,第77页。

⑤ 卢晖临、李雪:《如何走出个案——从个案研究到扩展个案研究》,《中国社会科学》2007年第1期。

单元的好处显而易见：作为农民最重要的生活世界，互助、合作、竞争、对抗主要发生于其中；并且，自然村结构被完整地带入公社结构成为生产队，对社员的重要性甚至超出传统时代自然村之于村民的意义。（第18页）《通向集体之路》从汪家村这一村落社区出发，以日常生活的文化网络来观察农民的主动性和创造性，修正传统观点的偏颇。本书既是对传统人民公社研究的超越，同时对建构理论有整体的把握，客观上避免落入像一些学者所批评的"一村一理论"之窠臼。①

就历史维度而言，作者对历史社会学予以充分关注，通过比较汪家村的历史与现实，讨论文化观念与集体制度的形成过程。他将历史社会学看做是通过历史分析解决当代社会学困境的一种努力，强调历史社会学对于叙事的重视。② 全书反复贯穿这一指导理念，《跋》讨论集体经济的成效时，一口气归纳出"历史情境""历史逻辑""历史条件""历史局限性""变化的历史条件下重新认识"等词眼（第163页）。此外还反复运用"摹想"（第24、86页），针对农民的行动和事件与某种文化观念之间的断层，广泛调用理论、历史甚至一定程度设身处地"摹想"去填补这一断层，这一方法对文史学界而言并不陌生。

第三个亮点是对皖南及周遭区域研究具有不可或缺的参考价值。卢晖临一针见血地指出，从纯粹的经济角度看，汪家村的土改是土地所有权从城市地主向乡村耕作者的一次转移。（第109—110页）基于个案本身的限制，不可能描述全部的历史事实，但作者提供了一个在同质化社会中表现更为细腻、丰富、复杂的个案，可供与周遭地域开展比较研究，有利于辅助理论的建构。

就方法论而言，本书的调查与研究法亦可为开展皖南及周遭区域研究的其他学科提供借鉴。众所周知，从傅衣凌等老一辈学人开始，华南学者就注重田野调查。③ 这有其历史地理的因素，华南社会作为帝国统治较薄弱的地区，居民构成未发生根本性变化，依靠对现今社会的调查，有助于推想原有的社会结构。汪家村所处的长江下游地区不同，作为帝国的核心地带，长期受国家的强烈干预，并饱受历代兵燹的冲击，尤其是太平天国战乱导致居民构成发生了巨变。有鉴于此，对待田野调查方法的差别，乃系因各区域的社会性质差异所致。皖南社会的现实状况，消解了一般性田野调查的学术效力，唐宗力为此将文化人类学"田野调查"与社会学"样本调查"相结合，可惜对皖南尤其徽州的历史脉络与地域文化传统缺乏关注，故而影响到调研的深度。④ 在乡土文献缺失、土著居民几近消亡的汪家村及其周遭地区，如何因地制宜开展学术调查，帮助受众理解地域文化传统及其变迁，《通向集体之路》为学界提供了一则范本。本书所展现的新颖观察视角，有助于讨论太平天国战乱以降皖南社会的秩序重建，以及此后一百多年间地域文化的整合与互动，在一定程度上推动了皖南区域的社会研究。

---

① 高华：《历史学的境界》，桂林：广西师范大学出版社，2015年，第213—217页。
② 详细论述参见卢晖临：《社会学的历史转向》，《开放时代》2004年第1期，第113页。相关研究还可参见鲍磊：《社会学的传记取向：当代社会学进展的一种维度》，《社会》2014年第5期；叶启政：《社会学家作为说故事者》，《社会》2016年第2期。
③ 傅衣凌：《我是怎样研究中国社会经济史的》，载傅衣凌著：《傅衣凌治史五十年文编》，北京：中华书局，2008年，第38—44页。
④ 唐宗力：《皖南农村调查》，武汉：武汉大学出版社，2011年，第3—5、104—119页。

## 二、从微观出发:推想建国前南陵县民的生活世界

卢晖临的调研始于 20 多年前,著作主体部分完成于 10 多年前。由此,《通向集体之路》存在两个层面的不足:一是学术史方面,没有吸收研究地域文化所涉及的社会学、历史学等新的研究成果。近年来,社会学界已有一些值得借鉴的研究成果,①熊万胜对广德县一个村庄清末以来土地纠纷史的考察表明,中华人民共和国成立前皖南移民社会的产权观念未必如卢晖临所言的那么稳定,且外部势力对村落的干预程度非同小可。② 历史学的相关研究较多,葛庆华对近代苏浙皖交界地区移民运动的全景式分析,赵崔莉、梁诸英对农业生产的研究,张明对皖南永佃制的实证,王春芳对"遏籴"事件的考察,皆可为本书提供参考。③

二是作者对历史文本的掌握有限,导致行文论述有将中华人民共和国成立前农村视为均质、静态的倾向。他主要利用访谈材料和现代地方志构拟中华人民共和国成立前的生活片段,由于受访人年龄的限制,无法提供充足的 20 世纪 30 年代之前的资料,并且还受到"重新表述"的干扰。作者并不讳言《通向集体之路》的局限,承认这种描述革命前乡村的简单化处理方式,意在为革命后乡村社会提供参照的基点,凸显传统社会秩序与集体制度下社会分化的差别,所以结论可能是对二者之间差别的一个保守估计。(第 24、89—90 页)当然,民众心理底层的变迁缓慢,可以通过访谈推想他所要探讨的"软性的文化世界",然而涉及中华人民共和国成立前社会分化的一般性事实,口述访谈的局限性就很明显。相比回忆的不确定性,利用历史文本还原中华人民共和国成立前南陵县民的生活世界更为可靠,这又依赖于两种途径:一是纵向的角度,建立在综合解析官私文献的基础上,包括历代方志、谱牒、文集、契约、文书、档案、地图等第一手文献,从而对本地人的生活世界有总体感知,这也是另一种层面的"摹想",需要特别指出,现代《南陵县志》等官修史志反而因其编撰方式而容易遗漏资料;二是横向的角度,将研究区域拓展到皖南及周遭地区,注意核心地域与周遭地域的比较与互证,可谓"扩展的地域研究"。总之,若要深入发掘地域文化传统,避免流于浅薄和低水平重复,需要扎实的文本分析。以下简要结合相关史料构拟中华人民共和国成立前的汪家村及南陵县,兼顾皖南其他地方的情形。

首先看宗族活动与地方社会。民国年间南陵的交通闭塞,公共设施落后,南京人刘文燿 1921 年从皖南山区进入南陵县后,发现道路不堪,"桥梁道路,较泾县尤坏,来往行人,颇

---

① 相关著作主要有张世勇:《积极分子治村:徽州村治模式研究》,济南:山东人民出版社,2009 年;唐宗力:《皖南农村调查》,武汉:武汉大学出版社,2011 年;叶敏:《政策执行:权力运作与社会过程——皖南 X 区的新农村建设(2006—2013)》,桂林:广西师范大学出版社,2015 年。

② 熊万胜:《小农地权的不稳定性:从地权规则确定性的视角——关于 1867—2008 年间栗村的地权纠纷史的素描》,《社会学研究》2009 年第 1 期。

③ 葛庆华:《近代苏浙皖交界地区人口迁移研究:1853—1911》,上海:上海社会科学院出版社,2002 年;赵崔莉:《清代皖江圩区社会经济透视》,合肥:安徽人民出版社,2006 年;梁诸英:《明清时期皖南沿江平原农业生产发展研究》,北京:九州出版社,2011 年;张明:《民国时期皖南永佃制实证研究》,北京:人民出版社,2012 年;王春芳:《粮食危机事件中的地方社会:以宣统二年南陵遏籴事件为例》,《安徽农业大学学报(社会科学版)》2014 年第 3 期。

觉苦之"。① 这一描述符合实情,民国调查称:"(南陵)郊外道路则不完全,故与他处陆路交通颇行不便。"②当地经济之落后可见一斑。汪家村得名于汪氏宗族,由于家谱缺失,只能据民国县志、地图、征信录等加以推想。据民国时期村落统计显示,县城西侧有古塘村,448户,1921人。③古塘也许即汪家村所属行政村"官塘"之异称或旧称。根据访谈,太平天国战乱以前汪家村有100多户汪姓居民聚族而居,现今汪家村呈现汪姓、方姓、张姓、魏姓、熊姓、曹姓等杂居的局面,这种格局大约形成于清末民初。(第47—48页)民国县志记载,四都一图有两座汪氏宗祠,一座在距城十里的上港桥汪村,规模为三进两厢,另一座距城五里的属于"汪村"——这可能是汪家村的故名,规模为三进九间四厢。④ 两宗祠一大一小,所有者之间是否存在联宗关系不得而知。汪氏祠堂在汪家村所属的四都中算是较大规模的建筑物,1935年的地图中有专门标注。⑤ 然而在汪大先生回村前,汪姓并没有族长,据老人回忆,当时很难发现家族活动的踪迹。(第52、78页)宗族虽然式微,但其隐形力量不容小觑。汪家村的汪元海原来被划定为地主,在身为工作队成员的大儿媳的私下运作后,其成分调整为大佃农;汪来富将妻子的远房叔叔曹老头子接来养老,挫败林老六"借房"的伎俩。(第105—109页)此类故事表明家族仍然在发挥隐性的作用,集体化既无法彻底破坏家族赖以生存的自然基础,又无法打破以族居为基础的交往空间,自然无法废弃农民的生活世界。⑥

就南陵而言,谢国兴从统计民国县志中该县有385所宗祠,得出该县宗族势力较大的判断。⑦ 实际上,该县宗祠数量在鼎盛时期肯定超过此数,即便如此也并非皖南宗族势力最强的县域。皖南乡村聚落具有一定的空间差异,宗族控制呈现南强北弱之势,由丘陵山地向平原圩区衰减,徽州、宁国府南部等皖南山区聚族而居程度更为突出。⑧ 葛庆华的研究可以佐证,他认为咸同战后泾县、旌德和太平的移民数量较少,原因在于当地聚族而居,外来移民不易插足。⑨ 卢晖临对宗族式微的判断,表明数据统计与社会实际的背离。

宗族式微与移民运动息息相关,有必要分析移民社会的性质。光绪十二年(1886),在南陵的移民要求参加县试,遭到土著反对,导致客籍生童大闹考场。⑩ 除了土客冲突,客民

---

① 刘文耀:《徽州游行纪》,民国间抄本。参见李甜:《从〈徽州游行纪〉看清末民初地方社会》,《徽学》第7卷,合肥:黄山书社,2012年,第209—238页。
② 陈震异编:《京粤沿线经济志略》,铁道部业务司调查科,民国十八年(1929)刊本,第12页。
③ 不著撰人:《南陵县全境区村划分及户口人数分布概况图》,民国间铅印本,无页码。
④ 民国《南陵县志》卷12《营建志·宗祠(新增)》第3页。四都有一图、二图之分,一图上北乡,民国年间划属第六区(工山乡区),二图属西乡,民国年间划属第五区(戴家乡区)。根据本书记载,汪村村属于四都九甲(页59),那么它或许属于四都一图九甲。
⑤ 盛彝斋等编:《南陵县救旱委员会征信录·南陵县旱灾地区图》,民国二十四年(1935)排印本,无页码。
⑥ 应星:《农户、集体与国家:国家与农民关系的六十年变迁》,北京:中国社会科学出版社,2014年,第43—49页。
⑦ 谢国兴:《中国现代化的区域研究:安徽省(1860—1937)》,台北:中研院近代史研究所,1991年,第72—73页。
⑧ 李甜:《明清以来皖南地区的聚落形态及其空间差异》,《传统中国研究集刊》第12、13合辑,上海:上海社会科学院出版社,2015年,第311—325页。
⑨ 《闹考未成》,《申报》光绪十二年十一月二十六日。详细论述参见葛庆华:《近代苏浙皖交界地区人口迁移研究:1853—1911》第137页。
⑩ 葛庆华:《近代苏浙皖交界地区人口迁移研究:1853—1911》第308页。

之间也常因省籍畛域爆发冲突,发生过轰动一时的"皖南教案"。① 据 1933 年对皖南移民县份的民情调查:"因省籍本各不同,乡土旧念未除,无形分成若干团体,细故之争成为习见之事,仅依县府受理案件而论,讼案之多,日必十数起,其中尤以命案、伤害案为多,且讼事之起,多因些微事故,而在他处不值一计者,由此可知此地民性之如何固执刁顽矣。"②可见移民区域的文化整合困难重重,至少民国年间仍束手无策。当然,移民社会不是一无是处,移民群体与原住民群体相互制约的底层社会结构催生了皖南永佃制,如果没有移民群体力量对绅权的制约,宗法地主和缙绅地主与佃农之间就难建立较平等的永佃租佃关系。③

接下来重点分析清末以来的土地产权及其社会变迁。本书介绍南陵几大公堂的来历,"除江三立堂是经商发家外,其余四家都是镇压太平军有功走上宦途发家"(第 49 页),这有违于史实。以下引用民国年间对南陵土地占用情况的调查:

> 在此人烟稠密、地价高昂的地方,原不易产生大地主。惟洪杨劫后,土著死亡殆尽,地广人稀,劳工缺乏,少数遗民,皆不欲多占地土,以负纳税义务,因致土地几等无价值。乃有他处豪富,多量收买,而造成四家大地主,此即称为某某堂者也。其有田最多者,约两万余亩。及后客民迁入,人口增加,当不能再有此种地主产出。此四堂之主人,皆他县或他省之豪族,并不居住县内,不过设有机关,以为处理田产,彼则遥领之耳。④

这段话对建国前南陵县土地变迁作了概述,可见太平天国战乱造成人口骤减是形成大型公堂的主要因素。南陵土壤肥沃,田产投资回报率高,故而得到邻县大族乃至外省豪强的青睐。战后部分湘军解甲归田定居于此,以贱价购置田庄,朱云谷堂即为典型。⑤ 除了湘军及其后裔,山水相邻的皖南商人才是主要的购买群体。旌德县江汉珊兄弟三人原在南京经商,听闻战后南陵土地价贱,遂收歇商业购买 4000 多亩水田设立江三立堂。朱继范堂、吴维政堂皆是皖南泾县大族的族产,只有徐宝经堂为南陵土著徐氏所建。大型公堂的形成有特殊历史机遇。其实在太平天国战前,皖南商人就已在南陵境内投资田产,形成不少寄庄,譬如泾县朱氏为祭祀经费之需,在南陵官田湖置田 500 多亩。⑥ 山区与圩区固然普遍面临灾害威胁,但圩区生产力高于山区应是不争的事实⑦,这也是大量资金流入南陵购买田地的主因。平原圩区生产力固然较高,但皖南年降雨量极不均衡,日常维护投入量大,成为平民投资的一道门槛,只有世家大族才有充裕的实力。随着皖南商帮的崛起,南部山区的商业资本大量流向北部圩区,展现山区与圩区的经济交流,并形成寄庄等基层社会治理的新

---

① 葛庆华:《太平天国战后移民与皖南教案》,《历史档案》2009 年第 1 期。
② 高成书:《安徽广德县之国税省地方收入支出预算会计制度公债》,南京图书馆编:《二十世纪三十年代国情调查报告》第 215 册,南京:凤凰出版社,2012 年,第 32—33 页。
③ 张明:《民国时期皖南永佃制实证研究》第 35—51 页。
④ 刘家铭:《南陵农民状况调查》,《东方杂志》第 24 卷第 16 号,1927 年。
⑤ 南陵县文史办:《五大财团的兴衰》,梁宝金主编:《南陵史话》,北京:作家出版社,2005 年,第 136—143 页。
⑥ 胡培翚:《朱氏耕云庄祭田记》,《研六室文钞》卷 8,道光十七年(1837)泾川书院刻本,《续修四库全书》,上海:上海古籍出版社,2002 年影印本,集部,第 1507 册,第 459 页。
⑦ 梁诸英:《明清时期皖南沿江平原农业生产发展研究》第 89 页。

局面。

卢晖临引用现代《南陵县志》,认为汪家村是两极分化最严重的地区,由于田地相对人口的稀缺,地主的主导地位也越来越强,地主和佃户之间的契约性质越来越浓,人情味越来越淡。(第63、79页)这主要基于猜想而非实证。张明从民国和土改档案着手,得出的观点就较为正面。① 汪氏祠堂有过十几亩公田,至20世纪40年代左右"公田不复存在(原因不详)",集体祭拜逐渐废弛,连祠堂里供奉的祖先牌位也被军人当做烧火柴用了。(第78页)访谈资料表明老百姓未必了解公田消失的社会原因,但结合史料可以推想,宗族式微、土地产权变迁与经济衰退有关,这主要受制于两大因素:一是1934年南陵大旱灾,二是接踵而至的日军侵略,譬如朱云谷堂即在大旱与战乱的夹击下走向衰败。②

《通向集体之路》对1934年旱灾的"打车河"有十分精到的叙述(第53—54页),以下着重分析大旱灾的影响。作为南陵经济的转折之年,当年应征田46万多亩,被灾无收之田多达33万多亩,占全县田亩2/3以上;由此导致稻谷收成比丰年减少约170万石,损失超过7/10;受灾人口高达15万余人,亦占全县人口7/10。更糟糕的是,因旱灾持续时间过长,补种的荞麦"凡三播种均遭枯死"。受灾田亩在县内分布的地域差异较大:"本县自五月播种以后,雨泽极少,自伏徂秋,亢旱尤烈。西、南、上东、上北各山乡,田禾地稼,枯萎殆尽;下东、下北虽属圩乡,然其高阜之处,塘堰尽涸,田禾亦枯。是以山乡固籽粒无收,即圩乡亦收中有歉。"③这段触目惊心的话,描绘受灾区域的分布及其反映的地理差异,其中汪家村属于上北乡。时人对此有所分析:

> 南陵自入民国,至今水灾凡三见,旱灾仅一见,此就其大者言之。若较全县天然区域之面积,圩乡占三之一,山乡占三之二而强,故民国十年、十六年及二十年之水灾,虽受灾之度与年俱增,而其时地方经济未尽衰落,县人士所筹振[赈]济之结果,固赖各方推惠,而其成数究出于自力者为多。至二十三年旱灾之烈,非但范围广阔,弥望蕉泽,父老悼叹,谓自逊清咸丰六年以后所仅见。而其时县中因叠被重灾,元气久伤,社会凋敝。京省苏沪向恃为振[赈]济策源地者,自是亦以灾故,同感力屡,而咸以自救相助。④

这段话对南陵在1911—1934年的受灾情况作了比较,认为水灾频率较高,但是县内圩区受灾区域较小,地方社会的元气得以保存,但1934年大旱使地方经济遭到极大破坏,加之旅外同乡团体的职能弱化,加速了地方的衰败。旱灾重创南陵经济,应是造成宗族破产与公田消失的重要因素。

关于建国前南陵及周遭地区的社会经济实况,除了《支那省别全志·安徽省》《京粤线安徽段经济调查总报告书》《京粤沿线经济志略》《中国经济志》《徽州游行纪》等调查资料,

---

① 张明:《民国时期皖南永佃制实证研究》第187—212页。
② 南陵县文史办:《五大财团的兴衰》第137页。
③ 盛彝斋等编:《南陵县救旱委员会征信录·南陵县旱灾实况报告表》,无页码。
④ 盛彝斋等编:《南陵县救旱委员会征信录·序言》第1页a—b。

《抗敌》发表的5篇调查文章尤为详尽,以包括南陵在内的几个县份为例,对皖南农村的农业经营、副业与手工业、租佃关系、借贷制度、土地分配作了详细的数据统计与文本分析。① 安徽省档案馆藏南陵的民国档案,以及皖南各县的土改档案亦可资利用。② 中共皖南区党委农委会1950年7月对南陵戴镇村的调查,记载中华人民共和国成立初期的一般情形。③ 还有一些涉及社会现实的文学作品,比如《栀子花》《天下太平》等反映中华人民共和国成立前皖南农村经济破产、社会衰败的小说。④ 此外本书也有一些无伤主旨的错误,譬如描述民间信仰活动时提及"华人会"(第73、77页),应更正为"华云会",意指九华山、齐云山等信仰圣地。⑤

## 三、从宏观出发:两个建房个案背后的地域文化传统

对地域文化传统的研究,主要基于地方文献与田野调查的互证。《通向集体之路》的逻辑大体如斯:以口述访谈为主的汪家村个案,与以现代文本为主的南陵县地方背景相结合,然后直接提升到理论对话的层次,并与全国其他地区展开比较。笔者认为这其中可能缺失了一个中间环节,即将汪家村及其所在的南陵县之个案与经验,放在皖南区域社会背景下予以考察,与周遭地区展开适度比较,从而在较大地域范围内得到检验,以消解学界对个案研究的本能质疑,进而提升学术分析的可行性。

集体化的确发生了,成为一股裹挟一切村落的时代主旋律。然而,这就好比位于西风带的长江流域,会由于地方性的各种地貌和物候特征,部分区域出现了东风,从而让诸葛亮"火烧连营"之计得逞。同理,中国社会丰富的区域与人文差异,必然造成在千篇一律的社会背景下形成千差万别的实践。需要承认,他也作了不少努力,譬如在讨论汪家村"并队"时涉及汪东和汪西两个生产队的竞争时,作为农民内部利益斗争的另一种形式,也可视为基层区域之间的地域比较。(第155—157页)但这还远远不够,我们仍需老生常谈地关注两点:其一,并不是所有地区都呈现完全均质的集体化,在那些远离南陵县城的偏远乡镇,或是皖南山区的穷乡僻壤,与汪家村所在的城郊有所不同;其二,中国农民心理尤其是所谓

---

① 《皖南农业经营管窥——农村经济研究材料之一》,《抗敌》第1卷第8号,1940年3月1日;《皖南农村经济的副业与手工业——农村经济研究材料之二》,《抗敌》第9期,1940年3月16日;《皖南租佃关系一瞥——农村经济研究材料之三》,《抗敌》第11期,1940年4月16日;《皖南农村借贷制度一斑——农村经济研究材料之四》,《抗敌》第12期,1940年6月16日;《皖南土地分配缩影——农村经济研究材料之五》,《抗敌》第13期,1940年7月15日。转引自安徽省财政厅、安徽省档案馆:《安徽革命根据地财经史料选(二)》,合肥:安徽人民出版社,1983年,第353—464页。

② 《全国民国档案通览》编委会编:《全国民国档案通览》第4册,北京:中国档案出版社,2005年,第415页;张明:《民国时期皖南永佃制实证研究》第16—17页。

③ 《南陵县戴镇行政村调查》,华东军政委员会土地改革委员会编:《安徽省农村调查》"华东农村经济资料"第4分册,内部资料,1952年,第172—178页。

④ 吴组缃:《栀子花》,原载1932年1月《文学月刊》第2卷2期;《天下太平》,原载1934年4月《文学》第2卷4号,收入中国现代文学馆编:《吴组缃》,"中国现代文学百家",北京:华夏出版社,1998年,第37—40、145—150页。关于民国乡村产业结构的变迁与外国商品的冲击,费孝通有精到的论述,详见费孝通撰,赵旭东等译:《中国士绅:城乡关系论集》,北京:外语教学与研究出版社,2011年,第129—151页。

⑤ 王振忠:《华云进香:民间信仰、朝山习俗与明清以来徽州的日常生活》,《地方文化研究》2013年第2期。

"均平"心态,是否可以追溯得更早,而不仅仅着眼于中华人民共和国成立前后的对比。因此,有必要从更宏观的角度,对汪家村个案的局限性加以分析。让我们回到《引子》中的协议,简要概述汪家村与徽州的两则案例背后所展现的地域文化传统。

汪家村所在的南陵作为太平天国战乱的重灾区,成为皖南主要的移民区之一,居民构成发生了重大变迁。背井离乡的贫苦农民,带着对美好生活的向往扎根南陵,开始在同一条起跑线上竞争,外来移民携带的文化基因也在当地传播。作为移民社会,传统宗族社会处于边缘地位的"均平"思想更容易发酵,社会秩序的整合难以一蹴而就,前文已简要分析移民社会的性质。所以,当外部制约力量(宗族及祠堂、公产等)衰微以后,民众所谓"均平"的原始倾向可能自然而然地流露出来。由此可见,在旧有社会结构遭到破坏的前提下,移民占据主导优势的南陵逐渐发展为一种无制约机制的扁平化社会,姑且称之为"弱秩序的社会"。

当我们将视线向皖南山区移动,对准徽商的祖居地徽州,会发现另外一种景象。作为具有长达数百年经商传统的区域,当地人已培养出成熟的契约意识,加之历史上强宗大族遗留的文化与制度约束,辅以基于经商传统而延续下来的娴熟之协商技巧,人与人之间容易构建相对的平衡感,从而在一定程度上规避风险,防止潜在的竞争关系趋于恶化。这种地域文化传统有利于维系村落社会的稳定,协调和促进邻里之间的互动关系。加上太平天国战乱对徽州的冲击较小,宗族势力大体得以保存,故而其社会结构、文化传统与南陵相形渐远,所谓"均平"的原始倾向在当地很难发展成主流文化。

当然,宗族秩序的社会建构是基于族权与利益,必然以牺牲部分群体的利益为前提,最典型的是处在社会最底层的贱民群体,尽管清代政府数次开豁贱民,但民间的制约力量仍十分强大。历经朝代鼎革与社会经济变动,时至今日,徽州的传统等级制度已开始消解,譬如不少大姓唢呐乐人向曾经的小姓乐人拜师学艺,[1]但明清社会中的"大小姓"作为一种文化符号,至今仍部分留存于徽州人的思维中,不经意间还会勾起不愉快的群体心理记忆。王振忠在清末徽商小说《我之小史》整理后记中对这一社会现象的交代,透露出这样生动的规则:历史是活在现实中的,记忆与现实之间只隔着一点文字。[2]

众所周知,徽州宗族社会的形成与演变不可能一蹴而就,宗族控制方式在明清数百年并非一成不变,但"大小姓"数百年的斗争和历代兵燹战乱的冲击,并未从根本上瓦解宗族统治的根基。唐力行认为,徽州宗族组织的消亡是革命的结果,不是自然变迁的结果。[3] 所以,宗族与等级意识并非一两场变革即可彻底抹去,它仍留存在人们的心理底层和思维观念之中。今天的"大小姓""贱民"仍是敏感的话题,当地人对此讳莫如深,亦从反面折射民众心理的延续性。徽州盖房协议表明,在一个契约意识高度发达的地域社会,有一系列的行为规范在制约和调控社会的运行,协调处理人际关系的潜在冲突,可以对应称作"强秩序

---

[1] 齐琨:《乡礼与俗乐:徽州宗族礼俗音乐研究》,合肥:安徽文艺出版社,2013年,第23—24、60页。
[2] 詹鸣铎撰,王振忠、朱红整理校注:《我之小史》,合肥:安徽教育出版社,2008年,第369—370页。相关研究可参见邹怡:《徽州佃仆制研究综述》,《安徽史学》2006年第1期;李甜:《雍正开豁世仆令与清代地方社会——以"宁国世仆"为中心》,《清史研究》2011年第4期。
[3] 唐力行:《20世纪上半叶中国宗族组织的态势——以徽州宗族为对象的历史考察》,《上海师范大学学报》2005年第1期。

的社会"。

比较"弱秩序的社会"与"强秩序的社会",老百姓固有的文化观念和财产观念存在较大差异,自然还有更深层次的文化意蕴,这表明地域文化传统作为区域社会的文化根基,是历史社会学运用到中国研究中必须要时时刻刻考虑的因素。卢晖临也意识到,应突破纷繁复杂的诸多个案,"去寻找那些差异背后的社会分化的共同性特征和机理"(第181页),然而故事终究有其时空局限性,并约束其理论之效力。不过,当他意识到这种时空极限性,某种程度上就会自觉地修正理论,从汪家村到周家庄的思考即展现完善理论的路线。正是在特殊与普遍、事件与结构、微观与宏观的二元对立中,结合微观社会学与宏观性基础,抱着将社会、经济、文化和政治过程联系起来的追求,提出综合性的解释框架,才会突破其理论局限性。

## 四、结　论

根据谷歌(Google)卫星图显示,汪家村以其毗邻县城的优越位置,被圈进南陵开发区,村落周边已有数条现代化道路,不少工厂陆续入驻。汪家村被从地球上抹掉只剩下时间问题,卢晖临的研究显得弥足珍贵。

现代中国社会学作为外来的学问,自然有其历史上的情势和道理,渠敬东认为,与其质疑社会学能否顺利中国化,不如去思考"如何吸收、融合和转化外来之社会学,则必需求诸自己的历史传统,努力去确立一种具有普遍解释力的概念分析体系"①。既然我们无法判定中国各地农村都共享一套相同结构的多元文化价值,那么既需要关注中国农村的区域差别,更不能排斥历史的眼光。地域文化传统作为区域社会的文化根基,有助于揭示中国的内在差异性和复杂性,需要予以充分的重视。除了社会变迁的历史大脉络,作为个体的人如何应对也是有趣的话题。费孝通很早就意识到自己没有摆脱"见社会不见人"的缺陷,在反思学术历程时写道:"着眼于发展的模式,但没有充分注意具体的人在发展中是怎样思想,怎样感觉,怎样打算……注意力还是在社会变化而忽视相应的人的变化。"②时至今日,社科研究趋于"科学"和计量化,充斥着理论和数理模型,"人情味"越来越淡,也越来越难以直面作为个体的人的精神和道德困境,摆在我们面前的依然是"见社会不见人"这片学术阴影。这正如霍布斯鲍姆所批判的那样:"现代社会科学、政策的制订和规划总是追求一种科学形式和技术操作的模型,这种模型系统地、故意地忽略人类的经验,总而言之,也就是历史的经验。"③

大凡一种有生命力和竞争力的学术概念,一经创造,就会被不同的学科加以借鉴和改

---

① 渠敬东:《中国传统社会的双轨治理体系:封建与郡县之辨》,《社会》2016年第2期。
② 费孝通:《个人·群体·社会——一生学术历程的自我思考》,《北京大学学报》1994年第1期;费孝通:《试谈拓展社会学的传统界限》,《北京大学学报》2003年第3期。
③ [英]埃里克·霍布斯鲍姆撰,马俊亚等译:《史学家:历史神话的终结者》,上海:上海人民出版社,2002年,第31—32页。

造,从而获取更大的普适性。因此,最初为它设定的内涵必然随之发生变化。譬如,社会学与人类学对"文化"的解释不同,历史学与社会学对"社会"的诠释也有差异。虽然不同学科对某一概念的理解难免千差万别,但并不妨碍学者们结合各自的研究实际,适时借鉴、利用和改造这一概念。所谓"社会学的历史转向",并不是一种简单的引入史学方法或历史文本的过程,更重要的是强调作为方法的历史学,对于社会学研究的意义,最终指向的是关乎社会理论的建构与社会批判的价值。卢晖临将口述访谈与文本分析相结合,在观念与制度之间寻求平衡,努力还原农民的内心世界和内部冲突,呈现社会学、人类学与历史学等学科的交融互动。这种混用既可以看出作者的野心,其中的矛盾亦反映他的思考历程。历史学与社会学对历史社会学的不同理解,类似于历史人类学的遭遇,按照李亦园的解释,争议的产生或许只是双方借用同一概念对不同立足点加以概括而造成的误解,这正好反映双方都意识到学科互补的重要性。[①] 当然,概念本身并不重要,同一概念在不同学科之下也会有不同的理解,关键在于能否提供一种研究思路和视角。[②] 换言之,只有真正意识到对方学科的价值,以及本身学科的不足,才有互补的动力。

**作者简介**:李甜,复旦大学社会发展与公共政策学院助理研究员。

---

[①] 李亦园:《评论:进出于历史学与人类学之间》,"中研院"历史语言研究所编:《学术史与方法学的省思——"中研院"历史语言研究所七十周年研讨会论文集》,中国台北:"中研院"历史语言研究所出版品编辑委员会,2000年,第425—431页。

[②] 关于"历史社会学"与"社会历史学"的概念辨析,详见邹怡:《年鉴学派的废墟之上——法国的"社会历史学"》,《读书》2011年第5期。

# 编写教科书与建构认同

## ——刘超《历史书写与认同建构：清末民国时期中国历史教科书研究》评述

陈非儿

历史以碑刻、族谱、仪式、口语、童谣、影视、学术研究、教科书等再现形式，无声地塑造了我们的历史意识与民族认同。很多时候，我们对此司空见惯，习而不察。催生我们对此产生反省的，既可能是面对相似又相异的历史意识的主体，①也可能是经过相对专业史学训练，带着后现代主义史学的眼光，返照看似已成定论的"历史"。对于许多学生来说，教科书或是他们唯一能阅读到的书籍，甚或是他们第一且唯一的阅读机会。② 因此教科书所呈现的历史叙述，在很大程度上可以成为一时、一地社会历史意识的温度计：其升降变化（内容的变化）及读者记忆，似可提示特定时空下社会形态、历史意识和文化观念的变迁。③

专业史学伴随着国家的兴起而产生，其功能是为国家疆界内多样化的民众，提供一种共同经历和集体记忆，塑造统一的民族身份和国家认同。④ 刘超教授近著《历史书写与认同建构：清末民国时期中国历史教科书研究》（以下简称"本书"）⑤，即以历史教科书为文本，通过具体分析教科书对各主题内容的表述，讨论教科书的知识性质与历史教育的功能。作者突破了教科书是政府政策体现物这一简单化的观点，注意到教科书编者的角色与意志，并梳理出这一时期历史教科书编写的主线——构建民族认同与政治认同。这样一部既立足于"教科书"史料，又突破"教科书"内容叙述的著作，不仅推进了教科书研究本身，其文本分析方法与理论探讨的提出，对思考当前我国及世界其他国家教科书编写亦有重要作用。

---

① 思想编委会编著：《思想31：民族主义与历史意识》，台北：联经出版事业股份有限公司，2016年，第95页。
② M. 阿普尔、L. 克里斯蒂安—史密斯：《教科书政治学》，载[美]阿普尔著，侯定凯译：《教科书政治学》，上海：华东师范大学出版社，2005年，第5页。
③ 这一比喻来源于陈正国，"教科书中的历史意识"一组文章之前言，参见思想编委会编著：《思想31：民族主义与历史意识》第96页。
④ 王立新：《在国家之外发现历史：美国史研究的国际化与跨国史的兴起》，《历史研究》2014年第1期，第145页。
⑤ 刘超：《历史书写与认同建构：清末民国时期中国历史教科书研究》，北京：社会科学文献出版社，2016年。

一

　　教科书在近代中国所起的重要作用，使得教科书研究很早就引起了学者们的关注。正如刘超所论，教科书不仅是精英思想化到民间的重要途径，还是民众接受知识与民族意识的重要渠道，同时也是培养国家认同和塑造舆论的重要场所。（第2—5页）对于这样一种思想传播媒介与历史再现文本，已有学者从不同学科视角进行解读。在这一研究的早期，因缺乏教科书本身材料，研究者多通过爬梳教育和出版史料汇编，勾勒教科书发展的主要脉络。① 近年来，石鸥教授所领衔的教科书研究团队，依托丰富的教科书实物，图文并茂地叙述了中国近现代教科书发展历程，并重点介绍了部分教科书，为不同学科、区域、专题教科书的后续研究奠定了坚实的基础。② 毕苑正是依托北京师范大学图书馆晚清民国教科书的丰富馆藏，从历史学研究视角出发，聚焦"教科书"在近代中国的诞生，考察其蕴含的文化价值。她重点提示了近代西方教会、传教士以及日本在"催生"教科书过程中的角色，并将教科书的思想史与文化史内涵，归结于"建造常识"这一点。③ 若将刘超的研究与毕苑的研究对比来看，两者虽都是以教科书为文本的历史研究，但刘超的推进之处在于，其尝试回答：教科书建造了什么样的"常识"？以及如何"建构""常识"？刘超以历史教科书为例，具体展现了清末民国时期，教科书如何"承担近代国族认同和国民塑形的教育使命"。④

　　本书共分为上、下两编，计十五章。上编以教科书的编写为中心讨论知识生产。前三章分别考察了清末、民初和南京国民政府时期的教科书编写，揭示了近代中国从译介日本教科书到自编教科书的过程，并总结各阶段教科书的特点。第四章和第五章讨论了历史教科书的编者群与出版方，指出编者的江浙地域色彩及以商务印书馆为中心的书局，控制了教科书的编写与发行，二者共同促成"地方性知识"的全国化。第六章具体以孔子叙述为中心，分析教科书中的历史知识如何反映社会意识。下编以教科书内容为中心讨论民族认同与政治认同的建构。第七章至第十章，分析历史分期问题、近代考古兴起、民族起源学说及中华民族观念形成的四个议题，对民族认同确立及民族情感的影响。第十一章至十三章，以教科书中的清史、新文化运动的叙述及帝国主义话语的书写，具体考察在外患不断加深背景下，国民政府强化民族主义书写，试图将民族认同转化成对国民政府政治认同的努力。最后两章通过考察20世纪20—30年代的两桩"教科书案"，具体讨论国民政府对影响民族认同和民族情感之历史书写的控制情况。

　　作者聚焦历史教科书对特定主题的叙述，通过比较这些叙述在清末、民初及国民政府时期的变化，试图勾勒20世纪上半叶中国历史教科书的编写轨迹：向着模式化方向发展并

---

① 如王建军：《中国近代教科书发展研究》，广州：广东教育出版社，1996年。
② 石鸥、吴小鸥：《中国近现代教科书史》，长沙：湖南教育出版社，2012年。其他可参见：石鸥、吴小鸥：《百年中国教科书图说：1897—1949》，长沙：湖南教育出版社，2009年；石鸥：《百年中国教科书论》，长沙：湖南师范大学出版社，2013年；石鸥、吴小鸥：《简明中国教科书史》，北京：知识产权出版社，2015年。
③ 毕苑：《建造常识：教科书与近代中国文化转型》，福州：福建教育出版社，2010年。
④ 毕苑：《中国近代教科书研究》，《教育学报》2007年第1期，第80页。

演化为最终的"国定本";日益突出外国侵略的论述,并高扬民族主义与国家观念。这里仅举两例来说明这一轨迹。从历史分期来看,"古—今"的观察视角逐渐被放弃,转而强调西力东渐下,中国融入西方的"中—西"视角,并以此赋予中国历史的现代性特征。从民族论述来看,20 世纪 30 年代考古学兴起后,"土著说"取代"西来说"成为中国民族溯源的主流论述;通过强调民族融合,现代意义上的"中华民族"观念最终形成。全书问题意识鲜明,结构完整,论证缜密,自成一系。

## 二

史料丰富是本书最大的特点。作者充分利用数据库资源,整理、爬梳了 138 种历史教科书,其出版时间涵盖 1899 年至 1947 年,学段覆盖高小和中学。其中不仅包括国人自编的教科书,也涉猎早期日人编写或改编的教科书。作者具有高度概括的能力,在具体分析教科书内容的基础上,总结了这一时期历史教科书编写内容的阶段性特点。(一)清末教科书既强调维护君主专制,又包含倡民权、反专制的思想,培养爱国精神以及开通民智成为清政府与编纂者共同的诉求。(二)1922 年新学制一改对日本的借鉴,而以美国为蓝本,注重文化史教学,发挥平民精神和培养世界意识。白话文书写和混编教科书在这一阶段颇为流行。(三)南京国民政府时期的"党化教育",使得教科书编写高扬民族主义,并逐渐模式化为国定本教材。作者对此三阶段的教科书编写的梳理,不论是对于将教科书作为研究对象,还是将教科书作为史料的研究,均提供很好的背景与特点介绍,有助于后来研究的整体把握。

"反建构"概念的提出是本书最重要的理论思考。作者并没有因史料的"盘盘囷囷"而迷失,他在钩沉史料之上,提出了"反建构"这一值得探讨的历史观察。作者将"反建构"定义为"历史/民族的过去会对民族主义(建构)产生一定制约"。这一概念主要包含两方面的内容:(一)历史建构的相对稳定性。建构并非凭空产生,而是必须要遵循一定的原则,依赖一定的历史事实,同时一旦建构就不容任意修改。(二)历史建构的"学理性"。学理性建构不断以质疑的方式冲击和削弱民族认同,动摇政权合法性的基础。作者以孔子形象塑造的讨论及"教科书案"为例,说明编者与政府之间建构与反建构的分合,已有历史知识的旧建构对新建构的制约。(第 462—463 页)在作者讨论的基础之上,我们也许可以对"反建构"这一概念做进一步的归纳和延伸:它既包含后出建构对已有建构的冲击,也包含学理性建构对政治性建构的冲击。前者强调的是建构的时序,后者强调建构的性质。而所谓的"学理性"建构其实质也是一种建构,以作者在书中的一例为证:吕思勉强调褒秦桧与贬岳飞的历史书写,即是包含了对当时军阀政治不满的影射。

对编者群和书局的关注是本书推进教科书研究的关键。在本书的开始部分,作者强调其写作思路为"把中国历史教科书看做一种历史叙述和一整套历史记忆,是根据时代需要制作的一种'文本'或'表述'"。(第 19 页)因此作者在第四章就详细考察清末民国时期,"制造"教科书历史文本的编者群,包括他们的籍贯、教育背景、职业等具体情况。在此基础上,作者分析出编者们所具有的地缘与学缘特点,进而提示教科书编写可能是一种"地方性知识"的观点。(第160页)在编写之后,进入发行阶段的教科书,则被以商务印书馆为核心的上海出版业所掌控。书局通过参与课程标准的制定,并借助其职员与教育部官员存在的类似"执事关联"(interlocking officership)现象,[①]通过其构建的权势网络,"将地方性知识全国化,将个人知识大众化"。(第189页)既往研究主要考察政府政策和法令对教科书编写的影响,强调教科书是政府意志与政策的体现。作者在此提出编者群与出版方在教科书生产过程中的作用,令人耳目一新。

## 三

这本洋洋洒洒48万余字的研究著作,对深化晚清民国教科书研究,具有重要意义。而作者如果能在部分章节的改写和概念的使用上进一步斟酌,则本书将更加出彩。

结构安排方面,鉴于本书的大部分章节已在正式刊物上发表(见本书"后记"),作者在择取已刊文章,以及考虑全书的完整性而增写的章节中,存在部分内容及格式方面的问题。如第四、五章由一篇文章拆解而来,[②]这使得对教科书编者群考察的内容稍显单薄。表格的大量使用,自可视为本书的一大特色,它们既可以展示作者搜讨和运用的丰富史料,又可以直观呈现教科书编辑与出版信息。而第四章近一半篇幅都是表格(表4—1 第138—144页、附表4—1 第160—168页),则使其内容的单薄更加凸显。在笔者看来,对于表4—1 的处理,可以概括表格的主要内容——历史教科书的编者,以江浙两省人士居多,其职业以大学教授和书局编辑为主即可。至于附表4—1 在此处的必要性更低,完全可以放到附录起资料检索之用,或完全删除。[③] 第十二章是作者增写的部分,也存在两方面的问题。(一)第二节论述中的时间错置问题。"南京国民政府时期,这些教科书把传统文化的复兴联系到三民主义上,认为新文化运动有助于确立三民主义信仰……"(第362页)这句话暗示其后论述为南京国民政府时期的教科书,其前论述为民国初年。而查其361页引用的未标明具体出版时间的几本教科书,分别出版于1929、1933和1934年,并非民初。鉴于作者所引教科书种类之多,并着重考察教科书在清末、民初以及国民政府时期内容变化,何妨在每处引用教科书时,均标上时间,这样方便读者阅读与比较(有的甚至连脚注都没有标明教科书出版时间,还得翻到书末参考书)。[④] (二)在第十二章的前言部分,作者指出本章分析"学界如何认识新文化运动?国共两党如何叙述新文化运动?"(第351页)两个问题。这很容易让读者误解作者将要比较国共两党所编教科书中,新文化运动论述的不同。但作者在其后的论证中,似乎将学人的观点等同于教科书的观点。(第370—371页)在第五节中,通过整合已有研究,而非教科书内容分析,来总结国共两党对五四运动与新文化运动的阐释,有

---

① 这一概念来源于台湾人类学者李亦园教授,具体参见李亦园:《一个移植的市镇——马来亚华人市镇生活的调查研究》,台北:正中书局,1985年,第125页。
② 刘超:《书局的权势网络与知识生产》,《人文杂志》2015年第12期,第84—93页。
③ 本书中还有多处或冗长或多余的表格,建议删减,如表3—1(第108—115页)、表3—4、3—5(第132—134页)、附表7—1(第239—245页)、表8—1(第260—264页)、附表8—1(第275—280页)等。
④ 第十章第四节及第十四章第三节也出现同样的时间错置问题,见第319—320、416页。

"脱离教科书的教科书研究"之嫌。(第 371—373 页)

本书所涉及的一些概念,在具体语境中的使用似需进一步斟酌。(一)有关民族、民族主义的论述。在本书中作者主要采纳徐迅《民族主义》的释义(第 2、211、308、454、461 页)。众所周知,关于"民族主义"的解释众说纷纭,且不乏学术经典灼见。在此,如作者能简单解释选择徐著的原因,或在具体讨论之前,对这一名词有一综合性的讨论似更妥当。① 同样的问题也存在于"正向民族主义"(第 211—212、308 页)概念的使用中。至于民族主义的"内部因素"(第 7 页)是作者在分析教科书中清史论述后提出的概念,即"中国近代民族主义研究一般都注意到外国侵略的影响,从本章的讨论来看,更要关注国内因素"。(第 350 页)然而作者并未给出这一"国内因素"的具体内涵。若按照作者的思路,或可将"内部因素"概括为,党国体制对民族主义情绪与认同的重视与争取。但是作者对帝国主义(第十三章)的专题考察,又明显地展示了外患对国内政权的压力,对国家统一和领土完整的威胁。在这一内忧(军阀)和外患(帝国主义)背景下,"内"与"外"的因素并非截然分野,而是相互促进的,甚至外部因素对内部因素起了触发和扩大作用。因此,对影响中国近代历史发展的"内"与"外"并不能如此单纯的叙述。在此,若作者加强与海外中国研究学者的对话,包括费正清(John Fairbank)和柯文(Paul Cohen)等人的讨论,则关于教科书内容中的"内"与"外"因素的讨论将更加深入。(二)"地方性知识"。(第 160 页)这一概念由著名人类学家吉尔兹在研究异文化时提出,概指西方式的知识体系之外,所存在的各种各样从未走上过课本和词典的本土文化知识。② 作者在本书中使用这一概念,与阐释人类学的原初概念显然有别,作者应对此作出自己的定义,以免引起歧义。(三)认同与建构。作为出现在主标题中的核心概念,"认同"及"建构"并不是天然联系在一起的。在社会科学中,对认同如何产生的理论,除了"建构论"(constructuralism)之外,还存在着"原生论"(primordialism)和"结构论"(structuralism)两类。只有在建构论下,集体认同才被认为是经过人为建构而成的,强调的是成员的共同经验、记忆或是历史。③ 作者在本书的写作中,自觉运用了后现代史学的概念与思考,在这一过程中,若能更加明确一些概念的内涵,或许能减少读者在阅读过程中的一些疑惑。

## 四

一部真正具有学术价值的著作,除了以翔实而鲜明的文字论证其问题意识,启发本领域的赓续之作以外,其强大的学术牵引力,或可在该领域之外,启迪新知。在笔者看来,本书至少在如下三方面提示了后续的教科书研究。

---

① 可参考罗志平:《民族主义、历史教育与国家认同》第二节"民族主义定义的历史意涵",《朝阳人文社会学刊》第 7 卷第 1 期,第 234—238 页。
② 叶舒宪:《"地方性知识"》,《读书》2001 年第 5 期,第 122 页。
③ 施正锋:《台湾教科书中的国家认同——以国民小学社会课本为考察的重心》,载《历史意识与历史教科书论文集》,但笔者阅读的是网络版,请对照页码。

## （一）教科书的编写研究

王明珂在《反思史学与史学反思》中指出，教科书作为人群共同信赖的典范历史与传统文化，它只是掌握知识权力的个人或群体所主张的"历史"与"文化"：国家以普及教育及教科书来播殖典范之历史、地理、政治、文化知识至每一国民的记忆中，以此塑造同质性的国民与国族成员（homogeneous nationals）。① 循着王氏反思史学的路径，在作者对教科书内容分析的基础之上，我们可以进一步溯源：教科书文本是如何被生产出来的？具体探究教科书文本产生的社会情境及编者对教科书内容的选择与剔除等。作者在书中提到教科书是编者和书局共谋的结果，这一论断无疑正确，但是考察可以进一步深入。

据高哲一（Robert Culp）的研究，民国时期大量一流学者参与到大众出版活动是中国出版业的显著特征。② 这不仅是中国文化与地缘政治危机所导致的结果，也是学者们传统文化领袖与新学术规范制定者这一双重身份运作的结果。③ 1922年新学制产生，一批崭露头角的学者知识分子加入教科书编写行列：蔡元培、胡适、冯友兰、顾颉刚、任鸿隽、竺可桢、叶绍钧、周予同、吕思勉、钱基博、何炳松等。④ 因此，近代教科书的编写，特别是"国定本"发行以前，强烈的"个人色彩"是我们需要关注的重大特点。这一色彩既可能是学术思想观点的表达，也可能是政治观点和思想理念的投射。对这一映射关系的考察，若以个案研究的形式，将当时的社会情境、编者的思想动态与其所编教科书的叙述对比来看，应能让读者获得更好的理解。⑤

## （二）教科书的比较研究

教科书研究中，同样存在着"比较的幽灵"，这样的比较研究是在文本生产与内容研究之外，"脱离教科书（文本）的教科书研究"。在一些历史学者看来，民族的历史是通过历史教育建构、记忆和传承的，历史教科书则是最重要的传承历史记忆的媒介。历史教科书所具有的官方性、权威性、正式性、普及性等特征，将一个民族的历史记忆深深地嵌入青少年一代的精神世界，因而它是格外重要的"记忆的场所"（sites of memory），是一个民族"体制

---

① 王明珂：《反思史学与史学反思》，上海：上海人民出版社，2016年，第37页。
② 关于这一时期教科书的出版状况，已有硕士论文专门探讨，参见周倩：《晚清至民国时期教科书出版研究》，中国人民大学硕士学位论文，2016年。但作者是新闻学出身，因此在史料收集与文本分析上仍具有很大的提升空间，且作者也没有具体讨论编者群的情况。
③ 高哲一（Robert Culp）著，林盼译：《为普通的读者群体创造"知识世界"——商务印书馆与中国学术精英的合作》，载张仲民、章可编：《近代中国的知识生产与文化政治——以教科书为中心》，上海：复旦大学出版社，2014年，第67—97、71页。
④ 石鸥：《中国近现代教科书史》序言，长沙：湖南教育出版社，2012年，"序言"，第3页。
⑤ 作者在本书中，对编者之一的顾颉刚的叙述比较接近这一方式，"顾颉刚将个人对古史的理解掺入其中，直接表达了对上古历史的怀疑……就在准备编写教科书时，顾颉刚开始对中国古史进行思考和研究，提出了'层累地造成的中国古史'的观点……对于正在编写的教科书，也准备将其写成译本学术专著"（第408—409页）。但全书只此一例，可以进一步补充。

化的记忆"(institutionalized memory)。① 正是在这一前提下,近年来中国台湾地区②以及日、韩等国历史教科书的编写与使用,引发极大关注,堪称现代版的"教科书案"。如日本的藤冈胜信等人甚至鼓吹"教科书民族主义"(textbook nationalism),强调历史事实与历史教育的区分,引发了中、韩等国的强烈不满。③ 相反,法德合编历史教科书则成为一个化解族群冲突的典范。④ 因此,历史作为"悬在我们身后的星座",为我们的今天定位和未来指航,究竟该如何"放置"及不断调整放置的位置,是促使我们进行教科书比较研究的动力。

### (三)教科书的传播研究

当20世纪初新式教科书在国内蓬勃发展之时,东南亚尤其是新马地区的华校,通过五大书局(商务、中华、世界、上海、南洋)引进国内教科书,华校学生也因此接受了充满民族主义与爱国情绪的历史教育。20世纪50—60年代,有数十万的华侨学生(归国华侨学生,简称"侨生"),抱着建设社会主义的宏伟目标,投奔新中国。在已经出版的口述历史,⑤以及笔者所作的口述访谈中,可以发现华校教科书尤其是历史与国文教科书对他们影响颇深。新加坡南洋理工大学王赓武图书馆近年来收藏了这一时期东南亚地区的华校课本,以新马地区国语、历史、地理等科目为主,计1069种2683册,堪称丰富。⑥ 已有学者对这一批教科书进行了初步研究,包括出版概况、编写方针及侨居国政府对教科书的管控等。⑦ 在本书启发下,我们或许可以进一步追问:华校教科书编写是否有南洋色彩? 教科书如何在南洋华校中发行? 教科书中的民族主义与情感是如何传递的? 侨生们对教科书的印象如何? 等一系列问题。对于石鸥先生所提出的教科书研究的困境:当时师生使用教科书情况的阙失,几乎无法从师生的角度来评判教科书质量。⑧ 我们也可以通过口述访谈,获取作为教科书读者与信息接收方的反馈,并以此评估教科书的影响。⑨ 从这一角度来说,本书对近代中国历史教科书的研究开拓了华侨史研究的新视角与新路径。当然,教科书在国内的传播网

---

① 丛日云:《序》,赫茵、塞尔登编,聂露译:《审查历史:日本、德国和美国的公民身份与记忆》,北京:社会科学文献出版社,2012年,第3页。
② 台湾地区的教科书研究成果丰硕,从教育学和历史学等多个学科出发,都有探讨。参见何宜娟:《国民党政府与反共抗俄教育之研究——以国(初)中历史教材为例(1949—2000)》,硕士学位论文,国立中央大学历史研究所,2007年,"绪论",第8—9页。以及台湾历史学会编:《历史意识与历史教科书论文集》,台北:稻乡出版社,2003年;施正锋主编:《历史记忆与国家认同:各国历史教育》,台北:台湾国际研究学会,2014年。
③ 赫茵、塞尔登编,聂露译:《审查历史:日本、德国和美国的公民身份与记忆》第8—11页。
④ 罗志平:《民族主义、历史教育与国家认同》第247页。
⑤ 具体参见中国侨联林明江等人编写的各地归侨口述录系列丛书,如《八闽侨心系故园 福建归侨口述录》《岭南侨彦报国志 广东归侨口述录》《荆山楚水系侨心 湖北归侨口述录》等。
⑥ 关于该图书馆及其所藏早期课本介绍可参考:https://eps.ntu.edu.sg/client/en_US/earlytextbook,访问时间2017年5月30日;阮阳、罗必明:《南洋理工大学王赓武图书馆早期课本特藏的建立、保存和推广应用》,中美高校图书馆合作发展论坛,2013年,第4—5页。
⑦ 叶伟征:《新加坡、马来西亚和印尼华校教科书出版概况(1903—1965)》,载叶钟铃、黄佟葆编:《新马印华校教科书发展回顾》,新加坡:华裔馆,2005年,第53—65,67—90,91—114页。
⑧ 石鸥:《中国近现代教科书史》,长沙:湖南教育出版社,2012年,"序言",第6页。本书作者在导论部分,通过引用傅国涌编《过去的小学》中时人对教科书的回忆文章,在一定程度上反映了历史教学、历史教科书的影响,但不充分。参见本书第27—33页。
⑨ 以笔者对20世纪50—60年代华侨学生的口述历史调查来看,出生于20世纪30—40年代的侨生,对华校采用的教科书,尤其是国文、历史教科书,仍存有相当的记忆,同时还能回忆起教师讲课的辅助材料及当时的情景。

络或许也是可研究的另一个平行问题。

有学者认为,教科书最能代表一个社会的意识形态和精神状态,[1]因此分析教科书文本是了解某段历史的重要途径。而教科书的历史叙事也会随着民族和国家叙事的调整而变化,以适应国内社会转型和全球均势发展。如此,过去的行为需要新的解释,教科书的改版与新编将永不停息,而教科书研究也永远在路上。由此言之,刘超教授的这一研究,正是奠定中外教科书研究的一大基石。

**作者简介:** 陈非儿,厦门大学南洋研究院硕士研究生。

---

[1] 罗志平:《民族主义、历史教育与国家认同》第245页。

# 编 后 语

本卷刊登 14 篇论文,分为 5 组。

儿童与老年一组 3 篇论文。张雨深入讨论明代社会对老年的界定,较之前人的研究推进一步。刘佳讨论明代士人的童年记忆与书写,颇有心得,对于如何处理有关童年的文献问题,不无启发。张弛论述儿童娱乐、家庭教育与民国上海"儿童游戏室"话语的兴起,属于较新的研究课题。老年与童年,特别是童年都是亟须加强研究的课题。

政治与社会一组也是 3 篇论文。秦铁柱讨论汉代列侯与豪强关系,提出从对立到合流的发展过程。熊燕军论述宋季忠义袁镛的历史书写及相关问题,颇有新意。赵永翔探讨宁陕镇与清代秦岭治理,深化了对于清朝控制地方社会的认识。

日常生活与物质文化一组 3 篇论文。夏方胜从环境史的角度论述唐代岭南饮食生活,朱慧颖、姚晓燕解读了民国报刊茶叶广告,陈嘉顺个案分析了抗战初期的中学教员日常生活,围绕物质生活论述历史是这一组论文的主要内容。

医疗社会文化一组 3 篇论文。陈荣杰、王亚利论述走马楼吴简疾病词语"刑",王晶讨论汉唐医方中的生育技术与性别权力,肖中显就"寄生"概念做了知识考古的工作,这一组论文反映出年轻学者的探索精神。

此外,有 2 篇日常生活史的研究述评,分别回顾了先秦、隋唐五代两个时段的研究,指出存在的问题并展望了未来的研究趋势,颇见学术功力,对于日常生活史的研究具有参考价值。

还有 3 篇书评。评述了《刻画战勋:清朝帝国武功的文化建构》《通向集体之路》《历史书写与认同建构:清末民国时期中国历史教科书研究》,各有写作特色,值得一阅。

# 英文摘要
# Summary of Articles

## Definition of the Aged in the Ming Dynasty

Zhang Yu

(College of History, Nankai University)

**Abstract**: The elderly is an important part of the social group, the definition of the aged in the Ming Dynasty is relatively broad. The medical knowledge, birthday customs, honor system use 50 as the threshold. The official tax system, retirement system, penalty system and pension system define 70 as the minimum standards for the 'old. Moreover, the age threshold also exists in the officialdom, and the age of 50 means old for the supervisory officials. In a word, 'old' is also the product of the multidimensional construction of the society.

**Key words**: the Ming Dynasty; the threshold of old age; the system; the etiquette and custom; the social concepts

## Childhood Impression: Childhood Memory and Writing of Ming Scholars

Liu Jia

(Northeast Normal University)

**Abstract**: Ming scholars childhood impression that accompanied by the remembrance of the past. It was written in the essays and notes and can be as the future recourse marks. This childhood impression about elders, friends was often with strong subjective motivation. It can also be the childhood lives from the emotional dimension and reflect the society of Ming Dynasty on children's growth expectations. Scholars childhood of the external world contact degree and cognitive style can through their own childhood experience and knowledge description to understand. The reading interest, interests and hobbies, emotions description, were the main content of scholars childhood memories in addition to characters and events.

**Key words**: Ming scholars; childhood impression; experience; emotions

## Domestic play——Children Entertainment, Family Education and Discourses of Children playroom in Shanghai(1912—1949)

Zhang Chi

(Institute of Historical Studies of Tianjin Academy of Social Sciences)

**Abstract**: In the wake of industrial and commercial boom in the era of the Min Guo of China, Shanghai, as an outstanding metropolis, was confronted with the dilemma between dense populations and limited urban space. Due to outdoor playing places were severely compressed, children had to playing on the side of the road so as to induce many traffic accidents. In order to prevent the physical and mental damage to children from dangerous and improper street game, early childhood education experts called for parents open up the children's playroom as a safe and clean playing in the house for their offspring who engaged themselves in healthy and good recreations. Meanwhile, adults should regard setting up the child's playroom as an opportunity for improving domestic environment and carrying out family education. Although under the specific historical conditions, child's playroom do not had the practicability, the emerging of related discourse still reflected the tendency that promotion of status of child in the nuclear family and the truth that early childhood concept including good household environment and edutainment had been gradually learned and accepted by citizens under the circumstance of industrialization and urbanization.

**Key words**: entertainment for children; family education; Min Guo Shanghai; child's playroom

## Opposites and Cooperation: Discussion on the Relationship between Dukes and Despots of Han Dynasty

Qin Tiezhu

(The department of History, Shandong Normal University)

**Abstract**: Despotic relying on abundant wealth and powerful clans formed a strong civil authority and social forces; liehou as the second title of nobility in the Han Dynasty, the autocratic imperial power as its backing, had a range of sizes of the fief. The subtle relationship between the both sides, has a far—reaching influence on the social politics. Before Zhao Xuan, The opposition of liehou and Despotic was the main content of the relationship between the two parties, after Zhao Xuan, liehou and Despotic's confluence is the mainstream of the relationship between the two sides, and ultimately formed the Eastern Han Dynasty's pattern of pluralistic powers, shaped the situation of Despotic and imperial power together ruling, leading the separatist and melee of warlords at the end of The Eastern Han Dynasty, and the political situation of The Three

Kingdoms pulling open the prelude of thearistocrats era.

**Key words**: Despotic; Liehou; The Han Dynasty; Clan; Land annexation

## "Legend Implication": Historical Writing and Relevant Questions about A Hero of Loyalty Called Yuan Yong in the Late Song Dynasty

Xiong Yanjun

(School of History and Culture of Hanshan Normal University)

**Abstract**: The story of Yuan Yong and his whole family fought against the Yuan Dynasty is one type of the legends of heroes of loyalty in the Late Song Dynasty. People had been arguing about issues that *The Records of Yanyousiming* of Yuan Jue never wrote biography for Yuan Yong. They thought that Yuan Jue violated the objective spirit in Chinese traditional historiography, so they didn't write biography for him on purpose. In truth, from the perspective of historical writing, when Yuan Jue wrote *The Records of Yanyousiming*, there's no any relative records about Yuan Jue's martyrdom in documents. Actually, this whole story was fabricated by posterity. The historical writing of p heroes of loyalty in the Late Song Dynasty was more influenced by the background, authorship, text topic and text type, though it was related with the traditional values of loyalty. Purposes of historical writing of heroes of loyalty in the Late Song Dynasty are multiple and changeful, but undoubtedly, present resource competition and share of indivial must be the ultimate purpose.

**Key words**: Yuan yong; hero of loyalty; historical writing; the Late Song Dynasty

## North Boundary of Han Dynasty: Governance of Ningshan County and Qinling Mountains

Zhao Yongxiang

(Research Institute of the Northwest Historical Environment and Economic and Social Development in the Shaanxi Normal University)

**Abstract**: Ningshan military town, which predecessor was Wulang fort set up for management of growing number of immigrants in Qianlong period, was a fort in the hinterland of Qinling mountains in Jiaqing period of the Qing Dynasty. In Jiaqing period, the sprawling of Bailian insurrectionary army, a string of mutinies, and bandits in the southern slope of Qinling mountains, made the military value of Wulang fort so that the Qing Dynasty strengthened its military presence by setting up Ningshan military town, attracting immigrants, and developing military cultivation. That the set up of Ningshan military town, improved the governance effect to a certain entent, and promoted in easing the situation of the upper reaches of Hanjiang River in the late Qing Dynasty.

**Key words**: Ningshan military town; Qinling Mountains; upper reaches of Hanjiang River; governance

## Study on Diet of Lingnan in Tang Dynasty with Eenvironmental History

### Xia Fangsheng
### (College of History Nankai University)

**Abstract**: Lingnan, which are interlaced by the mountains and rivers and on a humid, hot environment, has cultivated a unique dietary and living customs. From the perspective of environmental history, it was found that people in Lingnan mainly obtained rice, wheat, millet, sweet potato, vegetables, fruits, fowls and beasts by planting, breeding, collecting, fishing and hunting in the Tang Dynasty. The method of food consumption in Lingnan is varlous, there are not only broiling, frying, decocting, steaming, boiling, but also are salted and salt pickling and other dry methods and so on. It is special ecological environment in Lingnan that has bred the eating habits which dares to eat, can eat, like to eat, love to eat, habits of areca and drinking wine. Through the exposition of the contents of food acquisition, food consumption and food custom in Lingnan of the Tang Dynasty, we found that the formation and development of the general catering life of human society are actually the result of the interaction between human and the ecological environment, which embodies the dialectical unity of the relationship between man and nature.

**Key words**: environmental history; Lingnan; Tang Dynasty; diet

## Re-recoghization the Tea: Understanding of Tea Advertisement in the Newspaper (1921—1949)

### Zhu Huiying, Yao Xiaoyan
### (China National Tea Museum)

**Abstract**: A good number of tea merchants started to put advertisements on tea after the modern newspapers appeared in China. The ads on tea were presented in ways that were greatly similar to those for other commodities while there was also a particular method, advertising in special issues. In order to promote the tea sales, ads on tea resorted to traditional values, and tried to lead potential customers to new consumption habits as well. The new concepts of domestic goods, hygiene and testing were employed, and the honors granted by expositions at home and abroad were also used in ads to make tea more appealing to customers. Therefore tea in advertisements was hygienic, nutritious, patriotic and award-winning. All these new features are not only an output of the social changes ever since the late Qing, but also a reflection on the increasingly secularized tea culture in the Min Guo of China.

**Key words**: advertisements on tea; domestic goods; hygiene exposition; the Min Guo of China

## Daily Life of Middle School Teachers in the Initial stage of Anti-Japanese War-Investigation of Antai Zhan on the Social Life History

Chen Jiashun

(Department of history of Sun Yat-sen University)

**Abstract**: This paper will examine the daily life of Antai Zhan, a famous poet who was known as "Lingnan Ci-zong", in the early period of Anti-Japanese War (July 1937 to October 1938), and show the living conditions of middle school teacher before his transmutation to a university professor. The full text is divided into several parts, that is the leisurely life on the eve of Anti-Japanese War-Investigation, the impact of the outbreak of Anti-Japanese War-Investigation on life, the sending of long poems, writing political papers, being wrongfully imprisoned, and recommending Zongyi Rao as a substitute. The Min Guo of China is the period of transition from the traditional society to the modern society. No matter in politics, culture, economy and other aspects, the characteristics of blending between the new and the old has appeared, and the social background of Anti-Japanese War-Investigation makes the characteristics of this transitional period far more obvious. During this period, the status of intellectuals can only be spreaded from the aspect of cultural interest, they know which activities can match their social identity and status, and then develop identity and sense of belonging in the difference with "others".

**Key words**: early Anti-Japanese War; middle school teacher; Antai Zhan; daily Life; identity.

## The gleanings of the disease word "xing" in the Zoumalou Wu bamboo slips

Chen Rongjie, Wang Yali

(Chinese language and literature research institute of southwest university/Unearthed Document Comprehensive Research Center; Shenzhen Second Foreign Language School)

**Abstract**: The meaning of the disease word "xing" in the Zoumalou Wu bamboo slips was controversial and inconclusive. There are 364 of the published Wu slips that contain "xing". Based on the research results of previous scholars, the paper fully uses Wu bamboo slips' data and believes that the viewpoint is closer to the truth that "xing" is a "disability syndrome".

**Key words**: Wu bamboo slips; disease word; xing

**Reproduction Techniques and Gender Right in Han and Tang Dynasty Ancient**

## Medical Prescription

Wang Jing

(Iinstitute History of Northwest Uinversity)

**Abstract**: It was not until three months that pregnancy could be diagnosed through pulse method. Technology can't deal with early pregnancy between the Han and Tang Dynasties which constructed a right vacancy. For special physical characteristics, women confirmed the pregnancy and hold the power of fertility before technology in early pregnancy. Pregnancy technology vacancy leaded the women to get a boy by themselves, she obtain the right of pregnancy as well as the heavy responsibilities.

**Key words**: pregnancy; technology; sex; right

## From Parasite Grass to Parasite——Conceptual History of Parasitic

Xiao Zhongxian

(University of Hong Kong, Hong Kong Institute for Humanities and Social Science)

**Abstract**: Parasitic Grass had long been employed to refer to a lonely and vulnerable figure deserving public empathy. One of the most representative terminology in terms of literature rhetoric was parasite Grass. With the advent of modern Japanese parasitology and relevant sociocultural discourse, however, a new term: parasite, started to overshadow the pubic usage of Parasite Grass in the arena of societal and political discourse. It was this certain social linguistic phenomenon that brought about intellectual ramification that public especially educated elite began to perceive of the concept of parasitic in pejorative way under the modern botany, zoology and parasitology knowledge. Parasitic loosed its long-standing connation of empathy since imperial era and shifted to an image of exploiting and damaging hosts. In this process, modern Chinese intellectuals also played an important role. Parasitic gradually departed from initial Japanese-type rhetoric with regard to criticizing Meiji political-organ, to Social-Darwinism, Marxism and Nationalism which namely manifested the subjectivity of Chinese local actors.

**Key words**: Parasitic Grass; parasite; parasitic; modern science; rhetoric

## The Retrospect and Prospect of the study on the Daily Life History of Pre-Qin Society

Zhu Yanmin

(Nankai University Research Center of Chinese Social History)

**Abstract**: This paper summarizes the research status of the Pre-Qin history on social daily life. It traces the evolution of social history study of the pre-Qin Dynasty, and focuses on four research fields: consumption of food, clothing, housing and transportation, marriage and family system, environmental famine and disease, social stratum. The paper systematically teases out the present research findings of the daily life history of this period. On the whole, great achievements have been made in the study of daily life history of this period. However, the distinction of the social life concepts and the research on the subject connectivity still need to be further developed.

**Key words**: Pre-Qin society, the daily life history, study

**Review and Reflection on the Study of Daily Life History of the Sui, Tang and Five Dynasties Period**

Wang Liping

(Research Center for Chinese Social History, Faculty of History, Nankai University)

**Abstract**: During the first half of the 20 century, a group of scholars who had been devoted to the study of Chinese ancient economic history opened a new field of research about life history of the Sui and Tang Dynasties. Since then, Chinese and foreign scholars have discussed from different perspectives and made great achievements. In recent years, with the use of new materials such as epitaph, the research has been further deepened and refined, and the theoretical discussion has reached a new height. Of course, there are some problems, and the explore need to be continued.

**Key words**: Sui; Tang; everyday life; social life; culture